APPELEZ LA SAGE-FEMME

D'abord infirmière, Jennifer Worth devient sage-femme, apprenant son métier auprès des sœurs de St John the Divine dans les quartiers déshérités de Londres. Chanteuse et pianiste, elle se consacre à la musique dans les années 1970. En 2002, elle témoigne dans *Appelez la sage-femme*, un best-seller qui sera suivi par trois autres volumes de mémoires. Elle meurt en 2011 sans connaître l'immense succès de la série télévisée de la BBC inspirée de son livre.

JENNIFER WORTH

Appelez la sage-femme

TRADUIT DE L'ANGLAIS PAR FRANÇOISE DU SORBIER

Préface d'Agnès Ledig

ALBIN MICHEL

Titre original :

CALL THE MIDWIFE
Paru chez Merton Books, Royaume-Uni, 2002.

ISBN : 978-2-253-02038-7 – 1re publication LGF

Préface

Appelez la sage-femme fait partie de ces livres qui lèvent le voile sur ce que l'on ne connaît pas, et que l'on ne se serait jamais autorisé à imaginer. En cela, il est passionnant. On y découvre la vie d'une jeune infirmière anglaise apprenant le métier de sage-femme aux côtés des sœurs du couvent de Nonnatus House dans le quartier des docks londoniens des années 50.

Les Mémoires de Jennifer Worth sont toujours percutantes, souvent émouvantes, dérangeantes parfois. Certaines scènes sont à la limite du supportable tant la précarité, l'insalubrité matérielle et la pauvreté humaine sont présentes, mais cela ne rend que plus admirable le travail des sages-femmes de cette époque. Car qui connaît réellement leur rôle ? À moins d'avoir vécu un ou plusieurs accouchements, d'avoir écouté une amie, une voisine, parler du sien, ce moment d'intimité est frappé du secret, et n'est accessible qu'à celles qui le vivent.

Cela est encore vrai aujourd'hui.

La narratrice décrit avec simplicité et précision la responsabilité qui pèse sur ses épaules au moment d'un suivi de grossesse, d'une naissance ou des suites de couches, les gestes techniques qu'elle peut être amenée à pratiquer lorsque les événements se compliquent, parfois seule quand le médecin n'est pas disponible, l'efficacité et le dévouement dont elle doit faire preuve pour les vies qu'elle a entre les mains…

Cela est encore vrai aujourd'hui.

On y découvre le fossé qui peut exister entre les humains de ce monde. Entre ce couple aimant qui attend son vingt-quatrième bébé avec toujours la même bienveillance, et cette famille en détresse dont les enfants sont maltraités. Entre les sœurs du couvent, empathiques, dévouées à autrui, et les proxénètes sans scrupules des quartiers chauds. Ce fossé humain qui semble inconcevable tant il est immense.

Cela est encore vrai aujourd'hui.

On comprend qu'accompagner une naissance nécessite une certaine poigne, quand les femmes perdent pied, qu'elles ont besoin d'un phare dans la tempête, d'une branche à laquelle s'accrocher, mais requiert aussi une grande douceur, pour entourer ce moment si bouleversant émotionnellement d'un voile de protection face au reste du monde.

Cela est encore vrai aujourd'hui.

On constate qu'une naissance se vit toujours sur le fil, dont l'équilibre est fragile, et qu'il suffit de peu pour que tout bascule. L'arrivée d'une nouvelle vie parmi nous est toujours un petit miracle.

Cela est encore vrai aujourd'hui.

Certes, bien des pratiques ont changé dans l'obstétrique moderne par rapport à ce qu'évoque Jennifer Worth, des tests plus pratiques en ont remplacé d'autres, fastidieux, des appareils permettent d'écouter et d'analyser le cœur d'un bébé, mais l'expérience acquise par ces sages-femmes formées à la clinique, avec très peu d'instruments, avait une valeur certaine, et ne devrait pas être oubliée. Une machine n'a pas de sixième sens.

Et puis, et puis, il y a cette chance humaine d'être le témoin de la vie qui coule de générations en générations, qui se transmet tout en douceur et comble le cœur, ou bien, au prix d'un arrachement terrible, donnant à la sage-femme la responsabilité d'un accompagnement humain, qu'elle assume généralement avec beaucoup de bonté.

J'aurais aimé que Jennifer Worth soit encore vivante pour la remercier d'avoir écrit ses Mémoires, d'avoir mis en lumière cette profession dont on dit couramment que c'est le plus beau métier du monde, sans savoir tout ce qu'il implique pour celles et ceux qui l'exercent. Car les sages-femmes rentrent de leur journée de travail parfois fières de ce qu'elles ont accompli, mais parfois aussi le cœur lourd d'avoir été témoin de la détresse humaine, de n'avoir peut-être rien pu faire de plus, alors qu'elles ont fait de leur mieux. Car le reste appartient à la vie, et elles en sont les premières témoins.

Quoi qu'il arrive, elles sont là, pour sourire de joie avec des parents heureux ou pour accueillir avec empathie les larmes douloureuses des êtres meurtris, et leur permettre de poursuivre malgré tout le chemin de la vie...

En cela, c'est le plus beau métier du monde.

Agnès Ledig, sage-femme
et auteur de *Juste avant le bonheur*,
prix des Maisons de la Presse

Ce livre est dédié à Philip,
mon cher mari

L'histoire de Mary est également dédiée
à la mémoire du père Joseph Williamson
et de Daphne Jones

Avant-propos

En janvier 1998, le *Journal des sages-femmes* a publié un article de Terri Coates intitulé : « Représentations de la sage-femme dans la littérature. » Au terme d'une étude approfondie, Terri en arrive à la conclusion que les sages-femmes sont pratiquement absentes de la littérature.

Pourquoi, grand Dieu ? Des médecins imaginaires se pavanent en foules dans les pages des livres, laissant tomber au passage des perles de sagesse. Les infirmières, bonnes et mauvaises, ne manquent pas. Mais les sages-femmes ? Qui a jamais entendu parler d'une sage-femme héroïne de roman ?

Pourtant son travail est en soi l'étoffe même dont sont faits drames et mélodrames. Chaque enfant est le fruit de l'amour ou du désir ; il est né dans la douleur et les affres, suivies par la joie ou la tragédie et l'angoisse. Une sage-femme prodigue ses soins lors de chaque naissance ; elle participe à l'événement, elle voit tout. Alors pourquoi reste-t-elle un personnage flou, caché derrière la porte de la chambre de l'accouchée ?

Terri Coates terminait son article par ces mots : « Peut-être y a-t-il quelque part une sage-femme qui fera pour son métier ce que James Herriot[1] a fait pour celui de vétérinaire. »

Après avoir lu cette remarque, j'ai relevé le défi.

---

1. De son vrai nom Albert Wright (1916-1995), cet écrivain et vétérinaire anglais a largement contribué à faire connaître la vie de vétérinaire. Ses livres ont connu un énorme succès en Angleterre et aux États-Unis. *(Sauf indication contraire, toutes les notes sont de la traductrice.)*

Introduction

Nonnatus House était située au cœur des docks de Londres. Sa clientèle s'étendait sur Stepney, Limehouse, Millwall, l'île aux Chiens, Cubitt Town, Poplar, Bow, Mile End et Whitechapel. Un secteur à population très dense, où les familles vivaient depuis des générations, souvent sans déménager à plus d'une ou deux rues de leur lieu de naissance. Elles habitaient tout près les unes des autres, à quelques maisons, voire quelques rues de distance, et les enfants étaient élevés par une smala de tantes, grands-parents, cousins et frères et sœurs plus âgés. Ils circulaient librement chez les uns et les autres et, quand je vivais là-bas et y exerçais, je ne me souviens pas d'avoir vu une porte fermée, sauf la nuit.

Ces enfants omniprésents avaient les rues pour terrain de jeux. Dans les années cinquante, la circulation dans les petites rues était inexistante puisque personne n'avait de voiture, aussi pouvait-on y jouer en toute sécurité. S'il y avait un trafic industriel dense dans les artères principales, notamment celles qui desservaient les quais, aucun véhicule ne roulait sur les autres voies.

Chaque zone dévastée par les bombes offrait un emplacement idéal pour toutes les activités aventureuses. Or ces souvenirs terribles de la guerre et des bombardements intenses dont les docks avaient fait l'objet à peine dix ans auparavant étaient nombreux. Les rangées de maisons ouvrières avaient été largement éventrées sur deux, voire trois rues. Chaque zone était en général condamnée par des palissades grossières masquant partiellement des terrains vagues emplis de décombres, où se dressaient encore des pans de bâtiments branlants. Parfois, un panneau « DANGER – DÉFENSE D'ENTRER » était cloué quelque part ; ce qui, pour tous les gamins dégourdis de six ou sept ans, revenait à leur agiter un chiffon rouge sous le nez. Chacun de ces emplacements avait des accès secrets où les planches, soigneusement descellées, permettaient à un petit corps de se faufiler à l'intérieur. Officiellement, personne n'avait le droit d'y aller, mais tout le monde, y compris la police, fermait les yeux.

C'était sans conteste un quartier difficile. Les rixes au couteau y étaient fréquentes. Les bagarres dans les rues aussi. Quant aux querelles de pubs où l'on en venait aux mains, elles faisaient partie du quotidien. Dans les maisons exiguës où l'on vivait entassés, la violence domestique explosait souvent. Mais les violences gratuites envers les enfants ou les personnes âgées étaient inconnues. Il y avait un certain respect des faibles. C'était l'époque des frères Kray[1], de la

1. Nés en 1933, et frères jumeaux, Ronnie et Reggie Kray dirigèrent un réseau de crime organisé dans l'East End de Londres dès les années cinquante. Arrêtés en 1968, ils furent condamnés à la prison à perpétuité.

guerre des gangs, des vendettas, du crime organisé et des rivalités exacerbées. Les policiers étaient partout et ne faisaient jamais leur ronde en solitaire. Mais je n'ai jamais entendu parler d'une vieille femme qu'on avait agressée pour lui voler sa retraite ou d'un enfant enlevé et assassiné.

La grande majorité des hommes habitant dans ce secteur travaillaient aux docks.

Malgré le taux d'emploi élevé, les salaires étaient bas et les journées longues. Les ouvriers spécialisés, relativement bien payés, avaient des horaires réguliers ; ces emplois-là étaient toutefois jalousement gardés. Ils restaient en général dans la famille et le savoir-faire se transmettait de père en fils ou d'oncle en neveu. Mais, pour les ouvriers non qualifiés, la vie devait être un enfer. Quand il n'y avait pas de navires à décharger, il n'y avait pas de travail ; les hommes traînaient toute la journée devant les grilles, à fumer et à se quereller. L'arrivée d'un navire signifiait quatorze, voire dix-huit heures de travail manuel acharné, commençant à cinq heures du matin pour se terminer vers dix heures du soir. Il n'y avait donc rien d'étonnant à ce que les hommes finissent la journée au pub à se saouler. Les garçons commençaient à travailler aux docks à quinze ans et on attendait d'eux la même somme de travail que des adultes. Il fallait que tout le monde adhère à un syndicat. Celui-ci luttait pour assurer à ses membres des salaires et des horaires décents, mais le système de l'adhésion obligatoire leur compliquait la vie car les avantages qu'il assurait étaient contrebalancés par les rancœurs et les problèmes engendrés parmi eux. Toutefois, sans les syndicats, il ne fait aucun doute que l'exploitation des ouvriers aurait été aussi rude en 1950 qu'en 1850.

On se mariait en général très tôt dans l'East End. Chez les gens respectables de ces quartiers, le sens aigu de la morale sexuelle frôlait parfois la pruderie. Le concubinage était pratiquement inconnu et aucune fille n'aurait vécu avec son petit ami. Si elle s'y risquait, elle s'exposait à des représailles sévères de la part de sa famille. On ne parlait jamais de ce qui se passait dans les cratères de bombes ou derrière les locaux à poubelles. Si une fille se retrouvait enceinte, la pression exercée sur son partenaire était telle que peu y résistaient. Les familles étaient nombreuses, souvent très nombreuses, et les divorces rares. Les disputes domestiques intenses et violentes étaient fréquentes, mais les couples mariés restaient en général ensemble.

Peu de femmes travaillaient à l'extérieur. Sauf les jeunes filles, évidemment. Après le mariage, la chose aurait été mal vue et, après l'arrivée de bébés, impossible. Il n'y avait désormais plus de place dans la vie d'une femme que pour élever ses enfants, faire le ménage, la lessive, les courses et la cuisine, tâches sans cesse renouvelées. Je me suis souvent demandé comment elles se débrouillaient, ces mères, avec une famille qui pouvait compter jusqu'à treize ou quatorze enfants dans une petite maison ne comprenant que deux ou trois chambres. Certaines familles de cette taille vivaient dans de grands ensembles ou *tenements*, divisés en appartements à louer qui ne comportaient souvent que deux pièces et une minuscule cuisine.

La contraception, quand on la pratiquait, était peu fiable. Elle était laissée à l'initiative des femmes, qui avaient d'interminables discussions sur les périodes sans risques, l'orme rouge, le gin et le gingembre, les douches vaginales chaudes, etc. ; mais rares étaient celles qui venaient aux consultations du contrôle des naissances et, d'après ce que j'ai entendu dire, la plupart des hommes refusaient catégoriquement de mettre un préservatif.

La majeure partie de la journée de travail d'une femme était consacrée au lavage, au séchage et au repassage du linge. On ne connaissait pratiquement pas la machine à laver, et le séchoir rotatif n'avait pas encore été inventé. Des guirlandes de vêtements garnissaient en permanence les cours où séchaient les lessives et nous autres sages-femmes devions souvent nous frayer un chemin dans une forêt de linge claquant au vent avant d'arriver jusqu'à nos patientes. Une fois dans la maison, ou l'appartement, il fallait encore se baisser et slalomer pour éviter le linge, dans l'entrée, l'escalier, la cuisine, le living et la chambre. Les laveries automatiques ne sont apparues que dans les années soixante, donc toute la lessive devait être faite à la main, et à la maison.

Dans les années cinquante, il y avait l'eau courante, chaude et froide, dans la plupart des maisons, et un W.-C. avec une chasse dans la cour à l'extérieur. Certaines avaient même une salle de bains. Mais ce n'était pas le cas dans les *tenements*, et les bains publics étaient encore très fréquentés. Des mères résolues y emmenaient des adolescents renfrognés prendre un bain une fois par semaine. Les hommes, sans doute poussés par leur femme, sacrifiaient eux aussi aux ablutions hebdomadaires. On les voyait se rendre aux bains le samedi après-midi avec une petite serviette, un morceau de savon et l'air grognon, signe d'une énième bagarre hebdomadaire engagée et perdue.

La plupart des maisons avaient une radio, mais je n'ai jamais vu un seul poste de télévision pendant tout le temps où j'ai travaillé dans l'East End, ce qui contribuait peut-être à la taille des familles. Les pubs, les clubs pour les hommes, le music-hall et les courses de chiens étaient les distractions les plus courantes. Pour les jeunes, aussi curieux que cela puisse paraître, l'église était souvent le centre de la vie sociale, et chacune avait plusieurs clubs d'activités destinées aux jeunes et offertes chaque soir de la semaine. L'église de All Saints, dans East India Dock Road, une vaste bâtisse victorienne, comptait plusieurs centaines d'adhérents à son club de jeunes. Celui-ci était dirigé par le pasteur responsable de la paroisse, avec l'aide de sept jeunes vicaires énergiques. Il fallait bien tout le dynamisme de ceux-ci pour gérer soir après soir les activités offertes à cinq ou six cents jeunes gens.

Les milliers de marins de toutes les nationalités qui débarquaient dans les docks ne semblaient guère empiéter sur la vie des gens du cru. « Nous, on reste entre nous », disaient ces derniers, ce qui signifiait : « Pas de contacts ». Les filles étaient gardées avec vigilance : il y avait de nombreux bordels pour répondre aux besoins des marins. Dans le cadre de mon travail, j'ai dû en visiter deux ou trois, et j'ai trouvé que c'étaient des endroits qui vous donnaient la chair de poule.

J'ai vu des prostituées faire le trottoir dans les rues principales, mais aucune dans les petites rues, pas même sur l'île aux Chiens, qui était le premier endroit où débarquaient les marins. Jamais une professionnelle expérimentée n'aurait perdu son temps dans un secteur aussi peu prometteur ; et si une débutante enthousiaste avait été assez audacieuse pour s'y aventurer, elle aurait été rapidement chassée, sans doute avec violence, par les habitants, hommes aussi bien que femmes. Les bordels étaient bien connus, et toujours bien remplis. Leur existence était sans doute illégale et ils faisaient l'objet de descentes de police à l'occasion ; mais cela ne semblait pas affecter les affaires. Grâce à leur existence, il n'y avait pas de racolage dans les rues.

La vie a changé irrévocablement au cours des cinquante dernières années. Mes souvenirs du quartier des docks n'ont aucune ressemblance avec le quartier qu'on connaît aujourd'hui. La vie sociale et familiale s'est complètement désagrégée. Trois événements ont coïncidé, qui ont mis fin en dix ans à des siècles de tradition : l'assainissement des quartiers insalubres, la fermeture des docks et la pilule.

L'élimination des taudis a commencé à la fin des années cinquante, pendant que je travaillais encore dans le quartier. Bien sûr, les bâtiments en question étaient un peu lépreux, mais pour les habitants, c'était chez eux, et ils y étaient très attachés. Je me souviens de beaucoup, beaucoup de gens, jeunes et vieux, hommes et femmes, tenant à la main une lettre de la mairie les informant que leur maison ou leur appartement allait être démoli et qu'ils seraient relogés. La plupart d'entre eux sanglotaient. Ils ne connaissaient pas d'autre univers, et déménager à six kilomètres, c'était comme partir au bout du monde. Ces déménagements ont désintégré les grandes familles et les enfants en ont souffert par contrecoup. La transition a aussi tué littéralement beaucoup de personnes âgées qui n'ont pas pu s'adapter. À quoi bon un appartement flambant neuf avec chauffage central et une salle de bains si vous ne voyez jamais vos petits-enfants, si vous n'avez personne à qui parler et si votre pub attitré, qui servait la meilleure bière de Londres, est maintenant à six kilomètres ?

Avec l'apparition de la pilule au début des années soixante, la femme moderne est née. Désormais, les femmes n'auraient plus à subir le cycle sans fin des bébés en série ; elles seraient elles-mêmes. La pilule a ouvert la voie à ce que nous appelons aujourd'hui la révolution sexuelle. Pour la première fois dans l'histoire, les femmes ont pu, comme les hommes, apprécier le sexe pour lui-même. À la fin des années cinquante, nous avions quatre-vingts à cent accouchements par mois sur nos agendas. En 1963, le nombre était passé à quatre ou cinq par mois. Pour un changement social, celui-ci est de taille !

La fermeture des docks s'est faite progressivement sur une quinzaine d'années. Vers 1980, les navires marchands ont cessé de circuler. Les hommes se sont cramponnés à leur travail, les syndicats ont essayé de les défendre, et il y a eu de nombreuses grèves des dockers pendant les années soixante-dix, mais les jeux étaient déjà faits. En réalité, loin de protéger les emplois, les grèves n'ont fait que précipiter les fermetures. Pour les hommes du secteur, les docks étaient plus qu'un travail, même plus qu'un mode de vie, ils étaient la vie même. Leur monde s'est alors écroulé. Les ports qui, pendant des siècles, avaient été les artères principales de l'Angleterre, n'étaient plus nécessaires. Et, par conséquent, les hommes non plus. Ce fut la fin du quartier des docks tel que je l'avais connu.

À l'ère victorienne, un vent de réforme sociale avait soufflé sur le pays. Pour la première fois, des auteurs ont dénoncé des injustices qui n'avaient jamais été mises en lumière, et la conscience du public s'est émue. Un certain nombre de femmes instruites et clairvoyantes se sont notamment avisées du besoin d'améliorer les soins infirmiers et l'obstétrique, qui laissaient considérablement à désirer. Ils ne faisaient pas partie des occupations considérées comme respectables. C'était donc à des femmes incultes qu'incombaient ces tâches. Les figures caricaturales de Sairey Gamp et de Betsy Prig[1] – ignorantes, sales et grandes buveuses de gin – créées par Charles Dickens peuvent paraître follement drôles dans un roman ; mais elles l'auraient été beaucoup moins si vous aviez été contrainte par la pauvreté à remettre votre vie entre pareilles mains.

Grâce au dynamisme et aux talents d'organisatrice de Florence Nightingale, l'infirmière la plus célèbre d'Angleterre, la façon dont on considère les soins

1. Charles Dickens, *Martin Chuzzlewit* (1844). Ces deux poivrotes incultes et vénales cumulent les fonctions de gardes-malades, veilleuses pour les morts, infirmières et accoucheuses.

infirmiers a été changée à jamais. Son action n'a cependant pas été isolée, et l'histoire des infirmières garde la trace de nombreux groupes de femmes dévouées qui ont consacré leur vie à améliorer l'exercice de la profession. Les sages-femmes de St. Raymond Nonnatus[1] font partie de celles-ci. C'était un ordre religieux de sœurs anglicanes qui se consacraient aux pauvres pour leur permettre d'accoucher dans de meilleures conditions. Elles ont ouvert des maisons dans les faubourgs de l'est de Londres et dans de nombreux bas quartiers des grandes villes industrielles du pays.

Au XIXe siècle (et avant, bien entendu), aucune femme pauvre ne pouvait se permettre de payer les honoraires d'un médecin pour mettre son enfant au monde. Elle était donc obligée de s'en remettre aux services d'une sage-femme sans autre formation que son expérience pratique, une accoucheuse, comme on disait souvent. Certaines étaient peut-être des praticiennes efficaces, mais d'autres totalisaient un nombre de décès effrayant parmi les femmes en couches et les nouveau-nés. Au milieu du XIXe siècle, le taux de mortalité en couches dans les classes pauvres était d'environ 35 à 40 %, et la mortalité infantile tournait autour de 60 %. Les accidents tels que l'éclampsie, l'hémorragie ou une mauvaise présentation du bébé signi-

---

1. Nonnatus House est un pseudonyme. J'ai emprunté le nom à saint Raymond Nonnatus, le patron des sages-femmes, des obstétriciens, des femmes enceintes, de l'accouchement et des nouveau-nés. Il est né lui-même grâce à une césarienne (*non natus* signifie en latin « qui n'est pas né ») en Catalogne en 1204. Comme on pouvait s'y attendre, sa mère est morte en couches. Il est entré dans les ordres et est mort en 1240. *(Note de l'auteur.)*

fiaient fatalement la mort de la mère. Parfois, ces accoucheuses abandonnaient une patiente à l'agonie et à la mort si une anomalie survenait pendant le travail. Sans aucun doute, le souci d'hygiène n'entrait guère dans leurs méthodes de travail, ce qui contribuait à propager les infections, les maladies et souvent la mort.

Non seulement ces accoucheuses n'avaient aucune formation, mais il n'existait aucun contrôle sur leur nombre et leurs pratiques. Les religieuses de St. Raymond avaient compris que pour porter remède à ce fléau social il fallait que les sages-femmes reçoivent une formation sérieuse et qu'une législation soit mise en place pour contrôler leur travail.

Ce fut au sein de la lutte pour obtenir une législation que ces religieuses intrépides et leurs partisans rencontrèrent l'opposition la plus farouche. À partir de 1870, la bataille a fait rage. On a tourné ces femmes en dérision, on les a traitées de propres à rien, d'excentriques et on leur a reproché d'être d'insupportables mouches du coche. On les a accusées de tout, de la perversion à l'appétit immodéré du gain financier. Mais les sœurs de Nonnatus n'ont pas baissé les bras.

Pendant trente ans, la bataille a continué, mais, en 1902, la première loi sur les sages-femmes a été votée et le Collège royal des sages-femmes est né.

Les sages-femmes de St. Raymond Nonnatus exerçaient leur activité dans le cadre de la discipline religieuse. Il ne fait aucun doute que c'était indispensable à l'époque, car les conditions de travail étaient peu ragoûtantes et le travail lui-même si exigeant que seuls des êtres ayant une vocation religieuse pouvaient vouloir l'entreprendre. Florence Nightingale dit dans ses Mémoires que lorsqu'elle avait un peu plus de vingt ans, elle a eu une vision du Christ lui disant qu'elle devait consacrer sa vie à ce travail.

Les sages-femmes de St. Raymond travaillaient dans les taudis du quartier des docks de Londres, parmi les plus pauvres des pauvres et, pendant la seconde moitié du XIXe siècle environ, elles étaient les seules sages-femmes compétentes exerçant dans le secteur. Elles ont travaillé inlassablement pendant les épidémies de choléra, de typhoïde, de polio et de tuberculose. Au cours de la première moitié du XXe siècle, elles ont exercé leur activité pendant deux guerres mondiales. Dans les années quarante, elles sont restées à Londres, ont affronté le Blitz, avec ses bombardements intensifs des docks. Elles ont accouché des femmes dans des abris antiaériens, des abris souterrains, des cryptes d'église et des stations de métro. C'est à ce labeur inlassable et généreux qu'elles avaient consacré leur vie, et elles étaient connues, respectées et admirées par tous les habitants du quartier. Tout le monde parlait d'elles avec une affection sincère.

Voilà ce qu'étaient les sages-femmes de St. Raymond Nonnatus lorsque je les ai connues : un ordre de religieuses parfaitement compétentes, liées par les vœux de pauvreté, de chasteté et d'obéissance ; c'étaient aussi des infirmières diplômées et des sages-femmes, et c'est pour cette raison que je me suis retrouvée parmi elles. Contre toute attente, ce fut l'expérience la plus importante de ma vie.

Appelez la sage-femme

Pourquoi me suis-je engagée dans cette voie ? Je devais être folle ! Je n'avais que l'embarras du choix : j'aurais pu devenir mannequin, hôtesse de l'air, stewardess à bord d'un navire. Ces idées m'avaient trotté dans la tête, et tous ces emplois étaient très bien payés. Il fallait être idiote pour choisir le métier d'infirmière. Et maintenant, sage-femme…

Deux heures trente du matin ! Mal réveillée, j'enfile mon uniforme. Je n'ai dormi que trois heures après une journée de travail de dix-sept heures. Qui voudrait faire un métier pareil ? Dehors, il fait un froid de loup et il pleut. S'il ne fait pas chaud à l'intérieur de Nonnatus House, le hangar à bicyclettes est encore plus glacial. Dans le noir, je détache une bicyclette et m'écorche le tibia. En somnambule, je place ma trousse d'accouchement sur l'engin et le pousse jusqu'à la rue déserte.

Je tourne au coin dans Leyland Street, traverse East India Dock Road puis passe sur l'île aux Chiens. La pluie m'a réveillée et ma mauvaise humeur se calme à mesure que je pédale régulièrement. Pourquoi me suis-je orientée vers la carrière d'infirmière ? Mes pensées s'envolent et retournent cinq ou six ans en arrière. Assurément, il n'y a jamais eu chez moi de vocation, et rien de ce désir brûlant de guérir les malades que les infirmières sont censées éprouver. Alors, qu'est-ce qui m'a poussée ? Un chagrin d'amour, assurément ; le besoin de partir, un défi, l'uniforme sexy avec jabot et manchettes, taille cintrée et petit calot coquin. Mais étaient-ce là les bonnes raisons ? Je n'en sais rien. Quant à l'uniforme sexy, quelle blague ! me dis-je en pédalant sous la pluie avec ma gabardine bleu marine et mon calot enfoncé jusqu'aux oreilles. Sexy, tu parles !

Je franchis le premier pont pivotant qui ferme les bassins de radoub. Pendant la journée, de grands vaisseaux y sont chargés et déchargés au milieu d'une activité et d'un bruit incessants. Des milliers d'hommes – dockers, arrimeurs, conducteurs, pilotes, grutiers – y travaillent sans relâche. Pour le moment, dans les docks silencieux, on n'entend que le mouvement de l'eau. L'obscurité est très dense.

Je passe devant les *tenements* où dorment plusieurs milliers de personnes, sans doute à quatre ou cinq par lit, dans leurs petits deux pièces. Deux pièces pour une famille de dix ou douze enfants. Comment font-ils ?

Je continue à pédaler, absorbée et pressée de parvenir chez ma patiente. Deux agents de police m'adressent quelques mots amicaux en me saluant de la main ; ce contact humain m'est d'un grand réconfort. Infirmières et policiers ont toujours un rapport de connivence, surtout dans l'East End. J'ai noté avec intérêt que ces hommes allaient toujours par deux, pour se protéger mutuellement. Jamais on ne voit un agent de police seul. Mais nous autres, infirmières et sages-femmes, nous sommes toujours seules, à pied ou à bicyclette. Personne ne se hasarderait à porter la main sur nous. Nous jouissons d'un tel respect, d'une telle vénération, presque, de la part des dockers les plus brutaux que nous pouvons aller partout seules, de jour ou de nuit, sans crainte.

La route sombre, sans éclairage, se déploie devant moi. Celle qui fait le tour de l'île aux Chiens est continue, mais des rues étroites en partent et se croisent, chacune contenant des milliers de petites maisons alignées. Ce trajet ne manque pas de charme car le bruit du fleuve en mouvement est toujours présent.

Bientôt, je quitte West Ferry Road pour tourner dans les rues adjacentes. Je repère tout de suite la maison de ma patiente : c'est la seule qui soit éclairée.

Apparemment, il y a une délégation de femmes qui m'attendent à l'intérieur pour m'accueillir. La mère de la patiente, sa grand-mère (à moins que ce ne soient deux grand-mères ?), deux ou trois tantes, des sœurs, les meilleures amies, une voisine. Je me fais cette réflexion : « Eh bien, heureusement que Mrs. Jenkins n'est pas là cette fois-ci. »

À l'arrière-plan de cette imposante communauté de femmes, un homme seul, le responsable de toute cette agitation, se fait tout petit. J'ai toujours pitié des hommes dans ce genre de situation. Ils semblent tellement marginalisés.

Le bruit des bavardages féminins s'abat sur moi comme une couverture.

« Bonjours, *luvvy*[1], ça va-t'y ? Vous avez mis la gomme, dites donc.

— Allez, donnez-moi votre manteau et votre chapeau.

— Quel sale temps ! Entrez donc vous mettre au chaud.

— Vous voulez pas une bonne tasse de thé ? Histoire de vous réchauffer, hein, *luvvy* !

— Elle est là-haut. Elle a pas bougé depuis tout à l'heure. Des douleurs environ toutes les cinq minutes. Elle a dormi après votre départ, juste avant minuit. Et puis elle s'est réveillée vers les deux heures. Les douleurs empirent, ça s'accélère. Alors on s'est dit qu'il fallait appeler la sage-femme, pas vrai, m'man ? »

M'man opine et s'affaire avec autorité.

« On a préparé l'eau chaude, avec une pile de serviettes bien propres, et on a monté le feu, que le bébé prenne pas froid. »

Je n'ai jamais été très bavarde et, dans ce genre de situation, je n'ai pas besoin de dire grand-chose. Je confie aux femmes mon manteau et mon calot, mais décline le thé, car l'expérience m'a appris qu'en général, celui qu'on sert dans ce quartier est imbuvable : tellement fort qu'infusé pendant des heures et arrosé de lait condensé sucré et visqueux, il remplacerait la créosote pour badigeonner une clôture.

---

1. Variante cockney de *love*, qui indique non pas l'amour, mais l'accueil chaleureux de quelqu'un qui fait partie de la communauté, sans distinction d'âge ni de sexe. *Luvvy* est employé comme mode d'adresse en alternance avec *ducky* (littéralement « mon petit canard ») avec la même valeur accueillante et bienveillante.

Je me félicite d'avoir rasé Muriel plus tôt dans la journée, quand j'y voyais assez clair pour le faire sans risquer de la couper. En même temps, je lui ai administré le lavement de rigueur. C'est une tâche que je déteste, alors heureusement qu'elle est derrière moi. Et puis, qui aurait envie de faire un lavement d'un litre d'eau savonneuse (surtout quand il n'y a pas de toilettes dans la maison), avec les saletés et l'odeur qui s'ensuivent, à deux heures et demie du matin ?

Je monte auprès de Muriel, une plantureuse fille de vingt-cinq ans, qui va avoir son quatrième bébé. La lampe à gaz répand dans la pièce une lueur chaude. Le feu flambe avec vigueur et la chaleur est presque suffocante. Un coup d'œil rapide m'apprend que Muriel en arrive au second stade du travail – elle est en sueur, halète légèrement et a ce curieux regard tourné vers l'intérieur qu'ont les femmes à ce moment-là, lorsqu'elles concentrent toutes leurs forces physiques et mentales sur leur corps et sur le miracle qu'elles vont accomplir. Elle ne dit rien, se contente de me presser la main et m'adresse un sourire préoccupé. Quand je l'ai laissée, trois heures plus tôt, elle en était au premier stade. Elle avait été tracassée toute la journée par de fausses alertes et elle était très fatiguée ; je lui avais donné du chloral vers dix heures du soir, dans l'espoir qu'elle dormirait toute la nuit et se réveillerait le matin reposée. Cela n'a pas marché. Un accouchement se déroule-t-il jamais comme on le souhaite ?

Il faut que je sois sûre du stade où elle en est ; je me prépare donc à faire un examen vaginal. Alors que je me brosse les mains, une autre contraction survient

– on en voit l'intensité s'accroître jusqu'à ce que le malheureux corps de Muriel semble sur le point d'exploser. On a estimé qu'au plus fort du travail, les contractions exercent la même pression que les portes du métro quand elles se ferment. Je le crois volontiers quand je regarde le travail en cours chez Muriel. Sa mère et sa sœur sont à son chevet. Elle se cramponne à elles tandis que la douleur lui coupe le souffle et la parole, et un gémissement haletant s'échappe de sa gorge jusqu'à ce que la contraction passe ; puis elle retombe, épuisée, pour rassembler ses forces avant la suivante.

J'enfile mes gants et me lubrifie la main. Je demande à Muriel de relever les genoux afin que je puisse l'examiner. Elle sait exactement ce que je vais faire et pourquoi. Je passe un drap stérile sous ses fesses et enfonce deux doigts dans son vagin. La tête est basse, la présentation antérieure, et le col étiré commence à se dilater, mais la poche des eaux n'est apparemment pas encore rompue. J'écoute le cœur du fœtus, qui bat régulièrement à 130. Parfait. C'est tout ce que j'ai besoin de savoir. Je lui dis que tout est normal et qu'elle n'a plus longtemps à attendre. Puis une autre douleur arrive et toutes les paroles et les actions doivent être suspendues tant l'intensité du travail est forte.

Mes instruments sont prêts sur un plateau. La commode a été débarrassée à l'avance pour fournir une surface de travail. Je prépare mes ciseaux, des clamps pour le cordon, des compresses stériles, un stéthoscope obstétrique, des haricots, de la gaze, du coton et des pinces hémostatiques. Il n'y a pas besoin de beaucoup de choses et, de toute façon, il faut que ce nécessaire soit facile à transporter, à la fois sur une bicyclette et dans les kilomètres d'escaliers et de galeries ouvertes des *tenements*.

Le lit a été préparé à l'avance. Nous avons fourni un nécessaire pour l'accouchement, que le mari est venu chercher une ou deux semaines avant la date prévue. Il contient des garnitures stériles, de grands champs absorbants et jetables, ainsi que des champs en papier kraft, non absorbants. Ce papier kraft paraît ridiculement démodé, mais il est extrêmement commode. Il couvre tout le lit, on peut poser dessus toutes les compresses et les champs et, après la délivrance, le tout peut être roulé dans ce papier et brûlé.

Le berceau est prêt. Une cuvette de grande taille est à portée de main et, au rez-de-chaussée, des litres et des litres d'eau sont en train de bouillir. Il n'y a pas d'eau courante chaude dans la maison, et je me demande comment on faisait quand il n'y avait pas d'eau du tout. On devait passer la nuit à aller la chercher dehors et à la bouillir. Sur quoi ? Un fourneau dans la cuisine, qu'il fallait garnir en permanence, avec du charbon si la famille pouvait se le permettre, ou du bois flotté sinon.

Mais je n'ai guère le temps de rester assise à réfléchir. Souvent, pour un accouchement, on attend toute la nuit, mais quelque chose me dit que pour celui-ci, ce ne sera pas le cas. Compte tenu de la fréquence et de l'intensité croissante des contractions, et du fait que c'est un quatrième enfant, la seconde phase n'est pas loin. Les douleurs surviennent toutes les trois minutes à présent. Est-elle capable d'en supporter davantage ? Combien une femme est-elle capable de supporter ? Soudain, la poche se crève, et les eaux inondent le lit. J'aime mieux quand les choses se passent ainsi. Quand la poche se rompt trop tôt, j'éprouve une certaine appréhension. Après la contraction, la mère de Muriel et moi changeons les draps trempés aussi vite que possible.

À ce stade, Muriel ne peut plus se lever, et nous sommes obligées de la faire rouler. À la contraction suivante, je vois la tête du bébé. Il faut maintenant se concentrer complètement.

Obéissant à un instinct animal, Muriel se met à pousser. Si tout se passe bien, une multipare peut en général faire sortir la tête en quelques secondes, mais ce n'est pas souhaitable. Toute bonne sage-femme essaie de retenir celle-ci pour qu'elle ne se dégage que très progressivement.

« Je vous demande de vous tourner sur le côté, Muriel, après cette contraction. Essayez de vous retenir de pousser tant que vous êtes sur le dos. Allez, ma petite Muriel, tournez vous face au mur. Repliez la jambe gauche vers votre menton. Inspirez profondément et continuez à respirer de cette façon-là. Votre sœur va vous aider. » Je me penche au-dessus du lit bas et affaissé. Je me fais la réflexion que, dans ce quartier, tous les lits paraissent se creuser vers le milieu. Parfois, je suis obligée de mettre au monde un bébé à genoux. Mais ce n'est pas le moment de penser à cela maintenant, une autre contraction arrive.

« Respirez profondément, poussez un petit peu, mais pas trop fort. » La contraction passe et j'écoute à nouveau le cœur du fœtus : 140, cette fois-ci. Encore tout à fait normal, mais l'accélération du rythme cardiaque indique l'épreuve que représente la naissance pour un bébé. Une autre contraction.

« Poussez juste un petit peu, Muriel, mais pas trop. Le bébé sera bientôt là. »

Elle est hors d'elle à force de souffrir, mais, pendant les derniers instants, une femme éprouve souvent une sorte d'allégresse frénétique, et la douleur semble ne plus compter. Une autre contraction. La tête est en train de sortir vite, trop vite.

« Ne poussez pas Muriel. Contentez-vous de faire le petit chien – inspiration, expiration – en accéléré. Continuez. »

Je retiens la tête pour empêcher qu'en sortant trop vite, elle ne déchire le périnée.

Il est très important de dégager la tête entre les contractions et, tandis que je la retiens, je m'aperçois que je suis en nage à cause de l'effort requis, de la concentration, de la chaleur et de l'intensité du moment.

La contraction passe et je me détends un peu ; j'écoute à nouveau le cœur du bébé. Toujours normal. La délivrance est imminente. Je place la base de ma paume droite au-dessous de l'anus dilaté et j'exerce une poussée ferme et régulière jusqu'à ce que le sommet du crâne soit dégagé de la vulve.

« À la prochaine contraction, Muriel, la tête sera sortie. Maintenant, je vous demande de ne plus pousser du tout. Laissez les muscles de votre ventre travailler tout seuls. Ne pensez qu'à une chose : essayer de vous détendre, sans arrêter de faire la respiration du petit chien, très vite. »

Je m'arme de courage pour la contraction suivante, qui se produit à une vitesse surprenante. Muriel fait le petit chien sans discontinuer. Je dégage le périnée autour du crâne et du front, puis la tête sort.

« Bravo, Muriel, vous vous débrouillez comme un chef. À la prochaine douleur, on saura si c'est un garçon ou une fille. »

Le visage du bébé est bleu et fripé, couvert de mucus et de sang. Je vérifie la fréquence cardiaque. Toujours normale. Je regarde la tête pivoter d'un huitième d'arc de cercle environ pour se réaligner dans l'axe du corps. L'épaule qui se présente peut à présent être dégagée de sous la symphyse pubienne.

Une autre contraction.

« C'est bien, Muriel, vous pouvez pousser, maintenant. Fort. »

Je dégage l'épaule qui se présente en exerçant une poussée vers l'avant et le haut. L'autre épaule suit, avec le bras, et tout le corps du bébé glisse au-dehors sans effort.

« Encore un garçon, s'écrie la mère de Muriel. Dieu soit loué ! Il est en bonne santé, mademoiselle ? »

Muriel pleure des larmes de joie. « Oh, le petit amour. Je peux le voir ? Oh, qu'il est mignon ! »

Je suis presque aussi émue qu'elle, tant le soulagement est grand lorsque la naissance s'est bien passée. Je clampe le cordon ombilical en deux endroits et je coupe entre les deux. Je tiens le bébé par les chevilles, tête en bas, pour éviter de le laisser inhaler du mucus.

Il respire. C'est un être autonome à présent. Je l'enveloppe dans les serviettes qu'on me donne et je le tends à Muriel, qui le prend dans ses bras, roucoule, l'embrasse, lui dit qu'il est « tout beau, tout mignon, un vrai petit ange ». En toute franchise, dans les premières minutes après la naissance, un bébé couvert de sang, encore cyanosé, les yeux plissés, n'a rien de ravissant. Mais sa mère ne le voit jamais ainsi. Pour elle, il est la perfection incarnée.

Pourtant, ma tâche n'est pas terminée. Le placenta doit être expulsé, et ce, complètement. S'il reste des fragments dans l'utérus, la femme court des risques sérieux : infections, saignements, voire une hémorragie massive, qui peut être fatale. La partie la plus délicate d'un accouchement c'est peut-être l'expulsion intégrale du placenta, qui doit être intact.

Les muscles utérins, ayant accompli la tâche considérable de mettre l'enfant au monde, semblent souvent vouloir prendre des vacances. Il est fréquent qu'il n'y ait aucune contraction pendant dix à quinze minutes. C'est agréable pour la mère, qui n'a qu'une envie, se détendre en dorlotant son bébé, indifférente à ce qui se passe dans la partie inférieure de son corps ; mais ce moment est angoissant pour la sage-femme. Quand les contractions reprennent, elles sont le plus souvent très faibles. L'expulsion réussie du placenta est une affaire de timing minutieux, de jugement et, avant tout, d'expérience.

On dit qu'il faut sept ans de pratique pour devenir une bonne sage-femme. C'était ma première année, j'étais seule, au milieu de la nuit, avec cette femme confiante et les siens, sans téléphone dans la maison.

Je priais : « Mon Dieu, je vous en supplie, faites que je ne commette pas d'erreur. »

Après avoir nettoyé le lit et déblayé l'essentiel des saletés, je fais mettre Muriel à plat dos, sur des compresses stériles chaudes et sèches, et je la recouvre d'une couverture. Son pouls et sa tension sont normaux, et le bébé repose tranquillement dans ses bras. Il ne me reste plus qu'à attendre.

Je m'assois sur une chaise à côté du lit, une main appuyée sur le fond utérin afin de sentir ce qui se passe et de bien évaluer la progression. Parfois, la troisième phase peut prendre de vingt à trente minutes. Je songe à l'importance de la patience et aux désastres possibles si l'on essaie de précipiter les choses. Le fond de l'utérus est large et souple sous ma main. Le placenta est donc manifestement encore attaché au segment supérieur de l'utérus. Pendant dix bonnes minutes, il n'y a aucune contraction. Le cordon sort du vagin, et j'ai l'habitude de le clamper juste au-dessous de la vulve, de façon à voir quand il s'allonge, ce qui indique que le placenta est en train de se décoller et descend dans la portion inférieure de l'utérus. Mais rien ne se passe. Je me dis alors que dans les histoires que racontent les chauffeurs de taxi ou receveurs d'autobus qui ont mené à bien des accouchements dans leur véhicule, il n'est jamais question de cela. N'importe quel receveur d'autobus est capable de mettre un bébé au monde en cas d'urgence, mais aurait-il la moindre idée de la façon de gérer cette troisième phase ? J'imagine que la plupart des gens peu informés auraient envie de tirer sur le cordon en pensant que cela facilitera l'expulsion du placenta, alors que cela peut entraîner un vrai désastre.

Muriel roucoule des tendresses à son bébé et l'embrasse pendant que sa mère remet de l'ordre. Le feu crépite. Je reste assise en silence et je réfléchis.

Pourquoi les sages-femmes ne sont-elles pas les héroïnes qu'elles devraient être dans la société ? Pourquoi ont-elles un profil si bas ? Elles devraient être portées aux nues, et par tout le monde. Ce n'est pas le cas. Elles ont une responsabilité énorme. Leur compétence et leur savoir sont incomparables et, pourtant, on trouve leur rôle tout à fait normal et, en général, il passe inaperçu.

Tous les étudiants en médecine des années cinquante étaient formés par des sages-femmes. Ils suivaient certes les cours théoriques d'un obstétricien, mais, sans la pratique, les conférences ne servent à rien. Aussi, dans tous les hôpitaux universitaires, les étudiants étaient-ils attachés à une sage-femme qu'ils suivaient dans ses visites afin d'acquérir des compétences pratiques en obstétrique. Tous les médecins généralistes étaient formés par une sage-femme. Mais cela, très peu de gens semblent le savoir.

Le fond de l'utérus se raidit et se soulève un peu dans l'abdomen tandis que les muscles se serrent sous l'effet d'une contraction. Je me dis que l'heure est peut-être venue. Mais non. Cela n'a pas l'air d'être l'expulsion. L'utérus est trop souple après la contraction.

Une autre attente.

Je songe aux incroyables progrès de la pratique obstétricale pendant le siècle qui vient de s'écouler. Au combat qu'ont mené des femmes militantes qui ont dû acquérir une formation appropriée avant de former les autres à leur tour. Cela fait moins de cinquante ans qu'il existe une formation officielle. Ma mère et toutes ses contemporaines ont été accouchées par une femme sans compétences particulières appelée « la matrone » ou « l'accoucheuse ». Aucun médecin n'était présent, m'a-t-on dit.

Une autre contraction arrive. Le fond de l'utérus se soulève sous ma main et il reste dur. En même temps, la pince que j'ai accrochée au cordon bouge légèrement. Je tire très doucement : dix à douze centimètres de cordon sortent facilement. Le placenta s'est décollé.

Je demande à Muriel de donner le bébé à sa mère. Elle sait ce que je vais faire. Je masse le fond de l'utérus du plat de la main jusqu'à ce qu'il soit dur, rond et mobile. Puis je le saisis fermement et je pousse vers le bas et l'arrière du bassin. Sous ma poussée, le placenta apparaît à l'orifice de la vulve et je le sors avec mon autre main. Les membranes viennent aussi, suivies par un flot de sang frais et de caillots.

Mon soulagement est tel que je me sens flageolante. C'est fait. Je mets le haricot sur la commode, où je l'examinerai, et je m'assois près de Muriel pendant encore dix minutes, où je continue à masser le fond de l'utérus pour m'assurer qu'il reste dur et rond, ce qui permettra l'expulsion de caillots résiduels.

Un peu plus tard, on administrera systématiquement de l'ocytocine après la naissance du bébé, pour favoriser des contractions immédiates et vigoureuses afin d'expulser le placenta dans les trois à cinq minutes suivant l'accouchement. La science médicale avance ! Mais, dans les années cinquante, nous n'avions pas l'aide de ces substances lors d'une délivrance.

Tout ce qui me reste à faire, c'est nettoyer. Pendant que Mrs. Hawkins lave sa fille et la change, j'examine le placenta. Il semble complet, avec des membranes intactes. Puis je passe au bébé, qui a l'air normal et en bonne santé. Je le baigne et l'habille avec des vêtements qui semblent ridiculement trop grands, et je pense à la joie de Muriel, à son bonheur, à son air détendu et tranquille. Elle paraît fatiguée, mais ne manifeste aucune trace de tension ni d'inquiétude. On n'en observe jamais, du reste ! Il doit y avoir chez la femme un système inné qui engendre l'oubli immédiat, une substance chimique ou une hormone qui, après la délivrance, pénètre la partie du cerveau où siège la mémoire si bien qu'il n'y subsiste aucun souvenir des souffrances atroces endurées plus tôt. S'il n'en était pas ainsi, aucune femme n'aurait un second enfant.

Quand tout est fin prêt, on permet à l'heureux père d'entrer. De nos jours, la plupart des pères sont auprès de leur femme pendant le travail et assistent à l'accouchement. Mais c'est une mode récente, et, pour autant que je sache, sans précédent. Assurément, dans les années cinquante, tout le monde aurait été profondément choqué par une idée pareille. L'enfantement était considéré comme une affaire de femmes. Même la présence de médecins (tous des hommes jusqu'à la fin du XIXe siècle) n'était pas la bienvenue, et ce n'est que lorsque l'obstétrique est devenue une science médicale reconnue que les hommes ont assisté à l'accouchement.

Jim est un homme petit, probablement âgé de moins de trente ans bien qu'il ait plutôt l'air d'approcher les quarante. Il se glisse dans la pièce, l'air embarrassé et confus. Sans doute ma présence le rend-elle muet, mais je ne pense pas qu'il ait jamais eu une grande maîtrise de la parole. Il murmure : « Ça va, ma grande ? » et dépose un baiser rapide sur la joue de Muriel. En présence de sa plantureuse épouse, qui doit bien peser au moins trente kilos de plus que lui, il semble encore plus menu. La peau fraîchement lavée et toute rose de Muriel accentue par contraste la mine grise, les traits tirés et l'aspect rabougri de son mari. Voilà ce que c'est que de travailler soixante heures par semaine dans les docks, me dis-je.

Ensuite, il regarde le bébé, hésite un peu – à l'évidence, il cherche un qualificatif convenable –, s'éclaircit la voix et dit : « Eh ben, c'est un sacré petit bout. » Et il part.

Je regrette de n'avoir pu connaître les hommes de l'East End. Mais ce n'était pas possible. J'appartiens au monde des femmes, au sujet tabou de l'enfantement. Les hommes sont polis et respectueux vis-à-vis de nous autres sages-femmes, mais il n'est pas question de la moindre familiarité, et encore moins d'amitié. Il y a un fossé profond entre le travail des hommes et celui des femmes. Alors, comme Jane Austen qui dans toute son œuvre n'a jamais rapporté une conversation entre deux hommes en tête à tête parce que, en tant que femme, elle ne pouvait pas connaître la nature d'un échange exclusivement masculin, je n'ai pas grand-chose à dire à propos des hommes du quartier de Poplar, au-delà d'observations superficielles.

Je suis presque prête à partir. La journée et la nuit ont été longues, mais un sentiment de satisfaction et d'euphorie profondes rend mes pas et mon cœur légers. Muriel et le bébé dorment tous les deux quand je me glisse hors de la chambre. Les braves femmes en bas m'offrent du thé, ce que je décline à nouveau aussi gracieusement que possible, prétextant que le petit déjeuner m'attend à Nonnatus House. Je laisse la consigne de nous appeler s'il y a le moindre motif d'inquiétude, mais je précise que je reviendrai vers l'heure du déjeuner, et le soir encore.

Quand j'étais arrivée dans cette maison dans le noir et sous la pluie, il y régnait une attente fiévreuse et impatiente, et on sentait l'inquiétude d'une femme en plein travail, prête à mettre au monde une vie nouvelle. Je laisse une maisonnée tranquille, endormie, qui a accueilli en son sein une nouvelle âme, et je sors sous le soleil du matin.

J'avais fait mon précédent trajet dans des rues sombres et désertes, des docks silencieux, et j'étais passée devant des grilles fermées, des quais vides. Maintenant, je roule dans l'air lumineux du matin ; le soleil est juste en train de se lever sur le fleuve, les grilles s'ouvrent ou sont déjà béantes, des flots d'hommes circulent dans les rues et se hèlent ; on commence à entendre des bruits de moteur, et à voir les grues se mettre en mouvement ; des camions tournent pour franchir les énormes grilles et on entend le bruit d'un navire qui évolue. Un port n'est pas un lieu romantique ; mais pour une jeune fille qui, sur vingt-quatre heures, n'a dormi que trois heures en travaillant tout le reste du temps, et après les émotions discrètes de la venue au monde sans histoires d'un bébé en bonne santé, c'est un spectacle grisant. Je ne sens même pas ma fatigue.

Le pont tournant est ouvert à présent, ce qui veut dire que la route est fermée. Un grand cargo transatlantique fait son entrée majestueuse et lente ; son avant et ses cheminées sont à quelques dizaines de centimètres des maisons de chaque côté. J'attends, en regardant d'un œil rêveur les pilotes et les navigateurs le guider jusqu'à sa place à quai. J'aimerais bien savoir comment ils s'y prennent. Ils ont une adresse incroyable, acquise au fil des ans, et cette technique se transmet de père en fils, ou d'oncle en neveu, paraît-il. Ce sont les princes des docks et les travailleurs intermittents les traitent avec le plus grand respect.

Il faut environ un quart d'heure à un bateau pour traverser le pont. Le temps de la réflexion. C'est curieux la façon dont ma vie a évolué, depuis une enfance interrompue par la guerre, une passion amoureuse quand je n'avais que seize ans et, trois ans plus tard, la conviction qu'il fallait que je prenne le large. Et voilà comment, pour des raisons purement pragmatiques, mon choix s'est porté sur le métier d'infirmière. Est-ce que je le regrette ?

Un son aigu et perçant m'arrache à ma rêverie, et le pont tournant commence à se fermer. La route est rouverte et la circulation s'ébranle. Je pédale tout près du trottoir car autour de moi, les camions sont un peu intimidants. Un malabar avec des muscles d'acier ôte son bonnet et crie : « 'Jour m'selle ! »

Je réponds sur le même ton : « Belle journée, hein ! » Et je continue à pédaler, toute à la joie de ma jeunesse, à la fraîcheur du matin, à l'animation grisante des docks, mais surtout à l'extraordinaire allégresse d'avoir mis au monde le bébé d'une heureuse maman.

Pourquoi ai-je choisi ce métier ? Est-ce que je regrette ? Non, non, mille fois non. Je n'en changerais pour rien au monde.

Nonnatus House

Si l'on m'avait dit, deux ans auparavant, que j'irais dans un couvent pour apprendre l'obstétrique, je serais partie en courant. Ce n'était pas mon genre. Les couvents, c'étaient pour les grenouilles de bénitier, ternes et moches. Pas pour moi. Je m'étais imaginé que Nonnatus House était un petit hôpital privé, comme il en existait des centaines dans le pays.

Je suis arrivée avec armes et bagages un soir d'octobre pluvieux. Je ne connaissais jusque-là de Londres que le West End[1]. L'autobus que j'avais pris à Aldgate m'avait conduite dans un quartier très différent : des rues étroites sans éclairage, des zones détruites par les bombardements, et des bâtiments gris et sales. Non sans mal, j'ai trouvé Leyland Street et cherché l'hôpital. Je ne l'ai pas vu. J'avais peut-être une mauvaise adresse.

J'ai arrêté une passante et demandé les sages-femmes de St. Raymond Nonnatus. Elle a posé son filet à provisions et m'a adressé un large sourire cor-

1. Comme dans beaucoup de villes, la partie ouest de Londres est celle des beaux quartiers.

dial ; ses dents de devant manquantes ajoutaient à la bienveillance de ses traits ; ses bigoudis en métal brillaient dans l'obscurité. Elle a ôté la cigarette qu'elle avait à la bouche et, avec un accent local très prononcé, a dit quelque chose d'inintelligible, qui devait être à peu près : « Vouvlésavoiroùkalsonlénonètes, ma poule ? »

Je l'ai regardée, en essayant de comprendre. Je n'avais pas parlé de caleçon, honnête ou pas.

« Non. Je cherche les sages-femmes de St. Raymond Nonnatus.

— Ben, c'est ce que j'dis, *ducky*. Les nonnettes. Par là, ma poule. C'est là qu'alles sont. »

Elle m'a donné des petites tapes rassurantes sur le bras, a désigné un bâtiment, s'est recollé la cigarette dans le bec et est repartie, suivie du clic-clac de ses semelles, qui lui battaient les talons.

À ce point de mon récit, je dois dire deux mots à mon lecteur perplexe sur la difficulté de retranscrire le dialecte cockney. Le cockney pur est – ou était – incompréhensible à toute personne étrangère à l'East End. Mais l'oreille s'habitue aux déformations des voyelles et des consonnes, aux inflexions et aux expressions idiomatiques, si bien qu'au bout d'un certain temps tout devient parfaitement clair. Lorsque j'écris sur ces habitants du quartier des docks, j'entends leur voix. Mais je digresse.

J'ai jeté sur le bâtiment un coup d'œil perplexe : des arcades et des tourelles victoriennes en briques sales, des rampes de fer, pas de lumières, et tout cela à proximité d'une zone de bombardements. Où diable suis-je tombée ? ai-je pensé. Cela n'est pas un hôpital.

J'ai tiré la poignée de la sonnette et entendu à l'intérieur résonner un bruit métallique profond. Des pas ont suivi quelques instants plus tard. La porte a été ouverte par une dame curieusement vêtue – pas tout à fait une infirmière, mais pas tout à fait une religieuse non plus. Elle était grande, maigre et très très âgée. Elle m'a regardée fixement au moins une minute sans rien dire, puis s'est penchée vers moi et m'a pris la main. Après avoir jeté un regard circulaire, elle m'a attirée dans le couloir et m'a murmuré à l'oreille sur un ton de conspiratrice : « Les pôles sont en train de diverger, ma petite fille. »

La surprise m'a rendue muette, mais, heureusement, elle n'attendait aucune réponse et a continué, d'une voix que l'émotion rendait haletante : « Oui, et Mars et Vénus sont en alignement. Vous savez ce que ça signifie, bien entendu ? »

J'ai secoué la tête.

« Oh, ma petite fille, les forces statiques, la convergence du fluide et du solide, l'hexagone qui descend pendant son passage à travers l'éther. Nous vivons un moment unique. Absolument incroyable. Les petits anges applaudissent avec leurs ailes. »

Elle a ri, a applaudi elle aussi avec ses mains osseuses et a sautillé.

« Mais entrez, entrez, ma petite fille. Vous boirez bien du thé avec un morceau de gâteau. Excellent, le gâteau. Vous aimez les gâteaux ? »

J'ai hoché la tête.

« Moi aussi. Nous allons en manger toutes les deux, et vous me donnerez votre opinion sur la théorie selon laquelle les profondeurs de l'espace sont transformées en permanence en corps célestes par la force de gravitation. »

Elle s'est tournée et s'est engagée à pas rapides dans un couloir en pierre, tandis que son voile blanc flottait derrière elle. Je me suis demandé si je devais la suivre, car j'étais persuadée de m'être trompée d'adresse, mais elle a paru s'attendre à ce que je lui emboîte le pas, car elle n'a cessé de parler, posant des questions auxquelles elle ne comptait manifestement pas avoir de réponse.

Elle est entrée dans une vaste cuisine à l'aspect victorien : sol dallé de pierre, évier en pierre, paillasse en bois, tables et placards en bois. La pièce contenait une cuisinière à gaz à l'ancienne, surmontée par un dressoir. Au-dessus de l'évier, il y avait un gros chauffe-eau au gaz, et des tuyaux en plomb au mur. Dans un coin était installé un grand poêle à charbon dont le tuyau montait jusqu'au plafond.

« Alors, maintenant, le gâteau, a dit ma compagne. Mrs. B. l'a fait ce matin. Je l'ai vu, de mes yeux vu. Où l'ont-elles mis ? Vous devriez jeter un coup d'œil, ma petite fille. »

Entrer dans une maison par erreur est une chose, mais fouiller la cuisine de quelqu'un est une tout autre affaire. J'ai ouvert la bouche pour la première fois : « Est-ce que je suis bien à Nonnatus House ? »

La vieille dame a levé les mains au ciel en un geste théâtral et s'est écriée d'une voix claire et forte : « Pas né, mais pourtant né dans la mort. Né pour la grandeur. Né pour commander et inspirer. » Elle a levé les yeux au plafond et, baissant la voix, a émis un chuchotement vibrant : « Né pour devenir saint ! »

Avais-je affaire à une folle ? Je l'ai regardée, les yeux écarquillés, stupéfaite et muette, puis j'ai répété ma question :

« Oui, mais suis-je bien à Nonnatus House ?

— Oh, ma petite fille, dès que je vous ai vue, j'ai su que vous comprendriez. Le nuage reste intact. La jeunesse est un don gratuit, les carillons chantent les indigos tristes et les vermillons profonds. Essayons d'en découvrir le sens si nous le pouvons. Mettez la bouilloire à chauffer, ma petite fille. Ne restez pas plantée là. »

Je me suis dit qu'il était inutile de répéter ma question, et j'ai donc empli la bouilloire. Quand j'ai tourné le robinet, les tuyaux de la cuisine se sont mis à ferrailler et à faire les bruits les plus alarmants. La vieille dame a fouiné partout, ouvrant placards et boîtes en fer, sans cesser de parler de rayons cosmiques et de confluences d'éthers. Soudain, elle a poussé un cri de joie. « Le gâteau ! Le gâteau ! Je savais que je le trouverais. »

Elle s'est tournée vers moi et, une lueur malicieuse dans l'œil, m'a chuchoté : « Elles croient pouvoir faire des cachotteries à sœur Monica Joan, mais elles ne sont pas assez malignes, ma petite fille. Pieds de plomb ou pieds légers, gais ou tristes, nul ne peut se cacher, tout sera dévoilé. Allez chercher deux assiettes et un couteau, et ne traînassez pas. Où est le thé ? »

Nous nous sommes assises à l'immense table en bois. J'ai versé le thé et sœur Monica Joan a coupé deux grosses tranches de gâteau. Elle a rompu la sienne en petits morceaux qu'elle a répartis sur son assiette avec ses longs doigts osseux. Elle a mangé avec des murmures d'extase et m'a adressé des clins d'œil en avalant ses bouchées de gâteau. Il était excellent et, unies dans la connivence, nous sommes tombées d'accord qu'une autre tranche s'imposait.

« Elles n'en sauront rien, ma petite fille. Elles croiront que c'est Fred qui s'est servi, ou ce pauvre malheureux qui s'assied sur le pas de la porte pour manger ses sandwichs. »

Elle a regardé par la fenêtre. « Il y a une lumière dans le ciel. Vous croyez que c'est une planète qui explose ou un extraterrestre qui atterrit ? »

J'avais l'impression que c'était un avion, mais j'ai opté pour la planète qui explosait, puis j'ai dit :

« Et si on refaisait du thé ?

— Vous me l'avez ôté de la bouche. Et si on reprenait une autre tranche de gâteau ? Les autres ne rentreront pas avant sept heures, vous savez. »

Elle a continué à bavarder. Ce qu'elle racontait n'avait ni queue ni tête, mais je trouvais cette femme fascinante. Plus je la regardais et plus j'étais sensible à la beauté fragile de ses pommettes hautes, à l'éclat de ses yeux, à la pâleur d'ivoire de son teint et à l'équilibre parfait de sa tête sur son long cou mince. Ses mains expressives bougeaient sans cesse, et le mouvement de ses longs doigts, tel un ballet de dix danseurs, avait un pouvoir hypnotique. Je me sentais tomber sous le charme.

Nous sommes venues sans aucun mal à bout du gâteau, ayant conclu d'un commun accord qu'une boîte vide se remarquerait moins qu'une petite part de gâteau sur une assiette. Elle m'a fait un clin d'œil malicieux et a dit en gloussant : « Sœur Evangelina, cette rabat-joie, va être la première à le remarquer. Elle vaut le coup d'œil quand elle se met en colère. Oh, l'horrible guenon ! Elle qui est déjà rougeaude, elle le devient encore plus, et son nez fuit. Oui, il fuit, je l'ai vu. » Elle a eu un mouvement de tête dédaigneux. « Mais peu m'importe. Le mystère de la preuve de la conscience est comme une maison saisie dans l'instant, la combinaison d'une fonction et d'un événement. L'élite susceptible d'accueillir comme il se doit cette découverte se réduit à un petit nombre d'individus. Mais chut ! Qu'est-ce que c'est ? Vite ! »

Elle s'est levée d'un bond, éparpillant des miettes de gâteau sur toute la table, sur le sol et sur elle-même, a saisi la boîte en fer et s'est précipitée vers le garde-manger. Puis elle est revenue s'asseoir, l'air exagérément innocent.

Des pas ont résonné sur les dalles de pierre du vestibule, accompagnés de voix de femmes. Trois religieuses sont entrées dans la cuisine. Comme la conversation portait sur les lavements, la constipation et les varices, j'en ai conclu que, contre toute attente, j'étais au bon endroit.

L'une d'entre elles s'est arrêtée et s'est adressée à moi : « Vous devez être Miss Lee. Nous vous attendions. Soyez la bienvenue à Nonnatus House. Je suis sœur Julienne, la sœur responsable. Nous aurons un petit entretien dans mon bureau après le dîner. Vous avez mangé ? »

Le visage et la voix étaient si ouverts, si francs, et la question si naturelle que j'ai été incapable de répondre. J'ai senti le gâteau peser sur mon estomac, et j'ai réussi à murmurer : « Oui, merci », en secouant discrètement une miette accrochée à ma jupe.

Les sœurs s'affairaient, allaient chercher assiettes, couteaux, fromage, biscuits salés et autres choses dans le garde-manger, et les disposaient sur la table de la cuisine. Un cri s'est élevé de derrière la porte, et une sœur au visage rouge est sortie, la boîte à gâteaux à la main. « Plus rien ! La boîte est vide. Où est le gâteau de Mrs. B. ? Elle l'a fait ce matin. »

Ce devait être sœur Evangelina. Son visage devenait de plus en plus rouge à mesure qu'elle regardait autour d'elle.

Personne n'a rien dit. Les trois sœurs se sont regardées. Sœur Monica Joan était assise, hautaine, les yeux fermés, irréprochable. Le gâteau était en train de jouer de sales tours à mes intérieurs, et je savais qu'il était impossible de cacher l'énormité de mon crime. J'ai murmuré d'une voix rauque : « J'en ai mangé un petit morceau. »

Le visage rouge et la silhouette lourde se sont approchés de sœur Monica Joan. « Et elle a fini le reste ! Regardez-la. Couverte de miettes. C'est répugnant. Ah, quelle gloutonne ! Elle ne peut pas résister. Le gâteau était pour nous toutes. Vous… vous… »

Sœur Evangelina tremblait de rage et, debout, elle dominait de toute sa taille sœur Monica Joan, qui restait absolument immobile, les yeux fermés, comme si elle n'avait pas entendu un seul mot. Elle paraissait fragile et aristocratique. Incapable de supporter ce spectacle, j'ai retrouvé ma voix. « Non, ce n'est pas ça. Sœur Monica Joan a pris une tranche et c'est moi qui ai mangé le reste. »

Les trois religieuses m'ont regardée avec étonnement. Je me suis senti rougir jusqu'aux cheveux. Si j'avais été un chien pris à dévorer le rôti du dimanche, j'aurais rampé sous la table, la queue entre les jambes. Entrer dans une maison inconnue et engloutir la plus grosse partie d'un gâteau à l'insu des propriétaires légitimes et sans leur permission était une faute de savoir-vivre méritant un châtiment sévère. Je me suis bornée à marmonner : « Je suis désolée. J'avais faim. Cela ne se renouvellera pas. »

Sœur Evangelina a reniflé d'un air écœuré et posé la boîte avec bruit sur la table.

Sœur Monica Joan, les yeux toujours fermés, la tête détournée, s'est départie de son immobilité. Elle a pris un mouchoir dans sa poche et l'a tendu à sœur Evangelina, le tenant par un coin entre le pouce et l'index, les autres doigts relevés avec une délicatesse exagérée. « C'est peut-être le moment d'éponger un peu, ma chère sœur ? » a-t-elle dit suavement.

La rage de sœur Evangelina s'est mise à bouillonner encore plus férocement. Son teint rouge a viré au violet et des gouttes se sont formées sous ses narines.

« Non merci, ma sœur, j'en ai un », a-t-elle sifflé entre ses dents serrées.

Sœur Monica Joan a eu un petit sursaut affecté, s'est essuyé délicatement le visage avec son mouchoir et a murmuré, comme si elle parlait toute seule : « Il pleut, ce me semble. J'ai horreur de la pluie. Je vais me retirer. Je vous prie de m'excuser, mes sœurs. Nous nous retrouverons à complies. »

Elle a adressé un gracieux sourire aux trois sœurs avant de se tourner vers moi et de m'adresser un clin d'œil majuscule, le plus malicieux que j'aie vu de ma vie. Et elle est sortie de la cuisine, la mine altière, l'allure majestueuse.

Quand la porte s'est refermée et que je me suis retrouvée seule avec les trois religieuses, j'étais morte d'embarras. J'aurais voulu rentrer sous terre ou prendre mes jambes à mon cou. Sœur Julienne m'a dit de monter ma valise au dernier étage, où je trouverais une chambre avec mon nom sur la porte. Je m'étais attendue à un silence lourd et à trois paires d'yeux rivées sur moi pendant que je sortais de la cuisine, mais sœur Julienne s'est mise à parler d'une vieille dame chez qui elle venait d'aller, et dont le chat semblait coincé dans la cheminée. Elles ont toutes éclaté de rire et, à mon grand soulagement, l'atmosphère s'est aussitôt détendue.

Dans le vestibule, je me suis demandé sérieusement si je ne ferais pas mieux de filer sans demander mon reste. Me retrouver dans un couvent, et non dans un hôpital, était ridicule, et toute la saga du gâteau, humiliante. Je pouvais prendre ma valise et disparaître dans l'obscurité. C'était tentant. À la vérité, j'aurais pu le faire si la porte d'entrée ne s'était ouverte à ce moment précis pour laisser entrer deux jeunes filles hilares. Elles avaient le visage rosi par l'air du soir et les cheveux ébouriffés par le vent. Quelques gouttes de pluie luisaient sur leurs longues gabardines. Elles avaient environ mon âge et semblaient heureuses et pleines de vie.

« Bonjour, a dit une voix basse et lente, vous devez être Jenny Lee. Soyez la bienvenue. Vous allez vous plaire ici. Nous ne sommes pas très nombreuses. Moi, c'est Cynthia et elle, Trixie. »

Mais Trixie avait déjà disparu dans le couloir menant à la cuisine en lançant : « Je meurs de faim. À plus tard. »

Cynthia avait une voix étonnante : douce, basse et légèrement rauque. De plus, elle parlait très lentement, et toujours avec une pointe d'amusement en arrière-fond. Chez un autre genre de fille, on aurait pu dire que c'était la voix cultivée et sexy de la charmeuse. J'en avais rencontré un certain nombre en quatre ans d'études d'infirmière. Mais Cynthia ne faisait pas partie du lot. Sa voix était totalement naturelle, et elle ne savait pas parler autrement. Ma gêne et mon incertitude ont disparu, et nous nous sommes souri, déjà amies. J'ai décidé de rester.

Plus tard dans la soirée, je suis allée voir sœur Julienne dans son bureau. Je n'en menais pas large, persuadée de recevoir un bon savon à propos du gâteau. Après quatre ans de tyrannie aux mains de la hiérarchie infirmière à l'hôpital, je m'attendais au pire et serrais les dents par avance.

Sœur Julienne était petite et rondelette. Ce jour-là, elle devait avoir travaillé quinze ou seize heures, mais elle avait l'air fraîche comme une rose. Son sourire radieux m'a rassurée et a dissipé mes craintes. Ses premiers mots ont été : « Nous ne parlerons plus du gâteau. »

J'ai poussé un grand soupir de soulagement, et sœur Julienne a éclaté de rire.

« Des choses étranges nous arrivent à toutes en compagnie de sœur Monica Joan. Mais je vous assure que personne n'y fera plus la moindre allusion, pas même sœur Evangelina. »

Elle avait dit ces derniers mots avec une insistance particulière, et je me suis mise à rire moi aussi. J'étais complètement séduite, et heureuse de ne pas avoir pris la fuite inconsidérément.

Je ne m'attendais pas à ce qui allait suivre.

« Quelle est votre religion, mademoiselle Lee ?

— Euh… c'est-à-dire… aucune… euh, enfin… méthodiste – je crois. »

Cette question m'a paru étonnante, hors sujet et même un peu sotte. Me questionner sur mon éducation, ma formation et mon expérience d'infirmière, mes projets – tout cela était prévisible et acceptable. Mais la religion ? Qu'avait à faire la religion avec tout le reste ?

Elle avait l'air très grave et m'a dit d'une voix douce : « Jésus-Christ est notre force et notre guide ici. Peut-être vous joindrez-vous à nous pour l'office du dimanche à l'occasion ? »

Elle m'a ensuite expliqué la formation que je recevrais et le rythme de vie à Nonnatus House. Je serais sous la surveillance d'une sage-femme diplômée pendant toutes les visites les trois premières semaines, puis j'assurerais seule les visites périnatales. Tous les accouchements se passeraient sous la surveillance d'une autre sage-femme. Les cours théoriques avaient lieu une fois par semaine le soir après le travail. Le temps consacré à l'étude devait être pris sur nos loisirs.

Tranquillement assise, elle m'a expliqué d'autres détails, dont la plupart me sont passés au-dessus de la tête. Je n'écoutais pas vraiment, mais me posais des questions sur elle, sur la raison pour laquelle je me sentais si bien, si à l'aise en sa compagnie.

Une cloche a sonné. Elle a souri. « C'est l'heure des complies. Je dois vous laisser. À demain matin. J'espère que vous passerez une nuit reposante. »

L'effet que produisait sœur Julienne sur moi – et, je l'ai découvert, sur la plupart des gens – était sans commune mesure avec ses paroles ou son apparence. Elle n'était ni imposante, ni majestueuse, ni frappante le moins du monde. Elle n'était même pas particulièrement intelligente. Mais il émanait d'elle quelque chose qui, malgré mes efforts pour l'identifier, m'échappait. Il ne m'est pas venu à l'idée à l'époque que ce rayonnement avait une dimension spirituelle et ne devait rien aux valeurs du monde temporel.

Visites du matin

Il était environ six heures du matin quand je suis rentrée à Nonnatus House après l'accouchement de Muriel. J'avais l'estomac dans les talons. Une nuit de travail et dix à douze kilomètres à bicyclette vous aiguisent solidement un jeune appétit. Quand j'y suis arrivée, la maison était silencieuse. Les religieuses étaient à la chapelle et le personnel laïque pas encore debout. J'étais fatiguée, mais je savais qu'avant de manger, il me fallait nettoyer ma trousse d'accouchement, laver et stériliser mes instruments, compléter mes notes et les laisser sur la table du bureau.

Le petit déjeuner était servi dans la salle à manger, et j'allais prendre le mien la première avant de me coucher quelques heures. J'ai fait main basse sur le garde-manger. Du thé, des œufs à la coque, des toasts, de la confiture de groseilles à maquereau, des cornflakes, des yogourts et des scones. Ah, là, là ! Je m'étais rendu compte que les sœurs avaient toujours une réserve de victuailles faites maison. Les confitures et conserves provenaient des nombreuses kermesses et ventes de charité qui semblaient se succéder toute l'année. Les biscuits et gâteaux délicieux étaient confectionnés soit par les sœurs, soit par les nombreuses femmes du voisinage qui venaient travailler à Nonnatus House. Tout membre du personnel ayant sauté un repas à cause d'un appel à l'extérieur avait libre accès au garde-manger. J'étais profondément reconnaissante de pareille libéralité, très différente des pratiques dans les hôpitaux, où il fallait mendier un peu de nourriture si vous aviez raté un repas pour quelque raison que ce soit.

J'ai fait un festin royal, laissé un mot demandant qu'on me réveille vers onze heures trente, et donné l'ordre à mes jambes fatiguées et récalcitrantes de me porter jusqu'à ma chambre. J'ai dormi comme un bébé et, quand on m'a réveillée avec une tasse de thé, je ne savais plus où j'étais. C'est le thé qui m'a rafraîchi la mémoire. Seules les religieuses attentives étaient capables de faire monter du thé à une infirmière qui avait travaillé toute la nuit. À l'hôpital vous auriez eu droit à un grand coup sur la porte, un point c'est tout.

Une fois descendue, j'ai regardé le planning du jour. Seulement deux ou trois visites avant le déjeuner. Une à Muriel et deux à des patientes dans les *tenements* devant lesquels je passais de toute façon. Quatre heures de sommeil m'avaient complètement reposée. J'ai sorti ma bicyclette et me suis mise à pédaler joyeusement sous le soleil.

Les *tenements* avaient toujours un air rébarbatif, quel que soit le temps. On appelait ainsi des bâtiments carrés auxquels on accédait par l'un des côtés, et dont tous les appartements donnaient sur l'intérieur. Ils avaient environ cinq étages et le soleil atteignait rarement la cour centrale, qui était le rendez-vous des habitants. Elle abritait toutes les cordes d'étendage et, comme chaque bâtiment comptait plusieurs centaines d'appartements, elles étaient toujours garnies de linge qui claquait au vent. La cour abritait aussi les poubelles.

À l'époque dont il est question ici, dans les années cinquante, chaque appartement avait l'eau courante froide et des toilettes. Avant l'introduction de ces équipements, les toilettes et l'eau courante étaient dans la cour et tout le monde devait descendre pour les utiliser. Dans certains *tenements*, on avait conservé les appentis des toilettes pour s'en servir de hangars à vélos ou à motos. Il n'y en avait pas beaucoup, peut-être trois douzaines, et je me suis demandé comment ce nombre pouvait suffire aux occupants d'environ cinq cents logements.

Je me suis frayé un chemin à travers le linge et suis arrivée à l'escalier que je visais. Tous les escaliers étaient extérieurs. Des marches en pierre conduisaient à une galerie donnant sur la cour intérieure qui filait sur toute la longueur de l'étage des quatre côtés, sans interruption. Chaque logement donnait sur cette galerie. Si la cour intérieure était le centre de la vie sociale du bloc, les galeries en étaient les rues animées où les commérages allaient bon train. Les habitantes des *tenements* les utilisaient comme celles des rangées de maisons identiques utilisaient leur rue. La promiscuité était telle que personne ne devait pouvoir faire quoi que ce soit sans que les voisins soient au courant. Le monde extérieur présentait fort peu d'intérêt pour les habitants de l'East End, aussi les affaires des autres étaient-elles leur sujet de conversation favori. Pour la plupart, c'était le seul centre d'intérêt, la seule distraction, le seul délassement. Quoi d'étonnant à ce que des bagarres sauvages aient souvent éclaté dans les *tenements* ?

Ceux-ci avaient un air avenant inhabituel quand je suis arrivée sous le soleil de midi. Je me suis frayé un chemin à travers les détritus, les poubelles et le linge de la cour. De jeunes enfants se sont rassemblés autour de moi. La trousse d'accouchement de la sage-femme était l'objet de leur intérêt le plus vif : ils croyaient que je transportais le bébé dedans.

J'ai trouvé l'entrée désirée et grimpé les cinq étages jusqu'à l'appartement où je devais me rendre.

Tous les logements étaient à peu près identiques : deux ou trois pièces en enfilade ; en guise de cuisine, un évier de pierre dans un coin de la pièce principale, une gazinière et un placard. Les toilettes, quand elles ont été introduites, devaient être installées près du point d'arrivée d'eau, elles étaient donc situées dans le coin proche de l'évier. L'installation de W.-C. dans chaque appartement a représenté un grand progrès en matière d'hygiène publique, en améliorant celle de la cour. Elle a aussi débarrassé les appartements des indispensables pots de chambre qui devaient être vidés chaque jour. Les femmes les descendaient et en versaient le contenu dans les caniveaux à cet effet. À ce qu'on m'a dit, il y avait de quoi être dégoûté quand on voyait la quantité d'immondices dans les cours.

Les *tenements* de l'East End ont été construits vers les années 1850, d'abord pour loger les hommes travaillant aux docks et leur famille. À l'époque, ils devaient être considérés comme des logements adéquats, suffisants pour une famille. Ils représentaient sans aucun doute une amélioration par rapport aux taudis au sol en terre battue qu'ils remplaçaient, et qui protégeaient à peine leurs habitants contre les éléments. Les *tenements* étaient construits en briques, avec un toit d'ardoise. La pluie n'y entrait pas et l'intérieur était sec. Je suis certaine qu'il y a cent cinquante ans, ils étaient même considérés comme luxueux. On n'aurait pas jugé qu'une famille nombreuse de dix ou douze personnes vivant dans deux ou trois pièces était logée à l'étroit. Somme toute, la grande majorité de l'humanité vit dans des conditions semblables depuis l'aube des temps.

Mais les temps changent et, dans les années cinquante, ces bâtiments étaient considérés comme des habitations insalubres. Les loyers étaient bien meilleur marché que ceux des maisons ouvrières et, par conséquent, seules les familles les plus pauvres, celles qui avaient le plus de mal à joindre les deux bouts, allaient y vivre. Les statistiques semblent indiquer que les familles les plus pauvres sont celles qui se reproduisent le plus, et les *tenements* grouillaient d'enfants. Les maladies infectieuses se répandaient dans les bâtiments comme une traînée de poudre. Les parasites aussi : puces, poux, tiques, gale, morpions, souris, rats et cafards. Les agents municipaux préposés à la lutte antiparasite ne chômaient pas. Les *tenements* ont été déclarés impropres à l'habitation et évacués dans les années soixante. Ils sont restés vacants pendant plus de dix ans avant d'être finalement démolis en 1982.

Petite, maigrichonne, Edith était une coriace. Elle paraissait beaucoup plus que ses quarante ans. Elle avait élevé six enfants. Pendant la guerre, la maison ouvrière où vivait la famille avait subi un bombardement, sans être touchée directement toutefois, et tous avaient survécu. Les enfants avaient alors été évacués. Le mari d'Edith travaillait aux docks et elle, dans une usine de munitions. Après le bombardement, son mari et elle avaient emménagé dans les *tenements*, le loyer y étant moins cher. Ils y avaient vécu pendant tout le Blitz et, par miracle, ces bâtiments qui abritaient une population très dense n'avaient pas été touchés. Edith n'avait pas vu ses enfants pendant cinq ans, mais la famille avait été réunie en 1945. Ils avaient continué à habiter là à cause du loyer, mais aussi parce qu'ils s'étaient habitués à la vie qu'on menait dans ces bâtiments. Comment on pouvait se débrouiller dans deux pièces avec six enfants qui grandissaient, cela a toujours été pour moi un mystère. Mais ils y arrivaient et pour eux, ce n'était pas une affaire.

Elle n'avait pas été contente de se retrouver enceinte une fois de plus ; en fait, elle était furieuse. Mais comme la plupart des femmes qui ont un bébé sur le tard, elle était devenue complètement gâteuse lorsque le petit était arrivé, et elle le couvait en permanence. Les couches envahissaient l'appartement – il n'en existait pas de jetables à l'époque – et un landau réduisait encore l'espace dans la pièce principale déjà encombrée.

Edith, qui avait accouché dix jours plus tôt, avait repris ses activités. À l'époque, on faisait garder le lit aux mères plus longtemps – dix à quinze jours, que l'on appelait « le repos postnatal ». Du point de vue médical, cette pratique n'était pas bonne, car il vaut beaucoup mieux pour une femme se remettre à bouger rapidement après l'accouchement, ce qui réduit les risques de complications telles que la thrombose. Mais à l'époque, on ne le savait pas, et la tradition voulait que les femmes gardent la chambre après la naissance. Le grand avantage est que cela leur permettait de jouir d'un repos réel et bien mérité. C'était à d'autres qu'incombaient toutes les tâches ménagères et, pendant une brève période, elles pouvaient mener une vie oisive. Les accouchées avaient bien besoin de prendre des forces, car une fois sur pied, c'est sur elles que tout reposerait. Si vous songez à l'effort physique requis pour monter les étages les bras chargés de courses : bois et charbon en hiver, paraffine pour les réchauds, ou ordures à descendre jusqu'aux poubelles dans la cour ; si vous songez au fait que pour sortir le bébé, il fallait descendre vaille que vaille le landau dans les escaliers, marche par marche, pour le remonter et le ranger au retour, souvent chargé de courses, sans compter le poids du bébé, vous commencez à mesurer la résistance dont ces femmes devaient faire preuve. Presque à chaque fois qu'on entrait dans un *tenement*, on voyait une femme en train de monter ou de descendre un landau volumineux. Cela représentait environ soixante-dix marches à chaque fois pour celles qui habitaient au dernier étage. Les landaus avaient de grosses roues, ce qui rendait la chose possible, ainsi que de bons ressorts qui faisaient rebondir les bébés. Ceux-ci adoraient ça, et hurlaient de rire ou de plaisir. L'opération était dangereuse de surcroît si les marches étaient glissantes, car tout le poids du landau devait être contrôlé par la seule poignée ; si la mère faisait un faux-pas ou s'il se passait quelque chose qui lui faisait lâcher prise, landau et bébé dégringolaient toutes les marches restantes. Quand je voyais une femme avec son landau, je l'aidais toujours en prenant l'autre extrémité, donc la moitié du poids, qui était considérable. Le poids de l'ensemble, pour une femme seule, devait être énorme.

Edith était vêtue d'une robe de chambre crasseuse, de chaussons éculés et elle avait des bigoudis sur la tête. Elle fumait tout en donnant le sein à son bébé. La radio diffusait du rock and roll à tue-tête. Edith semblait en pleine forme. En fait, elle avait meilleure mine et paraissait plus jeune que deux mois plus tôt. Le repos lui avait visiblement fait du bien.

« Bonjour, *luvvy*. Entrez donc. Vous ne voulez pas une bonne tasse de thé ? »

J'ai expliqué que j'avais d'autres visites à faire et j'ai décliné l'offre. Le bébé tétait avec voracité, mais je me suis dit en voyant les seins minuscules d'Edith qu'ils ne contenaient sans doute pas beaucoup de lait. Toutefois, il valait beaucoup mieux qu'elle continue à le nourrir plutôt que de le faire passer d'emblée au lait en poudre. Je me suis donc tue. Si le bébé ne prenait pas de poids, ou s'il montrait de réels signes de faim, nous en reparlerions. C'était notre habitude de faire une visite à chaque accouchée une fois par jour pendant un minimum de deux semaines. Nous voyions donc beaucoup chacune d'entre elles.

À cette époque, c'est devenu la mode de mettre les bébés au lait en poudre et de convaincre la mère que cela valait mieux pour le bébé. Les sages-femmes de St. Raymond Nonnatus n'ont cependant pas pris ce parti. Toutes nos patientes ont été encouragées et aidées à donner le sein le plus longtemps possible. Quinze jours au lit facilitaient cette pratique, car la mère ne se fatiguait pas en faisant mille choses, et toutes ses ressources physiques pouvaient être consacrées à fabriquer du lait pour le nourrisson.

Tout en jetant un coup d'œil sur la pièce encombrée, le tout petit coin cuisine, et le manque d'équipements, il m'est apparu brusquement que le biberon serait le plus mauvais choix possible pour le bébé. Où Edith pourrait-elle bien trouver la place de mettre les biberons et les boîtes de lait en poudre ? Comment stériliserait-elle ses biberons ? S'en donnerait-elle la peine ? Se donnerait-elle même celle de les laver, à défaut de les stériliser ? Il n'y avait pas de réfrigérateur et j'imaginais sans peine des biberons à moitié pleins traînant partout, que l'on donnerait une seconde ou une troisième fois au bébé, sans songer que les bactéries se développent rapidement dans du lait qui s'est refroidi et a été réchauffé. Non, le sein serait beaucoup moins dangereux, même si la quantité de lait était insuffisante.

Je me souviens de cours sur les avantages du biberon pendant la première partie de ma formation de sage-femme. Ils semblaient très convaincants. Lorsque j'ai commencé à travailler avec les sages-femmes de Nonnatus House, je les ai trouvées bien rétrogrades en les entendant toujours recommander l'allaitement au sein. Je n'avais pas pris en compte les conditions sociales dans lesquelles elles exerçaient. Les professeurs ne traitaient pas de la vraie vie, mais de situations théoriques et de jeunes mères idéales qui n'existaient que dans leur imagination : des jeunes femmes instruites, issues des classes moyennes, qui se souviendraient de toutes les règles et feraient tout ce qu'on leur dirait de faire. L'univers de ces grands pontes était à mille lieues de celui de jeunes idiotes qui se tromperaient de lait, confondraient les proportions, oublieraient de faire bouillir l'eau, seraient incapables de stériliser biberons et tétines et ne les laveraient même pas. Ces théoriciens étaient incapables d'imaginer qu'on laisse un biberon à moitié plein pendant vingt-quatre heures pour le redonner au bébé ; et tout aussi incapables de concevoir qu'un biberon roule sur le sol, récoltant au passage des poils de chat ou autres saletés. Jamais nos conférenciers n'avaient fait la moindre allusion à l'éventuel ajout dans le biberon de substances telles que sucre, miel, riz, mélasse, lait condensé, semoule, alcool, aspirine, Horlicks[1], Ovomaltine. De telles possibilités ne leur étaient peut-être pas venues aux oreilles, mais elles avaient été bien souvent constatées par les religieuses de Nonnatus House.

Edith et son bébé paraissaient aller parfaitement bien, aussi ne les ai-je pas dérangés. J'ai dit que je repasserais le lendemain pour peser l'enfant et examiner la mère.

J'avais une autre visite à faire, celle-là à Molly Pearce, une fille de dix-neuf ans qui attendait son

1. Boisson au lait malté prise le soir pour favoriser le sommeil.

troisième bébé et qui n'était pas venue à la consultation prénatale depuis trois mois. Comme elle approchait de son terme, nous devions faire le point.

Quand je me suis approchée de la porte, j'ai entendu du bruit à l'intérieur. Cela ressemblait à une dispute. J'ai toujours détesté les scènes et les bagarres, quelles qu'elles soient, et j'ai eu un mouvement de recul instinctif. Mais j'étais venue dans le cadre de mon travail, et j'ai donc frappé à la porte. Instantanément, le silence s'est fait à l'intérieur. Il a duré deux minutes environ, et a paru plus menaçant que le bruit. J'ai frappé à nouveau. Toujours rien. Puis on a tiré un verrou, une clé a tourné. C'est l'une des rares fois où j'ai vu une porte fermée à clé dans l'East End.

Le visage mal rasé d'un homme à l'air rébarbatif m'a dévisagée, l'œil soupçonneux, à travers le léger entrebâillement de la porte. Puis il a lâché une obscénité, craché sur le sol à mes pieds, et filé par la galerie en direction de l'escalier. La fille s'est approchée de moi. Elle avait le visage empourpré, semblait très agitée et légèrement essoufflée. « Bon débarras », a-t-elle crié de la rambarde, puis elle a donné un coup de pied dans le chambranle de la porte.

Elle paraissait enceinte de neuf mois environ, et je me suis dit que des disputes comme celle-ci risquaient de déclencher le travail, surtout s'il y avait eu des voies de fait. Mais je n'avais aucune preuve de cela pour l'instant. J'ai demandé à l'examiner, puisqu'elle n'était pas allée aux consultations prénatales. Elle a acquiescé de mauvaise grâce et m'a laissée entrer dans l'appartement.

À l'intérieur, la puanteur était indescriptible : un mélange immonde de sueur, d'urine, d'excréments, de cigarettes, d'alcool, de paraffine, de nourriture rance, de lait tourné et de vêtements sales. À l'évidence, Molly était une vraie souillon. La grande majorité des femmes que je rencontrais avaient à cœur d'être propres sur elles et de bien tenir leur maison, et ne ménageaient pas leur peine pour y parvenir. Mais pas Molly. Elle n'avait, elle, aucun instinct de femme d'intérieur.

Elle m'a conduite dans la chambre, où il n'y avait pas de lumière. Le lit était dégoûtant. Pas de draps. Juste un matelas nu et des oreillers. Quelques couvertures grises de surplus militaires étaient posées sur le lit, et dans un coin se trouvait un berceau en bois. L'endroit ne convenait pas à un accouchement. Une sage-femme l'avait jugé acceptable quelques mois auparavant, mais à l'évidence, les conditions domestiques s'étaient détériorées depuis. Il faudrait que je signale cela aux religieuses.

J'ai demandé à Molly de se défaire et de s'allonger. Elle a obéi, et j'ai alors remarqué un gros hématome noir sur sa poitrine. Quand je lui ai demandé comment cela lui était arrivé, elle a grogné et rejeté la tête en arrière. « C'est l'autre », a-t-elle dit en crachant par terre. Elle n'a donné aucune autre information et s'est allongée. Peut-être mon arrivée à l'improviste lui avait-elle épargné d'être frappée à nouveau.

Je l'ai examinée. La tête du fœtus était déjà bien basse, sa position semblait normale et je l'ai senti bouger. J'ai écouté le cœur fœtal, qui battait régulièrement : 126 pulsations par minute. La mère et le bébé semblaient en bonne santé, en dépit de tout le reste.

C'est alors seulement que j'ai remarqué les enfants. J'ai entendu un bruit dans un coin de la chambre sombre et j'ai sauté au plafond. Croyant que c'était un rat, j'ai regardé dans la direction d'où venait le bruit et distingué deux petits visages qui, derrière une chaise, me regardaient. Molly a entendu mon hoquet de surprise et a dit : « C'est bon, Tom, viens là. »

Oui, évidemment, il devait y avoir de jeunes enfants dans l'appartement : c'était sa troisième grossesse, et elle n'avait que dix-neuf ans, donc les petits ne devaient pas encore avoir atteint l'âge scolaire. Pourquoi ne les avais-je pas remarqués plus tôt ?

Deux petits garçons d'environ deux ou trois ans sont sortis de derrière la chaise. Ils étaient absolument silencieux. Les petits garçons de cet âge sont en général turbulents et très bruyants, mais ces deux-là, non. Leur silence était anormal. Ils avaient de grands yeux craintifs et, après avoir fait un ou deux pas en avant, cramponnés l'un à l'autre comme pour chercher une protection mutuelle, ils se sont retirés à nouveau derrière la chaise.

« Tout va bien, les enfants, c'est seulement l'infirmière. Elle ne va pas vous faire de mal. Venez là. »

Ils sont sortis à nouveau, deux petits bouts de chou sales, le visage souillé par les larmes et la morve. Ils ne portaient qu'un pull, une habitude que j'avais très souvent constatée dans le quartier de Poplar et que, pour une raison obscure, je trouvais particulièrement répugnante. Quand un enfant commençait à marcher, on ne lui couvrait que le torse et on le laissait nu à partir de la taille. Cette pratique semblait surtout générale pour les petits garçons. On m'a dit que les femmes s'évitaient ainsi des lessives. Avant d'apprendre à aller sur le pot, l'enfant pouvait uriner n'importe où sans qu'il y ait de couches ni de vêtements à laver. Les enfants couraient ainsi toute la journée le long des galeries et dans les cours.

Tom et son petit frère sont sortis de leur coin et ont couru vers leur mère. Ils paraissaient ne plus avoir peur. Elle a tendu un bras affectueux et ils se sont serrés contre elle. Bon, au moins, elle a l'instinct maternel, me suis-je dit. Je me suis demandé combien de temps ces petits passaient derrière leur chaise quand leur père était à la maison.

Mais je n'étais pas assistante sociale ni inspectrice de santé, et il était inutile de spéculer sur ce genre de chose. J'ai décidé de transmettre mes observations aux sœurs et dit à Molly que je reviendrais plus tard dans la semaine afin de vérifier si toutes les conditions étaient remplies pour un accouchement à domicile.

Il me restait encore à aller voir Muriel, et c'est avec un grand soulagement que j'ai quitté l'atmosphère nauséabonde de ce logement.

L'air froid et ensoleillé du dehors ainsi que le trajet à vélo jusqu'à l'île aux Chiens m'ont rafraîchi les idées et j'ai pédalé allégrement.

« Alors, *luvvy*, ça va-t'y ? » C'est ainsi que j'étais saluée à tue-tête par plusieurs femmes, que je les connaisse ou non. C'était toujours la même phrase, criée du trottoir. « Très bien, merci, et vous, ça va-t'y ? » répondais-je toujours. Difficile de ne pas glisser vers la façon de parler locale.

Non, je n'y crois pas ! me suis-je dit en tournant dans la rue de Muriel, elle ne peut pas être déjà là ! Eh bien si. Mrs. Jenkins était là avec sa canne, son filet à provisions, son foulard par-dessus ses bigoudis et l'éternel manteau long plein de taches de moisissure qu'elle portait été comme hiver. Elle parlait à une femme dans la rue et buvait chacune de ses paroles. Elle m'a vue ralentir, s'est approchée de moi et ses mains sales aux ongles longs ont agrippé ma manche.

« Comment qu'elle va ? Et son petit ? » m'a-t-elle demandé de sa voix râpeuse.

Agacée, j'ai retiré mon bras. À chaque accouchement, Mrs. Jenkins arrivait sur place. Quelle que soit la distance, quel que soit le temps, quelle que soit l'heure, matinale ou tardive, elle était toujours là à rôder dans la rue. Personne ne savait où elle habitait, comment elle obtenait ses informations, ni comment elle réussissait à faire parfois cinq ou six kilomètres à pied jusqu'à la maison où était né un bébé. Mais elle était toujours présente.

Elle me tapait sur les nerfs et je l'ai plantée là sans répondre. Je la considérais comme une vieille bique indiscrète. J'étais jeune, trop jeune pour comprendre. Trop jeune pour voir le chagrin dans ses yeux ou entendre l'urgence éperdue dans sa voix.

« Comment qu'elle va ? Et le petit ? Comment qu'y va, le petit ? »

Je suis entrée directement dans la maison, sans me donner la peine de frapper. La mère de Muriel est apparue aussitôt, empressée et souriante. Elle appartenait à cette génération de mères qui se savaient absolument indispensables à un moment tel que celui-ci, ce qui leur donnait non seulement l'agréable sentiment d'avoir bien rempli leur rôle, mais aussi une motivation durable. Très affairée, elle s'est hâtée de me donner des informations. « Elle dort depuis que vous êtes partie. Elle est allée aux toilettes et a fait pipi. Elle a bu du thé et là, je lui prépare un petit morceau de poisson. Le bébé a été au sein, je m'en suis occupée, mais elle a pas encore eu sa montée de lait. »

Je l'ai remerciée et suis montée dans la chambre au premier. Elle était claire, impeccable, et il y avait un bouquet sur la commode. Comparé à l'appartement crasseux et sordide de Molly, celui-ci avait l'air d'un paradis.

Muriel était réveillée, mais somnolente. Ses premiers mots ont été : « Je veux pas de poisson ! Vous pourriez pas le dire à maman ? Ça me tente pas du tout, mais elle veut rien savoir. Vous, elle vous écoutera peut-être. »

Apparemment, il y avait une divergence de vues entre la mère et la fille. Je ne voulais pas m'en mêler. J'ai pris le pouls de Muriel et sa tension. Normaux. Ses pertes vaginales n'étaient pas excessives et l'utérus aussi était normal à la palpation. J'ai examiné ses seins. Un peu de colostrum en sortait, mais pas de lait, comme avait dit sa mère. Je voulais essayer de faire téter le bébé ; en fait, c'était le but principal de ma visite.

Dans son berceau, il dormait profondément. L'aspect fripé, l'altération du teint due au stress et au traumatisme de la naissance avaient disparu, et les cris d'alarme et de peur accompagnant la venue au monde avaient cessé. Il était détendu, paisible et chaud. Presque tout le monde vous dira ressentir face à un nouveau-né une émotion profonde qui va de la crainte respectueuse à l'étonnement. L'impuissance du petit d'homme à la naissance m'a toujours impressionnée. Tous les autres mammifères ont très vite une certaine autonomie. Deux heures après être venus au monde, de nombreux animaux sont debout et courent. D'autres sont au moins capables de trouver la mamelle et de téter. Mais pas le bébé humain. Si le sein, ou le mamelon, n'est pas placé dans sa bouche et la succion encouragée, il peut mourir de faim. J'ai une théorie selon laquelle tous les bébés humains naissent prématurément. Compte tenu de la durée de vie humaine – soixante-dix ans –, si l'on compare à d'autres animaux qui ont une longévité équivalente, la gestation devrait durer deux ans chez les humains. Mais la tête du petit d'homme est si grosse à l'âge de deux ans qu'aucune femme ne pourrait accoucher. Aussi nos bébés naissent-ils prématurément, dans un état d'impuissance totale.

J'ai pris le petit être dans son berceau et l'ai apporté à Muriel. Elle savait quoi faire et a commencé à presser son sein pour faire sortir un peu de colostrum du mamelon. Nous avons essayé d'en mettre une goutte sur les lèvres du bébé, mais cela ne l'a pas intéressé. Il s'est tortillé et a détourné la tête. Nous avons réessayé. Même réaction. Il a fallu près d'un quart d'heure de tentatives patientes pour encourager le bébé, et à la fin, nous l'avons convaincu d'ouvrir la bouche assez grande pour y introduire le mamelon. Il a tété deux ou trois fois, et s'est rendormi. Profondément, comme si tous ses efforts l'avaient épuisé. Muriel et moi nous sommes mises à rire.

« On croirait que c'est lui qui a fait tout le boulot, et pas vous et moi, pas vrai, mademoiselle Lee ? » a-t-elle dit.

Nous avons décidé de ne pas insister pour l'instant. Je reviendrais dans la soirée. En attendant, elle pourrait réessayer dans la journée si elle voulait.

En descendant, j'ai respiré des odeurs de cuisine. Ce ne serait peut-être pas du goût de Muriel, mais cela m'a fait saliver. Je mourrais de faim et un délicieux déjeuner m'attendait à Nonnatus House. J'ai pris congé de tout mon petit monde et me suis dirigée vers ma bicyclette. Mrs. Jenkins montait la garde à côté d'elle. Comment m'en débarrasser ? Je ne voulais pas bavarder, je voulais juste rentrer déjeuner, mais elle tenait la selle. À l'évidence, elle n'allait pas me laisser partir sans avoir obtenu des informations.

« Comment qu'elle va ? Et le petit ? Comment qu'y va, le petit ? » a-t-elle sifflé, les yeux fixes.

Il y a quelque chose de déroutant dans le comportement obsessionnel. Mais chez Mrs. Jenkins, c'était pire encore. Elle était repoussante. À environ soixante-dix ans, elle était toute petite et courbée, et ses yeux noirs me vrillaient, détruisant tous mes rêves de déjeuner agréable. Vue du haut de mon arrogance, c'était une créature laide, édentée, dont les mains sales semblables à des griffes descendaient le long de ma manche et s'approchaient désagréablement de mes poignets. Je me suis redressée de toute ma taille, qui devait faire deux fois la sienne, et j'ai dit d'une voix froide et professionnelle :

« L'accouchement de Mrs. Smith s'est très bien passé. Elle a eu un petit garçon. La mère et l'enfant se portent bien. Maintenant, si vous voulez bien m'excuser, il faut que je parte.

— Dieu soit loué », a-t-elle dit. Et elle a lâché la manche de mon manteau et ma bicyclette. Elle n'a rien ajouté.

Vieille folle, ai-je pensé en m'éloignant sur mon vélo. On ne devrait pas la laisser sortir.

Ce n'est qu'un an plus tard, quand j'étais infirmière-visiteuse, que j'en ai appris davantage sur Mrs. Jenkins… et cela m'a donné une leçon d'humilité.

Chummy

La première fois que j'ai vu Camilla Fortescue-Cholmely-Browne (appelez-moi Chummy[1]), j'ai cru que c'était un travelo. Un mètre quatre-vingt-cinq, des épaules d'avant-centre, et pointure quarante-quatre. Ses parents avaient dépensé une fortune pour essayer de la rendre plus féminine, mais en vain.

Chummy et moi étions les dernières recrues, et elle est arrivée après la soirée mémorable où, avec sœur Monica Joan, j'avais liquidé un gâteau pour douze. Cynthia, Trixie et moi sortions de la cuisine après le petit déjeuner quand on a sonné à la porte d'entrée, et cette géante en jupon est entrée. Elle a cligné des yeux myopes derrière ses épaisses lunettes cerclées de métal en nous regardant de son mètre quatre-vingt-cinq, et a demandé d'une voix surprenante : « Je suis bien à Nonnatus House ? » On aurait cru qu'elle parlait avec une patate chaude dans la bouche.

Trixie, volontiers sarcastique, a regardé dans la rue

1. *Chummy* : Dérivé familier de *chum* (copain) : « Vieille branche », « pote ». Le diminutif est aussi un jeu sur le nom de famille de Camilla, Cholmely, dont la prononciation est proche.

par la porte ouverte : « Il y a quelqu'un ? » a-t-elle lancé à la cantonade. Puis elle est revenue dans le vestibule, se heurtant à l'inconnue.

« Oh, pardon, je ne vous avais pas remarquée », a-t-elle dit avant de filer vers la salle de consultations.

Cynthia s'est avancée et a accueilli l'arrivante avec la gentillesse et l'amabilité délicieuses qui avaient chassé mes envies de fuir la veille au soir.

« Vous devez être Camilla.

— Oh, appelez-moi Chummy.

— Très bien, alors, Chummy, entrez, et nous irons voir sœur Julienne. Vous avez pris votre petit déjeuner ? Je suis sûre que Mrs. B. vous préparera quelque chose. »

Chummy a saisi sa valise, fait deux pas et s'est pris les pieds dans le paillasson. « Oh, zut et flûte ! Il n'y a pas plus maladroit que moi ! » s'est-elle exclamée en gloussant comme une petite fille. Se baissant pour redresser le paillasson, elle a bousculé le portemanteau de l'entrée, faisant tomber deux manteaux et trois chapeaux par terre.

« Désolée ! Je vais les ramasser. » Mais Cynthia, craignant le pire, l'a devancée. « Ah, merci, vous êtes une chic fille », a-t-elle dit en accompagnant sa remarque d'un rire hennissant.

C'est naturel ou elle le fait exprès ? me suis-je demandé. Mais la voix était bien à elle, et n'a jamais varié, pas plus que son vocabulaire. C'était toujours des « chic alors », des « épatant » ou des « bigre » : mais curieusement, malgré sa taille de mastodonte, elle avait une voix douce et charmante. En fait, pendant tout le temps où je l'ai fréquentée, je me suis rendu compte que tout était doux et charmant chez elle. En dépit de son apparence, elle n'avait rien d'une lesbienne. Elle avait une mentalité de très jeune fille, timide et peu sûre d'elle. Et puis elle essayait désespérément de se faire aimer.

Les Fortescue-Cholmeley-Browne appartenaient à l'élite des grandes familles provinciales. Son arrière-arrière-grand-père était devenu haut fonctionnaire aux Indes vers 1820, et la tradition s'était perpétuée génération après génération. Son père était gouverneur du Rajasthan (une province de la taille du Pays de Galles), qu'il continuait à traverser à cheval, même dans les années cinquante. Nous avons appris tout cela en regardant la collection de photographies exposées dans la chambre de Chummy. Elle était la seule fille d'une fratrie de garçons. Tous étaient grands, mais hélas, elle avait deux centimètres et demi de plus que le reste de sa famille.

Les enfants avaient été éduqués en Angleterre, les garçons à Eton et Chummy à Roedean[1]. Ils étaient confiés aux soins de tuteurs dans ce pays, car leur mère était restée aux Indes avec son mari. Apparemment, Chummy avait été pensionnaire dès l'âge de six ans et ne connaissait pas d'autre vie. Elle se cramponnait à sa collection de photos de famille avec une ferveur touchante – peut-être n'avait-elle pas de lien plus proche avec les siens – et elle adorait tout particulièrement une photo d'elle avec sa mère, prise quand elle avait environ quatorze ans.

« C'est pendant les vacances que j'ai passées avec

1. Prestigieux pensionnat privé de filles, situé près de Brighton.

Mater », disait-elle fièrement, sans prendre conscience de ce que sa remarque avait de pathétique.

Après Roedean, elle avait été envoyée dans une *Finishing school*[1] en Suisse, puis était retournée en Angleterre, à Londres, à l'institut dirigé par Lucy Clayton, afin d'être préparée à sa présentation à la Cour. C'était l'époque des débutantes, où les filles des meilleures familles devaient faire leur entrée dans le monde, leur *coming out*, comme on disait alors. Le sens de l'expression a changé depuis. Durant ces années-là, elle signifiait qu'une jeune fille était présentée officiellement au monarque au palais de Buckingham. Chummy a été présentée, comme en attestent deux photographies de l'événement. Sur la première, on la reconnaissait bien, ridicule en robe de bal chichiteuse, tout en dentelles, rubans et fleurs, debout dans un groupe de jolies jeunes filles habillées comme elle ; ses énormes épaules osseuses les dominaient toutes. Sur la seconde, elle était présentée au roi George VI. Sa haute taille et sa silhouette anguleuse faisaient ressortir la grâce menue de la reine et la beauté délicate des deux princesses, Elizabeth et Margaret. Je me suis demandé si Chummy avait conscience de son aspect incongru sur ces photos qu'elle était si heureuse et si fière de montrer.

Après la présentation à la Cour, elle a passé un an dans une école de cuisine qui prenait en pension un petit nombre de jeunes filles triées sur le volet. Chummy a appris l'art de la parfaite hôtesse – com-

1. École de filles où l'on enseigne les bonnes manières et les arts d'agrément.

ment faire des hors-d'œuvre parfaits, du foie gras parfait – mais est restée empotée, mal à l'aise dans son corps, trop grande, et globalement inapte à recevoir, dans quelque société que ce soit. On a donc estimé qu'un cours dans la meilleure école de couture de Londres était tout indiqué. Pendant deux ans, Chummy s'est exercée au crochet, à la broderie, au macramé, a surpiqué, fait de la dentelle et de la broderie anglaise. Pendant deux ans, elle a piqué à la machine, posé des épaulettes et fait des ourlets doubles. Tout cela, en vain. Pendant que les autres filles brodaient au point de chausson ou au point d'épines en parlant allégrement ou tristement de leurs soupirants et de leurs petits amis, Chummy, que tout le monde trouvait sympathique mais qui n'avait pas d'amoureux, gardait le silence, en éternelle exclue.

Elle n'a jamais su comment cela était venu, mais un jour, sans préambule, elle a trouvé sa vocation : se consacrer à soigner les autres et à servir Dieu. Chummy serait missionnaire.

Au comble de l'impatience et de l'émotion, elle s'est inscrite à l'école d'infirmières de l'hôpital St. Thomas à Londres, la Nightingale School. Sa réussite a été immédiate. Elle adorait le travail en salle et se sentait pour la première fois de sa vie compétente et sûre d'elle, car elle était certaine d'être à sa place. Les patients l'adoraient, le personnel qualifié la respectait, et les plus jeunes l'admiraient. En dépit de sa grande taille, elle était très douce, et avait une compréhension intuitive des patients, surtout des très vieux, des grands malades ou des mourants. Même sa maladresse, trait distinctif de ses jeunes années, l'a quittée. Dans les salles, jamais elle ne laissait rien tomber, jamais elle ne cassait quoi que ce soit. Jamais elle n'avait un geste malhabile, elle ne bousculait jamais rien. Tout cela semblait ne la poursuivre et l'affliger que dans la vie sociale, à laquelle elle restait totalement inadaptée.

Naturellement, les jeunes médecins et étudiants en médecine, dont 90 % étaient des hommes, étaient toujours en quête de jolies filles, et se moquaient d'elle. Ils faisaient des plaisanteries salées sur la difficulté de monter un cheval de trait, ou demandaient lequel d'entre eux avait l'organe d'étalon nécessaire à la tâche. On vantait aux étudiants de première année les charmes de la ravissante infirmière de la salle du nord, avec laquelle on pourrait arranger un rendez-vous ; mais quand ceux-ci voyaient l'infirmière en question, ils fuyaient, horrifiés, en jurant de se venger des mauvais plaisants. Heureusement, ces blagues et méchants tours ne sont jamais arrivés aux oreilles de Chummy. Ils sont passés au-dessus de sa tête sans qu'elle se doute de rien. Si elle en avait eu connaissance, il est probable qu'elle n'aurait pas compris et qu'elle aurait adressé un large sourire à ses persécuteurs, leur faisant honte avec son innocence.

Les débuts de Chummy en obstétrique ont été moins réussis, mais tout aussi spectaculaires. Il a fallu quelques jours avant qu'elle puisse sortir dans le quartier. D'abord, aucun uniforme n'était à sa taille. « Qu'à cela ne tienne, je vais m'en faire un », a-t-elle lancé allégrement. Sœur Julienne doutait qu'il y eût un patron adéquat. « Ce n'est pas grave, je peux en fabriquer un avec du papier journal », a déclaré Chummy. Et, à la surprise générale, c'est ce qu'elle a fait. On s'est procuré du tissu et, en très peu de temps, deux robes ont été confectionnées.

Pour la bicyclette, ce fut un peu plus compliqué. Chummy avait beau avoir reçu une éducation soignée et posséder toutes sortes de talents féminins, personne n'avait jugé utile de lui apprendre à monter à bicyclette. À cheval, oui, mais à bicyclette, non.

« Qu'à cela ne tienne, j'apprendrai », a-t-elle dit avec bonne humeur. Sœur Julienne a précisé qu'il était difficile à un adulte d'acquérir les réflexes. « Ce n'est pas grave, je m'entraînerai », a-t-elle répondu avec le même optimisme.

Cynthia, Trixie et moi l'avons accompagnée dans le hangar à vélos et avons choisi le plus grand, un énorme vieux Raleigh qui devait dater des années 1910 ; il était en acier massif avec un guidon haut et un avant galbé. Les pneus, robustes, devaient avoir près de huit centimètres de diamètre et il n'y avait pas de vitesses. L'engin devait peser une demi-tonne, c'est pour cela que personne ne s'en servait. Trixie a huilé la chaîne et nous nous sommes préparées au départ.

C'était juste après le déjeuner. Nous avons décidé de pousser Chummy et de lui faire faire des allers et retours dans Leyland Street jusqu'à ce qu'elle trouve son équilibre. Après quoi, nous irions en convoi vers des rues désertes et plates. La plupart de ceux qui ont tenté d'apprendre à faire du vélo à l'âge adulte vous diront que c'est une expérience terrifiante. Beaucoup trouvent la chose impossible et abandonnent. Mais Chummy avait un caractère bien trempé. Ses ancêtres étaient les bâtisseurs de l'Empire, et leur sang coulait dans ses veines. De plus, elle voulait devenir missionnaire et, pour cela, il lui fallait être sage-femme. Si elle devait savoir faire du vélo pour parvenir à ses fins, eh bien, elle réussirait à faire rouler l'engin.

Nous avons poussé cette énorme masse tremblante en criant : « Pédale, pédale ! Lève, appuie, lève, appuie ! » jusqu'à épuisement. Elle pesait lourd, environ soixante-quinze kilos de muscles et d'os compacts, et le vélo devait en peser près de quarante, mais nous avons continué à pousser. À quatre heures, l'école du quartier finissait, et un flot d'enfants est sorti. Une dizaine d'entre eux ont pris le relais, nous offrant à nous autres filles un repos bien gagné ; ils ont couru à côté de Chummy et derrière elle, poussant, et lui criant des encouragements.

À plusieurs reprises, Chummy est tombée lourdement sur le sol. Quand sa tête a heurté le rebord du trottoir, elle a dit : « Ce n'est pas grave, il n'y a pas de cervelle là-dedans. » Quand elle s'est blessée à la jambe, elle a murmuré : « C'est juste une égratignure. » Quand elle est tombée sur un bras elle a déclaré : « J'en ai un autre. » Elle était d'une ténacité à toute épreuve. Nous avons commencé à la respecter. Même les gamins cockneys, qui l'avaient prise pour un personnage comique, ont changé de chanson. Un petit dur d'environ douze ans, qui s'était ouvertement moqué d'elle au début, s'est mis à la regarder avec une admiration solennelle.

L'heure était venue de s'aventurer au-delà de Leyland Street. Chummy avait trouvé son équilibre et elle parvenait à pédaler. Nous avons donc décidé de la faire rouler une demi-heure avec nous dans les rues avoisinantes. Trixie était devant, Cynthia et moi de chaque côté de Chummy, et les enfants couraient derrière en criant.

Nous sommes arrivées jusqu'en haut de Leyland Street, mais pas plus loin. Nous n'avions pas pensé à montrer à Chummy comment prendre un virage. Trixie a tourné à gauche en criant : « Tu me suis », et elle s'est éloignée. Cynthia et moi avons amorcé un virage à gauche, mais Chummy a continué tout droit. J'ai vu son expression figée quand elle a foncé droit sur moi. Après cela, tout est devenu très confus. Apparemment, un agent de police était en train de traverser la rue quand nous l'avons percuté toutes les deux. Nous avons été arrêtées par le trottoir d'en face. Le spectacle d'un représentant de la loi heurté de plein fouet par deux sages-femmes a déclenché l'allégresse des enfants. Ils ont hurlé de joie, et les portes se sont ouvertes tout le long de la rue, d'où sont sortis d'autres enfants et des adultes curieux.

Je me suis retrouvée sur le dos dans le caniveau, sans savoir ce qui m'était arrivé. Dans cette position, j'ai entendu un gémissement, puis l'agent de police s'est remis sur son séant avec ces mots : « Quel est l'imbécile qui a fait ça ? » J'ai vu Chummy se redresser. Elle avait perdu ses lunettes et a regardé autour d'elle. Cela explique peut-être ce qui a suivi, ou alors elle n'avait pas retrouvé ses esprits. Elle a envoyé une grande claque dans le dos de l'homme avec un de ses battoirs et a dit : « Pas le moment de pleurnicher. Allez, ma vieille, on ne se laisse pas abattre. Un peu de nerf, que diable ! » À l'évidence, elle ne se rendait pas compte qu'elle s'adressait à un agent.

C'était un homme costaud, mais pas autant que Chummy. Le coup l'a fait tomber en avant, son visage a heurté l'une des bicyclettes et il s'est ouvert la lèvre.

Chummy s'est contentée d'un : « Oh, ce n'est qu'une égratignure. Pas la peine d'en faire un plat, enfin, quoi ! » Et elle lui a allongé une autre claque dans le dos.

L'agent était outré. Il a sorti son carnet et léché son crayon. Les enfants ont disparu… La rue s'est vidée. Il a jeté à Chummy un regard menaçant. « Je vais prendre vos noms et adresse. Voies de fait sur un agent de la force publique. Sachez que c'est un délit grave. »

Je suis persuadée que c'est la voix sexy de Cynthia qui nous a sorties de là. Sans elle, nous aurions été convoquées au tribunal le lendemain. Je n'ai jamais su comment elle s'y est prise, d'autant qu'elle était tout à fait inconsciente de son charme. Elle a dit peu de chose, mais la colère de l'homme s'est évaporée d'un coup et, quelques instants plus tard, il lui mangeait dans la main. Il a ramassé les vélos, nous a escortées jusqu'en bas de la rue, à Nonnatus House, et nous a quittées avec ces mots : « Ravi de vous avoir rencontrées, mesdemoiselles. J'espère que nous nous reverrons. »

Chummy a dû passer trois jours au lit. Le médecin a dit qu'elle subissait le contrecoup du choc, et qu'elle était légèrement commotionnée. Elle a dormi pendant les premières trente-six heures, avec de la fièvre et un pouls irrégulier. Le quatrième jour, elle a pu s'asseoir dans son lit et demander ce qui s'était passé. Quand nous le lui avons raconté, elle s'est montrée horrifiée et bourrelée de remords. Dès qu'elle a pu sortir, sa première visite a été au poste de police pour retrouver l'agent qu'elle avait blessé. Elle a emporté une boîte de chocolats et une bouteille de whisky.

Molly

Quand je suis allée dans les immeubles Canada pour une visite de contrôle chez Molly à propos de son accouchement à domicile, elle était sortie. Il m'a fallu trois visites avant de la trouver chez elle. À la deuxième, j'ai cru entendre bouger dans l'appartement et j'ai frappé à plusieurs reprises. Il y avait assurément quelqu'un dedans, mais la porte était fermée à clé et personne n'est venu l'ouvrir. À la troisième visite, elle a ouvert la porte. Elle avait une mine épouvantable. Elle n'avait que dix-neuf ans, mais était pâle et défaite. Ses cheveux plats et gras pendaient sur son visage sale, et les deux petits garçons crasseux étaient pendus à sa jupe. Une semaine avait passé depuis ma première visite, où j'avais interrompu une scène de ménage et un coup d'œil dans la pièce m'a révélé que la situation avait encore empiré. Je lui ai dit que nous devions vérifier la conformité de son appartement en vue d'un accouchement à domicile, et que mieux vaudrait peut-être qu'elle aille à l'hôpital pour la naissance. Elle a haussé les épaules, indifférente en apparence. J'ai fait remarquer qu'elle n'était pas allée aux consultations prénatales et qu'accoucher chez elle pourrait être dangereux. Elle a haussé les épaules à nouveau. Je n'arrivais à rien.

« Comment se fait-il qu'il y a quatre mois, les sages-femmes ont déclaré votre appartement convenable pour un accouchement à domicile, alors que ce n'est plus le cas maintenant ? ai-je demandé.

— Ben, c'est maman qu'est venue et qu'a fait le ménage, pardi. »

Enfin une information. Il y avait une mère dans le tableau. J'ai demandé l'adresse de celle-ci. Elle habitait dans la rue voisine. Ouf.

Pour accoucher à l'hôpital, il fallait que la future mère réserve à l'avance par l'intermédiaire de son médecin. Je n'étais pas du tout sûre que Molly ferait la démarche. Elle semblait trop négligée, trop apathique pour prendre la moindre initiative. Je me suis dit que si elle ne se donnait pas la peine d'aller aux consultations prénatales, elle ne lèverait pas le petit doigt pour changer ce qui était prévu pour l'accouchement. J'imaginais un appel à minuit à Nonnatus House d'ici deux à trois semaines ; alors, nous serions obligées d'y répondre. J'ai décidé d'aller voir sa mère et de prévenir son docteur.

L'ensemble Canada, dont les immeubles se nommaient respectivement Ontario, Baffin, Hudson, Ottawa, etc., comptait six *tenements* où s'entassaient les locataires ; ils s'élevaient entre le tunnel de Blackwall et les escaliers de Blackwall. Ils avaient environ six étages, et le confort y était sommaire : il y avait un robinet et un W.-C. à l'extrémité de chaque galerie. Je ne parvenais pas à comprendre comment on pouvait habiter là et garder un minimum de propreté et de dignité. On disait que cinq mille personnes logeaient dans ces immeubles.

J'ai trouvé l'adresse de Marjorie, la mère, dans l'immeuble Ontario. J'ai frappé à sa porte. Une voix aimable m'a crié : « Entrez donc, *luvvy* », l'invitation habituelle dans l'East End, où que vous vous trouviez. La porte n'était pas fermée, et je suis entrée directement dans la pièce principale. À mon arrivée, Marjorie s'est retournée avec un large sourire. Qui s'est évanoui quand elle m'a vue.

« Oh non ! Non, ça va pas recommencer ! C'est rapport à Moll que vous êtes là, hein ? » Elle s'est assise sur une chaise, a enfoui son visage dans ses mains et s'est mise à sangloter.

J'étais très gênée. Je ne savais que dire ni que faire. Il y a des gens qui sont doués pour aborder les problèmes des autres, mais moi, non. En fait, plus l'interlocuteur manifeste d'émotion et plus je me paralyse. J'ai posé mon sac sur une chaise et me suis assise à côté d'elle sans rien dire. Cela m'a permis de regarder la pièce.

Après avoir vu la saleté dans laquelle vivait Molly, je m'attendais à trouver un tableau analogue chez sa mère, mais les deux appartements n'auraient pas pu contraster davantage. La pièce était propre et bien rangée, et elle sentait bon. De jolis rideaux étaient suspendus devant des vitres propres. Les carpettes étaient propres, bien brossées et avaient été secouées. Une bouilloire chantait sur le réchaud à gaz. Marjorie portait une robe et un tablier impeccables, ses cheveux avaient été brossés et coiffés.

La bouilloire m'a donné une idée et, quand les sanglots ont diminué, j'ai proposé : « Si vous nous prépariez une bonne tasse de thé ? Je meurs de soif. »

Marjorie s'est ressaisie et, avec une courtoisie typiquement cockney, a répondu : « Oh, pardon, mademoiselle. J'ai vraiment la tête à l'envers. Mais je me fais tellement de mauvais sang pour Molly, vous savez. »

Elle s'est levée et a préparé du thé, ce qui lui a permis de reprendre ses esprits et elle a reniflé pour ravaler ses larmes. Pendant les vingt minutes qui ont suivi, elle m'a tout raconté, ses espoirs et ses chagrins.

Molly était la dernière de cinq enfants. Elle n'avait jamais connu son père, qui avait été tué à Arnhem[1] pendant la guerre. Toute la famille avait été évacuée dans le Gloucestershire.

« Je ne sais pas si c'est ça qui l'a détraquée ou quoi, mais les autres ont bien tourné, eux. »

La famille est revenue à Londres et s'est installée dans l'immeuble Ontario. Molly a paru s'adapter à son nouveau cadre et à sa nouvelle école, où elle travaillait bien, d'après ses professeurs.

« Elle était très intelligente, a dit Marjorie, toujours dans les premières de la classe. Elle aurait pu devenir secrétaire et travailler dans un bureau des beaux quartiers, vous savez. Ah, là là, ça me brise le cœur quand j'y pense. »

Elle a reniflé, sorti son mouchoir. « Quand elle a eu quatorze ans, elle a rencontré ce charognard. Son

1. La bataille d'Arnhem, dans l'est des Pays-Bas, a eu lieu en septembre 1944.

nom, c'est Richard, alors moi, je l'appelle Richard Ognard. » Elle a ri en me répétant sa petite plaisanterie. « Et puis elle s'est mise à rentrer tard ; soi-disant qu'elle allait au club des jeunes, mais je me doutais bien qu'elle me racontait des salades. Alors, j'ai demandé au pasteur, mais il m'a dit qu'elle était même pas membre. Et puis elle a commencé à découcher. Ah, mademoiselle, vous savez pas ce que ça fait à un cœur de mère. »

Des sanglots discrets ont secoué la petite silhouette fine en tablier fleuri.

« Soir après soir, j'ai marché dans les rues à sa recherche, mais, bien sûr, je l'ai jamais trouvée. Elle rentrait le matin et me racontait un tas de bobards, à croire qu'elle me prenait pour une idiote. Quand elle a eu seize ans, elle a dit qu'elle allait épouser son Dick chéri. J'ai pensé qu'elle devait être enceinte, alors je lui ai dit : “C'est ce qui te reste de mieux à faire, *luvvy.*” »

Ils se sont donc mariés et ont loué un deux pièces dans l'immeuble Baffin. Molly ne s'occupait jamais de sa maison. Marjorie allait voir sa fille et essayait de lui montrer comment faire le ménage chez elle, mais en vain. Quand elle y retournait, l'appartement était de nouveau une porcherie.

« Je me demande de qui elle tient son côté souillon », a dit Marjorie.

Au début, Dick et Molly avaient l'air assez heureux ensemble. Certes, Dick ne semblait pas avoir un travail régulier, mais Marjorie espérait que les choses tourneraient bien pour sa fille. Le premier bébé est né, et Molly a paru heureuse, pourtant les choses ont commencé à se dégrader. Marjorie a remarqué des bleus sur le cou et les bras de sa fille, une entaille sur une arcade sourcilière et, un jour, elle l'a vue boiter. Chaque fois, Molly disait qu'elle était tombée. Marjorie a commencé à avoir des soupçons, mais les relations entre elle et Dick, peu cordiales jusque-là, s'envenimaient.

« Il me déteste et il veut pas que je m'approche de ma fille ni des petits. Je peux rien faire. Je me demande ce qui est pire : savoir qu'il bat ma fille ou qu'il frappe les enfants. J'ai été tranquille un moment, les six mois qu'il a passés en taule. Alors, je savais qu'ils risquaient rien. »

Elle s'est remise à pleurer. Je lui ai demandé si les services sociaux ne pouvaient pas intervenir.

« Eh non. Elle veut pas dire un mot contre lui, ça non. Il a une sacrée emprise sur elle. Je crois qu'elle a plus de volonté à elle. »

J'avais vraiment pitié de cette pauvre femme et de son idiote de fille. Mais j'avais surtout pitié des deux petits garçons que j'avais vus dans un état pitoyable la fois où j'avais interrompu une dispute. Et maintenant, un troisième bébé arrivait.

J'ai dit à Marjorie. « Si je suis venue vous voir, c'est à propos du futur bébé. Un accouchement à domicile a été prévu pour Molly, mais je crois que c'est seulement parce que vous avez nettoyé l'appartement avant notre évaluation. » Elle a acquiescé. « Nous estimons maintenant qu'un accouchement à l'hôpital serait préférable, mais il faut qu'elle retienne un lit, et elle doit se présenter aux visites prénatales. Je ne pense pas qu'elle le fera. Est-ce que vous pouvez nous aider ? »

Marjorie a éclaté en sanglots à nouveau. « Je donnerais ma chemise pour elle et les petits, mais ce charognard veut pas me laisser approcher. Qu'est-ce que je peux faire ? »

Elle s'est rongé les ongles et s'est mouchée.

La situation était délicate. Je me suis dit que nous serions peut-être contraintes de refuser un accouchement à domicile et d'avertir les médecins. Molly serait informée qu'elle devrait se présenter à l'hôpital quand les douleurs commenceraient. Si elle refusait d'aller aux consultations prénatales, alors elle serait entièrement responsable.

J'ai laissé la pauvre Marjorie à ses tristes pensées et fait mon rapport aux religieuses. Les dispositions ont été prises pour un accouchement à l'hôpital sans le consentement actif de Molly, et je me suis dit qu'après cela, nous n'entendrions plus parler d'elle.

Le sort en a décidé autrement. Environ trois semaines plus tard, les sages-femmes ont reçu un coup de téléphone de l'hôpital de Poplar demandant si nous pouvions nous charger des visites postnatales de Molly, qui avait quitté l'hôpital avec le bébé de sa propre initiative, le troisième jour après son accouchement.

Un fait sans précédent. À l'époque, chez les médecins comme chez les profanes, on estimait qu'une accouchée devait garder le lit pendant quinze jours. Apparemment, Molly était rentrée chez elle à pied, son bébé dans les bras, ce qui était considéré comme une imprudence grave. Sœur Bernadette s'est aussitôt rendue à l'immeuble Baffin.

Elle nous a dit en rentrant que Molly était chez elle, beaucoup plus propre, mais l'air plus revêche que jamais. Dick n'était pas là. Il était censé s'occuper des deux petits garçons pendant que Molly était à l'hôpital, mais quant à être sûr qu'il l'avait fait, allez savoir. Marjorie avait proposé de prendre soin d'eux, mais Dick avait refusé, disant que c'étaient ses gosses, et qu'il ne voulait pas laisser cette vieille fouine mettre son nez dans sa famille.

Il n'y avait rien à manger dans l'appartement. Molly l'avait peut-être deviné, et peut-être était-ce pour cela qu'elle était sortie sans demander la permission. Elle n'avait pas d'argent sur elle, mais en rentrant elle s'était arrêtée chez le boucher et avait demandé qu'on lui donne à crédit deux pâtés à la viande. Comme le commerçant connaissait sa mère et la respectait, il avait accepté. Quand sœur Bernadette était arrivée, les deux petits garçons, vêtus seulement de pulls crasseux, étaient assis par terre et dévoraient les pâtés.

La sœur nous a dit que Molly avait à peine ouvert la bouche. Elle avait accepté qu'on l'ausculte, ainsi que le bébé, une petite fille, mais elle avait gardé un silence morose pendant tout le temps de l'examen. Sœur Bernadette avait dit qu'elle préviendrait Marjorie que sa fille était rentrée chez elle.

Pour toute réponse, elle avait obtenu un : « Si vous y tenez. »

Marjorie, qui ne s'était doutée de rien, s'est précipitée chez sa fille. Malheureusement, Dick a choisi ce moment précis pour rentrer et ils se sont rencontrés sur le palier. Il lui a lancé un coup de poing d'ivrogne, que Marjorie a évité en se baissant. S'il l'avait frappée, elle serait tombée dans l'escalier de pierre. Après cela, tout ce que la pauvre femme a osé faire, c'était acheter à manger et laisser les sacs sur le palier devant la porte de sa fille.

Nous avions l'habitude d'aller voir les accouchées deux fois par jour pendant quinze jours. D'un point de vue strictement médical, Molly et le bébé se portaient bien, mais sur un plan domestique, la situation était toujours aussi désastreuse. Parfois, Dick était là et parfois, non. On ne voyait jamais la pauvre Marjorie. Elle aurait pourtant changé la vie de Molly et des deux malheureux petits garçons. Son entrain aurait rendu l'atmosphère plus légère, mais on ne la laissait jamais entrer. Elle devait se contenter de venir jusqu'à Nonnatus House pour demander aux sœurs des nouvelles de sa fille et de ses petits-enfants. Un jour, elle a apporté un sac de vêtements de bébé à donner lors de notre prochaine visite. Elle a dit qu'elle préférait ne pas le laisser sur le palier de peur qu'il prenne l'humidité.

Pendant les jours suivants, plusieurs infirmières ont rendu visite à Molly, et toutes ont signalé la même situation préoccupante. L'une d'elles a dit qu'elle avait failli vomir en entrant dans la pièce et qu'elle avait été obligée de se précipiter dehors pour respirer un bon coup afin de calmer ses nausées. Le huitième soir, c'est moi qui suis allée faire la visite, mais je n'ai pas eu de réponse quand j'ai frappé. La porte était fermée à clé, donc j'ai frappé à nouveau. Rien. Je me suis dit que Molly était peut-être occupée avec le bébé et incapable de venir ouvrir. Comme il n'était que cinq heures, j'ai décidé de continuer mes visites et de repasser plus tard.

Il était environ huit heures du soir quand je suis retournée à l'immeuble Baffin. J'étais fatiguée, et j'ai trouvé l'ascension des cinq étages interminable. J'ai été tentée de renoncer. Après tout, Molly et le bébé se portaient bien, médicalement parlant, et notre rôle se bornait à vérifier cela. Mais quelque chose m'a poussée à ne pas m'abstenir de faire cette visite, et j'ai continué tant bien que mal mon ascension.

J'ai frappé et ai trouvé encore porte close. J'ai frappé à nouveau, plus fort, en me disant qu'elle ne pouvait pas être encore trop occupée pour répondre. Une porte s'est ouverte un peu plus loin sur la galerie, et une femme est sortie.

« Elle est pas là », a-t-elle dit, une cigarette collée à sa lèvre inférieure.

« Pas là ! Vous plaisantez, j'espère ! Elle vient juste d'avoir un bébé.

— Ben elle est sortie, je vous dis. Je l'ai vue partir. Maquillée comme un arbre de Noël.

— Pour aller où ? » L'idée m'a traversé l'esprit qu'elle était peut-être allée chez sa mère. « Et elle a pris ses trois enfants ? »

La femme a lâché un ricanement bruyant, et sa cigarette est tombée par terre. Quand elle s'est baissée pour la ramasser, ses bigoudis en métal ont cliqueté.

« Hein ? Trois gosses ? Vous rigolez ! Elle en aurait pas bien l'usage, hein ! »

J'ai trouvé cette femme déplaisante. Il y avait quelque chose qui me répugnait dans son regard et son sourire entendu et narquois. Je lui ai tourné le dos, et j'ai frappé à nouveau, puis j'ai approché ma bouche de la boîte aux lettres et dit : « Ouvrez, s'il vous plaît. C'est la sage-femme. »

Il y avait assurément quelqu'un à l'intérieur, j'ai entendu distinctement bouger. J'étais mal à l'aise parce que je sentais les yeux de la femme sur moi, mais je me suis agenouillée et j'ai regardé par la fente de la boîte aux lettres.

J'ai vu deux yeux, tout proches des miens. Des yeux d'enfant, qui m'ont regardée sans ciller pendant dix secondes environ, avant de disparaître. Ce qui m'a permis de voir une partie de la pièce.

Une faible lueur verdâtre venait du poêle à paraffine allumé et laissé sans surveillance. À côté, il y avait un landau, où le bébé devait dormir. J'ai vu l'un des petits garçons traverser la pièce en courant. L'autre était assis dans un coin.

J'ai eu un hoquet de saisissement. La femme a dû l'entendre, car elle a lancé : « Alors, vous me croyez, maintenant ? Je vous l'ai dit qu'elle était pas là, hein ? »

J'ai eu le sentiment que mieux valait mettre cette femme dans la confidence, car elle pourrait peut-être m'aider. « On ne peut pas laisser ces trois enfants tout seuls avec ce poêle à paraffine. Si l'un d'eux le renverse, ils mourront brûlés. Si Molly est sortie, où est le père ? »

La femme s'est approchée. Visiblement, elle se délectait d'être la porteuse de mauvaises nouvelles. « C'est un sale outil, ce type, croyez-moi. Faut rien avoir à faire avec lui. Ça, il l'arrange pas, la Molly, et elle, c'est pas un prix de vertu. Une honte, comme je dis à ma Betty, une honte. Ces pauvres gamins ! Ils ont pas demandé à venir au monde, hein ? Comme je dis toujours… »

J'ai coupé court : « Ce poêle à paraffine est un danger mortel. Je vais prévenir la police. Il faut entrer dans cet appartement. »

Ses yeux ont brillé et elle a sucé ses dents. Elle m'a agrippé le bras en disant : « Alors, vous allez appeler la police ! Ben mince alors ! »

Là-dessus, elle s'est précipitée vers une autre porte sur la galerie et a frappé. Je l'ai imaginée en train de colporter la nouvelle dans tout l'immeuble, quitte à y passer la nuit. Ma fatigue m'avait quittée et j'ai descendu les escaliers quatre à quatre pour courir jusqu'à la cabine téléphonique la plus proche. Au commissariat, on a écouté mon histoire très sérieusement et on m'a dit qu'on envoyait des agents sur-le-champ. J'ai pensé qu'il fallait informer Marjorie, et je suis allée ensuite à l'immeuble Ontario.

La pauvre. Quand je lui ai annoncé la nouvelle, elle s'est cassée en deux, comme si je lui avais envoyé un coup de poing dans l'estomac.

« Oh, non ! a-t-elle gémi. Ça, c'est le bouquet. Je m'en doutais. Alors, elle a repiqué au truc. »

J'étais tellement innocente que je n'ai pas compris ce qu'elle voulait dire.

« Quel truc ? » ai-je demandé, pensant qu'elle voulait parler de fléchettes ou de billard, ou de paris au pub local.

Elle m'a regardée avec compassion. « Faites pas attention, *ducky*. Vous avez pas besoin de savoir ces choses-là. Faut que j'aille voir les petits bouts. »

Nous avons fait le trajet en silence. La police était déjà à la porte, à essayer d'ouvrir la serrure. J'avais cru que les agents viendraient avec un serrurier, mais non

– la plupart des officiers de police savaient ouvrir une serrure. Je me suis demandé s'ils apprenaient ça à l'école de police.

Une foule s'était rassemblée sur la galerie. Personne ne voulait rater le spectacle. Marjorie s'est avancée en disant qu'elle était la grand-mère et, une fois la porte ouverte, elle a été la première à entrer. La police et moi avons suivi.

Il faisait une chaleur suffocante dans la pièce et la puanteur était immonde. On ne voyait pas les enfants, sauf le bébé, qui dormait comme un ange. Je me suis approchée : il semblait étonnamment bien soigné, propre et bien nourri. Le reste de la pièce était indescriptible. Pour commencer, il y avait des mouches partout, et dans un coin, un tas d'excréments et de couches sales où grouillaient les vers.

Marjorie est allée dans la chambre, appelant doucement les garçons par leur nom. Ils étaient derrière la chaise. Elle les a pris dans ses bras et des larmes ont ruisselé sur son visage.

« Vous en faites pas, mes chéris, Mémé est là. »

Les agents prenaient des notes, et je me suis dit que je devrais peut-être partir, puisque la grand-mère se chargerait maintenant de la suite. Mais à ce moment-là, il y a eu un branle-bas à l'extérieur, et Dick est apparu dans l'embrasure de la porte. À l'évidence, il ne savait pas que la police était dans son appartement. Dès qu'il a vu les agents, il s'est retourné pour fuir, mais les badauds lui barraient le chemin. Ils l'avaient laissé arriver, mais ils n'allaient pas le laisser repartir. Peut-être y avait-il des comptes à régler entre Dick et ses voisins. On lui a dit qu'il recevrait un avertissement pour négligence à l'égard de trois enfants âgés de moins de cinq ans.

Il a juré, craché et déclaré :

« Mais qu'est-ce qu'il y a qui va pas ? Ils vont bien. Il s'est rien passé, à ce que je vois.

— Heureusement pour vous qu'il ne s'est rien passé. Ils étaient seuls avec un poêle à paraffine allumé, sans surveillance, et si l'un d'eux avait bousculé le poêle, ça aurait déclenché un incendie. »

Dick a cherché à apitoyer les agents :

« C'est pas de ma faute. C'est pas moi qui l'ai allumé, ce poêle, c'est ma femme. Je savais pas qu'elle était sortie en le laissant comme ça. Une vraie feignasse. Quand elle rentrera, ça va être sa fête.

— Où est votre femme ? a demandé un policier.

— Comment voulez-vous que je sache ? »

Marjorie a éclaté : « Salaud ! Tu le sais, où elle est. Et c'est toi qui l'as forcée. Ordure ! »

Dick a fait l'innocent. « De quoi elle cause maintenant, cette vieille carne ? »

Marjorie s'apprêtait à lui répondre vertement quand un agent l'a arrêtée. « Vous réglerez vos comptes quand on sera partis. Nous avons pris acte qu'un avertissement vous serait notifié pour avoir laissé vos enfants sans surveillance, dans une situation dangereuse. Si cela se renouvelle, vous serez poursuivi. »

Dick s'est fait tout sucre et tout miel. « Vous avez ma parole que ça arrivera plus, monsieur l'agent. Je m'excuse, et je veillerai à ce que ça se reproduise jamais. »

Les policiers se sont apprêtés à partir. Dick a tendu le doigt vers Marjorie en disant : « Et vous pouvez l'emmener avec vous, qu'elle débarrasse le plancher. »

Elle a poussé un cri d'angoisse en serrant plus étroitement les deux petits garçons contre elle. « Je peux pas les laisser ici, avec le bébé. Vous voyez donc pas ? Je peux pas les laisser dans ces conditions. »

Dick lui a répondu sur un ton enjoué et apaisant : « Vous en faites pas, la mère. Je sais m'occuper de mes enfants. Y a pas de quoi se faire du mauvais sang. » Puis il s'est adressé à l'agent : « Ils craignent rien avec moi. Vous pouvez me croire sur parole ! »

Les deux agents n'étaient pas nés de la dernière pluie, et ils n'ont pas été dupes une seconde de ce numéro de dévouement paternel. Mais ils n'avaient aucun pouvoir, hormis celui de lui donner un avertissement.

L'un d'eux s'est tourné vers Marjorie. « Vous ne pouvez rester que si vous y êtes invitée, et vous ne pouvez absolument pas emmener les enfants sans le consentement de leur père. »

Dick a triomphé : « Vous avez entendu ? Il vous faut le consentement du père. C'est moi le père, et je consens pas. Vu ? Et maintenant, dehors ! »

J'ai pris la parole pour la première fois : « Et la petite ? Elle n'a que huit jours et elle est nourrie au sein. Elle ne va pas tarder à se réveiller. Où est Molly ? »

Je ne crois pas qu'il m'ait remarquée jusqu'alors. Il s'est retourné et m'a lorgnée de la tête aux pieds. Il me déshabillait quasiment du regard. C'était un être répugnant, mais à l'évidence, il se croyait irrésistible. Il s'est approché de moi.

« Vous en faites pas, ma petite demoiselle. Ma femme lui donnera le sein quand elle rentrera. Elle est juste sortie une minute. »

Il a pris ma main entre les deux siennes et m'a caressé le poignet. Je la lui ai retirée vivement. J'aurais voulu gifler ce visage libidineux qui s'avançait tout près du mien, et je sentais son haleine fétide. J'ai détourné la tête, dégoûtée. Il s'est approché encore davantage, les yeux luisants, narquois. Il a baissé la voix de façon à n'être entendu que de moi.

« Alors, on fait la fière ? Moi, j'ai un truc pour vous faire baisser le ton, petite crâneuse. »

Je savais m'y prendre avec les hommes de son acabit. La taille est un grand facteur d'égalité, or j'étais aussi grande que lui. Je n'ai pas eu besoin de dire un seul mot. J'ai tourné la tête lentement pour le fixer droit dans les yeux, et j'ai soutenu son regard. Lentement, son sourire satisfait s'est effacé et il s'est détourné. Peu d'hommes peuvent résister à un regard de mépris total de la part d'une femme.

Agenouillée sur le sol, Marjorie sanglotait convulsivement tout en tenant les deux petits garçons serrés contre elle. Un agent s'est approché d'elle, lui a saisi le coude et l'a aidée à se relever en disant gentiment : « Allons, Mémé, vous ne pouvez pas rester ici. »

Marjorie s'est levée et les enfants sont repartis en silence derrière la chaise de la chambre. Elle est sortie en trébuchant : c'était une femme brisée, qui paraissait avoir vingt ans de plus qu'à son arrivée. On lui a fait traverser la foule à la porte, et de nombreuses voix compatissantes se sont élevées.

« Oh, la pauvre ! »

« Si c'est pas malheureux. »
« Elle est bien à plaindre, cette pauvre femme. »
« Quel sale type, celui-là ! »
« Moi je dis que c'est une honte. »

On l'a escortée jusqu'à l'immeuble Ontario, et je suis rentrée à Nonnatus House. La soirée m'avait donné ample matière à réflexion.

La bicyclette

La force de caractère cachée d'une Fortescue-Cholmeley-Browne nous a été révélée au cours des quelques semaines suivantes, où Chummy a maîtrisé l'art de faire de la bicyclette. Après l'accident, sœur Julienne se demandait sérieusement si la chose serait possible, mais Chummy n'a pas voulu en démordre : elle pouvait apprendre et elle apprendrait.

Elle a consacré chaque minute de son temps libre à la pratique du vélo. Cela dit, comme elle devait effectuer à pied sa tournée dans le quartier, elle mettait beaucoup plus de temps que si elle avait pu faire les trajets à bicyclette. Elle avait donc moins de loisirs que tout le monde. Mais elle mettait à profit la moindre minute de liberté. Elle poussait le vieux Raleigh jusqu'en haut de Leyland Street, ce qui représentait une pente faible, et elle redescendait en roue libre. Ce trajet, elle l'a refait des centaines de fois, jusqu'à ce qu'elle ait bien acquis son équilibre. Elle se levait deux heures plus tôt tous les matins et sortait tous les soirs entre vingt et vingt-deux heures environ ; elle rentrait épuisée et hors d'haleine. « Ah, vous savez, ça ne rime à rien d'apprendre à rouler uniquement de jour », disait-elle gaiement, avec une logique imparable.

Lors de ces trajets dans l'obscurité, elle était en général escortée par des foules d'enfants moqueurs ou enthousiastes. Cela aurait pu être potentiellement dangereux si Chummy ne s'était acquis le respect d'un garçon plus âgé qui s'était joint à nous le premier jour où Cynthia, Trixie et moi avions essayé d'apprendre à Chummy à faire du vélo. Jack était un petit dur d'environ treize ans, habitué à se battre pour défendre ses droits. Il a eu tôt fait de disperser les plus petits : quelques coups de poing, quelques coups de pied, et ouste ! Après quoi, il s'est présenté devant la bicyclette de Chummy comme un chevalier devant sa dame.

« S'ils vous enquiquinent encore, ceux-là, vous m'appelez, miss. Mon nom, c'est Jack. Je leur dirai deux mots.

— Oh, c'est extrêmement gentil à vous, Jack. Je vous suis très obligée, si, si. Ce vieux vélo est un vrai rebelle, voyez-vous. »

L'accent aristocratique de Chummy devait être aussi incompréhensible à Jack que l'accent cockney de ce dernier pour elle. N'empêche, leur amitié fut scellée sur-le-champ.

Dès lors, Chummy a fait de rapides progrès. Jack était dehors tôt le matin et tard le soir. Il courait, poussait et l'aidait de mille façons. Il mit au point une façon particulièrement ingénieuse de manœuvrer sa bicyclette et de tourner aux carrefours : il pédalait pendant qu'elle conduisait ! Chummy contrôlait le guidon, assise sur la selle, jambes pendantes, pendant qu'il pédalait debout, faisant le plus dur. Ce devait en effet être sportif de propulser les soixante-quinze kilos de Chummy, mais Jack n'était pas un petit gringalet pour ses treize ans, et il était fier de sa virilité. Tôt le matin et tard le soir, on l'entendait crier : Tournez à gauche, la miss. NON, À GAUCHE, baluche ! Doucement ! Pas d'à-coups. Visez cette cabine téléphonique et gardez l'œil dessus. »

Ni l'un ni l'autre n'envisageait l'échec et, trois semaines plus tard, ils faisaient tout le trajet depuis Bow jusqu'à l'île aux Chiens pendant les matins sombres de novembre.

Jack n'avait pas de bicyclette et, à contrecœur, il a dû accepter que l'heure était venue où Chummy devait essayer de rouler toute seule. Il l'a poussée et elle a pédalé avec assurance, a descendu la rue et a tourné au coin. Il a agité tristement la main en la voyant disparaître. Il avait été utile, mais maintenant les bons moments étaient passés. Après avoir donné un coup de pied dans une pierre, il a repris le chemin de chez lui en traînant le pas, les mains dans les poches, un pied dans le caniveau et l'autre sur le trottoir.

Mais Chummy n'était pas fille à laisser dépérir une amitié, et encore moins à ne pas avoir de reconnaissance pour l'aide et la gentillesse dont elle avait fait l'objet. Au déjeuner, elle en a discuté avec nous, et nous sommes tombées d'accord qu'il conviendrait de lui faire un cadeau. Les suggestions ont été variées – un bocal de bonbons, un ballon de football, un canif –, mais aucune de ces idées ne satisfaisait

Chummy. Sœur Julienne, toujours sage et pragmatique, a fait remarquer que Jack avait pris la chose à cœur, y avait investi beaucoup de temps et d'énergie et qu'elle avait donc envers lui une dette également importante.

« Je ne pense pas que vous puissiez être quitte avec une bricole quelconque. À mon avis, ce garçon doit recevoir quelque chose dont il a vraiment envie et qui a du prix à ses yeux. Par ailleurs, cela dépend entièrement de ce que vous, l'obligée, pouvez vous permettre de donner. Et de cela, vous êtes seule juge. »

Chummy s'est épanouie et un large sourire a illuminé ses traits. « En fait, je sais ce que Jack désire plus que tout : une bicyclette ! Et je suis presque sûre que Pater lui en achèterait une si je lui expliquais ce qu'il en est, vous savez. C'est un chic type, au fond. Toujours prêt à mettre la main au portefeuille si c'est pour une bonne cause. Je lui écrirai ce soir. »

Bien entendu, le pater a mis la main au portefeuille, heureux de voir sa fille unique enfin comblée. Il ne comprenait pas davantage sa détermination à devenir missionnaire que sa passion pour l'obstétrique, mais il était prêt à la soutenir jusqu'au bout.

Pour Jack, une bicyclette neuve signifiait une nouvelle vie. À cette époque, fort peu de garçons en possédaient une. Pour lui, c'était plus qu'un signe de standing, cela signifiait la liberté. C'était un garçon aventureux, et il est allé à des kilomètres de l'East End sur sa bicyclette. Il s'est inscrit à un club, le Dagenham Cycling Club, et a participé à des courses contre la montre et des courses sur route. Il est parti camper seul dans la campagne de l'Essex. Il est même allé jusqu'à la côte et a vu la mer pour la première fois.

Chummy était ravie, et le fait qu'il lui conserve son amitié la comblait de joie. Il se comportait comme si elle avait besoin de sa protection, et chaque jour après l'école, il arrivait à Nonnatus House pour l'escorter lors de ses visites du soir. Il n'avait pas tort de penser que les enfants se moqueraient d'elle et la feraient enrager, car dans l'ensemble, les cockneys n'avaient pas adopté Chummy, et ils se moquaient d'elle derrière son dos. Quand ils voyaient arriver sa silhouette massive qui pédalait assidûment dans les rues, les troupes d'enfants s'immobilisaient et s'alignaient sur le trottoir en criant des « Bigre ! » « Épatant, ma chère ! » et « Doucement, vieille branche ! », le tout assaisonné de rires bruyants. Et pour retourner le fer dans la plaie, ils l'avaient surnommée « L'hippo ». La pauvre Chummy avait beau prendre la chose avec bonne humeur, nous savions toutes qu'elle en était profondément meurtrie. Mais quand Jack était avec elle, coriace, pugnace et habitué à la rue, les enfants gardaient leurs distances. Nous l'avons toutes vu à différentes reprises debout dans la rue ou dans les cours des *tenements*, tenant deux bicyclettes, le menton en avant, bien campé sur ses jambes trapues légèrement écartées, l'œil vigilant, sachant qu'un seul de ses regards suffisait à protéger « sa miss ».

Vingt-cinq ans plus tard, une jeune fille timide nommée Lady Diana Spencer s'est fiancée au prince Charles, héritier du trône. J'ai vu plusieurs clips d'elle arrivant à divers rendez-vous. Chaque fois, quand la voiture s'arrêtait, la porte de devant, à côté du chauffeur, s'ouvrait et son garde du corps descendait ouvrir la porte arrière pour Lady Diana. Et il se campait sur ses jambes légèrement écartées, le menton en avant, l'œil froid et vigilant balayant la foule : un Jack adulte, pratiquant encore les talents appris dans son enfance quand il veillait sur sa dame.

La consultation prénatale

Dans chaque métier, il doit y avoir des aspects qui déplaisent. Moi, je n'aimais pas les consultations prénatales. J'irai même jusqu'à dire que j'en avais horreur, et que je redoutais l'arrivée du mardi après-midi. Ce n'était pas juste qu'il fallait travailler dur – et en effet, c'était dur. Les sages-femmes s'efforçaient d'organiser nos rendez-vous de façon à ce que nous ayons terminé nos visites du matin à midi. Nous déjeunions de bonne heure et, à treize heures trente, commencions à organiser la consultation afin d'ouvrir les portes à quatorze heures. Nous recevions alors les patientes sans interruption, souvent jusqu'à dix-huit ou dix-neuf heures. Après cela, nos visites du soir commençaient.

Ce n'était pas cela qui me dérangeait. Je n'ai jamais rechigné à la tâche. Ce qui me déplaisait vraiment, c'était la concentration de chair féminine mal lavée, la chaleur et la moiteur de ces épidermes palpitants, le bavardage incessant, et par-dessus tout, l'odeur. J'avais beau prendre un bain et me changer ensuite, il me fallait toujours deux jours avant de pouvoir me débarrasser des odeurs répugnantes d'écoulements vaginaux, d'urine, de sueur rance et de vêtements sales. Tout cela se combinait pour former une vapeur chaude, tenace, qui imprégnait mes vêtements, ma peau, mes cheveux, tout. Souvent, au cours de ces consultations monotones, j'étais obligée de sortir à l'air libre et de me pencher par-dessus la balustrade pour essayer de refouler mes haut-le-cœur.

Pourtant, chacun d'entre nous est différent, et je n'ai pas rencontré d'autre sage-femme qui ait été affectée ainsi. Si je mentionnais l'effet produit sur moi, je suscitais une authentique surprise. « Quelle odeur ? » ou « Ah, c'est vrai, il faisait peut-être un peu chaud à la fin. » J'ai donc évité d'insister sur mes réactions personnelles. Il fallait que je me force en permanence à songer à l'importance capitale de la surveillance prénatale, qui avait grandement contribué à la chute du taux de mortalité maternelle. L'histoire de l'obstétrique et le souvenir des souffrances infinies des femmes en couches m'aidaient à tenir quand je pensais : « Jamais je ne vais pouvoir supporter d'examiner une autre patiente. »

On avait toujours négligé totalement de surveiller les femmes pendant la grossesse et l'accouchement. Dans beaucoup de sociétés primitives, elles étaient considérées comme impures quand elles avaient leurs règles, accouchaient ou allaitaient. Enceinte, la femme était isolée et, souvent, ne pouvait être touchée, même par une autre femme. Elle devait traverser l'épreuve seule. En conséquence, seules les plus robustes survivaient et, par le jeu de la mutation et de l'adaptation, les anomalies héréditaires, telles que la disproportion entre la taille du bassin et celle de la tête de l'enfant, ont disparu de l'espèce, surtout dans les parties reculées du globe, et l'accouchement est devenu plus facile.

Dans la société occidentale, que nous appelons le monde civilisé, cela ne s'est pas produit, et une dizaine de complications au moins, dont certaines fatales, se sont ajoutées aux dangers naturels : surpopulation, infections à staphylocoque et à streptocoque ; maladies contagieuses – choléra, scarlatine, typhoïde et tuberculose –, maladies vénériennes, rachitisme, accouchements multiples et fréquents, sans compter l'usage d'eau polluée. Si l'on ajoute à tout cela l'indifférence dans laquelle se déroulait l'accouchement et la négligence qui l'accompagnait souvent, il n'est pas difficile de comprendre pourquoi celui-ci était connu sous le nom de « malédiction d'Ève » et pourquoi les femmes pouvaient souvent s'attendre à mourir afin de transmettre la vie.

Les sages-femmes de St. Raymond Nonnatus donnaient leurs consultations dans une salle paroissiale. Aujourd'hui, l'idée de tenir une consultation prénatale complète dans une vieille salle paroissiale convertie est terrifiante et l'inspection sanitaire, les inspecteurs de la santé publique, tous les inspecteurs auxquels vous pouvez penser l'auraient condamnée. Mais pas dans les années cinquante ; en fait, les religieuses ont reçu beaucoup d'éloges pour l'initiative et l'ingéniosité qu'elles avaient manifestées dans cette conversion. Elles n'avaient apporté aucun changement à la salle, hormis l'installation d'un W.-C. et d'un robinet d'eau froide. L'eau chaude était obtenue grâce à un chauffe-eau Ascot fixé au mur à côté de l'arrivée d'eau.

L'endroit était chauffé par un grand poêle à charbon installé au milieu de la salle. C'était une machine en fonte noire que Fred, le préposé au chauffage, devait allumer dans la matinée. Ces poêles à charbon étaient communs à l'époque, et j'en ai même vu dans les salles d'hôpital. (Je me souviens d'une salle où nous avions l'habitude de stériliser nos seringues et nos aiguilles en les faisant bouillir dans une casserole placée sur le poêle.) Ces appareils, très solides, avaient un dessus plat ; on les remplissait en ôtant le couvercle circulaire et en y versant les boulets de coke. Cela demandait un peu d'huile de coude. Le poêle était situé au milieu de la salle, si bien que la chaleur se dégageait tout autour, et son tuyau montait tout droit jusqu'au toit.

Quelques tables d'examen étaient disponibles, ainsi que des paravents mobiles permettant d'isoler les patientes des regards ; il y avait des bureaux en bois avec des chaises, pour nous permettre de remplir nos dossiers. Près du robinet d'eau courait un long plan de travail en marbre sur lequel nous disposions nos instruments et d'autres accessoires ; il y avait aussi un brûleur à gaz, avec une boîte d'allumettes à côté. Ce jet de flamme unique était utilisé en permanence pour faire bouillir l'urine. J'en sens encore l'odeur aujourd'hui, plus de cinquante ans plus tard !

Ce dispensaire, comme d'autres semblables dans tout le pays, peut sembler primitif aujourd'hui, mais il a sauvé plusieurs milliers de vies, tant chez les mères que chez les bébés. La consultation des sages-femmes était la seule du secteur jusqu'en 1948, date à laquelle une petite maternité de huit lits a été ouverte à l'hôpital de Poplar, qui n'en avait pas jusque-là, alors que le quartier était censé avoir une population de vingt mille habitants au kilomètre carré. Quand on a décidé, après la guerre, d'ouvrir un service hospitalier, aucune disposition particulière n'a été prise. Simplement, deux petites salles ont été attribuées à la maternité, l'une pour les accouchements, servant aussi de dispensaire prénatal, l'autre pour les accouchées. Cela ne répondait pas aux besoins réels, mais c'était mieux que rien. Le confort, les équipements et la technologie étaient secondaires. Ce qui importait, c'était la compétence, l'habileté et l'expérience des sages-femmes.

L'examen clinique était ce qui me répugnait le plus. Quand nous nous préparions à ouvrir les portes, je me disais : « Ça ne peut pas être pire que la semaine dernière. » Et je frissonnais à ce souvenir. Heureusement que je portais des gants ! Qu'est-ce qui se serait passé sinon ?

Pendant toute la semaine, son cas m'avait trotté dans la tête. Elle avait fait une entrée remarquée à la consultation vers dix-huit heures, en bigoudis et pantoufles, une cigarette collée à la lèvre inférieure, accompagnée de cinq enfants au-dessous de sept ans. Son rendez-vous était à quinze heures. J'étais en train de ranger à la fin d'un après-midi de consultations relativement tranquilles. Deux des autres sages-femmes stagiaires étaient parties et la troisième était encore avec sa dernière patiente. Parmi les religieuses, seule restait sœur Ruth, une novice (dans la vie religieuse, pas dans la pratique de l'obstétrique). Elle m'a demandé de recevoir Lil Hoskin.

C'était la première visite prénatale de celle-ci, bien qu'elle n'ait pas eu ses règles depuis cinq mois. J'ai soupiré en sortant le dossier et en me disant : « Ça va encore me prendre une demi-heure. » J'ai regardé les notes : treizième grossesse, dont dix enfants vivants ; pas d'antécédents de maladie infectieuse ; pas de rhumatisme articulaire aigu, ou de maladie cardiaque ; pas d'antécédents de tuberculose ; une cystite, mais aucun signe de néphrite ; une mastite après les troisième et septième bébés ; sinon, elle avait allaité tous ses enfants.

Les notes prises sur elle me donnaient l'essentiel de son histoire obstétricale, mais il me fallait poser quelques questions supplémentaires concernant sa grossesse actuelle.

« Vous avez eu des saignements ?

— Naan.

— Des pertes ?

— Mmouais.

— Quelle couleur ?

— Jaunâtres.

— Les chevilles enflées ?

— Naan.

— Vous êtes essoufflée ?

— Naan.

— Des vomissements ?

— Un peu. Mais pas beaucoup.

— Constipée ?

— Ouais. C'est rien de le dire !

— Vous êtes sûre que vous êtes enceinte ? Vous n'avez pas été examinée et vous n'avez pas eu d'analyses, si ?

— J'en connais un rayon sur la question », a-t-elle dit d'un air entendu en lâchant un éclat de rire strident.

Les enfants couraient déjà partout dans la salle qui, étant grande et presque vide, avait tout d'un vaste terrain de jeux à leurs yeux. Cela ne me dérangeait pas. Aucun enfant normalement constitué ne peut résister à la tentation d'un grand espace et l'envie de courir est forte quand on n'a que cinq ans. Mais Lil a jugé qu'elle devait montrer son autorité. Elle a saisi par le bras un enfant qui passait, l'a tiré à elle et lui a envoyé une grande claque sur le côté de la tête et sur l'oreille en hurlant :

« Tais-toi et tiens-toi bien, petit crétin. Et ça vaut pour vous tous. »

Choqué par la douleur et l'injustice, l'enfant a poussé un cri aigu. Il s'est éloigné à environ dix mètres de sa mère et a hurlé et piétiné tant qu'il pouvait, à en perdre le souffle. Puis il a fait une pause, pris une grande inspiration, et a recommencé. Les autres enfants avaient cessé de courir, et deux d'entre eux avaient commencé à pleurnicher. Une scène d'insouciance un peu bruyante avait été transformée en une seconde en champ de bataille par cette idiote. Dès cet instant, je me suis mise à la détester.

Ruth, la religieuse novice, s'est approchée de l'enfant et a essayé de le consoler, mais il l'a repoussée et s'est couché par terre en donnant des coups de pied et en hurlant. Lil a souri largement et m'a dit : « Vous en faites pas, il s'en remettra. » Puis elle a repris plus fort, s'adressant à l'enfant : « Boucle-la, sinon t'en auras une autre. »

J'ai trouvé ça insupportable, alors pour l'empêcher de continuer le massacre, je lui ai dit qu'il fallait que je fasse une analyse d'urine et lui ai tendu une petite fiole en lui demandant de passer aux toilettes pour me donner un échantillon. Après quoi, il faudrait que je l'examine et j'avais besoin qu'elle se défasse au-dessous de la ceinture et qu'elle s'allonge sur l'une des tables d'examen.

Elle a fait claquer les talons de ses savates en allant s'exécuter. Elle est revenue en gloussant avec son échantillon d'urine, puis s'est affalée sur l'une des tables. J'ai serré les dents. Il n'y a vraiment pas de quoi rire, me suis-je dit. L'enfant était toujours couché par terre, mais le volume de ses cris avait diminué. Les autres enfants, renfrognés, ne cherchaient plus à jouer.

Je suis allée jusqu'au plan de travail pour faire l'analyse d'urine. Le papier de tournesol a viré au rouge, montrant une acidité normale. L'urine était trouble et d'une densité élevée. Je voulais analyser la glycémie ; j'ai donc allumé le gaz. J'avais au préalable rempli une éprouvette d'urine, ajouté deux gouttes de solution de Fehling, et j'ai fait bouillir le contenu. Aucune présence de sucre. Enfin, il fallait que je vérifie l'albumine en remplissant à nouveau l'éprouvette avec de l'urine fraîche et en en faisant bouillir la moitié supérieure seulement. Elle n'est pas devenue blanche ni épaisse ; aucune présence d'albumine.

Tout cela m'a pris cinq minutes, pendant lesquelles l'enfant avait cessé de pleurer. Il s'était redressé sur son séant et Ruth jouait avec lui, avançant et reculant deux petites balles. Les traits raffinés, délicats, de la novice étaient encore soulignés par son voile de mousseline blanche qui retombait quand elle se penchait. L'enfant a attrapé le voile et tiré. Les autres se sont mis à rire. Ils semblaient avoir retrouvé leur bonne humeur. Leur mère, cette grosse vache brutale, n'y était pour rien, ai-je pensé en m'approchant de Lil, couchée sur la table d'examen.

Elle était grasse, avec une peau flasque, sale et moite de transpiration. Les relents déplaisants d'un corps mal lavé se sont dégagés. Étais-je vraiment obligée de la toucher ? me suis-je demandé en m'approchant d'elle. J'ai essayé de me souvenir qu'elle et son mari vivaient sans doute avec tous leurs enfants dans deux ou trois pièces sans salle de bains et sans doute sans eau chaude, mais cela n'a pas suffi à dissiper ma répulsion. Si elle n'avait pas frappé son enfant aussi violemment, j'aurais pu être plus indulgente.

J'ai mis mes gants de chirurgie, couvert son abdomen d'un champ, parce que je voulais examiner ses seins. Je lui ai demandé de relever son tricot. Elle s'est mise à glousser et l'a retroussé, faisant trembler des masses de chair. L'odeur est devenue plus violente lorsque ses aisselles ont été à l'air : deux gros seins pendants ont glissé de chaque côté de son torse, marbrés de veines proéminentes qui convergeaient vers deux énormes mamelons presque noirs. Les veines dilatées étaient un signe fiable de grossesse. Un peu de liquide suintait des mamelons quand on les pressait. Le diagnostic était juste, ai-je pensé.

Elle a hurlé de rire : « Qu'est-ce que je vous avais dit ? »

À ce stade, j'ai pris sa tension, qui était assez élevée. Elle avait besoin de se reposer davantage, mais elle aurait du mal à y parvenir. Les enfants avaient retrouvé leur gaieté, et ils couraient partout à nouveau.

J'ai rabaissé son tricot et découvert son abdomen, qui était volumineux, et dont la peau n'était qu'un tissu de vergetures. Une très légère pression de ma main a fait apparaître le fond de l'utérus, juste sous le nombril.

« À quand remontent vos dernières règles ?

— Aucune idée. À l'année dernière sans doute. » Elle a ri, et son ventre a oscillé.

« Vous avez déjà senti le bébé bouger ?

— Naan.

— Je vais ausculter le cœur du fœtus. »

J'ai tendu la main vers le stéthoscope de Pinard, un petit instrument métallique en forme de trompette que l'on utilisait en plaçant l'extrémité large sur l'abdomen et en mettant l'oreille à l'autre extrémité aplatie. Normalement, le battement régulier du cœur fœtal était très clairement audible. J'ai écouté à plusieurs endroits, mais sans rien percevoir. J'ai appelé sœur Ruth, car j'avais besoin d'une confirmation, ainsi que d'une évaluation de la durée de la grossesse. Elle non plus n'a pas entendu de battements, mais a remarqué d'autres signes confirmant la grossesse. Elle m'a demandé de procéder à un examen interne pour bien vérifier le diagnostic.

C'était ce que je redoutais, tout en m'y attendant. J'ai demandé à Lil de remonter les genoux vers son menton et d'écarter les jambes. Quand elle l'a fait, une grande bouffée d'urine rance, d'écoulements vaginaux et de sueur a flotté vers moi. Je me suis efforcée de contrôler ma nausée. Ma seule pensée était : « Je ne dois pas vomir. » Des touffes de poils pubiens se dressaient en paquets, collés par l'humidité et la saleté. Et si elle avait des morpions ? Sœur Ruth m'observait. Peut-être devinait-elle ce que j'éprouvais – les religieuses étaient très sensibles, mais parlaient peu. J'ai mouillé une compresse pour nettoyer la vulve moite et bleuâtre et, ce faisant, j'ai remarqué qu'un côté était très œdémateux, gonflé de liquide, à la différence de l'autre. J'ai commencé à écarter la vulve avec deux doigts, et c'est alors qu'ils ont rencontré une petite boule dure du côté enflé. J'ai passé mes doigts dessus à plusieurs reprises. Elle était très facilement palpable. Des bosses dures dans des endroits mous font toujours penser au cancer.

J'ai senti que sœur Ruth m'observait attentivement. J'ai levé les yeux et l'ai regardée d'un air interrogateur. « Je vais prendre une paire de gants, a-t-elle dit. Attendez une minute, mademoiselle Lee. »

Elle est revenue deux secondes plus tard et a pris ma place. Elle n'a pas dit un mot avant de retirer sa main et a recouvert Lil avec le champ.

« Vous pouvez allonger les jambes à présent, Lil. Mais restez sur la table, parce que je reviendrai vous examiner dans une minute. Venez au bureau avec moi, mademoiselle Lee, voulez-vous ? »

Au bureau, qui se trouvait à l'autre extrémité de la salle, elle m'a dit à voix basse : « Je crois que cette bosse est un chancre syphilitique. Je vais téléphoner tout de suite au Dr. Turner et lui demander s'il peut venir l'examiner pendant qu'elle est ici. Si nous la renvoyons en lui demandant d'aller voir le médecin, il est fort probable qu'elle n'ira pas. Le spirochète de la syphilis peut traverser le placenta et infecter le fœtus. Cela dit, le chancre en est à un stade précoce et, si un traitement rapide est administré, il y a des chances que le bébé ne soit pas atteint. »

J'ai failli m'évanouir. En fait, je me souviens d'avoir dû me cramponner à la table avant de pouvoir m'asseoir. Je l'avais touchée, cette créature répugnante, elle et son chancre syphilitique ! J'étais sans voix, mais sœur Ruth m'a dit gentiment : « Ne vous inquiétez pas. Vous portiez des gants. Vous n'avez rien pu attraper. »

Elle est partie à Nonnatus House pour appeler le médecin. J'étais paralysée. Je suis restée assise à côté de la table pendant cinq minutes en tremblant, luttant contre une vague de nausée. Les enfants jouaient autour de moi, parfaitement insouciants. Rien ne bougeait derrière le paravent, jusqu'à ce que le son bas et régulier de ronflements paisibles m'arrive aux oreilles. Lil s'était endormie.

Le docteur est arrivé un quart d'heure plus tard, et sœur Ruth m'a demandé de l'accompagner au chevet de Lil. Je devais être pâle, car elle m'a demandé : « Ça va ? Vous allez y arriver ? »

J'ai hoché la tête, hébétée. Je ne pouvais pas refuser. Après tout, j'étais infirmière diplômée, habituée à toutes sortes de situations épouvantables. Pourtant, après cinq années de travail à l'hôpital – accidents, salles d'opérations, patients cancéreux, amputations, agonie, mort –, rien ni personne n'avait provoqué chez moi une révulsion aussi profonde que cette femme-là.

Le médecin l'a examinée et a fait un frottis du chancre pour le laboratoire de pathologie. Il a aussi prélevé du sang pour un test de Wassermann. Puis il a dit à Lil : « Je crois que vous avez un début d'affection vénérienne. Nous… »

Avant qu'il ait fini sa phrase, Lil est partie d'un rire tonitruant : « Oh, bon dieu ! C'est reparti pour un tour ? Quelle rigolade ! »

Le visage glacial, le médecin a repris :

« Nous avons diagnostiqué l'affection à ses débuts. Je vais vous injecter de la pénicilline, et il vous en faudra une piqûre par jour pendant dix jours. Nous devons protéger votre bébé.

— Comme vous voudrez, a-t-elle gloussé. Moi, je suis pas contrariante ! » Et elle lui a lancé un clin d'œil.

Il n'a pas bronché et a aspiré dans sa seringue une dose massive de pénicilline qu'il lui a injectée dans la cuisse.

« Nous aurons le résultat du labo sur le sang et le sérum, a-t-il dit à sœur Ruth. Mais je ne pense pas qu'il y ait le moindre doute quant au diagnostic. Vous autres à Nonnatus House, pouvez-vous organiser une visite quotidienne pour faire les injections ? Je crois que si nous lui demandons de passer au dispensaire, elle ne se dérangera pas, ou elle oubliera. Si le fœtus est toujours vivant, nous devons faire le maximum. »

Il était plus de dix-neuf heures. Lil, rhabillée, a rappelé ses enfants pour partir. Elle a allumé une autre cigarette et lancé gaiement à la cantonade : « Salut la compagnie ! »

Elle a adressé un signe de tête complice à sœur Ruth et lui a dit avec un regard en coin : « Soyez sage ! » avant de hurler de rire.

Je lui ai annoncé que nous irions chez elle tous les jours pour lui faire ses piqûres. « Comme vous voulez », a-t-elle répondu en haussant les épaules, et elle est partie.

J'avais encore tout le nettoyage à faire. J'étais si fatiguée que c'est à peine si je pouvais mettre un pied devant l'autre. Le choc émotionnel et moral devait avoir contribué à mon épuisement.

Sœur Ruth m'a souri avec bienveillance. « Il faut s'habituer à toutes sortes de gens dans la vie. Dites-moi, vous avez des visites à faire ce soir ? »

J'ai hoché la tête :

« Trois visites postnatales, dont l'une dans le quartier de Bow.

— Alors filez. Je m'occuperai de nettoyer ici. »

En quittant le dispensaire, je l'ai remerciée du fond du cœur. Le grand air m'a revigorée et le trajet en bicyclette a dissipé ma fatigue.

Le lendemain matin, en regardant le planning, j'ai vu que c'était moi qui devais aller faire la piqûre de pénicilline de Lil Hoskin, dans l'immeuble Peabody. J'ai gémi intérieurement. J'étais sûre que ça allait tomber sur moi. D'après les directives, cela devait être ma dernière visite avant midi ; la seringue et l'aiguille devaient être rangées à part, et ne pas aller dans la trousse de sage-femme ; de plus, je devais porter des gants. Inutile de me le préciser.

Les immeubles Peabody, à Stepney, étaient bien connus. On les avait condamnés pour démolition environ quinze ans auparavant, mais ils étaient toujours debout et abritaient encore des familles. C'étaient des *tenements* de la pire espèce, car il n'y avait qu'un robinet d'eau courante par étage, à l'extrémité de chaque galerie, où était également situé l'unique W.-C. Il n'y avait ni eau ni sanitaires dans les appartements. Mon attitude envers Lil s'est teintée d'indulgence. Peut-être serais-je comme elle si je devais vivre dans de telles conditions.

La porte était ouverte, mais j'ai frappé.

« Entrez donc, *luvvy*. Je vous attendais. J'ai mis de l'eau à chauffer pour vous. »

C'était gentil. Elle devait avoir fait un gros effort pour aller chercher de l'eau et la faire bouillir. L'appartement était sale et puant. Le sol était si encombré que c'est à peine si l'on en apercevait un centimètre carré, et de jeunes enfants, cul nu, couraient et trébuchaient partout.

Dans son propre cadre, Lil semblait différente. Je me suis rendu compte que le gloussement irritant n'était que l'expression d'une bonne humeur inextinguible. Elle bousculait un peu ses enfants, mais avec bonhomie.

« Sors de là, petit crétin. L'infirmière peut pas entrer. Elle s'est tournée vers moi : Tenez, vous pouvez poser vos affaires ici. »

Elle avait même pris la peine de déblayer un petit espace sur la table, avait placé une cuvette à côté, avec du savon et une serviette douteuse.

« Je me suis dit que vous auriez besoin d'une serviette bien propre, pas vrai, *ducky* ? »

Tout est relatif.

J'ai posé mon sac sur la table, mais n'en ai sorti que la seringue, l'aiguille, l'ampoule, des gants et un morceau de coton imbibé d'alcool. Les enfants étaient fascinés.

« Reculez, sinon, gare à vos oreilles », a lancé Lil gaiement. Puis elle s'est adressée à moi :

« Vous voulez ma cuisse ou mon cul ?

— Peu importe. Ce que vous préférez. »

Elle a relevé ses jupes et s'est penchée en avant. L'énorme derrière rond avait l'air d'une affirmation positive de solidarité. Les enfants sont restés bouche bée et se sont rapprochés pour mieux voir. Avec un rire aigu, Lil a donné une ruade, comme un cheval.

« Fichez-moi le camp ! Z'avez jamais vu la lune ? »

Elle a éclaté de rire, et son derrière s'est mis à trembler si fort que je ne pouvais pas le piquer.

« Allez, tenez-vous à la chaise et restez tranquille une seconde, s'il vous plaît. »

Je riais moi aussi.

Elle a obéi, et la piqûre a été faite en moins d'une minute. J'ai frotté vigoureusement la zone où j'avais injecté le liquide pour le disperser, car il y en avait une bonne dose. J'ai tout rangé dans un sac en papier kraft, afin de ne pas mélanger mes instruments aux autres. Puis je me suis lavé les mains et les ai séchées avec sa serviette, pour lui faire plaisir. Nous apportions notre propre serviette, mais je me suis dit que si j'utilisais la mienne, le geste serait ostensiblement vexant pour elle.

Elle m'a raccompagnée à la porte et jusqu'au palier, suivie de toute sa smala. « Alors à demain. Je vous attendrai avec une bonne tasse de thé. »

Je suis repartie sur mon vélo, très perplexe. Chez elle, Lil n'était pas une vieille peau répugnante, mais une héroïne. C'était elle, l'âme de la famille, malgré des conditions de vie effroyables, et les enfants avaient l'air heureux. Elle était gaie et ne se plaignait pas. Comment elle avait contracté la syphilis ne me regardait pas. J'étais là pour la soigner, pas pour la juger.

Le lendemain en arrivant, j'étais tellement préoccupée par la stratégie à suivre pour éviter la tasse de thé que, lorsque la porte s'est ouverte, je suis restée, les yeux écarquillés, à regarder Lil, qui n'était pas Lil. Elle semblait un peu plus petite et un peu plus grosse ; les pantoufles, la clope et les bigoudis étaient les mêmes, mais l'ensemble était différent.

Un hurlement de rire familier a retenti, révélant des gencives édentées. Elle m'a donné un petit coup dans l'estomac avec son index pointé. « Vous me prenez pour Lil, pas vrai ? Tout le monde nous confond. Je suis sa mère. On se ressemble comme deux gouttes d'eau. Lil a fait une fausse couche et elle est à l'hosto. Moi je dis, bon débarras. Elle en a déjà bien assez avec dix, et lui qu'on sait jamais quand il est là. »

Après quelques questions, j'ai appris ce qui s'était passé : Lil s'était sentie mal peu après ma visite de la veille, et ensuite, elle avait vomi. Elle s'était allongée sur son lit et avait envoyé l'un des enfants chercher la grand-mère. Des contractions avaient commencé et elle avait vomi à nouveau. Après quoi, elle avait dû perdre connaissance.

Sa mère m'a dit : « Je sais quoi faire pour une fausse couche, j'ai l'habitude. Mais une morte, c'est une autre paire de manches. »

Elle avait appelé un médecin et Lil avait été emmenée aussitôt au London Hospital. Nous avons appris plus tard qu'on avait retiré un fœtus macéré. Il devait être mort depuis deux ou trois jours.

Rachitisme

Aujourd'hui, il est difficile d'imaginer que jusqu'au siècle dernier, aucune femme ne recevait de soins obstétricaux spécifiques durant la grossesse. La première fois qu'elle voyait un médecin ou une sage-femme, c'était lorsque le travail commençait. Aussi la mort et le désastre pour la mère ou l'enfant, souvent pour les deux, étaient-ils banals. Ces tragédies étaient considérées comme l'effet de la volonté de Dieu alors qu'en fait, elles étaient l'inévitable résultat de la négligence et de l'ignorance. Les femmes de la bonne société recevaient les visites d'un médecin pendant leur grossesse, mais ces consultations n'étaient pas une surveillance prénatale et ressemblaient sans doute plus à des visites de politesse qu'à autre chose, car les médecins n'avaient aucune formation en matière de soins prénataux.

Le pionnier dans cette branche de l'obstétrique est un certain Dr. J.W. Ballantyne, de l'université d'Édimbourg (il se trouve que certaines des découvertes et avancées les plus importantes en matière de médecine ont été faites à Édimbourg). En 1900, Ballantyne a écrit un article déplorant l'ignorance consternante en matière de pathologie prénatale, et demandant la création d'urgence de services hospitaliers consacrés aux soins prénataux. Un don anonyme de 1 000 livres sterling a permis la création, en 1901, du tout premier lit de médecine prénatale au Simpson Memorial Hospital (Simpson, un autre Écossais, a permis le développement de l'anesthésie).

C'était le premier lit de ce type dans le monde civilisé. On a peine à le croire. La médecine se développait rapidement. Le staphylocoque venait d'être isolé. Le bacille de la tuberculose aussi. On comprenait le rôle du cœur dans la circulation. Les fonctions du foie, des reins et des poumons avaient été établies. L'anesthésie et la chirurgie avançaient à pas de géant. Mais personne, semble-t-il, n'avait songé qu'une surveillance prénatale pouvait être nécessaire pour préserver la vie et la santé de la femme enceinte et de son enfant.

Ce fut dix ans plus tard, en 1911, que le premier dispensaire prénatal fut ouvert à Boston, aux États-Unis. Un autre fut créé à Sydney, en Australie, en 1912. Le Dr. Ballantyne dut attendre 1915, quinze ans après son article novateur, pour que s'ouvre le premier dispensaire prénatal à Édimbourg. Avec d'autres obstétriciens en avance sur leur temps, il se trouva aux prises à l'hostilité très vive de confrères et d'hommes politiques qui considéraient la surveillance prénatale comme un gaspillage de l'argent public et du temps des médecins.

En même temps, on assistait à une lutte de femmes convaincues et militantes, bien décidées à obtenir une formation sérieuse en obstétrique. Si le Dr. Ballantyne a rencontré des difficultés, ces femmes se sont heurtées à des obstacles bien pires encore, car elles ont dû affronter une opposition malveillante et furent en butte aux railleries, au mépris, au discrédit, à la remise en question de leur intelligence, de leur intégrité et de leurs motivations. À cette époque, une femme courait même le risque de se voir renvoyée pour ses opinions. Et ces réactions venaient non seulement des hommes, mais aussi d'autres femmes. En fait, les luttes internes entre différentes écoles d'infirmières qui avaient une certaine formation en obstétrique étaient particulièrement virulentes. Une femme éminente, infirmière en chef de l'hôpital St. Bartholomew, a accusé ses consœurs qui aspiraient à devenir sages-femmes d'être des « anachronismes et de s'exposer à être considérées par les générations futures comme des curiosités historiques ».

Ce qui semble avoir provoqué l'opposition des médecins, c'est l'idée que « les femmes cherchent trop à se mêler de tous les secteurs de la vie[1] ». Les obstétriciens doutaient aussi des capacités intellectuelles des femmes à comprendre l'anatomie et la physiologie de l'accouchement, et ils laissaient entendre qu'il était donc impossible de les former. Mais la peur derrière tout cela était – je vous le donne en mille – oui, vous l'avez deviné, mais vous avez mis le temps : l'argent. La plupart des médecins demandaient cou-

1. Extrait d'un discours de Charles Bradlaugh, député, cité dans *Behind the Blue Door, A History of the Royal College of Midwives*, Hansard, Cowell and Wainwright, Londres, 1981, p. 23. (*Note de l'auteur.*)

ramment des honoraires d'une guinée pour un accouchement. La rumeur a couru que les sages-femmes diplômées leur couperaient l'herbe sous le pied en faisant la même chose pour une demi-guinée !

Les couteaux étaient tirés.

Dans les années 1860, le Conseil d'obstétrique a estimé que sur environ 1 250 000 naissances annuelles en Grande-Bretagne, environ 10 % étaient assistées médicalement. Certains chercheurs ont même mis la barre beaucoup plus bas, à 3 %. Donc tout le reste des parturientes, soit beaucoup plus d'un million de femmes, étaient assistées par des femmes sans formation ou accouchaient sans aucune autre assistance que celle d'amies et de parentes. Dans les années 1870, Florence Nightingale a écrit *Notes on Lying-in Institutions*[1], où elle attirait l'attention sur « l'absence totale de formation dans les institutions existantes » et disait que c'était « une plaisanterie ou une ironie d'appeler sages-femmes les femmes qui assistent l'accouchée. En France, en Allemagne, et même en Russie, on considère qu'agir comme nous le faisons revient à massacrer les femmes. Dans ces pays, tout est réglementé par le gouvernement, alors que chez nous, on s'en remet à l'initiative privée ». La guinée gagnée par les médecins pour un accouchement constituait une partie non négligeable de leurs revenus. Il fallait résister à la menace que représentait le tarif plus bas des sages-femmes. Le fait que des milliers de femmes et de bébés mouraient chaque année

1. *Notes on Lying-in Institutions* (« Notes sur les maternités »), 1871.

à cause du manque de soins appropriés n'entrait pas en ligne de compte.

Toutefois, ces militantes courageuses et tenaces ont fini par avoir gain de cause. En 1902 a été votée la loi sur les sages-femmes et, en 1903, le Conseil central des sages-femmes a décerné son premier diplôme à une sage-femme qualifiée. Cinquante ans plus tard, j'étais fière de succéder à ces personnalités remarquables, et de pouvoir offrir mes compétences aux futures mères du quartier des docks, ces femmes joviales, rompues à l'adversité, et d'une patience à toute épreuve.

À la salle paroissiale, le dispensaire avait été réinstallé. On était en plein hiver et le poêle à charbon brûlait à plein régime. Il était soigneusement protégé des quatre côtés pour la sécurité des nombreux petits enfants qui couraient à proximité. Pendant la quinzaine précédente, j'avais souvent repensé à Lil avec un curieux mélange de révulsion et d'admiration. Tout en respectant sa façon de faire face à la situation, j'espérais ne plus avoir à la rencontrer, en tout cas pas sur le plan intime qu'implique une relation entre une sage-femme et sa patiente.

La pile de notes sur le bureau m'annonçait que l'après-midi serait chargé – je n'aurais pas le temps de ressasser le souvenir de Lil et de sa syphilis. Il y avait sept piles de notes et environ une dizaine de dossiers dans chacune. Une fois de plus, nous ne finirions pas avant sept heures, et encore, avec de la chance.

J'ai regardé le dossier qui se trouvait en haut de la première pile et vu le nom de Brenda, une patiente de quarante-six ans atteinte de rachitisme. Elle serait admise à l'hôpital pour une césarienne, et sa place était retenue au London Hospital à Whitechapel, mais c'était nous qui assurions la surveillance prénatale. À cet instant précis, elle est arrivée en boitant, parfaitement ponctuelle pour son rendez-vous de quatorze heures. Comme j'étais au bureau et que personne d'autre n'était disponible, c'est moi qui me suis chargée de l'examiner et de faire son bilan.

Je l'ai trouvée attendrissante, cette petite Brenda. Le rachitisme, en soi, est une malformation des os. Pendant des années, on n'a pas su ce qui le provoquait. On pensait que c'était peut-être héréditaire. L'enfant était décrit comme « malingre » ou « souffreteux », ou même simplement paresseux, car les enfants rachitiques sont souvent très lents à se tenir debout et à marcher. Les os, raccourcis et épaissis à leurs extrémités, ploient sous la pression. La colonne vertébrale est déformée et de nombreuses vertèbres écrasées. À cause de la déviation du sternum, la cage thoracique est bombée et souvent déformée. La tête est grosse, carrée, avec une mâchoire inférieure aplatie et en saillie. Souvent, les dents tombent. Comme si ces difformités ne suffisaient pas, les enfants rachitiques présentent une résistance moindre aux infections et sont constamment sujets aux bronchites, aux pneumonies et aux gastro-entérites.

Cette pathologie était fréquente dans toute l'Europe du Nord, surtout dans les villes, et personne n'en connaissait la cause avant les années trente, où l'on a découvert qu'elle était des plus simples : une carence en vitamine D dans le régime entraînait l'absence de fixation du calcium sur les os.

Une explication aussi élémentaire à tant de souffrances ! On trouve la vitamine D en abondance dans le lait, la viande, les œufs et surtout dans la graisse animale et les huiles de poisson. On aurait pu croire que la plupart des enfants absorbaient ces aliments en suffisance. Eh bien non, ce n'était pas le cas des enfants pauvres de milieux défavorisés. La vitamine D peut aussi se former spontanément sous l'action des rayons ultraviolets sur la peau. On pourrait croire qu'il y a assez de soleil en Europe du Nord pour permettre un bon équilibre. Mais non, il n'y avait pas de soleil pour les enfants pauvres des villes industrielles où la densité de l'habitat empêchait la lumière naturelle d'entrer et où les enfants devaient travailler de longues heures dans les usines, les ateliers et les hospices.

Ces enfants grandissaient donc infirmes. Tous les os de leur corps étaient déformés ; les os longs des jambes ployaient et s'arquaient sous le poids du thorax. Pendant l'adolescence, quand la croissance cessait, ils s'ossifiaient dans cette position.

Aujourd'hui encore, au XXIe siècle, on voit quelques personnes très âgées et toutes petites, qui clopinent sur des jambes arquées. Ces courageux rescapés ont passé leur vie à essayer de surmonter les effets de la pauvreté et des privations de leur enfance il y a près d'un siècle.

Brenda m'a regardée avec un large sourire. Son étrange visage à la mâchoire inférieure curieusement formée était illuminé par une espérance ardente. Elle savait qu'elle devait subir une césarienne, mais ne s'en souciait pas. Elle allait avoir un enfant et, cette fois-ci, il vivrait. C'était tout ce qui comptait pour elle, et elle débordait de reconnaissance envers les sœurs, l'hôpital, les médecins, envers tout le monde, et en particulier le système de santé national et les personnes merveilleuses qui avaient fait en sorte que tout soit gratuit pour elle.

Les antécédents obstétricaux de Brenda étaient tragiques. Elle s'était mariée jeune et avait eu quatre grossesses dans les années trente. Tous les bébés étaient morts. Le drame pour une femme atteinte de rachitisme, c'est que son bassin, lui aussi, se déforme et qu'il est plat ou atrophié. Le bébé ne peut donc pas venir au monde ou, plutôt, il ne peut naître qu'avec de grandes difficultés. Brenda avait eu quatre accouchements longs et dystociques, et chaque fois le bébé était mort. Elle avait eu de la chance de ne pas mourir elle aussi, comme d'innombrables femmes au cours des décennies précédentes dans toute l'Europe.

Le taux de rachitisme avait toujours été légèrement plus élevé chez les petites filles que chez les garçons. La raison en était probablement sociale et non physiologique. Les mères pauvres de familles nombreuses privilégiaient souvent (et c'est encore le cas) leurs fils, aussi les garçons étaient-ils un peu mieux nourris. Plus remuants, les garçons sortaient davantage pour jouer. À Poplar, c'étaient toujours les garçons qui étaient au bord du fleuve, sur les quais ou dans les cratères de bombes. Ils étaient donc plus exposés à la lumière du soleil que leurs sœurs, que l'on gardait à la maison. De plus, des philanthropes conscients des problèmes sociaux étaient à l'origine de nombreux projets de vacances. Des séjours d'été en camping étaient fréquemment organisés pour emmener les petits garçons pauvres à la campagne sous la tente pendant un mois. Ces camps ont sauvé la vie à des milliers d'entre eux. Mais je n'ai jamais, à ce jour, entendu parler de camping d'été pour filles il y a un siècle. Peut-être considérait-on qu'il n'était pas convenable de les emmener loin de leur famille pour les mettre sous la tente. Ou peut-être les besoins des filles étaient-ils tout bonnement ignorés. Mais quelle que soit l'explication, elles ont été désavantagées. Le soleil bienfaisant de l'été leur est resté inaccessible, et les petites rachitiques sont devenues des femmes difformes aptes à concevoir un bébé et à le porter pendant neuf mois, mais non à le mettre au monde.

On ne saura jamais combien de femmes sont mortes d'épuisement dans les affres d'un accouchement difficile : les pauvres pouvaient être sacrifiés, on ne les comptait pas. J'ai lu je ne sais où, dans un antique manuel d'instructions aux femmes assistant à l'accouchement, cette phrase : « Si l'accouchement dure pendant plus de dix à douze jours, il est conseillé de demander l'aide d'un médecin. » Dix ou douze jours de travail dystocique entre les mains d'une femme sans formation ! Juste ciel, n'y avait-il aucune miséricorde, aucune compréhension ? J'ai dû repousser les pensées que cette phrase provoquait et remercier Dieu en silence pour les progrès des pratiques de l'obstétrique. Cependant, même pendant que je faisais mes études, les manuels les plus récents spécifiaient qu'une femme ayant un bassin rachitique « devait rester en travail préliminaire pendant dix à douze heures pour vérifier l'endurance de la mère et du fœtus ».

Brenda avait connu à quatre reprises ce travail préliminaire au cours des années trente. Je n'ai jamais compris pourquoi, après le désastre du premier accouchement, on n'avait pas décidé qu'elle aurait une césarienne au terme de ses prochaines grossesses. Peut-être n'avait-elle pas les moyens d'en assumer les frais, car, avant 1948, tous les soins médicaux étaient payants.

Le mari de Brenda avait été tué en service actif pendant la guerre, en 1940, et elle n'avait plus eu de grossesses. Mais à quarante-trois ans, elle s'était remariée et se trouvait à nouveau enceinte. Sa joie et son enthousiasme à la perspective d'un nouvel enfant semblaient emplir le dispensaire et faire passer tout le reste au second plan. Elle lançait : « Bonjour : mam'selle, ça va-t'y ? » à toutes les sages-femmes et, aux questions concernant sa santé, elle répondait : « Je pète le feu. En forme comme jamais. Je suis toujours d'attaque. »

Je l'ai suivie jusqu'à la table d'examen et j'ai eu un coup au cœur en voyant le mal qu'avaient ses petites jambes torses à la porter. À chaque pas, la droite s'incurvait plus particulièrement en dehors, et sa hanche gauche, instable, pointait dans la direction opposée. Il a fallu que je mette deux tabourets et une chaise pour qu'elle parvienne à grimper sur la table, mais elle y est arrivée, avec des gestes maladroits. C'était pénible à voir. Hors d'haleine, elle a souri triomphalement une fois arrivée à destination. On aurait dit que chaque difficulté dans la vie était un défi pour elle, et chaque difficulté vaincue, une occasion de se réjouir. Il aurait fallu vraiment beaucoup d'imagination pour dire qu'elle était belle, mais je n'étais pas du tout surprise qu'elle ait trouvé un second mari qui, j'en suis certaine, l'aimait.

Brenda n'était enceinte que de six mois, pourtant son abdomen paraissait anormalement gros à cause de sa toute petite taille, et aussi de la courbure de sa colonne vertébrale en dedans, qui repoussait l'utérus vers l'avant et vers le haut. Elle sentait l'enfant bouger, et j'ai entendu battre le cœur de celui-ci. Elle avait une tension et un pouls normaux, mais respirait avec peine. Je le lui ai fait remarquer.

« Vous inquiétez pas. C'est pas grave », a-t-elle répondu gaiement. Après avoir examiné le corps difforme de Brenda, je ne me sentais pas très sûre de moi, aussi ai-je demandé à sœur Bernadette de confirmer mes conclusions, ce qu'elle a fait. Brenda était en aussi bonne santé qu'on pouvait l'espérer, et le fœtus aussi.

Nous l'avons vue tous les huit jours pendant les six semaines suivantes. Elle avait de plus en plus de difficultés à se mouvoir et marchait avec deux cannes. Jamais elle ne s'est départie de son allégresse ; jamais elle ne s'est plainte. À trente-sept semaines, elle a été admise au London Hospital pour un repos au lit, et une césarienne a été pratiquée avec succès à trente-neuf semaines.

Elle a accouché d'une belle petite fille, qu'elle a appelée Grace Miracle.

Éclampsie

Depuis le début de l'humanité et jusqu'à la fin de la Seconde Guerre mondiale en 1945, les bébés naissaient à la maison. Puis on a commencé à prendre l'habitude de l'accouchement à l'hôpital, qui a connu un succès tel qu'en 1975, seulement 1 % des bébés naissaient à la maison. La sage-femme de quartier est devenue une espèce en voie de disparition.

La mode, ou la tendance, s'inverse légèrement aujourd'hui, et le taux des naissances à la maison avoisine les 2 %. Peut-être parce que la naissance en milieu hospitalier présente pour la mère et l'enfant des risques nouveaux et totalement imprévus, et que les gens commencent à s'en apercevoir.

Sally est venue nous voir parce qu'elle avait plus confiance en sa mère que dans le médecin, qui avait préconisé un accouchement à l'hôpital pour son premier bébé.

Sa mère lui avait dit : « L'écoute pas. Va voir les nonnettes, *luvvy*. Elles s'occuperont bien de toi. »

Et la grand-mère y était allée de son grain de sel elle aussi, avec quantité de vieilles traditions et des histoires à vous faire dresser les cheveux sur la tête à propos des maternités, que les femmes redoutaient autrefois plus que la mort elle-même.

Le médecin avait essayé de convaincre Sally que les hôpitaux modernes n'avaient rien de commun avec les vieilles maternités. En vain. Il ne faisait pas le poids face à la mère et à la grand-mère, et il a abandonné la lutte. Sally s'est inscrite chez les sages-femmes de St. Raymond Nonnatus.

Nous voyions nos patientes une fois par mois en consultation prénatale pendant les six premiers mois, puis faisions un contrôle hebdomadaire pendant les six dernières semaines de la grossesse. Tout s'est bien passé pour Sally pendant les sept premiers mois. C'était une jolie petite femme de vingt ans ; elle vivait avec son mari dans la maison de sa mère, où ils occupaient deux pièces. Sally était standardiste, et sa mère, qui l'accompagnait aux consultations prénatales, était fière d'elle.

Je me suis assise à côté d'elle et j'ai regardé son dossier. Sa tension avait été normale pendant les six premiers mois. Lors de la visite précédente, elle avait un peu augmenté. Quand je l'ai prise, j'ai constaté qu'elle avait encore grimpé et cela m'a inquiétée. Je lui ai demandé de monter sur la balance et j'ai vu qu'elle avait pris deux kilos et demi en quinze jours. Des sonnettes d'alarme ont commencé à retentir dans ma tête.

J'ai dit à Sally que je voulais l'examiner, et l'ai suivie jusqu'à la table d'examen, ce qui m'a permis de remarquer qu'elle avait les chevilles enflées. Un diagnostic prenait forme dans mon esprit. Elle s'est allongée sur la table, et j'ai pu constater à la palpation un œdème gardant l'empreinte du doigt depuis les pieds jusqu'aux genoux. Il n'était pas très prononcé, mais palpable pour des doigts expérimentés. La rétention d'eau pouvait expliquer son gain de poids, mais je n'en ai trouvé aucune trace ailleurs lors de l'examen complet.

« Vous avez encore des nausées ? ai-je demandé.

— Non.

— Des douleurs d'estomac ?

— Non.

— Des maux de tête ?

— Ah ! maintenant que vous en parlez, oui. Mais j'ai attribué ça au téléphone, vu mon travail.

— Quand arrêtez-vous de travailler ?

— J'ai arrêté la semaine dernière.

— Et vous avez toujours mal à la tête ?

— Eh bien, oui. Mais maman dit qu'il faut pas s'inquiéter, que c'est normal. »

J'ai jeté un regard de biais à la mère, Enid, qui hochait la tête d'un air sagace. Heureusement que sa fille était venue à la consultation prénatale. Maman n'a pas toujours raison !

« Restez là, voulez-vous, Sally ? Il faut que je fasse une analyse d'urine. Vous avez apporté un échantillon ?

— Oui. » Enid l'a sorti après avoir fouillé dans son sac volumineux.

Je me suis approchée du bec Bunsen qui était sur le plan de travail en marbre, et l'ai allumé. L'urine était assez claire et paraissait normale quand j'en ai versé un peu dans l'éprouvette. J'ai présenté la partie supérieure du tube à la flamme et, sous la chaleur, l'urine a viré au blanc, tandis que celle de la partie inférieure est restée claire.

De l'albumine. Un diagnostic de prééclampsie. Je suis restée immobile quelques instants, plongée dans mes pensées.

C'est étrange comme on oublie les choses, même les plus capitales de la vie. J'avais oublié Margaret, mais devant cet évier, l'œil fixé sur l'éprouvette, le souvenir de cette femme et de ma première et unique expérience atroce de l'éclampsie m'a envahi l'esprit à nouveau.

Margaret avait vingt ans, et elle devait avoir été très jolie, bien que je ne l'aie jamais vue dans l'éclat de sa beauté. J'ai seulement vu des dizaines de photographies d'elle, que m'a montrées son mari David très amoureux, un homme brisé par le chagrin. Toutes les photographies étaient en noir et blanc à l'époque. Elles avaient un charme particulier que leur conféraient les effets de lumières et d'ombres. Sur certaines des photos, c'étaient l'intelligence de Margaret et sa sensibilité qui attiraient l'attention. Sur d'autres, son rire et son humour espiègle vous donnaient envie de partager la plaisanterie. Sur d'autres, ses immenses yeux clairs regardaient sans crainte vers l'avenir. Sur toutes, ses cheveux bruns souples bouclaient sur ses épaules. Une photo mémorable la représentait adolescente rieuse, en maillot de bain au bord de la mer dans le Devon ; l'écume des vagues rejaillissait de la falaise et le vent lui ébouriffait les cheveux. La façon dont elle se tenait sur ses longues jambes minces et l'angle des ombres au soleil couchant se combinaient pour donner une photo parfaite à tous les égards. Margaret avait l'air d'une fille que j'aurais aimé connaître, mais cela ne s'est jamais produit, hormis par l'intermédiaire de David. Elle était musicienne, violoniste, mais jamais je ne l'ai entendue jouer.

David m'a montré toutes ces photos pendant les deux jours où nous l'avons veillée. La première fois que je l'ai vu, j'ai cru que c'était son père. Mais non, c'était son mari, son amant, et il vénérait jusqu'au sol qu'elle foulait. C'était un chercheur scientifique, et il avait l'air d'un homme très réservé, très contrôlé, inaccessible, voire froid et impassible. Mais il faut se méfier de l'eau qui dort et pendant ces deux jours interminables, l'intensité de sa passion, l'intensité de son chagrin ont presque fait exploser l'hôpital. Parfois il lui parlait à elle, d'autres fois il se parlait à lui-même, parfois encore il s'adressait au personnel. Il lui arrivait de marmonner des prières, ou il laissait échapper quelques mots à travers ses sanglots. Grâce à ces fragments, et au dossier de Margaret, j'ai réussi à reconstituer leur histoire. David n'avait rien du savant froid et distant.

Ils s'étaient rencontrés dans un club musical où Margaret était venue jouer. Il n'a pu détacher ses yeux d'elle. Pendant tout l'entracte et la soirée qui a suivi, il n'a pas perdu un seul de ses mouvements. Il a cru pouvoir lui parler, mais il a bégayé sans pouvoir aligner deux mots. Il ne comprenait pas pourquoi, lui qui normalement s'exprimait bien. Il ne savait pas ce qui lui arrivait. Elle a continué à parler et à plaisanter avec d'autres pendant qu'il est allé se mettre dans un coin, à peine capable de respirer tant son cœur battait fort.

Les jours et les semaines qui ont suivi, il a été incapable de la chasser de son esprit. Il ne comprenait toujours pas. Il a cru que c'était la musique qui l'avait touché aussi profondément. Il se sentait mal, ne tenait pas en place, et ne trouvait aucun agrément à ses habitudes confortables de célibataire. Puis il l'a rencontrée par hasard dans un Lyons Corner House[1], et si incroyable que cela puisse lui paraître, elle se souvenait de lui. Ils ont déjeuné ensemble, et cette fois-ci, la langue de David s'est déliée et il a parlé, parlé sans pouvoir s'arrêter. En fait, ils ont parlé pendant des heures. Ils avaient des milliers de choses à se dire et jamais il ne s'était senti aussi détendu et heureux avec quelqu'un pendant ses quarante-neuf ans de vie quasiment solitaire. Il s'est dit : « Elle ne peut pas s'intéresser à un vieux machin desséché comme moi, qui sent le formol et l'alcool à quatre-vingt-dix. » Eh bien si. Peut-être avait-elle vu l'intégrité, la force spirituelle et les trésors d'émotion inexploités au fond de cet homme tranquille. Elle a été son premier et son seul amour, et il lui a prodigué toute la passion d'un jeune homme, combinée à la tendresse et aux égards d'un homme mûr.

Plus tard, il m'a dit : « Je suis heureux d'avoir eu la chance de la connaître. Si nous ne nous étions pas

---

1. Chaîne de salons de thé et de restaurants à Londres, très populaires dès leur apparition en 1901. Véritables institutions, notamment pour les femmes faisant leurs courses, les Corner Houses étaient ouvertes toute la journée et très fréquentées. Elles ont disparu à la fin des années soixante.

rencontrés, ou si nous étions passés l'un à côté de l'autre, toute la grande littérature mondiale, tous les grands poètes, toutes les grandes histoires d'amour seraient restés pour moi lettre morte. On ne peut pas comprendre ce dont on n'a pas l'expérience. »

Ils étaient mariés depuis six mois, et elle était enceinte de six mois quand elle a été admise au service prénatal du City of London Maternity Hospital, où je travaillais. Selon son dossier prénatal, Margaret était en parfaite santé depuis le début de sa grossesse. Elle était venue à la consultation deux jours plus tôt, et tout était normal : poids, pouls, tension, échantillon d'urine, pas de nausées, rien n'indiquait ce qui allait suivre.

Le jour de son admission, elle s'était réveillée tôt et avait vomi, ce qui était inhabituel, car ses nausées matinales avaient disparu environ huit semaines plus tôt. Elle est retournée dans sa chambre en disant qu'elle avait des taches devant les yeux. David s'est inquiété, mais elle a dit qu'elle allait se recoucher. C'était un petit mal de tête, et cela passerait si elle se rendormait. Il est donc parti travailler en disant qu'il téléphonerait à onze heures pour prendre de ses nouvelles. Quand il a appelé, les sonneries sont restées sans réponse. Il a cru les entendre résonner dans toute la maison. Elle était peut-être sortie, bien entendu, après s'être réveillée, mais une prémonition l'a poussé à rentrer chez lui.

Il l'a trouvée inconsciente, par terre dans la chambre, avec des taches de sang autour de la bouche, sur la joue et dans les cheveux. Il a d'abord cru qu'elle avait été agressée pendant un cambriolage, mais il n'y avait aucun signe d'effraction, et l'inconscience apparemment profonde dans laquelle elle se trouvait, sa respiration ronflante, ses battements de cœur forts et irréguliers qu'il sentait à travers la chemise de nuit l'ont alerté : il s'était passé quelque chose de grave.

L'hôpital a envoyé une ambulance aussitôt, en réponse à son coup de téléphone affolé. Un médecin est venu aussi, car les implications de l'appel de David étaient très sérieuses. On a mis Margaret sous sédation avec de la morphine avant que les ambulanciers soient autorisés à la déplacer.

Nous avons reçu l'ordre de préparer une chambre à part pour recevoir un cas possible d'éclampsie. Cela se passait pendant mes six premiers mois de formation de sage-femme, et l'infirmière en chef nous a montré, à une autre stagiaire et à moi, comment faire. On a poussé le lit contre le mur en garnissant d'oreillers l'interstice restant. On a rembourré la tête du lit avec d'autres oreillers, soigneusement maintenus en place par des draps. On a apporté de l'oxygène : une canule de Mayo et une sonde d'intubation étaient prêtes à l'emploi, ainsi qu'une sonde d'aspiration. La fenêtre a été recouverte d'un tissu sombre pour occulter l'essentiel de la lumière.

Lors de son admission, Margaret était profondément inconsciente. Sa tension était si élevée que la pression systolique était à plus de 200 et la diastolique à 190. Sa température était montée à 40 et son pouls à 140. On a fait un prélèvement d'urine qu'on a analysé : le dépôt d'albumine était si important qu'en portant le tube à ébullition, l'urine s'est solidifiée comme un blanc d'œuf. Le diagnostic ne faisait aucun doute.

L'éclampsie était – et est encore – une affection rare et mystérieuse de la grossesse, sans cause connue. Normalement, il y a des signes avant-coureurs, ou symptômes prééclamptiques, qui réagissent au traitement ; mais s'ils ne sont pas traités, l'éclampsie peut apparaître. Rarement, très rarement, elle survient sans préavis, chez une femme parfaitement saine, et peut évoluer en l'espace de quelques heures au stade des convulsions. Quand c'est le cas, la grossesse est en danger et le fœtus a peu de chances de survivre. Le seul traitement est l'accouchement immédiat par césarienne.

La salle d'opérations, alertée, était prête à recevoir Margaret. Le bébé était mort-né et Margaret est retournée dans sa chambre. Elle n'a jamais repris conscience. On l'a maintenue sous sédation lourde dans une pièce obscure, mais malgré cela, elle a eu des crises convulsives répétées, horribles à voir. Un léger tremblement précédait des contractions violentes de tous les muscles du corps. Celui-ci devenait rigide et s'arquait en arrière sous l'effet du spasme musculaire, si bien que pendant vingt secondes environ, seuls sa tête et ses talons reposaient sur le lit. Puis elle cessait de respirer et devenait bleue, à cause de l'anoxie. Ensuite, la rigidité se dissipait rapidement, suivie de mouvements convulsifs et de spasmes de tous les membres. On avait du mal à l'empêcher de se jeter sur le sol, et il était presque impossible de maintenir en place une canule. Sous l'effet des violents mouvements de ses mâchoires, elle se mordait la langue. Elle salivait abondamment, et avait l'écume à la bouche, où la salive se mélangeait au sang de sa langue déchiquetée. Son visage congestionné était horriblement déformé. Puis les convulsions se calmaient et cédaient la place à un profond coma qui durait une heure ou deux, et une autre convulsion survenait.

Ces crises terribles se sont répétées pendant un peu plus de trente-six heures et, le soir du second jour, elle est morte dans les bras de son mari.

Tous ces souvenirs m'ont envahi l'esprit pendant les quelques secondes où je suis restée debout devant l'évier, à regarder l'échantillon d'urine de Sally. David. Qu'était devenu ce pauvre homme ? Il était sorti de l'hôpital, titubant, à moitié aveugle, à moitié fou, assommé par le choc et le chagrin. Malheureusement, dans le métier d'infirmière – surtout en milieu hospitalier –, on côtoie des gens pendant les moments les plus intenses de leur vie, et puis on ne les revoit plus jamais. Il était totalement impensable que David revienne à la maternité où sa femme était morte, juste pour rassurer les infirmières. De même, le personnel de l'hôpital pouvait difficilement le harceler pour savoir comment il faisait face. Je me souvenais avec reconnaissance de ce qu'il m'avait dit juste après la mort de sa femme : les paroles d'un grand poète – je ne sais plus lequel – lui étaient revenues en mémoire :

Qui aime le sait. Qui n'aime pas ne le sait pas.
Celui-là, je le plains et n'ai rien à lui dire.

L'heure n'était pas aux souvenirs mélancoliques. Il fallait que je voie la religieuse pour l'informer de l'état de Sally.

C'était sœur Bernadette la responsable ce jour-là. Elle a écouté mon rapport, regardé l'échantillon d'urine et dit : « Peut-être y a-t-il contamination par les sécrétions vaginales ; nous prélèverons donc de l'urine par sonde urinaire. Pouvez-vous préparer les instruments pendant que je vais voir la patiente pour l'examiner ? »

Elle a dit à celle-ci : « Nous allons insérer un petit tube dans votre vessie pour le donner au labo de pathologie. »

Sally a protesté, mais a finalement obtempéré et c'est moi qui l'ai sondée. Puis la sœur lui a dit : « Nous pensons que vous avez un problème de grossesse qui nécessite un repos absolu, un régime spécial, et l'administration quotidienne de certains médicaments. Dans ces conditions, vous devez aller à l'hôpital. »

Sally et sa mère se sont alarmées.

« Qu'est-ce qui se passe ? Je me sens très bien. Juste un peu mal à la tête, c'est tout. »

Sa mère a renchéri : « Si ma petite Sally a quelque chose, je peux m'occuper d'elle. Elle se reposera très bien chez elle, vous savez. »

La sœur a été très ferme. « Il ne s'agit pas seulement de se reposer et de garder le lit une partie du temps. Sally doit rester allongée vingt-quatre heures sur vingt-quatre pendant les quatre à six prochaines semaines. Il lui faudra un régime spécial, sans sel, avec très peu de liquide. Il lui faudra prendre des sédatifs quatre fois par jour. Elle devra être sous surveillance attentive, avec prise du pouls, de la température et de la tension plusieurs fois par jour. Il faudra aussi vérifier quotidiennement la croissance du fœtus. Sally doit être hospitalisée immédiatement, faute de quoi le bébé courra un danger, et sa mère aussi. »

C'était un long discours pour sœur Bernadette, d'ordinaire très peu bavarde. Mais il a été d'une efficacité totale, car il a réduit au silence la mère de Sally. Elle a poussé un petit cri, sans autre commentaire.

« Maintenant, je vais téléphoner au médecin pour lui demander s'il peut vous trouver un lit immédiatement dans l'une des maternités de la ville. Je vous demande de rester couchée tranquillement sur cette table. Je ne veux pas vous voir rentrer chez vous. »

Puis elle a dit à Enid : « Peut-être pourriez-vous passer prendre les affaires dont Sally aura besoin à l'hôpital : chemise de nuit, brosse à dents et autres – et les rapporter ici. »

Enid a filé, soulagée d'avoir quelque chose à faire.

Il a fallu que Sally attende deux heures avant qu'une ambulance arrive, et on l'y a conduite en fauteuil roulant. Je crois qu'elle était désorientée par tout ce remue-ménage et par l'attention qu'elle suscitait, d'autant qu'elle n'avait pas l'impression d'être malade, était arrivée à la consultation en marchant et se sentait tout à fait capable d'en repartir debout.

Elle a été emmenée au London Hospital, à l'extrémité de Mile End Road, et admise dans le service de maternité, où se trouvaient dix à douze jeunes femmes au même stade de leur grossesse qu'elle. Elle a observé un repos au lit très strict : on l'emmenait même aux toilettes en fauteuil roulant. On lui a donné des calmants, on lui a fait suivre un régime spécifique et donné très peu à boire. Au cours des quatre semaines suivantes, sa tension a progressivement baissé, l'œdème a régressé et son mal de tête a disparu. À trente-huit semaines de grossesse, on a provoqué l'accouchement. La tension de Sally a commencé à monter pendant le travail ; aussi, quand elle a été à dilatation complète, lui a-t-on administré une anesthésie légère, afin d'utiliser le forceps pour mettre au monde un beau bébé en bonne santé.

La mère et l'enfant ont traversé sans histoire la période postnatale.

L'éclampsie est une pathologie aussi mystérieuse de nos jours qu'elle l'était il y a cinquante ans. On pensait, et on pense encore, qu'elle est due à une anomalie du placenta. Mais rien n'a été prouvé, bien que des milliers de placentas aient été examinés par les chercheurs essayant d'isoler ce « défaut » supposé.

Le cas de Sally était un parfait exemple de prééclampsie. Faute d'un diagnostic et d'un traitement rapide et efficace, son état aurait pu évoluer vers l'éclampsie. Mais le simple traitement que j'ai évoqué – repos total et sédation – permettait d'éviter que les symptômes se développent.

Margaret, qui avait eu cette mort horrible, était un cas très rare d'éclampsie subite et violente, sans signes avant-coureurs, sans phase de prééclampsie. Je n'ai jamais vu d'autres cas semblables, mais il y en a encore parfois.

La prééclampsie et l'éclampsie sont toujours les causes majeures de mortalité prénatale et périnatale au Royaume-Uni, malgré la surveillance prénatale moderne. Qu'arrivait-il aux femmes chez qui survenaient les signes de prééclampsie lorsqu'il n'y avait pas de surveillance prénatale ? Il ne faut pas beaucoup d'imagination pour répondre à cette question. Pourtant, les médecins qui prônaient l'instauration de la surveillance prénatale il y a cent ans étaient considérés comme des excentriques et des propres-à-rien. Ceux-là mêmes qui les dénigraient repoussaient avec mépris l'idée d'une formation réglementée et bien encadrée des sages-femmes.

Celles d'entre nous qui ont mis des enfants au monde peuvent remercier Dieu que cette époque soit révolue.

Fred

Un couvent est un établissement essentiellement féminin. Toutefois, la nécessité veut que les mâles de l'espèce humaine ne puissent en être totalement exclus. Fred, l'homme à tout faire de Nonnatus House, s'occupait du chauffage. Il était le parfait spécimen du cockney de son époque. Mal grandi, avec de courtes jambes torses, des bras velus et puissants, il était pugnace, obstiné, plein de ressources ; ajoutez à cela une prolixité et une bonne humeur inépuisables. Sa particularité la plus marquante était un strabisme spectaculaire. Un œil visait en permanence le nord-est tandis que l'autre s'égarait en direction du sud-ouest. Si l'on ajoute à cela une dent unique et jaune saillant de la mâchoire supérieure, et qu'il calait en général sur la lèvre inférieure en la suçant, on ne pouvait pas dire que c'était un beau spécimen d'homme. Mais il avait une bonne humeur, une confiance en lui ingénue et un optimisme délicieux, et les sœurs le tenaient non seulement en grande affection, mais se reposaient lourdement sur lui pour toutes les choses pratiques. Sœur Julienne savait particulièrement bien faire vibrer la corde de la faible femme.

« Oh, Fred, la fenêtre de la salle de bains du haut ne se ferme pas. J'ai essayé je ne sais combien de fois, mais je n'y arrive pas. Vous croyez que… ? Si vous pouvez trouver le temps, bien sûr… ? »

Bien entendu, Fred trouvait le temps. Pour sœur Julienne, il aurait trouvé le temps de déménager les Albert Docks. Sœur Julienne lui était profondément reconnaissante, et elle louait son habileté et sa compétence. Si la fenêtre de la salle de bains est restée close une fois pour toutes, cela n'a gêné personne et on n'en a plus jamais reparlé.

La seule personne imperméable à son charme cockney était Mrs. B. Cockney elle-même, elle connaissait par cœur son numéro, et il la laissait froide. Mrs. B. était la reine de la cuisine. Elle travaillait chaque jour de huit heures à quatorze heures, et nous préparait des repas délicieux. C'était une spécialiste de la tourte au steak et aux rognons, des ragoûts consistants, des hachis bien assaisonnés, du *toad-in-the-hole*[1], des roulés farcis au jambon, des gratins de macaronis, etc. Elle faisait aussi le meilleur pain et les meilleurs gâteaux qu'on pût trouver. C'était une grosse femme à la poitrine impressionnante et à l'œil féroce quand elle grondait : « Dis donc, vous allez pas me saloper ma cuisine, hein ! » Comme la cuisine était le point de rencontre du personnel, nous entendions fréquemment cette remarque lorsque nous rentrions, souvent

1. Littéralement : « crapaud dans le trou », morceau de viande ou de saucisse cuit au four dans de la pâte à crêpes.

fatiguées et affamées. Nous autres stagiaires étions très dociles et respectueuses, d'autant que l'expérience nous avait appris que la récompense de la flatterie était souvent une tarte ou un morceau de gâteau fraîchement sortis du four.

Mais Fred ne se laissait pas impressionner aussi facilement que nous. D'abord, son strabisme faisait qu'il ne pouvait vraiment pas voir le désordre qu'il provoquait ; ensuite, il n'était pas homme à s'aplatir devant qui que ce soit. Il adressait à Mrs. B. un sourire canaille, suçait sa dent, lui donnait une tape sur son ample derrière et gloussait : « Arrête ton char, ma poule. » Le regard féroce de Mrs. B. était alors suivi d'un glapissement : « Tu sors de ma cuisine, tête de macaque, et t'y remets pas les pieds. » Hélas, Fred était bien obligé d'y remettre les pieds, et elle le savait. La cuisinière à charbon était dans la cuisine, et c'était lui qui avait la charge de la remplir, d'enlever les cendres, d'ouvrir et de fermer les conduits, bref, de l'entretenir. Comme Mrs. B. faisait l'essentiel de sa cuisine et l'intégralité de ses pains et de ses gâteaux sur cet appareil, elle savait qu'elle dépendait de lui. Il y avait donc entre eux une paix armée. De temps en temps – environ deux fois par semaine –, elle dégénérait en solide engueulade. J'ai remarqué avec intérêt que pendant ces altercations, ni l'un ni l'autre ne jurait – à l'évidence, par respect pour les religieuses. S'ils s'étaient trouvés dans un autre cadre, je suis certaine que des obscénités auraient volé.

Le travail de Fred consistait à remplir la chaudière matin et soir, et il faisait des petits travaux supplémentaires à la demande. Il venait sept jours sur sept pour la chaudière, ce qui lui convenait très bien. C'était un emploi régulier, mais cela lui laissait aussi beaucoup de temps pour poursuivre les autres activités qu'il avait mises sur pied au fil des années.

Fred occupait avec sa fille célibataire, Dolly, deux pièces au rez-de-chaussée d'une maison dont l'arrière donnait sur les docks. Pendant la guerre, il avait été mobilisé, mais à cause de ses yeux il n'avait pu intégrer les services armés. Il a donc été dirigé vers les Pionniers[1], où, à l'en croire, il avait passé six ans à nettoyer les latrines pour servir le roi et son pays.

On lui a accordé une permission exceptionnelle en 1942 quand sa femme et trois de leurs six enfants ont été tués par un impact direct. Il a pu passer un peu de temps avec ses trois enfants survivants, choqués et traumatisés, dans un foyer du nord de Londres avant qu'ils soient évacués dans le Somerset. Il a alors regagné ses latrines.

Après la guerre, il a loué deux pièces bon marché et a élevé seul ce qui restait de sa famille. Il n'a jamais été facile pour lui de trouver un travail régulier, parce qu'il y voyait mal et ne voulait pas s'engager à rester de longues heures absent de chez lui, sachant que ses enfants avaient besoin de lui. Il s'est donc trouvé un large éventail d'activités lucratives, dont certaines étaient légales.

À l'heure où nous autres, le personnel laïque, prenions notre petit déjeuner dans la cuisine, Fred s'occupait en général de sa chaudière, aussi avions-

1. Corps d'auxiliaires créé en 1939 pour accomplir diverses tâches d'aide aux troupes combattantes, telles que creuser des tranchées, construire des routes, transporter les blessés, etc.

nous le temps de lui demander de nous raconter ses histoires, ce que nous faisions sans vergogne, car nous étions jeunes et curieuses. De son côté, Fred était toujours prêt, car il adorait à l'évidence se trouver dans le rôle de conteur, et il commençait en général par : « Celle-là, vous la croirez jamais. » Le rire de quatre jeunes filles était de la musique à ses oreilles. Or les jeunes filles s'amusent d'un rien !

L'une de ses tâches régulières – et la mieux payée, nous assurait-il, car elle était hautement spécialisée –, c'était celle de vérificateur de fonds de tonneaux pour la brasserie Whitbread. Trixie, la sceptique, a lancé : « Aha ! Je vous en ficherais, moi, du fond de tonneau ! », mais Chummy a gobé l'histoire sans broncher et a dit gravement : « Bigre, ça a l'air drôlement intéressant. Vous ne pouvez pas nous en dire plus ? » Fred aimait bien Chummy, qu'il appelait « La Haute ».

« Ah, ben, ces fonds de tonneaux, faut qu'ils soyent bien étanches, et la seule façon de le savoir, c'est de taper dessus et d'écouter. Si ça rend une certaine note, c'est tout bon. Sinon, ça veut dire qu'y a un défaut, voyez. Ça a l'air simple, mais faut des années d'expérience pour pas se gourer. »

Nous avions vu Fred vendre des oignons au marché, mais sans savoir qu'il les faisait pousser lui-même. Comme il habitait au rez-de-chaussée d'une vieille maison, il avait un petit jardin qu'il consacrait à la culture des oignons. Il avait essayé les pommes de terre – « Ça rapporte rien, les patates » – mais les oignons étaient bien plus rentables. Il élevait aussi des poules, et vendait les œufs, ainsi que les volailles elles-mêmes. Il refusait de vendre à un boucher (« Je vais pas laisser un autre empocher les bénéfices »), et traitait directement avec les clients sur le marché. Il n'avait pas d'étal non plus (« Je vais pas payer un loyer à la municipalité, non mais ! ») mais posait une couverture par terre là où il trouvait un espace disponible, et vendait ses oignons, ses œufs et ses poulets.

Des poulets, il est passé aux cailles, qu'il vendait aux restaurants des quartiers chics. Les cailles sont des oiseaux délicats, qui requièrent de la chaleur, aussi les gardait-il dans la maison. Étant petites, elles n'avaient pas besoin de beaucoup d'espace, il les élevait donc dans des boîtes qu'il mettait sous son lit. Il les tuait et les plumait dans la cuisine.

Toujours admirative, Chummy a dit : « Oh, là, là ! c'est drôlement malin, je trouve. Mais ça doit fouetter un peu, dites-moi ? »

Trixie l'a coupée : « Oh, tais-toi, on est à table », et elle a tendu la main vers les corn flakes.

L'enthousiasme de Fred pour les canalisations avait de quoi dégoûter quiconque de prendre son petit déjeuner. Nettoyer des tuyaux d'évacuation était visiblement une passion, et son œil nord-est brillait pendant qu'il se répandait en détails odorants. Trixie déclarait : « Arrêtez, sinon je vous fourre dans un tuyau », et elle fonçait vers la porte, toast en main. Mais Fred, que les ventouses et les furets rendaient lyrique, ne se décourageait pas pour autant. « Le meilleur boulot que j'aie jamais eu, c'était à Hampstead, voyez. Une de ces maisons pour rupins. La dame, c'était une vraie chochotte, petit doigt en l'air et tout le tralala. J'ôte la plaque d'égout, et qu'est-ce que je vois, qui remplit la chambre de visite, un imper à Popaul – une capote, si vous voulez – qui bloquait l'arrivée d'eau, tout rempli d'eau et de cochonneries. Énorme, qu'il était, énorme ! »

Il a roulé des yeux expressifs à leurs angles opposés et écarté les bras. Chummy a partagé son enthousiasme, sans comprendre ce dont il parlait.

« Un truc pareil, c'était du jamais-vu. Un mètre de long et trente centimètres de large, sur ma tête. La dame, bouche en cul de poule et tout, elle le regarde et fait : "Mon Dieu, mon Dieu, qu'est-ce que ça peut bien être ?" Alors j'y dis : "Ben si vous savez pas, madame, c'est que vous deviez dormir. Ah, mais pas d'insolence ! mon garçon", qu'elle me dit. Bref, j'ai sorti le truc et j'y ai fait payer tarif double. Elle a craché sans moufter. »

Il a eu un sourire espiègle, s'est frotté les mains et a sucé sa dent.

« Ah, chapeau Fred, tous mes compliments ! C'était rusé, ça, de vous faire payer double, dites-moi ! »

La spécialité la plus rentable de Fred, celle qui lui offrait la marge de profit la plus grande, c'était le feu d'artifice. Son unité dans le corps des Pionniers avait été un moment rattachée aux Royal Engineers[1] en Afrique du Nord. On y utilisait quotidiennement les explosifs. N'importe quel homme, même le plus humble, apprend forcément quelque chose sur les explosifs en travaillant avec les Royal Engineers, et Fred avait glané assez de connaissances pour se lancer avec assurance dans la fabrication de feux d'arti-

1. Très ancien corps de l'armée britannique, celui des Royal Engineers (Ingénieurs royaux) est spécialisé dans le génie militaire et les aides techniques à l'armée.

fice dans la cuisine de sa petite maison après la guerre.

« Fastoche. Vous faut juste un certain type d'engrais, un poil de ceci et un petit peu de ça, et hop-là, ça fait boum ! »

Les yeux écarquillés par l'appréhension, Chummy a demandé :

« Mais dites-moi, Fred, ce n'est pas horriblement dangereux, tout ça ?

— Naan, naan, pas si vous savez vous y prendre, et moi, je m'y connais. Je les ai vendus comme des petits pains dans tout Poplar. Tout le monde les voulait, mes feux. J'aurais pu faire une fortune s'ils m'avaient fichu la paix, ces salauds – pardon, miss !

— Qui ça ? Qu'est-ce qui s'est passé ?

— Les flics, la police. Ils ont mis la main sur des feux d'artifice à moi, ils les ont essayés, et ils ont dit qu'ils étaient dangereux et que je mettais en danger des vies humaines. Je vous demande un peu. Vous me voyez faire une chose pareille, moi ? » Il a levé les yeux vers nous depuis le sol où il était accroupi et a écarté ses mains couvertes de cendres, en un geste de prière innocente.

« Bien sûr que non, Fred, avons-nous répondu en chœur. Que s'est-il passé ?

— Eh bien, ils m'ont inculpé, voilà. Mais le juge, il m'a laissé filer avec une amende, rapport à mes trois gosses. Un brave type, le juge, mais il m'a dit que si je recommençais, j'irais en prison, gamins ou pas gamins. Alors, j'ai jamais recommencé. »

Son aventure économique la plus récente, la fabrication de pommes d'amour, avait été couronnée de succès. Dolly faisait le caramel dans la petite cuisine pendant que Fred achetait des cageots de pommes bon marché à Covent Garden. Ne manquait plus que le bâton pour planter la pomme avant de la plonger dans le caramel, et en deux temps trois mouvements, des rangées de pommes d'amour s'alignaient sur la paillasse de l'évier. Fred se demandait pourquoi il n'y avait pas pensé plus tôt. C'était une riche idée. Cent pour cent de bénéfice et des ventes assurées compte tenu du nombre important d'enfants dans le quartier. Il voyait l'avenir en rose, avec des ventes et des profits sans limites.

Une ou deux semaines plus tard, il était clair que quelque chose avait mal tourné, à en juger par le silence du petit homme accroupi à côté de la cuisinière et manipulant le tuyau d'évacuation. Pas de bonjour joyeux, pas de bavardage, pas de sifflements discordants, non, juste un silence lourd.

Finalement, Chummy s'est levée de table et approchée de lui.

« Allons, Fred, qu'est-ce qui se passe ? On peut peut-être vous aider. Et même si on ne peut pas, vous vous sentirez mieux en nous le disant. » Elle lui a mis son énorme main sur l'épaule.

Fred s'est retourné et a levé les yeux. Son œil nord-est a dévié son cap, et un peu d'humidité a brillé dans l'œil sud-ouest. Quand il a parlé, sa voix était rauque.

« Les plumes. Les plumes de cailles. C'est ça qui coince. Y a quelqu'un qui s'est plaint qu'y avait des plumes collées sur le caramel de mes pommes. Alors les pingouins de l'hygiène alimentaire me sont tombés dessus pour les examiner et ils ont dit qu'il y avait des plumes ou des bouts de plumes collés sur toutes mes pommes, et que j'étais un danger pour la santé publique. »

Apparemment, l'inspecteur de la santé publique avait tout de suite demandé à voir où étaient faites les pommes d'amour, et quand il avait visité la cuisine où les cailles étaient régulièrement abattues et plumées, il avait immédiatement ordonné que les deux activités cessent sous peine de poursuites. C'était une catastrophe telle pour la situation économique de Fred qu'on avait du mal à trouver des mots pour le réconforter. Chummy a été très gentille et l'a assuré qu'autre chose se présenterait, une entreprise plus avantageuse, mais cela ne l'a pas tranquillisé et le petit déjeuner a été morose ce matin-là. Il avait perdu la face, et ça le mortifiait.

Mais le triomphe de Fred devait venir plus tard.

Un bébé de Noël

Le bébé de Betty Smith devait naître au début du mois de février. Pendant tout le mois de décembre, elle s'était dépensée allégrement, préparant Noël pour son mari, leurs six enfants, ses parents et beaux-parents, les grands-parents des deux côtés, les frères et sœurs et leurs enfants, les oncles et tantes ainsi qu'une arrière-grand-mère très âgée, et personne dans la famille n'avait songé un instant que le bébé naîtrait le jour de Noël.

Dave était chef de quai aux West India Docks. La trentaine, intelligent et compétent, il connaissait son travail sur le bout du doigt. Il était très estimé par les autorités du port de Londres et avait un bon salaire. En conséquence, la famille pouvait s'offrir d'habiter l'une des grandes maisons victoriennes juste à côté de Commercial Road. Betty n'avait jamais cessé de bénir sa bonne étoile, car elle avait épousé Dave juste après la guerre, et avait pu quitter alors les *tenements*, leur promiscuité et leur hygiène sommaire. Elle adorait sa grande maison spacieuse, et c'est pourquoi elle était toujours heureuse d'être envahie par toute la famille à Noël. Les enfants en raffolaient aussi. Pour les vingt-cinq petits cousins venant de tous les coins de Poplar, Stepney, Bow et Canning Town, c'était la perspective de s'en donner à cœur joie.

Tonton Alf serait le Père Noël. La maison était au bas d'une descente, et l'oncle avait un traîneau sur roues fait à la maison. On l'emmenait en haut de la rue, chargé d'un sac de cadeaux et, à un signal donné, on le poussait dans la descente. Les enfants ne savaient pas comment c'était fait. Tout ce qu'ils voyaient, c'était le Père Noël en train de rouler doucement vers eux, sans moyen apparent de propulsion, et s'arrêtant devant leur maison. Ils n'en pouvaient plus de bonheur.

Mais cette année, les choses devaient être différentes. Au lieu du Père Noël sur un traîneau, c'est une sage-femme qui est venue sur sa bicyclette. Au lieu d'un sac empli de cadeaux, c'est un bébé qui est arrivé, nu et en pleurs.

Mon Noël aussi a été très inhabituel. Pour la première fois de ma vie, j'ai commencé à comprendre que Noël est une fête religieuse, et non pas juste une occasion de faire bombance et de boire. Tout avait commencé fin novembre avec quelque chose qui s'appelait, m'a-t-on dit, l'Avent. Un mot qui ne signifiait rien pour moi, mais qui, pour les religieuses, indiquait un temps de préparation. Pour la plupart des gens, comme pour Betty, les préparatifs de Noël consistaient à acheter de la nourriture, des boissons, des cadeaux et des douceurs. Pour les religieuses, ils étaient assez différents, puisqu'il s'agissait de prière et de méditation.

La vie religieuse est une vie secrète, donc je ne voyais ni n'entendais ce qui se passait, pourtant au fil des quatre semaines de l'Avent, j'ai commencé à sentir intuitivement qu'il y avait quelque chose dans l'air. Je ne pouvais pas mettre le doigt dessus, mais tout comme les enfants perçoivent le sentiment d'excitation de leurs parents, j'ai ressenti par l'intermédiaire des religieuses une impression de calme, de paix et d'attente joyeuse que j'ai trouvée étrangement troublante et importune. Elle s'est concrétisée la veille de Noël, quand je suis rentrée tard de mes visites du soir. J'ai croisé sœur Julienne qui m'a dit : « Accompagnez-moi à la chapelle, Jennifer, c'est aujourd'hui que nous avons installé la crèche. »

Ne voulant pas être impolie en disant que je préférerais m'abstenir, je l'ai suivie. La chapelle était dans l'obscurité, à l'exception de deux bougies près de la crèche. Sœur Julienne s'est agenouillée devant l'autel pour prier. Puis elle m'a dit : « C'est l'anniversaire de la naissance de notre saint Sauveur. »

Je me rappelle avoir regardé les petites figurines en plâtre en me demandant comment une femme intelligente et cultivée pouvait bien prendre tout cela au sérieux ? Était-ce une plaisanterie ?

J'ai dû murmurer quelques mots polis, dire que c'était très paisible, et nous nous sommes séparées. Cependant, je n'étais pas en repos avec moi-même. Quelque chose me tracassait, que j'essayais de refouler. Est-ce alors, ou plus tard, que cette pensée m'est venue : si Dieu existe vraiment, s'il n'est pas qu'un mythe, alors cela doit avoir des conséquences sur l'ensemble de la vie. Une idée très inconfortable.

Pendant des années, j'étais allée à la messe de minuit ici ou là, non pour des raisons religieuses, mais parce que je trouvais la cérémonie belle et émouvante. Je ne me souciais pas vraiment du culte lui-même. Quand j'habitais Paris, j'avais l'habitude d'aller à l'église orthodoxe de la rue Daru, pour la beauté des chants. La messe de Noël, qui dure de onze heures du soir à deux heures du matin, est une des expériences musicales les plus fortes de ma vie. La liturgie, chantée par la voix de basse du chantre russe, montant par quart de ton, n'a jamais quitté mon oreille interne, malgré le quart de siècle qui s'est écoulé depuis.

Les religieuses et le personnel laïque allaient à l'église de All Saints, dans East India Road, pour la messe de minuit. J'ai eu la surprise de la trouver absolument bondée. De robustes dockers à la mine rude, des intermittents endurcis, des adolescents au rire bête, avec leurs chaussures pointues, des familles au complet portant des bébés dans les bras, des quantités de petits enfants, tout le monde était là. La foule était énorme. L'église de All Saints est une grande bâtisse victorienne, et elle devait bien contenir cinq cents personnes ce soir-là. Le service était tel que je m'y attendais : impressionnant, beau et grandiose, mais dépourvu de toute dimension spirituelle, de mon point de vue en tout cas. Je me suis demandé pourquoi. Pourquoi ce qui donnait son sens à la vie de ces braves religieuses n'était-il pour moi que du théâtre bien joué ?

Le jour de Noël, alors que nous étions autour de la grande table pour le déjeuner, le téléphone a sonné. Tout le monde a gémi. Nous avions espéré une journée de repos. L'infirmière qui a pris l'appel est revenue en disant que c'était Dave Smith : le travail de sa femme semblait avoir commencé. Le gémissement s'est transformé en sursaut d'inquiétude.

Sœur Bernadette s'est levée aussitôt en disant : « Je vais aller lui parler. »

Elle est revenue quelques instants plus tard en disant : « Il semble que le travail ait effectivement commencé. À trente-quatre semaines, c'est fâcheux. J'ai informé le Dr. Turner, qui viendra immédiatement si nécessaire. Qui est d'astreinte aujourd'hui ? »

C'était moi.

Nous nous sommes préparées ensemble à sortir. J'étais stagiaire à l'époque, et donc toujours accompagnée par une sage-femme diplômée. Dès le premier instant où j'ai vu travailler sœur Bernadette, j'ai su qu'elle était très douée. Ses connaissances et ses compétences étaient doublées d'une intuition et d'une sensibilité remarquables. Je lui aurais confié ma vie sans la moindre hésitation.

Ensemble, nous avons quitté la chaleur et l'atmosphère conviviale d'un excellent déjeuner de Noël et sommes allées chercher un nécessaire pour l'accouchement et nos trousses de sages-femmes dans la pièce de stérilisation. Le nécessaire était une grande boîte contenant compresses, champs, papier imperméable, etc. On l'apportait en général une semaine à l'avance dans les foyers où un accouchement devait avoir lieu. La trousse bleue contenait nos instruments et des médicaments. Nous avons installé les deux sur nos bicyclettes et sommes sorties dans l'après-midi froid et sans vent.

Je n'avais jamais vu Londres aussi tranquille. Rien ne semblait bouger, sauf deux sages-femmes qui pédalaient silencieusement au milieu de la rue déserte. En temps normal, East India Dock Road est engorgée par de gros camions de marchandises allant vers les docks ou en revenant, mais ce jour-là, le silence de cette large avenue vide lui conférait une beauté majestueuse. Il n'y avait aucun mouvement ni sur le fleuve, ni dans les docks. Pas un bruit, hormis le cri d'une mouette. Le calme du grand cœur de Londres était inoubliable.

Nous sommes arrivées à la maison, où Dave nous a accueillies. Par la fenêtre, nous avions vu un grand arbre de Noël, un feu et une pièce pleine de monde. Une douzaine de petits visages d'enfants curieux se pressaient contre les vitres à notre arrivée.

« Betty est en haut, a dit Dave. Il n'y avait aucune raison de renvoyer tout le monde, et Betty veut pas. Elle aime bien un peu de bruit autour d'elle ; elle dit que ça l'aidera. »

Des voix vigoureuses chantaient *Old MacDonald had a farm* dans le salon, accompagnées par un vieux piano désaccordé. Différents oncles, experts à faire le cheval, le cochon, la vache et le canard, rendaient justice à pleine voix aux bruits des animaux. Les enfants hurlaient de rire et réclamaient : « Encore, encore ! »

Nous sommes montées dans la chambre de Betty, où la paix et le silence contrastaient avec le bruit et les clameurs du rez-de-chaussée. On avait allumé un feu qui brûlait vigoureusement. La mère de Betty n'avait guère eu de temps pour préparer la pièce à l'accouchement, mais elle avait fait des miracles. Elle avait déblayé des surfaces, préparé du linge de rechange, mis de l'eau chaude à notre disposition et même apprêté le berceau. Les premières paroles de Betty ont été : « Ça, c'est un sacré changement au programme, hein, ma sœur ! »

C'était une femme joviale et réaliste qui ne se démontait pas facilement. Assurément, elle avait la même confiance que moi en sœur Bernadette.

J'ai ouvert le nécessaire pour l'accouchement et étalé sur le lit le papier d'emballage imperméable, puis les champs, et j'ai sorti les compresses stériles. Nous avons passé nos blouses et nous sommes brossé les mains, après quoi sœur Bernadette a examiné Betty. La poche des eaux s'était rompue une heure plus tôt. J'ai vu une concentration intense sur le visage de la religieuse, et aussi une inquiétude sérieuse. Elle a gardé le silence quelques instants, puis a retiré ses gants et dit d'une voix douce :

« Betty, votre bébé a l'air de se présenter par le siège. Ce qui veut dire que c'est le derrière qui vient en premier et non la tête. C'est une position tout à fait normale pour le bébé jusqu'à la trente-cinquième semaine. Après quoi il se retourne en général tête en bas. Le vôtre ne s'est pas retourné. Alors si des milliers de bébé viennent au monde sans dommage par le siège, c'est quand même une présentation plus risquée que par la tête. Peut-être devriez-vous envisager d'accoucher à l'hôpital ? »

La réaction de Betty a été immédiate et catégorique : « Non. Pas d'hôpital. Avec vous, je suis entre de bonnes mains, ma sœur. C'est les nonnettes qu'ont mis au monde tous mes bébés dans cette chambre, et je veux pas changer. Qu'est-ce que t'en dis, maman ? »

Sa mère était d'accord avec elle. Elle se souvenait que son neuvième avait été un siège et que Glad sa voisine en avait eu quatre qui étaient venus le cul le premier.

La sœur a dit : « Très bien, alors nous allons faire de notre mieux, mais je vais demander au Dr. Turner de venir. » Puis elle s'est tournée vers moi : « Voulez-vous aller l'appeler, mademoiselle Lee ? »

Malgré son aisance relative, Dave n'avait pas le téléphone. C'était inutile, car personne ne l'avait parmi ses amis ou sa famille, et personne ne l'aurait jamais appelé. La cabine publique suffisait aux besoins de la famille. Quand je suis descendue, une file d'enfants bruyants, coiffés de chapeaux en papier, le visage enfiévré, m'a dépassée à la course. En bas, une voix a lancé : « Cachez-vous tous. Je compte jusqu'à vingt, et après, je viens vous chercher. Un, deux, trois, quatre… »

Les enfants se sont précipités dans les étages, criant, se bousculant, et se sont cachés dans les placards, derrière les rideaux, partout. Lorsque je suis arrivée à la porte, on n'entendait plus rien, hormis : « Dix-sept, dix-huit, dix-neuf… 'tention, j'arrive ! »

Je suis sortie dans le froid de la rue déserte pour aller jusqu'à la cabine. Le Dr. Turner était un médecin généraliste qui non seulement avait un cabinet dans l'East End, mais y vivait avec sa femme et ses enfants. Il était totalement dévoué à son travail et à sa clientèle, et j'avais l'impression qu'il était toujours de garde. Comme la plupart des médecins de sa génération, c'était un obstétricien de première classe, avec des connaissances et des compétences acquises au fil de son expérience auprès d'une clientèle vaste et variée.

Il s'attendait à mon appel. Je lui ai expliqué les faits. Il m'a répondu : « Merci, mademoiselle. J'arrive. » J'ai imaginé sa femme en train de soupirer : « Même le jour de Noël, il faut que tu sortes. »

Quand j'ai regagné la maison, le jeu de cache-cache se poursuivait. Un vacarme considérable saluait la découverte de chaque enfant. Comme je franchissais la porte d'entrée, un homme à la face réjouie transportant une caisse de bouteilles de bière m'a lancé : « Vous voulez pas en prendre une avec moi, mademoiselle l'infirmière ? Vous et la sœur. Oups ! Elle boit, vous croyez ? »

Je lui ai garanti que les religieuses buvaient, mais pas en service, et que pour la même raison, je m'abstiendrais moi aussi. Un serpentin de papier s'est déroulé près de mon oreille, soufflé par un personnage invisible derrière une porte.

« Oh, pardon, mademoiselle, je croyais que c'était le Pol. »

J'ai détaché de mon uniforme le papier rose et orange, et suis montée. Dans la chambre de Betty régnaient une paix et un silence merveilleux. Les vieux murs épais et la lourde porte en bois isolaient des bruits ; Betty semblait calme et satisfaite. Sœur Bernadette écrivait ses notes et Ivy, la mère de Betty, était assise dans un coin avec son tricot. On n'entendait d'autre bruit que le cliquetis des aiguilles et les craquements du feu.

Sœur Bernadette m'a expliqué qu'elle ne voulait pas donner de sédatif à Betty de peur que cela n'affecte le bébé. Elle a dit qu'il était difficile de prévoir combien de temps durerait le premier stade du travail et que, pour l'instant, le rythme cardiaque du fœtus était normal.

Le Dr. Turner est arrivé et, à le voir, on aurait dit qu'il n'avait d'autre désir, un jour de Noël, que de s'occuper d'un accouchement par le siège. Il y a eu un conciliabule entre la sœur et lui, puis il a ausculté Betty très attentivement. Je m'attendais à ce qu'il fasse un autre examen vaginal, mais non, il a accepté le diagnostic de sœur Bernadette sans le remettre en question. Il a dit à Betty qu'elle paraissait en bonne forme, ainsi que le bébé, et qu'il reviendrait à dix-sept heures, à moins que nous ne l'appelions plus tôt.

Nous nous sommes assises pour attendre. Une grande partie du travail de sage-femme implique une activité intense, souvent pleine de suspense, mais cela est contrebalancé par de longues périodes ou l'on attend tranquillement. Sœur Bernadette s'est assise et a ouvert son bréviaire afin de dire l'office du jour. Les religieuses observaient la règle monastique des six offices par jour : laudes, tierce, sexte, none, vêpres, complies, et la sainte communion chaque matin. Dans une communauté contemplative, ces prières mises bout à bout occupent cinq heures de la journée, ce qui est impraticable pour une communauté laborieuse. Aussi, dans les premiers jours de leur vocation, les sages-femmes de St. Raymond Nonnatus ont-elles bénéficié d'une version plus courte étudiée pour elles, ce qui leur a permis de concilier les exigences de leur vie religieuse avec un travail de sages-femmes et d'infirmières à temps plein.

La vue de ce joli visage jeune éclairé par la lueur du feu, lisant les prières immémoriales et tournant les pages en silence et avec respect, tandis que ses lèvres bougeaient en suivant les prières, était profondément touchante. Je l'ai observée, étonnée de constater qu'une vocation pouvait être assez profonde pour pousser une aussi jolie fille à renoncer à la vie, avec tout ce qu'elle recèle de plaisirs et d'occasions, pour embrasser l'état de religieuse, soumis aux contraintes des vœux de pauvreté, chasteté et obéissance. Je pouvais comprendre la vocation de soigner et de mettre des enfants au monde, ce que je trouvais aussi fascinant sur le plan de l'étude que de la pratique ; mais comprendre la vocation religieuse était tout à fait hors de ma portée.

Betty a gémi sous l'effet d'une contraction. Sœur Bernadette a souri, s'est levée et approchée d'elle. Elle est ensuite retournée à son bréviaire, et on n'a plus entendu dans la pièce que le tic-tac d'une vieille horloge et le cliquetis des aiguilles d'Ivy. De l'autre côté de la porte, les bruits de la fête continuaient mais, à l'intérieur de la pièce, l'atmosphère était paisible et recueillie.

Assise à la lumière du foyer, j'ai laissé mon esprit vagabond repartir en arrière. J'avais passé de nombreux Noëls à l'hôpital. Contrairement à ce que l'on pourrait penser, c'étaient des moments heureux. Il y a cinquante ans, il ne régnait pas dans les hôpitaux l'atmosphère impersonnelle d'aujourd'hui. La hiérarchie des infirmières était impressionnante, mais au moins tout le monde se connaissait. Les patients restaient à l'hôpital plus longtemps, et comme nous autres infirmières travaillions soixante heures par semaines, ils finissaient par devenir pour nous des personnes familières. À Noël, tout le monde baissait sa garde, et même la plus rébarbative des infirmières en chef riait avec les stagiaires après quelques verres de sherry. On s'amusait comme des écolières en goguette, mais dans la bonne humeur, et le but était de donner du bon temps aux patients, dont beaucoup avaient des maladies horribles.

Mon souvenir le plus marquant est celui des cantiques de Noël, les *carols*, que nous chantions le 24 décembre. Sous la direction de l'infirmière en chef, tout le personnel soignant traversait les salles à la bougie en chantant. Pour ceux qui étaient sur leur lit d'hôpital, ce devait être un bien joli spectacle. Il devait y avoir plus de cent infirmières, vingt médecins au moins, et une cinquantaine de membres du personnel auxiliaire. Nous autres infirmières étions en grand uniforme, et nous mettions à l'envers nos capes doublées de rouge pour en montrer l'intérieur. Une bougie à la main, nous traversions les salles non éclairées, dont chacune comptait trente lits, et chantions l'histoire immémoriale de Noël. Tout cela est depuis longtemps tombé en désuétude dans les hôpitaux, et il n'en reste que le souvenir, mais c'était très beau, et je sais que beaucoup de patients versaient des larmes d'émotion.

Un accouchement par le siège

Le temps s'est écoulé tranquillement. D'en bas venaient les cris de « Aïe, aïe, aïe, conga ! ». La chenille tournait et retournait dans le salon, puis le bruit s'est amplifié quand elle a commencé à monter l'escalier. Tout le monde criait à tue-tête et tapait des pieds en cadence. Sœur Bernadette a eu peur que le bruit ne dérange Betty, mais celle-ci a dit : « Non, non, ma sœur, ça me fait plaisir de les entendre. Je voudrais pas qu'il y ait pas un bruit dans cette maison, surtout un jour de Noël, quand même. »

La religieuse a souri. Les quelques dernières contractions avaient paru plus fortes et se rapprochaient. Elle s'est levée, a examiné Betty, puis m'a dit : « Je crois que vous feriez bien d'aller appeler le Dr. Turner, s'il vous plaît. »

Il était quatre heures quand je lui ai téléphoné, et il est arrivé un quart d'heure après. Je sentais la fièvre me gagner : c'était mon premier accouchement par le siège. Betty commençait à avoir envie de pousser.

Sœur Bernadette lui a dit : « Essayez surtout de ne

pas pousser au début, Betty. Inspirez profondément et tâchez de vous détendre, mais sans pousser. »

Nous avons passé nos blouses, mis nos masques et nous sommes brossé les mains. Le médecin a regardé sœur Bernadette et a dit : « Vous vous occupez de cet accouchement, ma sœur. Je suis là si vous avez besoin de moi. »

Il avait manifestement une confiance totale en elle.

Elle a hoché la tête et dit à Betty de rester sur le dos, les fesses dépassant du pied du lit, et elle nous a demandé, à Ivy et à moi, de tenir chacune une jambe. Comme j'étais là pour apprendre, elle a expliqué chacun de ses gestes clairement et soigneusement.

À mesure que le périnée se dilatait, je voyais venir quelque chose, mais cela ne ressemblait pas à des fesses de bébé. C'était d'une couleur violacée. Sœur Bernadette a vu mon air interrogateur et m'a dit : « C'est un prolapsus du cordon. Cela arrive fréquemment dans les accouchements par le siège, car les fesses sont une sphère incomplète, et le cordon peut facilement glisser entre les jambes du bébé. Tant qu'il bat normalement, il n'y a pas lieu de s'inquiéter. »

Le périnée a continué à se dilater, et j'ai alors aperçu très nettement les fesses du bébé. Sœur Bernadette était agenouillée sur le sol entre les jambes de Betty, car le lit était trop bas pour qu'elle puisse rester debout. Elle m'expliquait tout à voix basse. « Il est en position sacro-antérieure, ce qui veut dire que la fesse gauche naîtra la première, en passant sous l'os pubien.

« Ne poussez surtout pas, Betty, a-t-elle poursuivi. Je veux que ce bébé vienne doucement. Plus ce sera lent, mieux cela vaudra.

Les jambes du bébé seront repliées. J'aurai besoin de le retourner afin de faire en sorte que la présentation soit la plus propice à la délivrance. De plus, à mesure que le corps du bébé sortira de la vulve, la force de gravité aidera à maintenir la flexion de la tête. Ceci sera important. »

Les fesses sont sorties et, avec un soin infini, sœur Bernadette a introduit une main et replié les doigts sur les jambes fléchies.

« Ne poussez surtout pas, Betty », a-t-elle dit.

Les jambes ont glissé au-dehors sans difficulté. Une petite fille. Une longue section de cordon est sortie également. Il battait vigoureusement : cela se voyait à l'œil nu.

« Le bébé est encore complètement attaché au placenta, et son sang arrive par le cordon. Le corps a beau être à moitié sorti, tant que la tête ne l'est pas, ou plus précisément, tant que le nez et la bouche ne sont pas dégagés de façon à pouvoir respirer, la vie du bébé dépend du placenta et de ce cordon. »

Ainsi, cette chose sinueuse et palpitante était absolument essentielle à la vie ? J'ai trouvé cela assez angoissant et j'ai dit :

« Faut-il le faire rentrer ?

— Ce n'est pas nécessaire. Certaines sages-femmes le font, mais je pense vraiment que cela ne présente aucun intérêt. »

Une autre contraction est survenue et, avec elle, le corps du bébé a glissé à l'extérieur jusqu'aux épaules.

Des serviettes avaient été mises à chauffer sur le pare-feu, devant la cheminée. Sœur Bernadette en a demandé une et a fermement enveloppé le corps du bébé dedans, tout en me disant : « Je fais cela pour deux raisons : d'abord, pour éviter que le bébé ne prenne froid. Son corps est presque entièrement exposé à l'air maintenant, et si le choc de l'air froid le fait hoqueter, il risque d'inhaler du fluide amniotique, ce qui pourrait être fatal. Ensuite, la serviette me donne une prise. Le corps est glissant, et il faut que je le tourne d'un quart de cercle pour que l'occiput arrive sous l'os pelvien. Ce que je vais faire pendant que je dégage les épaules. »

À la contraction suivante, l'épaule gauche est venue s'appuyer contre le plancher pelvien, et la sœur l'a dégagée en crochetant un doigt sous l'aisselle, tout en faisant légèrement pivoter le corps dans le sens des aiguilles d'une montre. L'épaule droite a été dégagée de la même manière, et les deux bras du bébé se sont trouvés à l'air libre. Seule la tête restait à l'intérieur de la mère.

« Vous avez une petite fille, a dit sœur Bernadette à Betty. Mais d'après la taille de ses membres, je ne pense pas qu'elle soit née avec six semaines d'avance. Vous avez dû vous tromper dans vos dates. Maintenant, Betty, je veux que vous poussiez de toutes vos forces et que vous utilisiez vraiment chaque contraction pour expulser la tête du bébé. Le médecin sera peut-être obligé d'exercer une pression au-dessus du pubis, mais je préférerais que vous poussiez la tête dehors vous-même. »

Depuis trois bonnes minutes, il n'y avait pas eu de contractions et je commençais à me sentir tendue et inquiète, mais sœur Bernadette était sereine. Elle soutenait le bébé avec ses mains, puis elle l'a lâché complètement, le laissant pendre librement. J'ai eu un hoquet horrifié.

« C'est cela qu'il faut faire, a-t-elle dit. Le poids du bébé va tirer doucement sur la tête et la faire descendre un peu. Il augmentera aussi la flexion de la tête, juste comme je veux. Trente secondes devraient suffire. Cela ne fera pas de mal au bébé. »

Après quoi, elle a repris celui-ci en mains. Je dois dire que j'ai été soulagée. Une autre contraction est arrivée.

« Poussez, Betty, le plus fort possible. »

Betty a poussé, mais la tête n'est pas descendue davantage. La sœur et le Dr. Turner sont tombés d'accord : à la contraction suivante, il exercerait une pression sus-pubienne vers le bas, et si cela ne donnait pas de résultat, il faudrait prévoir de sortir la tête avec un forceps.

« Le cordon sera compressé entre la tête et l'os du sacrum, m'a expliqué sœur Bernadette. Le bébé va bien pour l'instant ; mais si l'accouchement se prolonge trop, s'il dure encore plus de quelques minutes, il y a un risque sérieux d'asphyxie. »

Mes doigts se sont crispés sous le choc et l'inquiétude, mais sœur Bernadette est restée tout à fait calme. Une autre contraction est arrivée, et le médecin a plaqué la main juste au-dessus de l'os pubien, et poussé fermement vers le bas. Betty a gémi de douleur, mais il y a eu un net mouvement de la tête.

« Je vais utiliser la méthode Mauriceau-Smellie-Veit pour extraire la tête », m'a expliqué sœur Bernadette. Elle a de nouveau lâché l'enfant, qui est resté suspendu librement par la tête, et j'ai eu le cœur au bord des lèvres.

« À la prochaine contraction, avec un peu de chance, les voies respiratoires seront dégagées et le bébé pourra respirer. J'aurai besoin de mon spéculum de Sim, soyez prête à me le passer le moment venu. »

J'ai cherché du regard l'instrument sur le plateau d'accouchement. Mes mains tremblaient si fort que, l'espace d'un moment éprouvant, j'ai cru que je renverserais tout le plateau, ou que je ne saisirais le spéculum que pour le laisser tomber par terre.

Une autre contraction est arrivée, et le médecin a de nouveau pressé l'abdomen de Betty. Sœur Bernadette a placé la main droite sur les épaules du bébé et les doigts de sa main gauche dans le vagin. Je la voyais les bouger doucement, comme si elle cherchait quelque chose. Le bébé reposait sur son avant-bras.

« J'essaie de recourber mes doigts pour les mettre dans la bouche du bébé afin de maintenir la flexion de la tête et faire en sorte que la bouche et le nez soient la première partie de la tête au contact de l'air. Il ne faut pas exercer de traction. Si jamais vous essayez de mettre un bébé au monde par cette manœuvre, n'oubliez pas cela. En tirant, vous risquez de disloquer la mâchoire. »

J'étais malade d'appréhension et j'ai prié Dieu de m'éviter d'avoir à faire un accouchement par le siège. Je voyais qu'elle manipulait l'arrière du crâne avec sa main droite. Elle a expliqué : « Je ne fais que pousser la protubérance occipitale vers le haut pour augmenter la flexion. Appuyez un peu plus si vous pouvez, docteur, et je crois que j'aurai dégagé les voies respiratoires. Parfait. Le spéculum maintenant, mademoiselle, s'il vous plaît. »

J'ai été obligée de tenir mon poignet avec mon autre main pour l'empêcher de trembler. Je n'arrivais à penser qu'à une chose : « Il ne faut pas que je lâche le spéculum, il ne faut pas que je le lâche. » Quand je l'ai donné, mon soulagement a été tel que j'ai failli éclater de rire.

Mais je n'étais pas au bout de mes surprises.

Le menton du bébé arrivait maintenant au périnée, et la sœur a soigneusement inséré le spéculum dans le vagin, poussant le mur postérieur vers l'arrière, un peu comme si elle se servait d'un chausse-pied, de façon à dégager le nez et la bouche du bébé. Elle a demandé une compresse, que je lui ai tendue, et a essuyé le mucus sur le nez et la bouche.

« Maintenant, le bébé va pouvoir respirer, et ne dépendra plus du sang fourni par le placenta. »

Ce fut étonnant d'entendre un hoquet, suivi d'un petit cri. On ne voyait pas le visage du bébé, mais on entendait sa voix.

« Voilà un bruit que j'aime. Vous avez entendu, Betty ?

— Pas vraiment. Comment elle va, la pauvre petite ? Elle doit déguster autant que moi !

— Elle va bien et il n'y a plus de danger pour elle à présent. Je vous garantis qu'elle naîtra à la prochaine contraction. Je crois que vous avez le périnée déchiré, mais je ne peux rien voir, parce que c'est derrière le spéculum, et si je l'enlève, votre bébé ne pourra plus respirer. »

Une autre contraction arrivait. « Ça y est », ai-je pensé, soulagée. Le passage de la tête n'avait duré que douze minutes, mais cela m'avait semblé une éternité.

La contraction était forte, et le médecin exerçait une pression considérable. Sœur Bernadette a tiré le bébé vers le bas, de sorte que le nez soit à la hauteur du périnée, puis elle a relevé rapidement les bras vers l'abdomen de la mère. Le mouvement n'a pris qu'une vingtaine de secondes, et la tête a été dégagée. J'ai failli pleurer de soulagement.

Le bébé était bleu.

Sœur Bernadette l'a tenu par les chevilles.

« Cette teinte bleutée n'est pas grave, a-t-elle dit. On voit ça couramment. Il faut que je m'assure que les voies respiratoires sont dégagées. Quand le bébé commencera à respirer à fond et régulièrement, le teint redeviendra normal. Passez-moi le cathéter à mucus, voulez-vous ? »

Je ne tremblais plus, et j'ai pu le lui passer sans avoir peur de le faire tomber.

Sœur Bernadette a changé de bras pour tenir le bébé et l'a fait passer sur son bras gauche. Puis elle a introduit le cathéter dans la bouche du bébé et a aspiré très doucement à l'autre extrémité pour retirer tout liquide ou mucus. On a entendu un bruit légèrement ronflant quand le liquide a été aspiré dans le cathéter. Elle a ensuite nettoyé les narines de la même façon. Le bébé a eu deux ou trois grands hoquets, a toussé, puis pleuré. En fait, il a poussé un énorme cri. Sa couleur a rapidement viré au rose.

« Voilà un bruit que j'adore, a dit la sœur. Encore deux ou trois cris comme celui-ci, et je serai enchantée. »

Le bébé s'est exécuté et a hurlé à pleine gorge.

Le cordon a été clampé et coupé, le bébé enveloppé dans des serviettes sèches et chaudes, et tendu à Betty.

« Oh, qu'elle est mignonne ! s'est exclamée Betty. Mon Dieu, mon Dieu ! Elle vaut toutes les peines du monde. »

C'est un miracle, ai-je pensé. La mère oublie littéralement le calvaire qu'elle vient d'endurer dès qu'elle a son bébé dans les bras.

« C'est le jour de Noël, a dit Betty. Il faut l'appeler Carol.

— Quel joli nom ! s'est exclamée sœur Bernadette. Maintenant, on va faire sortir le placenta, et je crois que mieux vaudrait que vous restiez sans bouger, parce que vous êtes déchirée, comme je le pensais, et ce sera plus commode pour le docteur de vous recoudre tant que vous êtes dans cette position. »

Le médecin, qui remplissait une seringue, a dit à la sœur : « Je vais injecter de l'ergométrine maintenant, pour faciliter l'expulsion du placenta. »

Elle a hoché la tête.

Je n'ai pas demandé pourquoi. À l'époque, il était exceptionnel de donner de l'ergométrine, sauf si le troisième stade tardait trop à venir, s'il y avait une hémorragie sévère ou un placenta incomplet. Comme je l'ai déjà signalé, aujourd'hui on peut administrer des ocytociques systématiquement, dès que le bébé est venu au monde.

Deux minutes plus tard à peine, une contraction est venue et le placenta est tombé mollement dans le haricot tenu par sœur Bernadette.

« Parfait. Je vous passe la main, docteur. Vous pouvez prendre ma place, maintenant. »

Plus facile à dire qu'à faire. Sœur Bernadette a voulu se lever, mais n'a pas pu. Elle a laissé échapper un hoquet de douleur.

« Mes jambes ! Je ne les sens plus. J'ai des fourmis. »

La pauvre, ce n'était pas étonnant ! Elle était agenouillée par terre depuis plus d'une demi-heure, sans changer de position, et s'était concentrée uniquement sur le travail en cours.

Galant, le médecin a passé un bras autour d'elle et a tiré. Elle devait être un poids mort, car il n'a pas réussi à la déplacer. Ivy et moi lui avons prêté secours pour tirer et pousser. Tout le monde riait. Enfin, nous avons réussi à remettre la sœur debout, et l'avons encouragée à taper du pied et à bouger ses jambes. Peu à peu, la circulation et l'innervation ont rétabli la fonction, et elle a pu se tenir debout sans aide.

Le médecin a ouvert sa trousse à sutures et s'est de nouveau brossé les mains. Il m'a demandé de braquer une lampe électrique sur la déchirure, afin de lui permettre d'y voir très clair. Il a fait une anesthésie locale pour endormir la zone, qu'il a ensuite examinée attentivement.

« Ce n'est pas trop grave, Betty, a-t-il dit. J'aurai tôt fait de vous recoudre, et tout sera cicatrisé d'ici quinze jours. Mais je veux faire un examen interne également, pour m'assurer que le col n'est pas déchiré lui aussi, parce que ça peut arriver au cours d'un accouchement par le siège. »

Il a inséré deux doigts dans le vagin et l'a examiné, tout en m'expliquant : « Les fesses sont plus petites en diamètre que la tête. Donc le col est suffisamment dilaté pour leur permettre de passer librement, mais pas assez pour permettre le passage de la tête. C'est évidemment l'un des cas où le col risque de se déchirer. Auquel cas, il faudra transférer la mère à l'hôpital, car je n'ai pas ici ce qu'il faut pour réparer un col. Cela dit, a-t-il poursuivi avec assurance, vous avez de la chance, Betty. Il n'y a aucune déchirure à l'intérieur. J'ai juste quelques points à faire à l'extérieur. » Il a choisi l'aiguille et le catgut, s'est servi du forceps pour resserrer le muscle, et avec quelques mouvements circulaires du poignet, il a fait une couture nette. L'opération n'a pris que quelques minutes.

« Et voilà. C'est fini. Maintenant, on va vous remettre au lit, vous y serez mieux. »

Entre-temps, la sœur avait examiné le bébé. « Votre petite Carol pèse cinq livres et demie, Betty. Elle n'est sûrement pas née avec six semaines d'avance. Deux semaines, peut-être. Vous avez dû vous tromper d'un mois dans vos dates. Il faudra être plus attentive la prochaine fois.

— La prochaine fois ! Elle est bonne, celle-là. Il n'y aura pas de prochaine fois. Un accouchement par le siège, ça m'a suffi. »

Le bébé était hors de danger, la mère confortablement installée, et sœur Bernadette et le médecin se sont préparés à partir. Je suis restée pour ranger, donner son bain au bébé, et rédiger les notes pour le dossier. Quand elle a descendu l'escalier, il y avait tant de bruit en bas que sœur Bernadette a été obligée de crier pour réussir à trouver Dave et lui annoncer qu'il avait une petite fille. À travers les portes fermées de la chambre de l'accouchée, nous avons entendu les cris de félicitations et les refrains de « C'est un vaillant compère[1] ».

« Qui est un joyeux compère ? a demandé Betty. Dave ? Eh ben, vaut mieux entendre ça que d'être sourd ! » Elle s'est mise à rire en câlinant son bébé.

Dave est monté aussitôt. Il avait peut-être bu un petit coup de trop, à voir son visage un peu rouge, mais il était fier et heureux. Il a pris Betty dans ses bras. J'avais constaté que beaucoup d'hommes de l'East End avaient grand mal à s'exprimer, mais Dave n'était pas chef de quai pour rien.

« Tu es merveilleuse, Betty, et je suis fier de toi. Un bébé de Noël, c'est un miracle et on ne risque pas d'oublier son anniversaire. Je trouve qu'on devrait l'appeler Carol. »

Il a pris le bébé dans ses bras, puis a dit d'un ton inquiet : « Ben dis donc, elle est minuscule ! J'ai peur de la casser. Tu ferais mieux de la reprendre, Betty. »

Tout le monde a ri, car à ce moment-là, Carol a poussé une petite plainte et plissé le visage.

J'avais remarqué que les sons en provenance du rez-de-chaussée avaient changé. Le bruit de la fête s'était tu et tout ce que nous entendions, c'étaient des

1. *For he's a jolly good fellow* : chanson populaire anglaise traditionnellement chantée pour les anniversaires, promotions, naissances et autres occasions festives de la vie.

piétinements, des chuchotis et des petits rires sur le palier. Dave m'a dit : « Ils sont tous là, ils voudraient voir le bébé. On pourra les faire entrer tout à l'heure, vous croyez ? »

Je ne voyais aucune raison de refuser ; après tout, ce n'était pas l'hôpital. J'ai donc répondu : « Je vais finir de nettoyer avec Ivy, et les enfants pourront entrer quand je donnerai son bain au bébé. Je suis sûre que ça leur plaira. Entre-temps, j'aimerais qu'on monte encore de l'eau chaude. »

Des brocs d'eau chaude sont arrivés. Ivy et moi avons rapidement fait la toilette de Betty et l'avons préparée pour ses visiteurs. Puis j'ai posé une petite baignoire en fer-blanc sur une chaise à côté du feu et l'ai remplie d'eau à la bonne température pour le bébé. Ivy a ouvert la porte en disant : « Vous pouvez entrer maintenant, mais il faudra être sages et vous taire. Celui qui ne se tient pas bien sera renvoyé aussitôt. »

À l'évidence, les jeunes enfants obéissaient à la grand-mère au doigt et à l'œil. Je n'ai pas compté le nombre de ceux qui ont pénétré dans la chambre, mais il devait bien y en avoir une vingtaine. Ils sont entrés à la queue leu leu, en silence, ouvrant de grands yeux ronds et impressionnés. Ils se sont rassemblés autour de moi, sont montés sur des chaises ou se sont perchés sur les rebords des fenêtres pour bien voir. J'ai regardé la scène, ravie, car j'aime bien les enfants, et c'était une expérience délicieuse. Ivy leur a annoncé que le bébé s'appelait Carol.

La petite était couchée sur une serviette, sur mes genoux, encore entortillée dans un drap en flanelle.

J'ai mouillé une compresse et lui ai essuyé le visage, les oreilles et les yeux. Elle s'est tortillée et a léché ses lèvres. Une voix flûtée a dit : « Oh, elle a une petite langue, vous avez vu ? »

La tête du bébé était pleine de sang et de mucus, et j'ai dit : « Maintenant, je vais lui laver la tête. »

Un petit garçon debout sur le rebord de fenêtre a dit : « J'aime pas quand on me lave la tête.

— Tais-toi, toi, a lancé une petite fille, autoritaire.

— Des clous. Tais-toi toi-même, mam'selle j'ordonne !

— Non mais dis donc. Attends un peu…

— Ça suffit ! est intervenue Ivy d'une voix menaçante. Encore un mot, vous deux, et vous filez. »

Silence de mort !

J'ai repris : « Je ne vais pas me servir de savon, parce que ce qui pique, c'est le savon dans les yeux. »

J'ai tenu le visage du bébé vers le haut avec ma main gauche, de façon à ce que sa tête dépasse un peu du bord de la baignoire, et j'ai doucement fait couler de l'eau dessus, avant de l'essuyer doucement avec une compresse. Le but de l'opération était de faire disparaître le sang, et surtout de rendre le bébé plus présentable. En fait, mieux vaut laisser en place l'essentiel du vernix caseosa, cette substance blanchâtre qui recouvre son corps, afin de le protéger. J'ai séché Carol avec la serviette et j'ai dit au petit garçon sur le rebord de la fenêtre : « Tu vois, ce n'était pas bien méchant, hein ? »

Il n'a rien dit. Il a juste secoué la tête en me regardant avec des yeux solennels.

J'ai laissé retomber les pans du linge entourant le bébé, qui est apparu tout nu sur mes genoux. Il y a eu un hoquet de surprise et plusieurs voix ont crié :

« Qu'est-ce que c'est que ça ?

— C'est une partie du cordon, ai-je expliqué. Quand Carol était dans le ventre de sa mère, un cordon la reliait à sa maman. Maintenant qu'elle est née, on le lui a coupé, parce qu'elle n'en a plus besoin. Vous aviez tous un cordon là où se trouve votre nombril. »

Plusieurs jupes se sont relevées et plusieurs pantalons se sont baissés, et plusieurs nombrils ont été fièrement exhibés sous mes yeux.

J'ai pris le bébé dans ma main gauche, la tête reposant sur mon avant-bras, et j'ai immergé tout son corps dans l'eau. Carol a remué ses membres minuscules et donné des coups de pieds, éclaboussant autour d'elle. Tous les enfants ont ri et voulu se mettre à l'unisson.

Ivy a dit fermement : « Vous vous souvenez de ce que j'ai dit : pas de bruit. Faut pas faire peur au bébé. »

Silence instantané.

J'ai tapoté Carol avec une serviette pour la sécher et dit : « Maintenant, il faut l'habiller. »

Évidemment, toutes les petites filles voulaient aider. C'était comme habiller une poupée. Mais Ivy a refréné leur zèle en disant qu'elles pourraient le faire plus tard, quand Carol serait un peu plus grande. Soudain, une petite fille a poussé un cri strident : « C'est Percy, c'est Percy ! Elle est venue voir le bébé. Elle a compris et elle veut dire bonjour. »

Il y a eu des clameurs aiguës chez les enfants, et la discipline d'Ivy est restée sans effet. Tous tendaient le doigt dans la même direction, et vociféraient autour de quelque chose qui se trouvait par terre.

J'ai suivi la direction de leur regard et, à ma grande surprise, j'ai vu, sortant de sous le lit et avançant avec lenteur et majesté, une très grosse et très vieille tortue. Elle semblait avoir au moins cent ans.

Dave a hurlé de rire. « Bien sûr qu'elle veut voir le bébé ! Elle a tout compris. C'est une maligne, notre Percy. » Il a soulevé la tortue, et les enfants ont chatouillé sa vieille peau ridée et tâté ses ongles de pied très durs.

« Peut-être qu'elle veut son repas de Noël ? Si on s'occupait de lui donner à manger, hein ? » a dit Dave.

La plupart des enfants étaient maintenant plus intéressés par la tortue que par le bébé, et Ivy a dit sagement : « Allez, redescendez, et occupez-vous du repas de Noël de Percy. »

Les enfants sont partis et on m'a expliqué cette apparition. On mettait Percy dans une boîte en carton sous le lit, où elle restait en hibernation. Il faisait en général froid dans la chambre. La chaleur du feu et peut-être aussi l'agitation qui avait régné pendant plusieurs heures devaient avoir réveillé la tortue et, croyant que c'était le printemps, elle avait fait son apparition. D'un point de vue théâtral, elle avait parfaitement choisi son moment.

Quand j'ai rangé mes affaires et me suis apprêtée à partir, il était sept heures. Or Dave ne voulait pas me laisser quitter la maison comme ça. « Allons, mademoiselle, c'est Noël. Il faut arroser la naissance du bébé. »

Il m'a tirée vers la pièce du fond, qui servait de bar. C'est quoi, votre poison ? »

J'ai dû réfléchir rapidement. Je n'avais mangé que la moitié de mon déjeuner de Noël, et n'avais rien avalé depuis. L'alcool m'aurait assommée. J'ai donc accepté une Guinness et une tartelette aux épices. Je ne voulais pas m'attarder. L'accouchement avait été une merveilleuse expérience de Noël, mais les réjouissances en cours n'étaient pas vraiment mon genre. J'avais adoré les entendre en fond sonore, mais je ne me sentais pas d'attaque pour me retrouver au milieu de toutes ces tantes plantureuses et pompettes, coiffées de chapeaux en papier, et de ces oncles au visage rougeaud, luisant de sueur. Je voulais être seule.

Une fois dans la rue, après la chaleur étouffante de la chambre de l'accouchée, le froid m'a paru coupant comme une lame. C'était une nuit sans nuages, et les étoiles brillaient, distinctes. À l'époque, les rues étaient fort peu éclairées, et la lumière des étoiles n'était pas un vain mot. Une gelée sévère de toute beauté était tombée, recouvrant les pierres noires des trottoirs, les murs, les maisons, et même ma bicyclette. J'ai frissonné et me suis dit qu'il fallait que je pédale deux fois plus vite si je ne voulais pas sentir le froid.

À trois ou quatre kilomètres de Nonnatus House, une impulsion soudaine m'a fait tourner à droite dans West Ferry Road et continuer jusqu'à l'île aux Chiens. Faire tout le tour de l'île avant de rejoindre East India

Road représente un trajet de douze à treize kilomètres, et je ne saurais vous dire ce qui m'y a poussée.

Il n'y avait personne. Les docks étaient fermés et les navires au port, silencieux. Quand j'ai traversé West Ferry Bridge, je n'entendais d'autre bruit que le clapotis de l'eau. Sur l'île, aucune lumière, hormis celle des étoiles et celle des arbres de Noël aux fenêtres de nombreuses maisons. À ma droite, la Tamise, majestueuse et large, gardait jalousement tous ses secrets. J'ai ralenti l'allure, comme si je craignais de rompre le charme. Quand j'ai tourné vers l'ouest, une lune basse a commencé à se lever, ouvrant un chenal d'argent qui brillait de Greenwich jusqu'à mes pieds, à ce qu'il semblait du moins. J'ai dû m'arrêter. On aurait dit que je pouvais traverser à sec de la rive nord à la rive sud de la Tamise sur cette voie d'argent.

Mes pensées voletaient, éphémères et papillonnantes comme le reflet de la lune sur l'eau. Que m'arrivait-il ? Pourquoi ce travail était-il si absorbant ? Et surtout, pourquoi les religieuses me touchaient-elles aussi profondément ? Je me suis souvenue de ma réaction condescendante, à peine vingt-quatre heures plus tôt, devant la crèche dans la chapelle, puis de la beauté sereine de sœur Bernadette en train de lire l'office du jour à la douce lueur des flammes. Je ne parvenais pas à établir le rapport entre les deux. Ni à comprendre. Tout ce que je savais, c'est que je ne pouvais pas les chasser de mon esprit.

Jimmy

« Jenny Lee ? Mais où diable étais-tu cachée, depuis le temps ? Ça fait des mois qu'on est sans nouvelles de toi. J'ai dû téléphoner à ta mère pour avoir tes coordonnées. Elle m'a dit que tu étais sage-femme dans un couvent. Il a fallu que je lui explique en douceur que les religieuses ne font pas d'enfants, mais elle n'a pas voulu m'écouter. Quoi ? C'est vrai ? Tu dois être devenue folle. J'ai toujours dit que tu avais pété un plomb. Quoi ? Tu ne peux pas parler ? Pourquoi ? Le téléphone est réservé aux futurs pères ! Non, tu ne me fais pas rire, là ! Bon, bon, je raccroche, mais pas tant que tu ne m'as pas promis qu'on se retrouverait au Plasterer's Arms, le soir où tu es libre. Jeudi. D'accord. C'est noté. Ne sois pas en retard. »

Ce cher Jimmy ! Je le connaissais depuis toujours. Les vieilles amitiés sont toujours les meilleures, et les amis d'enfance ont quelque chose de rare. On grandit ensemble, et on connaît le meilleur et le pire de l'autre. Je ne me souvenais même pas d'un temps où nous n'avions pas joué ensemble. Ensuite, chacun avait quitté la maison et était parti de son côté. Et puis nous nous étions retrouvés à Londres. Jimmy et ses copains avaient été de toutes les fêtes et les soirées dansantes organisées dans les différents foyers d'infirmières où j'avais habité ; je m'étais jointe à leur groupe dans plusieurs pubs du West End quand je le pouvais. C'était un arrangement qui ne présentait que des avantages, car ils pouvaient être sûrs de faire la connaissance de quantité de filles, et moi, de profiter de leur compagnie sans m'engager.

Quand j'étais jeune, je n'avais pas de petit ami. Ce n'était pas (je l'espère) parce que j'étais moche, ennuyeuse ou que je manquais de sex-appeal, mais parce que j'étais éperdument amoureuse d'un homme avec lequel rien n'était possible, et pour lequel mon cœur souffrait presque en permanence. Aussi aucun autre n'éveillait-il chez moi la moindre attirance. J'appréciais la compagnie et la conversation de mes amis, leur esprit vif et ouvert, mais la seule idée d'une relation charnelle avec un autre que celui que j'aimais me répugnait. J'avais donc beaucoup d'amis, et j'étais en fait très appréciée par les garçons. Dans mon expérience, rien ne représente pour un jeune homme un défi plus intéressant qu'une jolie fille qui, pour une raison mystérieuse, ne trouve pas qu'il est la bombe sexuelle du siècle !

Le jeudi soir est arrivé. J'ai eu plaisir à prendre la direction des beaux quartiers, pour changer. J'avais trouvé la vie avec les religieuses et le travail dans l'East End si passionnants, contre toute attente, que je n'avais pas eu envie d'aller ailleurs. Toutefois, la tentation de me faire belle pour sortir était irrésistible. On s'habillait de façon moins décontractée dans les années cinquante. La mode était aux longues jupes amples qui s'évasaient à l'ourlet ; plus la taille était mince et plus la ceinture était serrée, mieux cela valait : tant pis pour le confort ! Les bas nylon étaient une nouveauté et avaient des coutures qui devaient obligatoirement être droites à l'arrière des jambes. On entendait toujours les filles se chuchoter entre elles avec angoisse : « Mes coutures ne tournent pas, j'espère ? » Les escarpins vous faisaient souffrir le martyre, avec leurs talons aiguilles de huit à dix centimètres au renfort métallique, et leurs bouts pointus atrocement inconfortables. On disait que Barbara Goulden, le top model le plus célèbre de l'époque, s'était fait couper le petit orteil afin de pouvoir se chausser plus facilement. Comme toutes les jeunes élégantes de l'époque, j'arpentais Londres avec ces chaussures démentes aux pieds et serais morte de honte si l'on m'avait vue porter autre chose.

Soigneusement maquillée, chapeautée, gantée, il ne me restait que mon sac à main à prendre.

À l'époque, le métro n'allait pas plus loin que la station Aldgate, aussi ai-je dû prendre un autobus pour remonter East India Dock Road et Commercial Road et arriver au métro. J'ai toujours adoré le siège avant à l'étage d'un autobus londonien, et jusqu'à ce jour, je maintiens qu'aucun moyen de transport, si coûteux ou luxueux soit-il, ne présente, loin s'en faut, autant d'avantages : vue panoramique, position imprenable en hauteur et lenteur relative. On a tout le temps d'apprécier le spectacle qui défile, haut perché au-dessus de tout et de tout le monde. Mon autobus allait donc à son train tranquille pendant que mon esprit retournait vers Jimmy et ses amis, et le jour où j'avais failli me faire renvoyer de mon école d'infirmières et ne m'en étais sortie que parce que l'histoire ne s'était pas ébruitée.

La hiérarchie était très stricte à l'époque, et la conduite des élèves infirmières, même en dehors du service, étroitement surveillée. Sauf pour des réunions ou festivités très officielles, les garçons n'étaient JAMAIS admis dans les foyers d'infirmières. Je me souviens même d'un dimanche soir où un jeune homme était venu chercher la jeune fille avec laquelle il sortait. Il a sonné et une infirmière a ouvert la porte. Il a donné le nom de la jeune fille en question et l'infirmière est partie la prévenir, laissant la porte d'entrée ouverte. Comme il pleuvait à verse, il a fait un pas à l'intérieur pour attendre sur le paillasson. Le hasard a voulu que l'infirmière en chef passe à ce moment-là. Elle s'est immobilisée, comme clouée sur place, et l'a regardé fixement. Puis elle s'est redressée de tout son mètre cinquante, et a articulé : « Jeune homme, comment osez-vous entrer au foyer des infirmières ! Faites-moi le plaisir de sortir immédiatement. »

Ces infirmières de la vieille école étaient si intimidantes et leur autorité si absolue qu'il a docilement reculé et qu'il est sorti sous la pluie tandis qu'elle refermait la porte.

Ma conduite dans une certaine affaire avec Jimmy et Mike m'aurait certainement valu un renvoi immédiat de l'école d'infirmières et probablement l'interdiction d'exercer la profession. À l'époque, je travaillais au City of London Maternity Hospital. Un soir de bonne heure, après avoir terminé mon travail, j'ai été appelée à l'unique téléphone du bâtiment.

Une voix douce a ronronné :

« C'est l'ensorcelante Jenny Lee avec ses jambes de rêve ?

— Arrête ton numéro, Jimmy. Qu'est-ce qui se passe ? Et qu'est-ce que tu veux ?

— Comment peux-tu être aussi cynique, ma chérie ? Tu me fais vraiment une peine folle. Quand as-tu une soirée libre ? Ce soir ! Quelle chance ! On peut se retrouver au Plasterer's Arms ? »

Devant une pinte conviviale, j'ai su le fin mot de l'histoire. Jimmy et Mike partageaient officiellement un appartement, mais compte tenu d'impondérables divers tels que les filles, la bière, les clopes, le ciné, les paris aux courses, à l'occasion, Lady Chatterley (la voiture commune) et autres dépenses diverses de première nécessité, ils n'avaient jamais de quoi payer leur loyer. La propriétaire, un dragon, bien entendu, se montrait accommodante quand l'argent rentrait avec deux ou trois semaines de retard, mais quand elle attendait six ou huit semaines sans rien voir venir, elle commençait à sortir de ses gonds. Un soir en rentrant, les garçons avaient trouvé leur penderie vidée et un message disant qu'ils récupéreraient leurs vêtements quand les arriérés auraient été payés.

Ils se sont donc assis, crayon en main, et ont calculé que remplacer leurs vêtements leur coûterait moins cher que régler les huit semaines de loyer qu'ils devaient, ils n'ont donc pas hésité : à trois heures du matin, ils ont quitté la maison sans bruit, laissant leurs clés sur la table de l'entrée, et ont passé le reste de la nuit dans Hyde Park. C'était une belle nuit de septembre, et après un temps de sommeil raisonnable, ils sont partis au travail, insouciants, se félicitant de leur plan excellent et bien exécuté. Ils se sont dit que ce *modus vivendi* pourrait se poursuivre indéfiniment et qu'ils avaient été bien bêtes d'avoir jamais payé un sou de loyer à cette harpie.

Jimmy suivait une formation d'architecte, et Mike était ingénieur en génie civil. Tous deux étaient rattachés à d'excellentes sociétés de Londres (à cette époque, la formation dans ces domaines reposait sur l'ancien système de l'apprentissage, et les étudiants ne dépendaient pas de l'université). Si les deux garçons pouvaient se laver et se raser dans les toilettes publiques, ils n'étaient pas en mesure de se changer (ils n'avaient plus rien à se mettre), et une firme londonienne ayant pignon sur rue ne tolérerait pas que ses employés arrivent au travail jour après jour couverts de feuilles mortes ! Au bout de quinze jours, ils ont commencé à se dire qu'il fallait envisager un autre plan. Malheureusement, ils avaient chacun une garde-robe entière à acheter, aussi ne disposaient-ils que de peu d'argent.

Une troisième pinte a été commandée pendant que nous discutions de ce problème. « Il n'y aurait pas dans le foyer d'infirmières une chaufferie ou un local de ce genre, où nous pourrions camper quelque temps ? » a demandé Jimmy.

Les vieux amis sont les vieux amis. Je n'ai même pas songé au risque que je prenais. J'ai répondu : « Oui, il y en a un, mais ce n'est pas une chaufferie. C'est le séchoir, au dernier étage du bâtiment. Tous les chauffe-eau s'y trouvent et c'est là qu'on fait sécher le linge. Je crois qu'il y a aussi un évier. »

Leurs yeux se sont illuminés. Un évier ! Ils pourraient se laver et se raser confortablement.

« Pour autant que je sache, ai-je poursuivi, il n'est utilisé que dans la journée, pas la nuit. À l'arrière du bâtiment, il y a une échelle à incendie qui fait toute la hauteur, alors le local doit avoir une fenêtre ou une porte permettant d'accéder à cette issue. Elle est sûrement fermée de l'intérieur, mais si je l'ouvrais pour vous, vous pourriez entrer. Allons voir. »

Nous avons bu encore une ou deux pintes avant de partir pour le foyer d'infirmières de City Road. Les garçons sont passés par-derrière, au pied de l'échelle de secours. Je suis montée droit au séchoir, et j'ai découvert que la fenêtre à glissière s'ouvrait facilement de l'intérieur. J'ai fait signe à mes amis en bas, qui sont montés l'un après l'autre par l'échelle d'incendie. Ce n'était pas un escalier, juste une échelle fixée au mur, et le séchoir était au sixième étage. Normalement, pareille escalade avait de quoi vous faire dresser les cheveux sur la tête, mais les garçons, requinqués par plusieurs pintes, ont trouvé que c'était un jeu d'enfant. Ils jubilaient en arrivant dans le séchoir. Ils m'ont prise dans leurs bras, embrassée, en déclarant que j'étais « une chic fille ».

« Je ne vois pas pourquoi vous ne pourriez pas loger là, ai-je dit, mais ne venez pas avant vingt-deux heures et il faudra partir avant six heures du matin, pour éviter d'être vus. Et ne faites pas de bruit non plus, parce que si ça se sait, j'aurai des ennuis. »

Personne n'a jamais rien su, et ils sont restés dans le séchoir du foyer d'infirmières pendant près de trois mois. Comment réussissaient-ils à descendre cette terrible échelle à six heures du matin en plein hiver, je ne le saurai jamais ; mais quand on est jeune, plein de vie et d'énergie, rien n'est impossible.

Le cri « Aldgate East, tout le monde descend » a interrompu ma rêverie. J'ai retrouvé le chemin du pub familier. C'était l'une de ces merveilleuses soirées de juin où la lumière s'éternise, qui vous remplit d'allégresse. L'air était tiède, le soleil brillait, les oiseaux chantaient. Il faisait bon vivre. Par opposition, l'atmosphère confinée du pub m'a paru sombre et triste. D'habitude, c'était notre troquet favori. Ce soir-là, la bière était parfaite, l'heure était parfaite, les amis étaient parfaits, mais, Dieu sait pourquoi, il manquait quelque chose à la soirée. Nous avons bavardé, bu quelques verres, mais je crois que nous restions tous un peu sur notre faim.

Soudain, quelqu'un a lancé : « Hé ! Si on allait à Brighton pour un bain de minuit ? »

Il y a eu un chœur d'approbations.

« Je vais aller chercher Lady Chatterley. »

C'était le nom donné à la voiture commune. Qui aujourd'hui se souvient du bruit et de la fureur déchaînés par le projet de publication de *L'Amant de Lady Chatterley*, écrit dans les années vingt par D.H. Lawrence, et du procès intenté aux éditeurs qui voulaient rendre accessible à un large public un « texte obscène » ? Tout ce qui se passe dans ce livre, c'est qu'une châtelaine a une liaison avec le garde-chasse, mais le procès est allé jusqu'en Haute Cour, et dans les comptes rendus figurent ces mots d'un procureur pompeux : « Est-ce le genre de livre que vous autoriseriez vos domestiques à lire ? »

Après cela, Lady Chatterley est devenu synonyme de plaisir interdit, et des millions d'exemplaires du livre ont été vendus, ce qui a fait la fortune de l'éditeur.

Lady Chatterley n'était pas une voiture familiale, mais un antique taxi de Londres des années vingt. Il était vaste et superbe, et il lui arrivait parfois d'atteindre les soixante-cinq à l'heure. Pour convaincre le moteur de démarrer, on devait actionner une manivelle, insérée au-dessous de l'élégant radiateur. Il ne fallait pas ménager l'huile de coude, et les garçons se relayaient pour mettre la voiture en route. Le capot s'ouvrait en son milieu, comme deux énormes ailes de scarabée, quand on voulait accéder au moteur ; quatre majestueuses lampes de carrosse brillaient de chaque côté du radiateur rainuré. Il y avait des marchepieds avant et arrière. Les roues étaient à rayons. L'intérieur spacieux sentait les garnitures en cuir de la meilleure qualité et le bois ciré. Cette voiture faisait la fierté des garçons. Ils la garaient quelque part dans le quartier de Marylebone et passaient tout leur temps libre à cajoler son moteur pour qu'il démarre, et à bichonner sa carrosserie majestueuse.

Mais Lady Chatterley, c'était bien plus que cela. On lui avait ajouté des cheminées et des jardinières fleuries. Il y avait des rideaux aux fenêtres, ce qui voulait dire que le conducteur ne voyait rien par la fenêtre arrière, mais qui se souciait de pareilles vétilles ? La voiture avait aussi la fierté d'être équipée de heurtoirs en bronze et de boîtes à lettres. Son nom était peint en lettres d'or sur le devant et, à l'arrière, un écriteau disait : NE RIEZ PAS, MADAME, VOTRE FILLE EST PEUT-ÊTRE À L'INTÉRIEUR.

On l'a amenée jusqu'au pub, et tout le monde s'est retourné pour l'admirer. Quelques-uns des enthousiastes de la première heure se sont désistés, mais un groupe d'une quinzaine de personnes a grimpé à l'intérieur. Lady Chatterley est partie sous les vivats dans Marylebone High Street, à une vitesse de croisière de quarante kilomètres-heure. La soirée était délicieuse, chaude et sans vent. Le soleil couchant semblait ne jamais vouloir se coucher vraiment, car il était déjà neuf heures du soir. Le projet prévoyait un bain de minuit à Brighton, près de la jetée ouest, puis un retour à Londres avec un arrêt chez Dirty Dick, un café de routiers sur la A 23, pour des œufs au bacon.

Dans les années cinquante, les routes n'étaient pas ce qu'elles sont aujourd'hui. Pour commencer, il nous a fallu sortir de Londres en nous frayant un chemin à travers des kilomètres de banlieues : Vauxhall, Wandsworth, Elephant, Clapham, Balham, et ainsi de suite. On a fini par en voir le bout, mais il nous a fallu deux heures. Une fois les banlieues derrière nous, le chauffeur a crié : « On est sur la grand-route, maintenant. Plus rien ne nous arrêtera avant Brighton. »

Plus rien, sauf les humeurs de Lady Chatterley, qui avait tendance à chauffer. Soixante-cinq kilomètres à l'heure était sa vitesse de pointe, et on lui demandait de la tenir pendant trop longtemps. Il nous a fallu nous arrêter à Redhill, Horley (ou peut-être Crawley ?),

Cuckfield, Enfield et à de nombreux autres « -fields » pour lui permettre de souffler et de refroidir. À l'intérieur du taxi, les passagers commençaient à bouillir autant que le radiateur. Le soleil, dont nous pensions qu'il ne nous quitterait jamais, était impitoyablement parti vers l'autre côté du globe, et nous avait laissées, nous autres filles, frigorifiées avec nos petites robes d'été. Les garçons, assis à l'avant, nous ont crié : « On n'est plus qu'à trois ou quatre kilomètres. On voit les Downs du sud[1] à l'horizon. »

Enfin, au terme d'un voyage de cinq heures, nous sommes entrés à une allure de tortue dans Brighton, vers trois heures du matin. La mer était noire et semblait très, très froide.

« Alors, a crié l'un des garçons, qui est partant pour un bain ? Vous n'allez pas vous dégonfler ? C'est chouette, une fois qu'on est dans l'eau. »

Nous autres filles étions moins optimistes. Un bain de minuit vu d'un pub de Londres, où l'on est bien tranquille et bien au chaud, n'a rien à voir avec la réalité sombre et froide de la Manche à trois heures du matin. J'ai été la seule fille à me baigner cette nuit-là. Après tout ce trajet, je n'allais pas m'avouer vaincue !

Les galets de la plage de Brighton sont désagréables aux pieds dans le meilleur des cas. Mais marcher dessus quand on porte des talons aiguilles de dix centimètres, c'est carrément suicidaire. Nous avions prévu de nous baigner nus, or personne n'avait pensé à ce

1. Massif de collines calcaires qui longe la côte sud-est de l'Angleterre.

qui pourrait nous tenir lieu de serviettes. L'hiver et le début du printemps avaient été froids, et personne n'avait pensé non plus à la température de l'eau.

Six d'entre nous se sont déshabillés et, à grand renfort de cris faussement joyeux pour nous encourager, nous avons piqué une tête dans la mer. En temps normal, j'adore nager, mais le froid m'a transpercée comme une lame, me coupant le souffle, et a provoqué une crise d'asthme qui a duré le reste de la nuit. J'ai fait quelques brasses, puis je suis sortie de l'eau, suffoquant. Je me suis assise sur les galets mouillés, grelottante et glacée. Je n'avais rien pour me sécher, rien pour m'envelopper. Quelle gourde ! Pourquoi me mettais-je dans des situations impossibles ? J'ai essayé de sécher mes épaules tremblantes avec un petit mouchoir de dentelle. En vain. J'avais les poumons en feu et l'air ne semblait pas vouloir y entrer. Certains des garçons s'amusaient comme des fous et chahutaient dans l'eau. J'enviais leur vitalité, moi qui n'avais même pas la force de retraverser la plage tant bien que mal pour regagner la voiture.

Jimmy est sorti de l'eau en riant et en lançant des algues à quelqu'un. Il m'a rejointe et s'est laissé tomber à côté de moi. Nous n'y voyions pas assez clair pour nous distinguer, mais il a aussitôt senti que quelque chose n'allait pas. Sa gaieté l'a quitté et il est redevenu prévenant, attentif, gentil, tel que je le connaissais depuis que nous étions enfants.

« Jenny ! Qu'est-ce qui se passe ? Tu es malade. Tu fais une crise d'asthme. Oh, ma pauvre, tu es gelée ! Laisse-moi te sécher avec mon pantalon. »

Je n'ai pas pu répondre. Je cherchais mon souffle. Il m'a mis son pantalon sur le dos et a frotté vigoureusement. Il m'a donné sa chemise pour me sécher le visage et les cheveux, et s'est servi de ses chaussettes et de son caleçon pour m'essuyer les jambes. Il n'avait pas touché à son maillot de corps, qu'il m'a fait enfiler, car je n'avais pas de chemise, m'a aidée à passer ma mince robe en coton, puis m'a donné ses chaussures et soutenue pendant que je marchais sur les galets jusqu'à la voiture. Ses vêtements étaient trempés, mais il a paru totalement insensible à ce détail.

Tout le monde dormait dans Lady Chatterley. Les autres étaient étalés de telle façon que je n'avais même pas la place de m'asseoir. Jimmy a eu tôt fait de régler le problème : il a secoué un garçon : « Réveille-toi et pousse-toi. Jenny a une crise d'asthme. Il faut lui laisser la place de s'asseoir. »

Puis il en a secoué un autre : « Debout, toi, et enlève ta veste. J'en ai besoin pour Jenny. »

En quelques minutes, il a libéré un coin où j'ai pu m'asseoir confortablement, et trouvé une veste à mettre sur mes épaules. Il a réveillé un troisième larron, à qui il a pris sa veste pour la mettre sur mes jambes. Il a fait cela avec beaucoup d'élégance et d'aisance, et personne n'a protesté, car tout le monde adorait Jimmy. Pour la énième fois, je me suis dit que c'était vraiment dommage que je ne puisse pas tomber amoureuse de lui. Je l'avais toujours trouvé adorable, mais sans plus. Un seul homme monopolisait mon amour, ce qui ne laissait plus de place à qui que ce soit d'autre.

Nous avons fini par repartir pour Londres. Les garçons qui s'étaient baignés étaient pleins d'entrain, revigorés par leur bain, et blaguaient entre eux. Toutes les filles dormaient. J'étais assise à côté d'une fenêtre, penchée en avant, les coudes sur les genoux, essayant de refaire fonctionner mes poumons normalement. À cette époque, il n'y avait pas de nébuliseur ; le seul traitement, c'était de faire des exercices respiratoires, et je m'y employais. Une crise d'asthme finissait toujours par passer. La mort causée par l'asthme est un phénomène lié à la vie moderne. D'ailleurs, on disait : « L'asthme n'a jamais tué personne. »

Une belle aube d'été se levait quand nous avons quitté Brighton. Nous avons majestueusement repris la direction du nord, en nous arrêtant à plusieurs reprises pour laisser refroidir Lady Chatterley. Au pied des Downs du nord[1], elle a refusé d'aller plus loin.

« Tout le monde dehors, il va falloir pousser », a crié gaiement le conducteur. Il en parlait à son aise : il resterait assis au volant, lui ! Du moins le pensait-il.

Le soleil était déjà haut dans le ciel et la lumière du matin d'été baignait la campagne. Nous sommes tous descendus de la voiture. Craignant que l'effort physique ne provoque une autre crise d'asthme, j'ai dit : « Je prendrai le volant. Tu peux pousser. Tu es plus fort que moi, et toi, tu n'as pas d'asthme. »

Je me suis donc assise au volant de Lady Chatterley pendant que les autres la poussaient sur la côte des

1. Autre massif de collines calcaires, beaucoup plus proche de Londres.

Downs du nord. J'étais de tout cœur avec ces pauvres filles en talons aiguilles, qui poussaient, poussaient ; mais comme je ne pouvais rien pour elles, j'ai apprécié la balade, tout simplement.

Le repos a dû faire du bien à la vénérable voiture, car une fois le haut de la côte franchi, pendant la descente en roue libre, elle a eu une toux satisfaite et le moteur s'est mis à ronronner. Nous avons repris notre route vers Londres sans autre embarras. Nous travaillions tous ce matin-là, et la plupart d'entre nous commençaient à neuf heures. J'étais censée prendre mon service à huit heures à des kilomètres de là, dans l'East End. Quand je suis rentrée à Nonnatus House, il était dix heures passées, et je m'attendais à avoir de sérieux ennuis. Mais là encore, j'ai constaté que les religieuses étaient infiniment plus souples que la hiérarchie inflexible de l'hôpital. Quand j'ai raconté à sœur Julienne les aventures de la nuit, j'ai cru qu'elle ne s'arrêterait jamais de rire.

« Heureusement que nous n'avons pas trop de travail. Allez donc prendre un bain chaud et un solide petit déjeuner. On ne veut pas vous voir au lit avec un coup de froid. Vous pourrez commencer vos visites de ce matin à onze heures, et dormir cet après-midi. Votre Jimmy m'a l'air d'un chic type, soit dit en passant. »

Un an plus tard, Jimmy a mis une fille enceinte et l'a épousée. Comme il ne pouvait pas entretenir une femme et un enfant avec son salaire d'apprenti, il a abandonné ses études en quatrième année et a trouvé du travail comme dessinateur industriel pour une municipalité de banlieue.

Une trentaine d'années plus tard, tout à fait par hasard, je me suis trouvée nez à nez avec lui dans le parking souterrain d'un magasin Tesco. Il trébuchait sous le poids d'un énorme paquet et marchait à côté d'une grosse femme à l'air revêche qui portait une plante en pot. Elle parlait sans arrêt, d'une voix grinçante qui m'a écorché les oreilles avant même que j'aperçoive le couple. Jimmy avait toujours été mince, mais il semblait maintenant d'une maigreur affreuse. Il était voûté, et quelques longues mèches de cheveux gris étaient plaquées sur son crâne chauve.

« Jimmy ! » me suis-je exclamée quand nous nous sommes trouvés face à face. Ses yeux bleu pâle ont croisé les miens et mille souvenirs d'une jeunesse joyeuse et insouciante ont jailli à ce contact. Ses yeux se sont illuminés et il a souri.

« Jenny Lee ! Après toutes ces années ! »

La femme lui a donné une bourrade dans la poitrine en disant : « Allez viens, dépêche-toi. Tu sais qu'on a les Turner ce soir. » Les yeux clairs de Jimmy ont semblé perdre toute couleur. Il m'a jeté un regard désespéré et a dit : « Oui, ma chérie. »

Comme ils partaient, j'ai entendu sa femme dire d'un ton soupçonneux :

« Qui c'est celle-là, d'abord ?

— Oh, une fille que je connaissais dans ma jeunesse. Il n'y a jamais rien eu entre nous, ma chérie. »

Et il s'est éloigné en traînant les pieds, l'image même du mari-toutou.

Len et Conchita Warren

Les familles nombreuses sont peut-être la norme, mais là, ça passe les bornes, ai-je pensé en regardant mon programme du jour. Le vingt-quatrième bébé ! Il devait y avoir une erreur. Le premier chiffre est incorrect. Ça ne ressemblait pas à sœur Julienne de se tromper. Mon soupçon a été confirmé quand j'ai lu le dossier médical. Quarante-deux ans seulement. C'était impossible. Enfin tant mieux, je n'étais pas la seule à faire des étourderies.

Je devais effectuer une visite prénatale pour examiner la mère et voir si la maison convenait pour un accouchement à domicile. Je n'avais jamais aimé ce genre de mission. Cela me semblait extrêmement indiscret de demander à voir la chambre des gens, les W.-C., la cuisine, l'approvisionnement éventuel en eau chaude, le berceau et le linge pour le bébé ; mais c'était indispensable. Certains logements étaient sordides, et nous avions l'habitude de travailler dans des conditions assez primitives, mais si les aménagements domestiques étaient vraiment impraticables, nous

nous réservions le droit de refuser l'accouchement à domicile, et la mère devait aller à l'hôpital.

Mrs. Conchita Warren : un nom peu banal, ai-je pensé en pédalant vers Limehouse. La plupart des femmes de ces quartiers s'appelaient Doris, Winnie, Ethel (prononcé Eff) ou Gertie ; mais Conchita ! Le nom évoquait « une coupe remplie de la chaleur du Sud… où les bulles perlées scintillent jusqu'au bord[1] ». Que faisait une Conchita dans les rues grises de Limehouse, avec son voile de fumée grise cachant un ciel gris ?

J'ai quitté la rue principale pour tourner dans les petites rues et, à l'aide de l'indispensable plan, j'ai trouvé la maison. C'était l'une des plus spacieuses et solides : deux étages et un sous-sol, ce qui voulait dire deux pièces par étage et une en sous-sol donnant sur un jardin. Sept pièces en tout. Prometteur. J'ai frappé à la porte, mais personne n'est venu ouvrir. Rien d'inhabituel, mais personne n'a crié : « Entrez donc, *luvvy*. » Il semblait y avoir pas mal de bruit à l'intérieur, aussi ai-je frappé à nouveau, plus fort. Pas de réponse. J'ai bien été obligée de tourner la poignée et d'entrer.

L'étroit couloir était presque infranchissable, mais pas tout à fait. Deux échelles et trois grands landaus s'alignaient contre le mur. Dans l'un, un bébé de sept ou huit mois dormait sereinement. Le second était plein de ce qui semblait être du linge mouillé. Et le troisième contenait du charbon. À l'époque, les lan-

1. John Keats (1795-1821), *Ode à un rossignol*, 1819 : « *a beaker full of the warm South… with beaded bubbles winking at the brim.* »

daus étaient vastes, avec d'énormes roues et des montants assez hauts pour protéger l'enfant. J'ai dû me mettre de biais pour réussir à passer, et écarter le linge qui séchait au-dessus. L'escalier menant à l'étage était juste en face. Des guirlandes de linge y séchaient également. L'odeur écœurante du savon, du linge mouillé, du caca de bébé et du lait se mélangeant à des relents de repas en train de cuire m'a soulevé le cœur. Plus vite je sortirais de là, mieux cela vaudrait.

Le bruit venait du sous-sol, mais je ne voyais pas d'escalier pour y descendre. Je suis entrée dans la première pièce donnant sur le couloir. Visiblement, c'était ce que ma grand-mère appelait « la pièce à recevoir », où elle mettait ses plus beaux meubles, ainsi que ses bibelots, porcelaines, photographies, dentelles et, naturellement, le piano. Elle n'était utilisée que les dimanches et pour les grandes occasions.

Mais si cette belle pièce-là avait jamais été « la pièce à recevoir » de quiconque, une bonne ménagère aurait pleuré de la voir en pareil état. Environ une demi-douzaine de cordes à linge étaient attachées à la cimaise juste au-dessous de la corniche d'un magnifique plafond à moulures. Du linge pendait à chacune. De la lumière filtrait par un rideau unique et délavé, qui semblait cloué sur la fenêtre et empêchait les passants de voir à l'intérieur ; il était à l'évidence impossible de l'ouvrir. Le parquet était recouvert d'un véritable bric-à-brac. Postes de radio cassés, voitures d'enfants, meubles, jouets, une pile de bûches, un sac de charbon, les restes d'une moto, et ce qui ressemblait à des outils de mécanicien, de l'huile de moteur et de l'essence. De plus, il y avait des dizaines de boîtes de peinture sur un banc, des pinceaux, des rouleaux, des chiffons, des pots de térébenthine, des bouteilles de solvant, des rouleaux de papier mural, des pots de colle séchée et une autre échelle. Un coin du rideau était relevé d'environ cinquante centimètres à l'aide d'une épingle à nourrice, ce qui laissait entrer assez de lumière pour révéler la présence d'une machine à coudre Singer neuve posée sur une longue table encombrée de patrons de couturière, de ciseaux et de fil ; il y avait également, aussi curieux que cela puisse paraître, un tissu de soie magnifique et coûteux. À côté de la table se dressait un mannequin. Enfin, autre surprise – et c'était la seule chose qui rappelait le salon de ma grand-mère –, un piano se dressait contre l'un des murs. Le dessus était ouvert, révélant des touches jaunies et sales, dont certaines étaient cassées ; mais mon œil s'est arrêté sur le nom du fabricant : Steinway. Je n'en croyais pas mes yeux : un Steinway dans une maison pareille ! Je n'avais qu'une envie, me précipiter pour l'essayer, mais je cherchais le sous-sol, d'où venait le bruit. J'ai fermé la porte et essayé la seconde pièce donnant sur le couloir.

Dans celle-ci s'ouvrait une porte conduisant au sous-sol. J'ai descendu l'escalier de bois en faisant le plus de bruit possible, puisque personne ne savait que j'étais là, et je ne voulais pas alarmer qui que ce soit. J'ai crié : « Ouh, ouh ! » Pas de réponse. « Il y a quelqu'un ? » ai-je lancé bêtement. À l'évidence, il y avait quelqu'un. Toujours pas de réponse. La porte en bas était entrouverte, et je n'avais pas le choix : je l'ai poussée et suis entrée.

Aussitôt, il y a eu un silence de mort et j'ai senti une douzaine de paires d'yeux braquées sur moi. Pour la plupart, c'étaient des yeux d'enfants, écarquillés et innocents, mais au milieu d'eux, il y avait ceux d'une belle femme dont les cheveux noirs pendaient sur ses épaules en vagues lourdes. Elle avait une très jolie peau, claire, un peu dorée. Ses bras harmonieux étaient mouillés car ils sortaient d'une lessiveuse, et elle avait du savon sur les doigts. Si elle était visiblement occupée à la corvée sans cesse recommencée de la lessive, sa mise n'avait rien de débraillé. Elle avait une silhouette généreuse, mais sans excès, des seins bien maintenus, et des hanches larges mais fermes. Un tablier à fleurs couvrait sa robe toute simple ; le bandeau rouge qui maintenait ses cheveux sombres en arrière accentuait le contraste exquis entre sa peau et ses cheveux. Elle était grande, et le port de sa tête élégante sur un cou fin évoquait avec éloquence la fière beauté d'une comtesse espagnole issue de plusieurs générations d'aristocrates. Elle n'a pas dit un mot, et les enfants non plus. Gênée, je me suis lancée dans des explications, disant que j'étais la sage-femme du quartier, que je n'avais pas eu de réponse quand j'avais frappé à la porte, et que je voulais voir les lieux pour savoir s'ils conviendraient à un accouchement à domicile. Elle n'a pas répondu. J'ai donc répété le même discours. Toujours pas de réponse. Elle se contentait de me regarder avec le plus grand calme. J'ai commencé à me demander si elle était sourde. Alors, deux ou trois enfants se sont mis à lui parler, tous à la fois, dans un espagnol rapide. Un sourire exquis a illuminé son visage. Elle est venue vers moi et a dit : « *Si. Bébé.* » J'ai demandé si je pouvais voir la chambre. Pas de réponse. J'ai regardé l'un des enfants qui avaient parlé, une fille d'environ quinze ans. Elle s'est adressée en espagnol à sa mère qui a répondu avec une aimable courtoisie et une légère inclination de sa tête sculpturale : « *Si.* »

Il était clair que Mrs. Conchita Warren ne parlait pas un mot d'anglais. Pendant tout le temps où je l'ai côtoyée, les seuls mots que je lui ai entendu dire en dehors de ceux qu'elle échangeait avec ses enfants étaient « *si* » et « *bébé* ».

Cette femme a produit sur moi une impression extraordinaire. Même dans les années cinquante, ce sous-sol aurait été décrit comme un endroit sordide. Il contenait, dans le désordre, un évier en pierre, du linge à laver, une chaudière qui glougloutait, une essoreuse, du linge et des couches accrochés partout, une grande table couverte d'assiettes, de marmites et de restes de nourriture, un réchaud à gaz envahi de casseroles et de poêles sales, et un mélange d'odeurs déplaisantes. Pourtant cette belle femme fière avait la situation bien en main et imposait le respect.

Elle a parlé à sa fille, qui m'a conduite au premier étage. La chambre du devant était parfaitement acceptable : un grand lit à deux personnes, dont j'ai tâté le matelas : pas plus affaissé qu'un autre, il conviendrait. Il y avait trois lits d'enfant dans la pièce, deux en bois à côté abaissable, un petit berceau, deux très grandes commodes et une petite armoire. L'éclairage était électrique et le sol recouvert de lino. La fille a dit : « Maman a tout préparé ici », et ouvert un tiroir empli d'habits de bébé d'un blanc immaculé. J'ai demandé à voir le W.-C. C'était plus que cela : une salle de bains, merveilleux ! Je n'avais pas besoin d'en voir davantage.

Quand nous avons quitté la grande chambre, j'ai jeté un rapide coup d'œil dans celle qui lui faisait face, dont la porte était ouverte. On avait réussi à y faire entrer trois lits à deux places, mais il n'y avait aucun autre meuble.

Nous sommes redescendus deux étages plus bas en empruntant l'escalier de bois sonore et avons regagné la cuisine. J'ai remercié Mrs. Warren et dit que tout était très satisfaisant. Elle a souri. Sa fille lui a parlé et elle a répondu : « *Si.* » Il fallait que je l'examine et que j'obtienne ses antécédents obstétricaux, mais à l'évidence, je n'y parviendrais pas si nous ne pouvions nous comprendre, et je ne pouvais guère demander à l'un des enfants de jouer l'intermédiaire. J'ai donc décidé de revenir quand le mari serait à la maison. Ma jeune interprète, interrogée sur ce sujet, m'a répondu qu'il rentrerait « dans la soirée ». Je l'ai chargée de dire à sa mère que je reviendrais après six heures et je suis partie.

J'ai fait plusieurs autres visites ce matin-là, mais mon esprit revenait continuellement à Mrs. Warren. Elle sortait vraiment de l'ordinaire. La plupart de nos patientes étaient des Londoniennes originaires de ces faubourgs, comme leurs parents et grands-parents avant eux. Les étrangers étaient rares, surtout parmi les femmes. Toutes les habitantes du quartier menaient une vie très collective et se mêlaient sans cesse des affaires les unes des autres. Mais si Mrs. Warren ne parlait pas l'anglais, elle ne pouvait faire partie de la communauté des femmes.

Une autre chose m'intriguait : sa dignité tranquille. La plupart des femmes que je rencontrais dans l'East End étaient un peu vulgaires. Et puis, il y avait sa beauté latine. Les Méditerranéennes vieillissent vite, surtout après avoir eu des enfants, et la coutume veut qu'elles s'habillent en noir de la tête aux pieds. Or cette femme portait de jolies couleurs et n'avait pas l'air d'avoir plus de quarante ans. Si c'est le soleil intense qui fait vieillir la peau des gens du sud, peut-être la sienne avait-elle été bien conservée par le climat humide du nord. Je voulais en savoir davantage sur elle et avais bien l'intention de poser des questions aux religieuses pendant l'heure du déjeuner. Je voulais aussi taquiner sœur Julienne, qui avait écrit « vingt-quatrième grossesse » alors qu'elle voulait en réalité dire quatorzième.

À Nonnatus House, le déjeuner était le repas principal de la journée, pris en commun par les religieuses et le personnel laïque. La nourriture était simple, mais bonne. J'attendais toujours ce repas avec impatience parce que j'avais toujours faim. Nous étions entre douze et quinze à table chaque jour. Après le bénédicité, j'ai abordé le sujet de Mrs. Conchita Warren.

Elle était bien connue des religieuses, quoiqu'il n'y ait pas eu beaucoup de contacts entre elles à cause de la barrière de la langue. Apparemment, elle avait passé la plus grande partie de sa vie dans l'East End. Comment se faisait-il alors qu'elle ne parle pas anglais ? Les religieuses l'ignoraient. On a émis l'hypothèse qu'elle n'avait ni le besoin ni l'envie de l'apprendre, ou que peut-être, elle n'était pas très intelligente. Cette dernière hypothèse était une possibilité, car j'avais déjà pu remarquer que certaines personnes peuvent masquer un défaut d'intelligence tout simplement en gardant le silence. J'ai songé à la fille de l'archidiacre dans Trollope[1], dont toute la société de Barchester et de Londres, à ses pieds, vantait la beauté et l'esprit ensorcelant, alors qu'elle était profondément sotte. Elle avait réussi à se faire cette réputation enviable en restant assise sur des chaises dorées, en étant belle et en se taisant.

« Comment se fait-il qu'elle se soit retrouvée à Londres ? » ai-je demandé. Les sœurs avaient la réponse à cette question-là. Apparemment, Mr. Warren était un habitant de l'East End, issu d'une famille où tout le monde travaillait aux docks, et destiné à mener la même vie que son père et ses oncles. Mais quand il était jeune, quelque chose avait fait de lui un rebelle qui avait refusé de se laisser couler dans le moule. Il avait largué les amarres et était parti en Espagne combattre dans la guerre civile. Il est peu probable qu'il ait eu la moindre idée de ce qu'il faisait, car les affaires étrangères n'avaient que peu d'impact sur la conscience des ouvriers des années trente. L'idéalisme politique n'était sûrement pas entré en ligne de compte et le camp pour lequel il combattait – républicain ou royaliste – devait n'avoir aucune importance pour lui. Tout ce qu'il voulait, c'était se

1. Écrivain anglais (1815-1882), auteur entre autres d'un cycle de romans tournant autour de la vie religieuse et situé dans le comté imaginaire de Barset (*Les Chroniques de Barchester*). L'archidiacre en question est un des principaux personnages de ce cycle.

lancer dans une aventure de jeunesse ; une guerre dans un pays lointain paré d'une auréole romanesque était tout ce qu'il lui fallait.

Il avait eu de la chance de s'en tirer vivant. Il a regagné Londres accompagné d'une belle paysanne espagnole d'environ onze ou douze ans. Il est rentré avec elle chez sa mère où, à l'évidence, ils ont vécu ensemble. Ce que sa famille ou ses voisins ont pensé de cette situation choquante est matière à conjectures ; mais sa mère ne l'a pas abandonné et il n'était pas homme à se laisser intimider par une bande de voisins en mal de racontars. De toute façon, on pouvait difficilement renvoyer la fille chez elle, car il avait oublié d'où elle était, et elle ne semblait pas le savoir. Et tout cela mis à part, il l'aimait.

Quand la chose a été possible, il l'a épousée. Ce n'avait pas été simple, puisqu'elle n'avait pas de certificat de naissance, n'était pas sûre de son nom de famille, de sa date de naissance ni de l'identité de ses parents. Cependant, comme elle avait déjà eu trois ou quatre bébés et paraissait avoir seize ans, et comme elle était sans doute catholique, on a réussi à convaincre un prêtre du quartier de bénir une relation déjà féconde.

J'ai été fascinée. Cette affaire était follement romanesque. Une paysanne ! Elle n'avait assurément pas l'air d'une paysanne, mais d'une princesse de la cour d'Espagne, dépossédée de tout par les républicains. Le vaillant Anglais l'avait-il sauvée et enlevée ? Quelle histoire ! Tout ce qui s'y rapportait était peu banal et j'avais hâte de rencontrer Mr. Warren le soir même.

Puis je me suis souvenue des enfants, et j'ai dit non sans impertinence à sœur Julienne : « Je vous ai enfin prise en faute ! Sur l'agenda, vous avez marqué vingt-quatrième grossesse, alors que vous deviez vouloir dire quatorzième. »

Les yeux de sœur Julienne ont pétillé : « Pas du tout, a-t-elle répondu, ce n'est pas une erreur. Conchita Warren a vraiment eu vingt-trois enfants, et elle attend son vingt-quatrième. »

Je suis restée sidérée. Toute cette histoire était si incroyable que personne ne pouvait l'avoir inventée.

Quand je suis retournée chez les Warren, la porte était ouverte et je suis entrée. La maison grouillait littéralement de jeunes et d'enfants. Le matin, je n'avais vu qu'une adolescente et des petits. Maintenant, tous les écoliers étaient là, ainsi que des adolescents plus âgés, qui étaient sans doute rentrés du travail. On aurait dit une fête tant ils semblaient tous heureux. Les plus âgés portaient les plus jeunes, certains jouaient dans la rue, d'autres travaillaient, à leurs devoirs sans doute. Il n'y avait pas la moindre tension entre eux et, pendant tout le temps où j'ai été en contact avec cette famille, je n'ai jamais vu de bagarre ni de mauvaise humeur.

Je me suis faufilée dans l'étroit espace laissé dans le couloir par les landaus et l'échelle, et on m'a dit d'aller dans la cuisine au sous-sol. Assis sur une chaise en bois à côté de la table, Len Warren fumait tranquillement une cigarette roulée à la main. Il avait un bébé sur les genoux, un autre rampait sur la table et il était obligé de le tirer sans cesse par son fond de culotte pour l'empêcher de tomber. Sur un de ses pieds étaient assis deux tout-petits qu'il balançait en l'air en chantant « À cheval sur mon bidet ». Ils hurlaient de rire, et lui aussi. Il avait des rides de rire autour des yeux et du nez. Plus âgé que sa femme, il devait avoir une cinquantaine d'années. Il n'était pas beau du tout d'après les canons ordinaires, mais il avait un visage si franc, si ouvert et si aimable que cela vous réjouissait le cœur de le regarder.

Nous avons échangé un grand sourire, et je lui ai dit que je voulais examiner sa femme et faire un dossier.

« C'est parfait. Connie est en train de préparer le dîner, mais elle doit pouvoir passer la queue de la poêle à Win. »

Calme et radieuse, Conchita était assise près de la chaudière qui, le matin, avait servi à faire la lessive, et sur laquelle ce soir cuisait une énorme marmite de pâtes. On voyait beaucoup de chaudières en cuivre à l'époque. C'étaient des cuves assez grandes pour contenir environ quatre-vingt-dix litres, montées sur des pieds, et chauffées en dessous par un brûleur à gaz. Devant, un robinet permettait de vider l'eau. On s'en servait pour la lessive, et je n'en avais jamais encore vu une servir pour la cuisine, mais je suppose que c'était la seule façon de répondre aux besoins d'une famille aussi nombreuse : solution certes inhabituelle, mais commode et de bon sens.

« Dis-moi, Win, tu veux bien t'occuper du dîner, ma poule ? La sage-femme veut examiner ta maman. Tim, mon gars, viens ici, prends le bébé, et fais attention à ce que ces deux-là s'approchent pas de la chaudière. On veut pas d'accident dans cette maison, hein ? Et toi, Doris, ma jolie, donne un coup de main à Win. J'accompagne maman et la sage-femme en haut. »

Les filles ont parlé rapidement à leur mère en espagnol, et Conchita s'est approchée de moi en souriant.

Nous avons monté l'escalier, sans que Len cesse de parler à ses différents enfants.

« Dis donc, Cyril, dis donc ! Ôte-moi ce camion de l'escalier, tu seras gentil. On veut pas que la sage-femme se casse le cou, hein ?

— C'est bien, Pete, de faire tes devoirs. C'est un savant, notre Pete. Un de ces jours, il sera prof de fac, vous verrez.

— Tiens, Sue, mon poussin. Fais un bisou à ton vieux papa… »

Il s'arrêtait rarement de parler. En fait, je dirais que pendant tout le temps que j'ai connu Len Warren, je ne l'ai jamais entendu se taire. S'il lui arrivait de rester à court de sujet, il se mettait à siffler ou à chanter – sans pour autant ôter de sa bouche sa mince cigarette roulée. Aujourd'hui, les inspecteurs de la santé publique verraient d'un mauvais œil qu'on fume à côté de bébés et d'une femme enceinte, mais dans les années cinquante, on n'avait établi aucun lien entre le fait de fumer et la maladie, et presque tout le monde fumait.

Nous sommes allés dans la chambre.

« Connie, ma puce, la sage-femme veut juste regarder ton ventre. » Il a lissé le dessus-de-lit, et elle s'est étendue. Il a commencé à relever sa jupe et elle a fait le reste.

Elle avait des vergetures sur l'abdomen, mais pas en quantité excessive. À en croire les apparences, cette grossesse aurait pu être sa quatrième et non sa vingt-quatrième. J'ai palpé l'utérus : cinq à six mois.

« Il bouge ?

— Pardi ! Je le sens qui se tortille et qui donne des coups de pied, le petit bout. Une vraie graine de footballeur, celui-ci, surtout la nuit, quand nous, on veut dormir. »

À la palpation, la tête était en haut, mais c'était normal. Je n'ai pu localiser le cœur du fœtus, mais compte tenu de tous les coups de pied qu'il donnait, cela avait peu d'importance.

J'ai continué mon examen. Elle avait des seins épanouis et fermes – pas de grosseur ni d'anomalie. Ses chevilles n'étaient pas enflées ; quelques veines variqueuses, mais rien de grave. Son pouls était normal, sa tension aussi. Elle semblait en parfaite santé.

Je voulais essayer d'établir sa date de grossesse : il peut être trompeur de s'en tenir à l'observation cliniquc. Un petit bébé et un gros bébé conçus à la même date peuvent donner l'impression qu'ils ont quatre à six semaines de différence ; on a donc besoin de dates pour confirmer ce que révèle l'observation. Cependant, comme il y avait en bas un bébé de sept ou huit mois, il semblait peu probable que Conchita ait eu ses règles entre les deux. Je n'avais pas l'habitude de poser des questions aussi intimes à un homme. Dans les années cinquante, on ne parlait pas de ces choses-là « devant le sexe opposé », comme on disait alors, et je me suis sentie rougir jusqu'aux oreilles.

« Ah, non, elle a rien vu venir, a-t-il répondu.

— Pourriez-vous lui poser la question, s'il vous plaît ? Peut-être ne vous en a-t-elle pas parlé ?

— Vous pouvez me croire, mademoiselle, ça fait des années qu'elle a pas eu ses règles. »

Il a bien fallu que je me contente de cette réponse. Si quelqu'un devait savoir, c'était lui.

J'ai dit que nous avions une consultation prénatale tous les mardis et que nous préférions examiner les patientes dans ce cadre. Il a eu l'air peu convaincu. « Ah, c'est qu'elle aime pas trop sortir, voyez. Et puis elle parle pas la langue, alors… Et moi, je voudrais pas qu'elle se perde, ni qu'elle ait peur. En plus, elle a tous ces bébés à s'occuper, voyez. »

Je n'ai pas cru devoir insister, et je l'ai inscrite sur la liste des visites prénatales à domicile.

Pendant tout ce temps-là, Conchita n'avait pas dit un mot. Elle avait souri, s'était soumise passivement à une auscultation générale, et avait accepté qu'on parle d'elle dans une langue étrangère. Elle s'est levée du lit avec grâce et dignité, et s'est dirigée vers la commode pour chercher une brosse à cheveux. Sa chevelure noire a paru encore plus belle quand elle l'a brossée, et c'est à peine si j'ai vu un cheveu gris. Elle a rajusté son bandeau rouge et s'est tournée avec une assurance fière vers son mari, qui l'a prise dans ses bras en murmurant : « Ma Connie à moi, ma grande. Que tu es belle, mon trésor. »

Elle a eu un petit rire comblé et s'est blottie dans ses bras. Il l'a embrassée à plusieurs reprises.

Ces manifestations d'amour franches entre mari et femme étaient rares à Poplar. Quelle que soit la relation dans l'intimité, les hommes faisaient toujours mine d'être bourrus et indifférents devant des tiers. Entre eux, ils échangeaient souvent des plaisanteries salées que je trouvais très amusantes, mais ils ne parlaient pas d'amour ouvertement. Les regards d'adoration doux et tendres entre Len et Conchita Warren m'ont paru très émouvants.

Pendant les quatre mois suivants, je suis retournée souvent chez eux pour surveiller l'évolution de Conchita. J'y allais toujours le soir afin de discuter de la grossesse avec Len. Au reste, j'appréciais sa compagnie, j'aimais l'écouter parler, je me plaisais dans l'atmosphère de cette famille heureuse et je voulais en découvrir davantage sur eux tous. Ce qui n'était pas difficile, compte tenu de la volubilité effrénée de Len.

Il était peintre et décorateur. Il devait être très compétent car il travaillait à quatre-vingt-dix pour cent dans les beaux quartiers ; « rien que des rupins », comme il disait pour décrire ses clients.

Trois ou quatre de ses enfants travaillaient avec lui dans l'affaire et, apparemment, le travail ne manquait jamais. Avec des frais d'exploitation très bas, il devait rentrer pas mal d'argent à la maison. Len n'avait pas de local professionnel, hormis l'appentis dans sa cour arrière, où il rangeait aussi sa voiture à bras.

À cette époque, les ouvriers n'avaient pas de véhicules utilitaires ni de camionnettes, mais des voitures à bras, en bois généralement, et le plus souvent fabriquées par eux-mêmes. Celle de Len était faite avec le châssis d'un vieux landau, dont il avait ôté toute la garniture intérieure, ajoutant une structure de bois allongée qui s'emboîtait exactement sur la base haute montée sur roues. C'était parfait. Les ressorts rendaient la voiture très maniable et, grâce à ses énormes roues bien huilées, elle était facile à pousser. Quand ils commençaient un nouveau chantier, Len et ses fils chargeaient leur équipement sur la voiture et se rendaient à pied à leur destination. Il leur arrivait parfois de pousser pendant un trajet de seize kilomètres, mais tout cela faisait partie du travail. À cet égard, un peintre décorateur avait de la chance, car un chantier durait environ une semaine ; ils pouvaient donc laisser leurs affaires sur place et rentrer chez eux par le métro, au moins jusqu'à Aldgate.

Les plombiers, plâtriers et autres artisans du même genre étaient moins vernis. Leurs chantiers duraient en général une journée, si bien qu'ils devaient pousser leurs outils jusqu'au lieu des travaux, puis en faire autant le soir pour rentrer chez eux.

À l'époque, on voyait dans tout Londres des artisans pousser laborieusement leur voiture à bras. Ils étaient obligés de marcher sur la chaussée, ce qui ralentissait considérablement la circulation. Mais les conducteurs y étaient habitués, et acceptaient cela comme faisant partie de la vie londonienne.

Un jour, j'ai demandé à Len s'il avait été mobilisé pendant la guerre.

« Naan, rapport à cette affaire de Franco », a-t-il dit en tendant le doigt vers une blessure à la jambe qui l'avait rendu inapte au service militaire.

« La famille est restée à Londres pendant la guerre ?

— Plutôt crever ! sauf votre respect, mademoiselle Lee, a-t-il répondu. J'allais pas laisser Connie et les gosses se faire choper par les Boches. »

Il était malin, bien informé et surtout débrouillard. En 1940, Len avait observé l'échec du bombardement des bases aériennes et des dépôts de munitions. Il avait vu la bataille d'Angleterre.

« Alors je me suis dit comme ça, l'autre sournois, là, ce connard d'Hitler, il va pas s'arrêter là, c'est sûr. Après ça, il va viser les docks. Quand la première bombe est tombée sur Millwall en 1940, j'ai pensé : "On va pas y couper", alors j'ai dit à Connie : "Je vous sors de là, ma grande, toi et les enfants." »

Len n'a pas attendu qu'un plan d'évacuation soit mis en place. Avec l'énergie et l'esprit d'initiative qui le caractérisaient, il est allé à Baker Street et il est monté dans un train à destination de l'ouest, vers le Buckinghamshire. Quand il a estimé qu'il était assez loin, il est descendu dans une région rurale qui lui paraissait prometteuse : Amersham. Aujourd'hui, c'est presque une banlieue, desservie par la Metropolitan Line. Mais en 1940, c'était la campagne, loin de Londres. Alors, il a commencé à arpenter les rues, tout simplement, et à frapper aux portes. Il disait aux gens qui lui ouvraient qu'il voulait mettre sa famille à l'abri, à l'écart de Londres, et demandait s'ils avaient une pièce à lui louer.

« J'ai bien dû frapper à cent portes. Ils devaient me prendre pour un fou, je crois. Ils refusaient tous. Y en a qui répondaient même pas et qui me fermaient la porte au nez. Mais j'allais pas me décourager pour si peu. Je me figurais que quelqu'un finirait bien par dire oui à un moment ou à un autre. Allez, mon gars, tu baisses pas les bras, que je me suis dit.

« Il se faisait tard. J'avais passé toute la journée à piétiner et à me faire claquer la porte au nez. Je peux vous dire que j'avais le moral à zéro. J'allais retourner à la gare, et j'en avais drôlement gros sur la patate. J'ai descendu une rue de boutiques avec des appartements au-dessus. Je m'en souviendrai toujours. J'avais pas frappé aux appartements, seulement aux maisons qu'avaient l'air d'avoir plein de pièces.

« Y a une dame, je l'oublierai jamais, qui entrait par une porte à côté d'une boutique, voyez, alors je lui dis : "Vous auriez pas une pièce à me louer, ma bonne dame ? Je sais plus quoi faire." Alors je lui raconte ce qu'il en est, et elle me dit oui.

« C'était un ange, cette dame, a-t-il ajouté après réflexion. Sans elle, on serait morts, je crois. »

C'était un samedi. Il était convenu avec la dame qu'il ferait ses valises le dimanche et emménagerait avec sa maisonnée le lundi. C'est ce qui s'est passé.

« J'ai dit à Connie et aux enfants qu'on partait en vacances à la campagne. » Et à son propriétaire, il a simplement dit qu'ils quittaient leur logement. Ils ont laissé leurs meubles, ne prenant que ce qu'ils pouvaient emporter.

La dame les a logés dans ce qu'on appelait une arrière-cuisine. C'était une pièce assez grande et dallée, au rez-de-chaussée, donnant sur une petite cour arrière par laquelle on accédait aux appartements au-dessus ainsi qu'à la boutique sur le côté. Sous l'escalier s'ouvrait un grand placard, et il y avait l'eau courante, un évier, une chaudière et un réchaud à gaz, mais pas d'autres meubles, ni chauffage, ni prise pour un radiateur électrique. Toutefois, il y avait un éclairage électrique et un W.-C. extérieur. Je ne sais pas ce que Conchita a pensé de tout cela, mais elle était jeune et s'adaptait facilement. Elle était avec son mari et ses enfants : c'était tout ce qui comptait pour elle.

Ils avaient vécu là-bas pendant six ans. Len avait fait quelques voyages à Londres pour chercher les meubles et la literie de base qu'il pouvait transporter dans sa voiture à bras. Peu après, sa mère les a rejoints.

« Ben je pouvais pas laisser ma vieille là-bas, pour que les Boches la chopent, hein ? »

Apparemment, sa mère passait l'essentiel de ses journées et toutes ses nuits dans un fauteuil installé dans un coin. Les enfants les plus âgés sont allés à l'école. Len a pris un travail de livreur de lait. Jamais il n'avait conduit de cheval, mais celui auquel il avait affaire était un vieil animal docile qui connaissait la tournée. Avec son esprit vif, Len a eu tôt fait d'apprendre et de circuler sur les routes en sifflotant. Les enfants l'accompagnaient quand ils pouvaient, et ils étaient fiers comme Artaban lorsqu'ils se retrouvaient assis derrière le cheval.

Conchita s'occupait de ses enfants, et elle faisait la lessive et le ménage de la propriétaire. Tout le monde trouvait son compte à cet arrangement. Deux autres bébés sont nés. Lorsqu'ils attendaient le neuvième, les autorités locales ont décidé que la famille de Len avait besoin d'être moins petitement logée, et on leur a attribué deux pièces, avec cuisine et salle de bains.

Aujourd'hui, ces conditions de vie semblent bien rudes – deux pièces seulement pour trois adultes et huit enfants –, mais en fait ils avaient de la chance. Les temps étaient durs et l'on voit dans les vieux films d'actualités des images qui serrent le cœur : des enfants de l'East End quittant Londres par trains entiers, avec une étiquette et un petit sac. Grâce à Len, les enfants Warren n'avaient pas été séparés de leurs parents pendant toute la guerre.

Les enfants de Len et de Conchita étaient beaux. Beaucoup d'entre eux avaient les cheveux aile de corbeau et les grands yeux noirs de leur mère. Les filles aînées étaient splendides et auraient facilement pu être mannequins. Quand les enfants étaient ensemble, ils parlaient un curieux mélange de cockney et d'espagnol. Avec leur mère, ils ne parlaient qu'espagnol ; avec leur père ou n'importe quel Anglais, le plus pur cockney. J'étais très impressionnée par leur bilinguisme. Jamais je n'ai pu en connaître aucun assez bien, pour la simple raison que leur père n'arrêtait pas de parler et de m'amuser avec ses histoires. La seule fille avec laquelle j'ai eu quelques contacts était Lizzy qui, à vingt ans, était une excellente couturière. J'adore les vêtements depuis toujours, et je suis devenue l'une de ses clientes régulières. Pendant plusieurs années, elle m'a fait quelques très belles tenues.

La maison était toujours très pleine. Mais il n'y avait jamais de disputes, d'après ce que j'ai pu voir. Si les jeunes enfants commençaient à se chamailler, leur père disait avec bonne humeur : « Hé là, dites donc ! On veut pas de ça ici », et les choses n'allaient pas plus loin. J'ai vu des luttes intestines dans les fratries, surtout lorsqu'il y avait promiscuité, mais jamais chez les enfants Warren.

Où ils dormaient tous était pour moi un mystère. J'avais vu une chambre à coucher avec trois grands lits. Les deux chambres de l'étage au-dessus devaient être analogues, et tous les enfants dormaient sans doute ensemble.

Au cours du dernier mois de grossesse de Conchita, je suis allée la voir chaque semaine. Un soir, Len m'a proposé de partager leur dîner. J'étais ravie. Cela sentait bon et, comme d'habitude, j'avais faim. Je n'avais aucune objection à manger une cuisine préparée sur la chaudière qui avait servi le matin à laver les couches du bébé, aussi ai-je accepté avec plaisir. Len a dit : « Je crois que la sage-femme aimerait avoir une assiette. Va en chercher une, ma petite Liz. »

Liz m'a servi une grosse assiettée de pâtes et m'a donné une fourchette. Alors seulement se sont révélées les origines paysannes de Conchita : tout le reste de la famille mangeait dans la même gamelle. Deux grands récipients peu profonds – les vieux pots de chambre qu'on trouvait dans chaque chambre à coucher – ont été remplis de pâtes et posés sur la table. Chaque membre de la famille avait une fourchette et mangeait dans le pot commun. J'étais la seule à avoir une assiette individuelle. J'avais vu cela une fois auparavant, quand j'habitais Paris et avais passé un week-end chez une famille paysanne italienne qui était venue chercher du travail dans la région parisienne. Ils mangeaient tous à même le plat unique posé au centre de la table, exactement de la même façon.

Le moment où Conchita devait accoucher est arrivé. Il n'y avait pas de dates permettant de se repérer, et donc aucune certitude sur celle de l'accouchement, mais la tête du bébé était bien basse et Conchita paraissait proche de son terme.

« Je serai pas fâché de voir ce bébé venir au monde, a dit Len. Elle commence à être fatiguée. Je veux plus aller travailler. Les gars se débrouilleront tout seuls. Moi je reste ici pour m'occuper de Conchita et des gosses. »

Et c'est ce qu'il a fait, à ma grande stupéfaction. À l'époque, aucun citoyen de l'East End digne de ce nom ne se serait abaissé à faire ce qu'il aurait appelé « un travail de bonne femme ». La plupart des hommes n'auraient pas ôté de la table une assiette ou une tasse sales, ni même ramassé ses chaussettes sales par terre. Mais Len s'occupait de tout. Conchita faisait la grasse matinée, ou restait confortablement assise dans la cuisine. Parfois, elle jouait avec les tout-petits, mais Len veillait toujours, et s'ils devenaient trop remuants, il les expédiait avec fermeté et les amusait ailleurs. Sally, l'adolescente de quinze ans qui avait quitté l'école mais n'allait pas encore travailler au-dehors régulièrement, était là pour l'aider. Moyennant quoi, Len savait tout faire – le ménage, les courses, la cuisine ; il changeait les couches, nourrissait les petits, et s'acquittait de l'éternelle corvée de la lessive et du repassage. Il s'affairait en chantant ou en sifflant, sans jamais se départir de sa bonne humeur. Soit dit en passant, il était le seul homme de ma connaissance capable de se rouler une cigarette d'une main en donnant le biberon de l'autre.

Le vingt-quatrième bébé de Conchita est venu au monde à la nuit.

Un coup de téléphone à onze heures du soir nous a appris que la poche des eaux était rompue. J'ai pédalé aussi vite que j'ai pu jusqu'à Limehouse, parce que j'étais persuadée que l'accouchement serait rapide. Je ne me trompais pas.

J'ai tout trouvé parfaitement préparé. Conchita était étendue sur des draps propres. Sous elle le champ de papier kraft et une alaise en caoutchouc. La pièce était chaude, mais pas trop. Le berceau et les habits du bébé étaient fin prêts. De l'eau chaude bouillait dans la cuisine. Len, assis à côté de sa femme, lui massait le ventre, les cuisses, le dos et les seins. Il lui bassinait le visage et le cou avec un linge en flanelle trempé dans l'eau froide, et à chaque contraction, il la prenait dans ses bras et la serrait fort en lui murmurant des encouragements : « Oui, ma grande, c'est bien. Ça sera plus très long maintenant. T'es avec moi. Tiens-moi fort. »

J'ai été stupéfaite de le voir là. Je m'attendais à trouver une voisine, sa femme, ou une des filles aînées. Je n'avais encore jamais vu d'homme assister à un accouchement, hormis un médecin. Mais sur ce point comme sur tous les autres, Len était l'exception.

Un coup d'œil m'a révélé que Conchita en était au second stade du travail. Je me suis rapidement mise en tenue et j'ai préparé mon plateau. Le cœur du fœtus était régulier et la tête à peine sensible à la palpation : elle devait déjà être descendue sur le plancher pelvien. Comme Conchita avait déjà perdu les eaux, je n'ai pas fait d'examen vaginal, parce que pareille intrusion est susceptible de provoquer une infection, et doit être évitée, sauf en cas de nécessitée absolue. Les contractions survenaient toutes les trois minutes.

Conchita transpirait et gémissait un peu, mais sans excès. Entre deux contractions, elle souriait à son mari et se détendait complètement dans ses bras. Elle n'était pas sous sédation.

Nous n'avons pas eu à attendre longtemps. Son expression a changé, cédant la place à une concentration intense. Elle a grogné sous l'effort et, à la poussée suivante, le bébé a glissé à l'extérieur d'un seul coup. Il était petit, et l'accouchement a été si rapide que je ne n'ai eu le temps de rien faire d'autre que d'attraper le bébé. La petite chose était là, sur le drap, sans que j'aie apporté une assistance quelconque. J'ai dégagé les voies respiratoires et Len m'a tendu les pinces et les ciseaux. Il savait exactement quoi faire. Je me suis dit qu'il aurait parfaitement pu accoucher sa femme lui-même. Le placenta est venu assez vite lui aussi, et il n'y a pas eu de saignement excessif.

Len a enveloppé le bébé tendrement dans des serviettes chaudes et l'a placé dans le berceau. Il a appelé pour qu'on lui monte de l'eau chaude d'en bas, et a annoncé qu'une petite fille était née. Puis il a lavé sa femme intégralement et a prestement changé les draps. Il a brossé les cheveux de Conchita, lui a mis un bandeau blanc, assorti à sa chemise de nuit blanche, tout en l'appelant sa puce, son amour, son trésor. Elle lui souriait rêveusement.

Il a crié à l'une de ses filles en bas : « Tiens, Liz, emporte ces draps sales et mets-les dans la chaudière, mon poussin, si tu veux bien. Après ça, on a bien mérité une bonne tasse de thé, pas vrai ? »

Alors, il s'est retourné vers sa femme, a pris le bébé dans le berceau et le lui a donné. Elle a eu un sourire ravi, a touché la petite tête du bébé et embrassé son minuscule visage. Elle n'a rien dit, a seulement poussé un petit rire de satisfaction.

Len était fou de joie et s'est remis à parler sans arrêt. Pendant l'accouchement, il avait à peine ouvert la bouche. C'était la seule fois où je l'avais entendu se taire pendant si longtemps d'affilée. Maintenant, il était intarissable.

« Mais regardez-la. Regardez-la, mademoiselle Lee. Hein, qu'elle est belle ! Regardez-moi ces petites mimines. Voyez, elle a des ongles. Oh, elle ouvre sa petite bouche. Ma poussinette à moi. Elle en a, des longs cils, tout comme sa maman. Quel amour ! »

Il était aussi excité qu'un jeune papa devant son premier bébé.

Il a appelé les autres enfants pour qu'ils montent, et ils se sont tous assis autour de leur mère, en parlant dans un mélange d'espagnol et d'anglais. Seuls les plus petits dormaient. Le reste de la maisonnée était debout et l'excitation à son comble.

J'ai rangé mes instruments et me suis discrètement glissée hors de la pièce, sentant que l'unité de la famille et son bonheur seraient plus grands si je n'étais pas là. Len m'a vue partir et il a courtoisement quitté la pièce pour m'accompagner. J'ai remarqué que la conversation avait viré à l'espagnol derrière nous.

Il m'a remerciée pour tout ce que j'avais fait, alors que ma participation se réduisait à presque rien. En descendant l'escalier avec mon sac, il a dit : « On va prendre une bonne tasse de thé tous les deux, hein, mademoiselle ? »

Pendant tout le temps que nous l'avons bue, il a bavardé joyeusement. Je lui ai dit que j'adorais sa famille et avais beaucoup d'admiration pour eux tous. Il était un heureux père. Je lui ai dit que j'étais très impressionnée de les voir tous parler couramment l'espagnol.

« Ils sont futés, mes gamins, c'est vrai. Plus futés que leur vieux papa. Moi, jamais j'ai pu m'y faire, à cette langue. »

Brusquement, dans une sorte d'intuition fulgurante, j'ai compris le secret de ce couple si heureux. Elle ne parlait pas un mot d'anglais, et lui, pas un mot d'espagnol.

Sœur Monica Joan

« La lumière est le niveau supérieur, la vie, le niveau inférieur. La lumière devient la Vie. Cela se passe dans une fulgurance, une vision accordée, un moment d'offrande radieux. »

J'aurais pu l'écouter toute la journée : une belle voix modulée, des mains mobiles, des yeux aux paupières lourdes sous l'arc de ses sourcils hautains, le drapé de son voile quand elle tournait son long cou. Elle avait plus de quatre-vingt-dix ans, son esprit se délitait, mais j'étais totalement captivée.

« Des questions lumineuses, une réponse infinie, le plan astro-mental de l'homme se situe dans l'éther. Les ténèbres extérieures sont un monstrueux dragon qui se mord la queue. Le saviez-vous ? »

Assise à ses pieds, fascinée, j'ai secoué la tête sans oser parler de peur de rompre le charme.

« C'est cela, le corps cosmique, le point critique, la translation des parallélismes qui vont vers le centre neutre du point de fuite. Avez-vous vu les nuages qui passent en flottant et tournant sur eux-mêmes comme les planètes ? C'est ainsi que nous Le voyons venir, transpercé. Je suis l'épine qui a percé Son front. Vous sentez cette odeur de brûlé, ma petite fille ?

— Non. Et vous ?

— Je crois que l'inconscient ahrimanique[1] de Mrs. B. l'a poussée à faire un gâteau. Suivons Dieu en toute chose. Je crois que nous devrions nous mettre en quête, pas vous ? »

J'aurais préféré continuer à l'écouter parler, mais je savais qu'une fois le charme rompu, il n'y aurait pas moyen de la faire revenir en arrière, et pour sœur Monica Joan, l'odeur d'un gâteau était irrésistible. Elle a souri avec satisfaction. « À l'odeur, on dirait l'un des gâteaux au miel de Mrs. B. Allez, debout, ne restez pas assise là à ne rien faire. »

Elle s'est levée d'un seul élan et, à pas rapides et légers, s'est dirigée vers la cuisine, la tête haute et le dos droit.

Mrs. B. s'est retournée à son entrée. « Tiens ! Sœur Monica Joan ! Vous arrivez un peu tôt. Ils ne sont pas encore cuits. Mais je vous ai laissé le bol à racler, si ça vous dit. »

Sœur Monica Joan a fondu sur la jatte comme si elle n'avait pas mangé depuis quinze jours, l'a raclée avec la grande cuillère en bois, dont elle a léché les deux côtés avec des murmures de plaisir.

Mrs. B. est allée à l'évier et a pris un chiffon mouillé. « Ah, là, là, ma sœur, vous vous en êtes mis plein votre robe, et un peu sur votre voile aussi. Soyez gentille, essuyez-vous les doigts. Vous pouvez pas aller à

1. Ahriman : principe du mal dans la religion de Zoroastre.

tierce comme ça, hein ? Et la cloche va sonner d'un moment à l'autre. »

La cloche a sonné. Sœur Monica Joan a jeté un regard circulaire autour d'elle et m'a adressé un clin d'œil.

« Il faut que je parte. Vous pouvez laver la jatte à présent. Oh, le bonheur dans le Ciel quand les sphères bougent et que les petits grains de sable touchent les étoiles. Le phénix renaît de la flamme vivante et Cérès crie… n'oubliez pas de me mettre de côté les plus croustillants. »

Mrs. B. lui a gentiment ouvert la porte, et elle est sortie de la cuisine d'un pas léger.

« C'est un phénomène, vous savez. Jamais on croirait qu'elle a été dans les docks pendant deux guerres mondiales et la Grande Dépression, hein ? Elle a mis au monde des milliers de nos enfants. Elle a jamais voulu partir pendant le Blitz. Elle a accouché des femmes dans des abris antiaériens, des cryptes d'églises, et une fois dans ce qu'il restait d'une maison bombardée. Sacrée bonne femme ! Si elle veut les croustillants, elle les aura. »

J'avais entendu bien souvent des histoires comme celle-ci, de sources multiples : ses années de travail et d'abnégation, son dévouement, son engagement. Sœur Monica Joan était connue et aimée dans tout Poplar. J'avais entendu dire qu'elle était issue d'une grande famille de l'aristocratie anglaise qu'elle avait scandalisée en annonçant, dans les années 1890, qu'elle voulait devenir infirmière. Sa sœur n'était-elle pas comtesse, et sa mère fille d'un lord ? Comment pouvait-elle les couvrir ainsi de honte ? Dix ans plus tard, quand elle a été l'une des premières à obtenir son diplôme de sage-femme dans le pays, ses proches ont fait taire leur mécontentement. Mais ils ont coupé les ponts avec elle lorsqu'elle est entrée dans un ordre religieux et qu'elle est allée travailler dans l'East End de Londres.

Le déjeuner était le seul moment de la journée où nous nous retrouvions toutes ensemble. La plupart des ordres monastiques prennent leurs repas en silence, mais à Nonnatus House, il était permis de parler. Nous restions debout jusqu'à ce que sœur Julienne entre et dise le bénédicité, après quoi tout le monde s'asseyait. Mrs. B. avançait la table roulante et le plus souvent sœur Julienne servait, pendant qu'une autre personne apportait les assiettes. Ce jour-là, la conversation était générale : la santé de la mère de sœur Bernadette, les deux stagiaires qui devaient arriver à l'heure du thé.

Sœur Monica était de mauvaise humeur. Elle ne parvenait pas à manger une côtelette à cause de ses dents, et elle n'aimait pas le hachis. Elle n'avait jamais pu supporter les choux. Elle attendrait le dessert.

« Prenez un peu de purée, chère sœur Monica, avec un peu de sauce à l'oignon. Vous l'aimez, la sauce à l'oignon de Mrs. B. Vous avez besoin de protéines, vous savez. »

Sœur Monica Joan a soupiré comme si toute l'injustice du monde pesait sur sa tête.

« Arrête-toi et réfléchis ! La vie ne dure que l'espace d'un jour, frêle goutte de rosée sur sa périlleuse lancée[1].

---

1. John Keats, *Sleep and Poetry*, 1816 : « *Stop and consider ! Life is but a day – A fragile dewdrop on its perilous way* ».

— Certes, chère sœur, mais un peu de purée de pomme de terre serait tout indiquée. »

Sœur Evangelina s'est immobilisée, fourchette à la main, et a dit d'un ton critique :

« C'est quoi, cette histoire de goutte de rosée ? »

Sœur Monica Joan a oublié sa mauvaise humeur et rétorqué d'un ton vif :

« Keats, ma chère sœur, John Keats. Notre plus grand poète, si toutefois vous le connaissez. Oh, oh, je n'aurais jamais dû parler de gouttes de rosée. C'était une inadvertance ! »

Elle a sorti un mouchoir de linon fin et l'a délicatement porté à son nez. Une rougeur a commencé à envahir le cou de sœur Evangelina.

« Vous en avez beaucoup trop souvent, des inadvertances, si vous voulez mon avis, chère sœur.

— Personne ne vous le demande, chère sœur », a dit très très doucement sœur Monica en s'adressant au mur.

Sœur Julienne est intervenue.

« J'ai également mis quelques carottes dans votre assiette. Je sais que vous les aimez bien. Saviez-vous que le recteur a soixante-douze membres du club des jeunes dans son groupe de préparation à la confirmation cette année ? Vous imaginez ! Avec ça en plus de toutes leurs autres tâches, les jeunes vicaires vont avoir du pain sur la planche. »

Un murmure général approbateur s'est élevé autour de la table à propos du nombre de participants au groupe de préparation à la confirmation, et j'ai regardé sœur Monica Joan pousser les carottes autour de son assiette avec son index. Quelles mains remarquables, toutes en veines et en os recouverts d'une peau transparente. En général elle avait les ongles longs car elle ne prenait pas la peine de les couper et n'en laissait le soin à personne. Ses index des deux mains étaient étonnants. Elle était capable de plier la première phalange tout en gardant le reste du doigt bien droit. J'étais assise en silence, à l'observer, et j'ai essayé d'en faire autant, mais en vain. Elle s'est mis de la sauce sur le bout du doigt et l'a léchée. Elle a eu l'air d'aimer le goût et son visage s'est un peu éclairé. Elle a retrempé son doigt dans la sauce. Entre-temps, la conversation avait changé, et on parlait de la prochaine vente de charité.

Sœur Monica Joan a pris sa fourchette et fini sa purée avec la sauce, mais non les carottes ; puis elle a repoussé son assiette avec un soupir de martyre. À l'évidence, elle avait réfléchi. Elle s'est tournée vers sœur Evangelina et a dit bien fort, mais sur un ton suave : « Keats n'est peut-être pas votre tasse de thé, mais est-ce que vous êtes amateur de Lear, chère sœur ? »

Sœur Evangelina l'a regardée avec une méfiance compréhensible. Son instinct lui disait que c'était un guet-apens, mais elle n'avait ni esprit ni talent de repartie, seulement une sorte d'honnêteté pataude. Elle a donné droit dans le piège. « Qui ? »

Elle n'aurait pas pu faire une plus grosse erreur.

« Edward Lear, chère sœur, l'un de nos plus grands poètes comiques. Prenez "Le hibou et le chat[1]". Je me

1. Edward Lear (1812-1888) : *The Owl and the Pussy Cat*, 1871.

suis dit que vous admiriez peut-être particulièrement “Le Ding Dong au nez lumineux[1]”, chère sœur. »

Autour de la table, tout le monde a retenu son souffle en entendant cette provocation. Le visage de sœur Evangelina a viré au rouge, et la goutte a commencé à briller. Quelqu'un a dit : « Passez-moi le sel, s'il vous plaît » et sœur Julienne s'est hâtée de demander si quelqu'un voulait reprendre des côtelettes. Sœur Monica Joan a regardé malicieusement sœur Evangelina et, comme si elle se parlait toute seule, a murmuré : « Oh mon Dieu ! nous revoilà chez Keats avec les gouttes de rosée. » Elle a sorti son mouchoir et s'est mise à chanter « Ding, dong, ding, dong, Minou est tombé dans le puits », comme si elle fredonnait pour elle-même.

Sœur Evangelina a failli exploser de rage impuissante, et a reculé sa chaise, qui a raclé le sol. « Je crois que j'ai entendu le téléphone. Je vais aller répondre », a-t-elle dit, et elle a quitté le réfectoire.

L'atmosphère s'était tendue. J'ai jeté un regard de côté à sœur Julienne, me demandant ce qu'elle allait faire. Elle paraissait furieuse, mais ne pouvait rien dire à sœur Monica Joan devant nous toutes. Les autres religieuses regardaient leur assiette, décontenancées. Sœur Monica Joan était assise, droite et hautaine ; elle avait fermé ses paupières tombantes. Pas un muscle de son visage ne bougeait.

1. Poème d'Edward Lear, situé dans un pays imaginaire où le Ding Dong tombe amoureux d'une fille d'une espèce différente, une Jumblie ; quand elle repart avec les siens dans son pays, il arpente la côte en transformant son nez en fanal afin d'être vu par sa bien-aimée si elle revenait.

Je m'étais souvent posé des questions à son sujet. Elle perdait visiblement la tête, mais quelle était la part de la sénilité et celle de la rosserie pure et simple ? Cette attaque gratuite contre sœur Evangelina, sans aucune provocation de la part de celle-ci, était une méchanceté préméditée. Pourquoi avait-elle fait une chose pareille ? Ses antécédents de dévouement généreux pendant cinquante ans où elle avait soigné les plus pauvres des pauvres laissaient à entendre que c'était une sainte femme. Et pourtant, elle était prise en flagrant délit, en train d'humilier sa sœur en Dieu devant tout le personnel, y compris Mrs. B, qui venait d'apporter le dessert.

Sœur Julienne s'est levée et a pris le plateau. Le fait de servir le dessert lui a fourni la diversion dont elle avait besoin. Sœur Monica Joan a senti qu'il y avait de la réprobation dans l'air. Normalement, c'était à elle qu'on servait le dessert en premier, mais cette fois-ci, elle a été la dernière servie. Elle est restée assise, l'air distant, sans rien paraître remarquer. Un autre jour, elle aurait protesté amèrement, avalé son dessert et en aurait redemandé. Mais pas aujourd'hui. Sœur Julienne a pris le dernier bol, y a mis du gâteau de riz et a dit d'une voix calme : « Passez-le à sœur Monica Joan. » Puis elle a ajouté : « Si vous voulez bien m'excuser, je vais aller voir sœur Evangelina. Sœur Bernadette, vous direz l'action de grâce finale. »

Elle a dit une prière silencieuse, s'est signée et a quitté la pièce.

Il y a eu quelques remarques décousues sur les pruneaux qui étaient un peu durs, et sur une éventuelle pluie pour les visites du soir ; mais nous nous sentions toutes un peu gênées et n'avons pas été fâchées de voir le repas se terminer. Sœur Monica Joan s'est levée en rejetant la tête en arrière comme une reine, et s'est signée avec affectation pendant la prière finale.

Pauvre sœur Evangelina ! Ce n'était pas une mauvaise femme et elle ne méritait certainement pas le traitement que lui infligeait sœur Monica Joan. À l'évidence, elle avait le nez un peu rouge, mais même en faisant un gros effort d'imagination, on ne pouvait le décrire comme « lumineux ». Elle était lourde et maladroite, tant au moral qu'au physique. Avec ses grands pieds plats, elle marchait comme sur des battoirs. Elle cognait les objets sur la table plus qu'elle ne les posait. Elle s'affalait sur une chaise plus qu'elle ne s'y asseyait. J'avais vu sœur Monica Joan observer tous ces faits et gestes en pinçant les lèvres et rassemblant ses jupes quand passaient les pieds pesants. Elle, si légère, si délicate, si gracieuse dans ses mouvements, semblait incapable de tolérer les défauts physiques de l'autre, et la surnommait la blanchisseuse ou la bouchère.

Sœur Evangelina n'était pas non plus de taille à lutter avec l'esprit vif comme l'éclair de sœur Monica Joan. Elle avait une pensée lente, sentencieuse, et ne se préoccupait que de sujets pratiques. C'était une sage-femme prudente, travailleuse, une religieuse honnête et dévote. Je doute qu'elle ait eu une idée originale dans toute sa vie. L'esprit et la sagesse fulgurants de sœur Monica Joan, la gymnastique mentale qui la faisait sauter du christianisme à la cosmologie, à l'astrologie, à la mythologie, le tout dans un mélange de prose et de poésie, et la confusion d'un esprit près de se délabrer, c'était trop pour sœur Evangelina. Elle restait là, debout, la bouche ouverte, l'air stupide, ou elle manifestait son incompréhension par un grognement avant de sortir de la pièce à pas lourds.

Sans aucun doute, sœur Evangelina avait une croix à porter, sur le sommet de laquelle était perchée sœur Monica Joan, ricanant et clignant de l'œil, et attendant la suite avec délectation lorsqu'elle lançait des remarques assassines telles que : « Tiens, le tonnerre approche – ah, non, ce n'est que vous, chère sœur. Le temps est un peu incertain, n'est-ce pas ? »

Sœur Evangelina en était réduite à serrer les dents et à s'accrocher. Elle avait beau faire, jamais elle ne sortait victorieuse de ces altercations. Si elle avait eu le sens de l'humour, elle aurait pu désamorcer la situation par le rire ; mais je n'ai jamais vu sœur Evangelina rire spontanément, même lorsque l'humeur était à la gaieté dans la maison. Elle observait les autres, pour s'assurer que c'était drôle, puis se joignait à elles. Sœur Monica Joan se moquait aussi de ce comportement : « Les clochettes tintent et les étoiles rient gaiement. Les petits chérubins battent des ailes et mêlent leur rire à l'harmonie céleste. Sœur Evangelina est un petit chérubin et au tintement cristallin de son rire, l'univers changeant se transforme en un monde inaltérable et éternel. N'est-ce pas, ma chère sœur ? »

La pauvre sœur Evangelina ne pouvait que répondre avec une insistance solennelle :

« Je ne comprends pas ce que vous voulez dire.

— Ah, elle est si loin, l'étoile de la saint Jamais, la joie incarnée, l'écorce du désespoir. »

Sœur Julienne s'efforçait de maintenir la paix entre les deux sœurs, mais sans grand succès. Comment réprimander une nonagénaire dont l'esprit bat la campagne ? Et à quoi cela servirait-il ? Je suis certaine qu'elle se demandait comme moi quelle était la part de la sénilité et celle du désir délibéré de semer la zizanie. Mais elle ne pouvait être sûre de rien et, de toute façon, l'esprit de sœur Monica Joan avait fini de flamber avant qu'elle puisse réagir. Les souffrances de sœur Evangelina continuaient donc.

Les vœux monastiques de pauvreté, chasteté et obéissance sont durs à observer, très durs. Mais l'obligation de vivre vingt-quatre heures sur vingt-quatre avec vos sœurs en Dieu l'est plus encore.

Mary

Elle devait avoir calculé son coup, et m'a cueillie dès ma descente d'autobus au tunnel de Blackwall. Il était environ vingt-deux heures trente et je rentrais du Royal Festival Hall, qui venait d'ouvrir. J'avais peut-être l'air plus élégante que les autres passagers ce soir-là, et elle en a conclu que j'étais plus aisée. Elle s'est approchée de moi et m'a dit avec un accent irlandais chantant : « Est-ce que vous pourriez me faire la monnaie de cinq livres ? »

J'ai été stupéfaite. La monnaie de cinq livres ! Je me demande s'il me restait plus de trois shillings pour finir la semaine. C'était comme si quelqu'un vous arrêtait aujourd'hui dans la rue pour vous demander si vous aviez la monnaie d'un billet de cinq cents livres.

« Ma foi, non », ai-je répondu sèchement. J'avais la tête pleine de musique ; je me passais et repassais le programme de la soirée, et je ne voulais pas être dérangée par des inconnus posant des questions stupides.

Quelque chose dans son soupir de désespoir m'a fait reporter les yeux sur elle. Elle était toute petite et très menue, avec un visage à l'ovale parfait qui évoquait un tableau préraphaélite. Elle pouvait avoir entre quatorze et vingt ans. Elle ne portait pas de manteau, seulement une veste mince qui ne convenait pas pour cette soirée froide. Elle n'avait ni bas ni gants et ses mains tremblaient. Elle avait l'air d'une fille très pauvre et très mal nourrie – pourtant, à l'évidence, elle avait cinq livres.

« Pourquoi n'allez-vous pas les changer dans ce bar ? »

Elle a eu un regard furtif : « Je n'ose pas. Quelqu'un me verrait et le dirait. Alors ils me tabasseraient ou me tueraient. »

Il m'est venu à l'idée qu'elle avait dû voler cet argent. Les biens volés sont sans valeur tant qu'on ne s'en débarrasse pas. L'argent change de main sans trop de problème, mais cette fille semblait trop craintive pour s'y risquer. Quelque chose m'a poussée à demander : « Vous avez faim ?

— Je n'ai pas mangé de la journée, hier non plus. »

Rien à manger pendant quarante-huit heures et cinq livres en poche ? Bizarre, de plus en plus bizarre, comme disait Alice à la Chenille.

« Alors, écoutez, on va entrer dans ce café et vous prendrez un repas. Je paierai avec vos cinq livres et tous croiront que cet argent est à moi. Qu'est-ce que vous pensez de mon plan ? »

Le visage de la fille s'est éclairé et elle m'a fait un sourire radieux. « Prenez le billet maintenant, comme ça, personne ne me verra vous le donner. »

Elle a regardé autour d'elle, puis m'a glissé un énorme billet de banque blanc et craquant dans la main. Je me suis dit qu'elle était bien confiante. Qu'elle avait peur de quelqu'un, mais pas que j'empoche les cinq livres et que je prenne mes jambes à mon cou.

Dans le bar, nous avons commandé un steak, deux œufs, des frites et des petits pois pour elle. Elle a ôté sa veste et s'est assise. C'est alors que j'ai remarqué qu'elle était enceinte. Elle ne portait pas d'alliance. Une grossesse hors mariage était un déshonneur affreux à cette époque. Moins grave que vingt ou trente ans plus tôt, mais quand même. Cette fille allait au-devant de grosses difficultés.

Elle a mangé avec la concentration des affamés, et j'ai siroté un café en l'observant. Elle s'appelait Mary et c'était une beauté irlandaise à la chevelure brun fauve, à l'ossature délicate et à la peau claire. Elle aurait pu être une princesse celte, ou la fille d'un terrassier irlandais porté sur la boisson : difficile à dire, et peut-être n'y avait-il pas tant de différence que cela entre les deux.

Le plus gros de sa faim étant assouvi, elle a levé les yeux vers moi et m'a souri.

« D'où êtes-vous ?

— Du comté de Mayo.

— C'est la première fois que vous partez de chez vous ? »

Elle a hoché la tête.

« Votre mère sait que vous êtes enceinte ? »

La peur, la culpabilité et la méfiance sont apparues dans ses jolis yeux. Ses lèvres se sont pincées.

« Écoutez, je suis sage-femme, c'est quelque chose que je remarque. Ça fait partie de ma formation. Mais je pense que personne n'a encore dû s'en rendre compte. »

Son visage s'est détendu à nouveau, et j'ai répété : « Votre mère est au courant ? »

Elle a secoué la tête.

« Qu'est-ce que vous allez faire ? » ai-je demandé.

— Je ne sais pas.

— Il faudra rentrer chez vous, ai-je dit. Londres est une grande ville dangereuse. Vous ne pourrez pas y élever un enfant seule. Vous aurez besoin de l'aide de votre mère. Il faudra la prévenir. Les mères laissent rarement tomber leurs filles, vous savez.

— Je ne peux pas retourner chez moi, c'est impossible », a-t-elle déclaré.

Comme elle refusait de répondre à toute autre question sur le sujet, j'ai demandé : « Comment êtes-vous venue à Londres et pourquoi êtes-vous venue, d'abord ? »

Elle était plus en confiance à présent et semblait plus disposée à parler. Je lui ai commandé une tarte aux pommes avec de la glace. Lentement, par bribes, elle s'est livrée. J'étais tellement charmée par cette voix chantante et musicale que j'aurais pu l'écouter toute la nuit, et elle aurait tout aussi bien pu me débiter une liste de blanchisseuse que me raconter son histoire pathétique et vieille comme le monde.

Elle était l'aînée de cinq enfants vivants. Huit de ses frères et sœurs étaient morts. Son père était ouvrier agricole et tourbier. Ils vivaient dans ce qu'elle appelait un *sheelin'*, une cahute de berger. Sa mère lavait le linge de « la grande maison », m'a-t-elle dit. Quand elle a eu quatorze ans, son père a attrapé une pneumonie pendant l'hiver irlandais humide et il est mort. La famille s'est retrouvée sans protecteur. La cahute était attachée aux terres que son père travaillait et comme aucun des fils n'avait l'âge de reprendre son travail, la famille a été expulsée. Ils ont déménagé à Dublin. La mère, une femme de la campagne qui n'avait jamais quitté les montagnes et les prairies où elle avait été élevée et n'y avait jamais circulé qu'à pied, avait été incapable de s'adapter à un environnement si étranger. Ils avaient trouvé à se loger dans un *tenement* et, au début, la mère avait pris du linge à laver à domicile, ou avait essayé ; mais il y avait tant de pauvreté, tant de concurrence de la part des autres femmes dans une situation analogue qu'elle n'a pas tardé à abandonner. Ils n'ont pas pu payer leur loyer et ont été de nouveau expulsés. Mary a trouvé de l'embauche dans une usine où elle travaillait soixante heures par semaine pour un salaire de misère. Mick, son frère de treize ans, a menti sur son âge et quitté l'école pour travailler dans une tannerie. Pour ces deux enfants, c'était du travail forcé.

Leurs efforts combinés auraient pu suffire à maintenir la famille à flot s'il n'y avait eu leur mère.

« Ma pauvre maman ! Je lui en veux de ce qu'elle nous a fait, pourtant, je ne peux pas vraiment la détester. Jamais elle n'a pu se supporter loin des collines, du grand ciel, du chant du courlis et de l'alouette, de la mer et du silence de la nuit. »

La voix de Mary ressemblait à la plainte triste d'un hautbois montant d'un orchestre.

« Au début, elle buvait juste de la Guinness. “Parce que ça me fait du bien”, qu'elle disait. Et puis elle s'est mise à boire n'importe quelle bière brune, même vieille et aigre, du moment qu'elle pouvait se la procurer. Puis, ça a été du whisky clandestin, distillé par le rémouleur. Je sais pas ce qu'elle boit maintenant. Sans doute de l'alcool à brûler avec du thé froid. »

La maîtresse d'école a signalé que les trois plus jeunes enfants faisaient l'école buissonnière, et que quand ils venaient, ils étaient à moitié morts de faim et à moitié nus. On les a enlevés à leur mère et mis dans un orphelinat. Elle n'a pas paru se rendre compte de leur départ. Elle s'était déjà mise en ménage avec un autre homme.

« C'est sans doute mieux qu'on les lui ait enlevés, parce que j'avais deux petites sœurs, et je n'aurais pas voulu qu'il leur arrive la même chose qu'à moi. »

J'ai frissonné. J'avais entendu les fonctionnaires du service de l'enfance dire que si une mère amène un autre homme à la maison, c'est souvent une condamnation à mort pour les enfants.

« C'était un costaud. Jamais je ne l'ai vu à jeun. Je n'ai pas pu me défendre. Je ne me doutais pas qu'il puisse y avoir quelque chose d'aussi horrible. Il l'a fait et refait jusqu'à ce que je finisse par m'habituer. C'est quand il a commencé à nous frapper, ma mère et moi, avec ce qui lui tombait sous la main que j'ai compris qu'il fallait que je parte. Ma mère n'avait pas l'air de sentir les torgnoles, je crois qu'elle était trop saoule pour sentir quoi que ce soit. Mais pas moi. J'ai cru qu'il allait me tuer. »

Elle avait couché dans les rues de Dublin quelques nuits, avec tout ce qu'elle possédait dans un filet à provisions, mais elle rêvait de Londres. Elle a dit : « Vous connaissez l'histoire de Dick Whittington et de son chat noir[1] ? Ma mère nous la racontait sou-

1. Héros d'un conte populaire. Dick Whittington est un garçon pauvre, employé chez un grand marchand de Londres. Son maître lui propose un jour d'envoyer quelque chose qui lui appar-

vent, cette histoire, et j'ai toujours cru que Londres était une très belle ville. »

Elle est allée sur les quais pour se renseigner sur le coût de la traversée pour l'Angleterre. C'était l'équivalent de trois semaines de salaire, aussi a-t-elle continué à travailler à l'usine, en dormant dans un entrepôt la nuit.

« Je ne faisais pas plus de bruit qu'une souris ni qu'une ombre, et personne ne savait que je couchais là. Même le gardien ne m'a jamais trouvée pendant ses rondes de nuit, sinon j'aurais été mise à la porte », a-t-elle dit avec un sourire malicieux.

Elle ne dépensait rien pour se nourrir, grappillant ce que les autres ouvrières voulaient bien lui donner ; à la fin de la troisième semaine, elle a pris son salaire et elle est partie en disant qu'elle ne reviendrait pas.

À l'époque, de nombreux cargos levaient l'ancre chaque jour de Dublin à destination de Liverpool, mais elle a quand même dû attendre jusqu'au lundi avant de pouvoir faire la traversée.

« J'ai passé tout le dimanche à errer dans les docks. C'était beau, avec ces grands bateaux, le clapotis de l'eau, les cris des mouettes. Et j'étais dans un tel état d'excitation à l'idée de partir à Londres que je ne me suis pas aperçue que j'avais faim. »

Après encore une nuit à la belle étoile, elle a dépensé tout ce qu'elle avait, hormis quelques shil-

---

tient sur un de ses navires, comme investissement. Dick envoie son chat. Celui-ci est vendu fort cher à l'empereur de Barbarie, et débarrasse son royaume des souris. Au retour du bateau, la fortune de Dick est faite. Il deviendra quatre fois Lord Maire de Londres.

lings, pour un aller simple, et elle est montée à bord. « C'était le plus beau jour de ma vie. Quand j'ai dit adieu à l'Irlande, je me suis signée, j'ai dit une prière pour l'âme de mon père, et demandé à la Sainte Vierge de veiller sur ma pauvre maman et mes frères et sœurs. »

Elle est arrivée au port de Liverpool vers dix-neuf heures le lundi soir. Les docks ne semblaient pas aussi différents de ceux de Dublin qu'elle se l'était imaginé. En fait, ils étaient exactement semblables, mais en plus grand. Elle ne savait pas quoi faire. Elle a demandé où était Londres, et on lui a dit à cinq cents kilomètres.

« Cinq cents kilomètres ! J'ai failli m'évanouir. J'avais cru que c'était juste à côté. On n'est pas plus bête ! »

Elle a passé une autre nuit dehors et a trouvé du pain que quelqu'un avait jeté aux mouettes. Il était sale et rassis, mais elle a assouvi en partie sa faim. Le matin, avec le retour du soleil, son courage et son optimisme juvénile sont revenus aussi. Elle a demandé comment elle pouvait gagner Londres sans argent. On lui a dit que la plupart des poids lourds partant ce jour-là allaient à Londres et qu'il lui suffisait de demander au chauffeur s'il acceptait de la prendre.

« Vous ne devriez pas avoir de mal, une jolie fille comme vous », lui a dit son interlocuteur.

Je sais par expérience que c'est vrai. Dès l'âge de dix-sept ans environ, j'ai fait du stop dans toute l'Angleterre et le Pays de Galles. J'agitais mon pouce devant les poids lourds et arrivais sans encombre à destination. Je voyageais toujours seule. Je sais qu'on dit que les routiers prennent les auto-stoppeuses avec une seule idée en tête, mais ce n'est pas ce que j'ai constaté. Tous les camionneurs que j'ai rencontrés étaient des hommes sérieux et travailleurs qui connaissaient la route, avaient une cargaison à livrer et un horaire à respecter. De plus, ils appartenaient à des compagnies connues, et toute plainte aurait permis de les identifier immédiatement, non seulement auprès de leur patron, mais aussi de leur femme une fois de retour à la maison !

Mary a trouvé son routier et m'a dit : « C'était une crème, cet homme-là. La route était longue et on a parlé tout du long. Je lui ai chanté des chansons que mon père m'avait apprises quand j'étais petite et il m'a dit que j'avais une jolie voix. Par certains côtés, il me rappelait mon père. Vous savez, il m'a même emmenée dans un bar pour routiers, m'a offert à manger et n'a jamais voulu que je le paie. Il a dit : « Garde tes sous, ma petite, parce que je pense que tu vas en avoir besoin. » Je me suis dit : « Je crois que je vais aimer l'Angleterre, si tous les Anglais sont comme lui. » Elle s'est interrompue et a regardé son assiette. Puis elle a repris d'une voix à peine audible : « C'est le dernier brave homme que j'ai rencontré dans ce pays. »

Le silence est tombé entre nous pendant un petit moment. Je ne voulais pas forcer ses confidences, et en tout état de cause, je ne suis pas curieuse des affaires des autres. J'ai donc dit : « Vous ne prendriez pas une autre glace ? Je suis sûre que vous avez encore une petite place pour ça. Et moi, je boirais bien un autre café, si vous pensez pouvoir vous le permettre. »

Elle a ri et a dit : « Je peux me permettre cent tasses de café. »

Le propriétaire a apporté notre commande, a dit qu'il était vingt-trois heures quinze et qu'il fermait sa caisse, donc il souhaitait qu'on le règle tout de suite. Mais nous pouvions garder la table jusqu'à minuit.

L'addition s'élevait à deux shillings neuf pence, cafés compris. Je me suis redressée de toute ma hauteur et avec un geste large, ai sorti le billet de cinq livres.

Il a sursauté et a bafouillé : « Dites, vous n'avez rien de plus petit ? Comment voulez-vous que je vous fasse la monnaie de cinq livres ? »

J'ai répondu froidement et fermement : « Désolée, je n'ai rien d'autre, sinon, je vous l'aurais donné. Mon amie n'a rien sur elle. Si vous ne pouvez pas me faire la monnaie, je regrette, mais nous ne pouvons pas payer ce repas. »

J'ai replié le billet et l'ai remis dans mon sac. Ce qui a emporté le morceau. Il a dit : « Bon, bon, mam'selle Pimbêche. Vous avez gagné. » Il est retourné farfouiller dans sa caisse, puis a dû aller à l'arrière de la boutique pour ouvrir son coffre. Il est revenu à la table en ronchonnant dans sa barbe, a compté la monnaie : quatre livres, dix-sept shillings et trois pence. Alors, je lui ai tendu le billet de cinq livres.

En regardant tout cela, Mary pouffait comme une écolière. Je lui ai adressé un clin d'œil en mettant la monnaie dans mon sac. Elle est restée parfaitement confiante, alors que j'aurais pu me lever et partir avec tout son argent.

Il se faisait tard. C'était ma soirée libre, mais elle venait après une journée chargée, et je commençais à huit heures le lendemain matin, avec la perspective d'une autre rude journée. J'ai été tentée de dire : « Écoutez, il faut que je m'en aille maintenant », mais quelque chose m'attirait vers cette fille solitaire et j'ai demandé :

« Vous avez des projets pour ce bébé ? »

Elle a secoué la tête.

« Quand doit-il naître ?

— Je n'en sais rien.

— Où êtes-vous inscrite pour l'accouchement ? »

Comme elle a gardé le silence, j'ai répété ma question.

« Je ne suis inscrite nulle part », a-t-elle répondu.

Cela m'a inquiétée. Elle paraissait enceinte de six mois, mais si elle n'avait pas mangé à sa faim, le bébé pouvait être petit, auquel cas elle était peut-être beaucoup plus près de son terme. J'ai dit :

« Mais si, Mary, vous êtes sûrement inscrite quelque part. Qui est votre médecin traitant ?

— Je n'en ai pas.

— Où habitez-vous ? »

Elle n'a pas répondu, alors j'ai répété ma question. Toujours pas de réponse. Elle avait l'air furieuse, et sa voix était dure et soupçonneuse quand elle m'a répondu : « Ça ne vous regarde pas. » Je crois que si je n'avais pas eu ses quatre livres, dix-sept shillings et trois pence dans mon sac à main, elle se serait levée et serait sortie.

« Mary, vous feriez mieux de me le dire, parce qu'il vous faut un médecin et un suivi prénatal pour votre bébé. Je suis sage-femme et je peux sans doute arranger cela pour vous. »

Elle s'est mordu la lèvre, tripoté les ongles et a fini par articuler :

« J'habite au Full Moon Bar, dans Cable Street. Mais je ne peux plus y retourner.

— Pourquoi ? Parce que vous avez volé cinq livres dans la caisse ? »

Elle a hoché la tête.

« S'ils me trouvent, ils me tueront. Et ils me *trouveront* un jour ou l'autre, j'en suis sûre. Alors, ils me tueront. »

Elle a dit ces derniers mots d'un ton neutre et prosaïque, comme si elle était confrontée à l'inévitable et l'acceptait.

J'ai gardé le silence à mon tour. Je savais que l'East End était un quartier violent. Les sages-femmes ne s'en apercevaient pas parce qu'elles étaient respectées et avaient affaire dans l'ensemble à des familles respectables. Mais cette fille pouvait avoir eu des fréquentations potentiellement dangereuses, et si elle avait volé dans ce contexte, cette violence sous-jacente risquait de devenir très réelle. Sa vie pouvait en effet être en danger. Je n'avais pas encore entendu parler des bars mal famés de Cable Street.

« Avez-vous un toit pour ce soir ? » ai-je demandé.

Elle a secoué la tête.

J'ai soupiré. Je commençais à me rendre compte de la responsabilité que je prenais.

« Allons voir si le centre d'hébergement du YWCA[1] est ouvert. Il est très tard et je ne sais pas au juste à quelle heure il ferme. Mais ça vaut la peine d'essayer. »

1. Young Women Christian Association : Association chrétienne pour les jeunes filles.

Nous avons remercié le propriétaire et sommes parties. Dans la rue, j'ai donné à Mary son argent, et nous avons fait le kilomètre et demi qui nous séparait du centre. Il avait fermé à vingt-deux heures.

J'étais lasse et fatiguée. Mes talons aiguilles me martyrisaient les pieds. J'avais la même distance à parcourir pour rentrer à Nonnatus House, et une journée de travail chargée le lendemain. Je m'en voulais à mort de m'être laissé embarquer. J'aurais si facilement pu dire « non, je n'ai pas de monnaie » à l'arrêt d'autobus, et partir.

Et puis j'ai regardé Mary debout devant cette porte fermée. Cette fille si menue, si fragile, semblait s'en remettre complètement à mon autorité. Comment pouvais-je la laisser dans la rue avec à ses trousses des hommes susceptibles de la tuer ? Qui le remarquerait, si elle disparaissait ? Dire que sans la grâce de Dieu, j'aurais pu me trouver à sa place. Il y avait plus de vrai dans cette réflexion solennelle que vous ne pourriez le croire.

L'air froid de la nuit l'a fait frissonner et elle a remonté le col de sa veste mince. Je portais un manteau chaud en poil de chameau avec un beau col de fourrure dont j'étais très fière. Comme il était détachable, je l'ai ôté et passé autour de son petit cou mince.

Elle a poussé un soupir d'aise et a blotti son visage contre la chaude fourrure.

« Oooh, c'est bon ! a-t-elle dit en souriant.

— Allez. Vous feriez mieux de rentrer avec moi. »

Zakir

Le kilomètre et demi du YWCA à Nonnatus House m'a paru interminable. Trop fatiguée, je n'avais plus envie de parler, et nous avons fait le trajet en silence. Au début, je ne pensais qu'à mes pieds et à ces chaussures diaboliques, conçues pour l'élégance et non pour les longues marches. Brusquement, l'idée lumineuse m'est venue d'ôter ces instruments de torture ! Je les ai quittés ainsi que mes bas. Le contact du trottoir froid m'a paru délicieux et m'a rendu ma bonne humeur.

Qu'allais-je faire de Mary ? Il n'y avait que dix chambres à Nonnatus House, et toutes étaient occupées. J'ai décidé de la mettre dans le salon réservé au personnel. Il faudrait que je me lève avant cinq heures et demie pour prévenir sœur Julienne quand elle sortirait de la chapelle. Je ne pouvais pas courir le risque d'une découverte de Mary avant que j'aie averti la sœur responsable. Les religieuses n'ouvraient pas leur porte à tous les sans-logis qui y frappaient. Elles ne le pouvaient pas, sinon, elles auraient été envahies et il y aurait bientôt eu dix personnes à dormir dans chaque lit des dix chambres ! Les religieuses avaient une mission spécifique – elles assuraient les soins infirmiers et obstétricaux dans le secteur – et c'est vers ce but que devaient s'orienter tous leurs efforts.

Tout en avançant tant bien que mal sur mes pieds nus, j'ai réfléchi aux paroles de Mary concernant le camionneur : « C'est le dernier brave homme que j'ai rencontré dans ce pays. » Tragique, cette remarque. Il y a des millions de braves hommes, la grande majorité, en fait. Comment se faisait-il qu'une gentille et jolie fille comme elle n'en ait jamais rencontré ? Comment en était-elle arrivée à pareil dénuement ? À cause de l'amour, peut-être ? Ou du manque d'amour ? Aurais-je pu être à la place de Mary si l'amour n'était pas entré en ligne de compte ? Mes pensées sont retournées, comme toujours, vers celui que j'aimais. Je n'avais que quinze ans quand nous nous étions rencontrés. Il aurait facilement pu user et abuser de moi. Mais ce n'était pas le cas. Il me respectait. Il m'aimait à la folie et ne voulait que mon bien. Il m'avait éduquée, protégée et guidée pendant mes années d'adolescence. Je me suis dit que si j'avais rencontré un type sans scrupule à l'âge de quinze ans, je serais sans doute dans la même situation que Mary aujourd'hui.

Nous avons poursuivi notre chemin en silence. Je ne savais pas à quoi pensait Mary, mais j'avais la nostalgie de celui que j'aimais si fort et aurais donné cher pour le voir, l'entendre et sentir son contact. Pauvre petite. Quelles mains s'étaient posées sur elle si le seul brave homme qu'elle avait rencontré était le camionneur ?

Nous sommes arrivées à Nonnatus House. Il n'était pas loin de deux heures du matin. J'ai installé Mary dans le salon avec des couvertures et lui ai dit : « Les toilettes sont au bout du couloir, Mary. Dormez bien. À demain matin. »

Je suis allée me coucher, épuisée, et j'ai mis mon réveil à cinq heures et quart.

Les sœurs ont été surprises de me voir quand elles sont sorties de la chapelle. Leurs vœux monastiques leur imposaient de respecter le grand silence, aussi ne parlaient-elles pas. Je me suis approchée de sœur Julienne et lui ai raconté exactement ce qui s'était passé. Elle n'a rien dit, mais dans ses yeux j'ai lu la compréhension. La procession muette des religieuses est passée devant moi, et je suis retournée au lit, mettant mon réveil à sept heures et demie.

À huit heures, j'étais dans le bureau de sœur Julienne.

« J'ai téléphoné, à Church House, Wellclose Square, a-t-elle dit. Ils peuvent prendre la jeune fille et s'occuper d'elle. J'ai jeté un coup d'œil dans le salon. Elle dort comme une souche, et ne se réveillera sans doute pas avant midi. Nous lui apporterons son petit déjeuner quand elle se réveillera, puis nous l'emmènerons à Church House. Allez prendre le vôtre maintenant. Ensuite, vous commencerez votre matinée de travail. »

Ses yeux ont souri et elle a ajouté : « Vous ne pouviez pas agir autrement, chère Jenny. »

Une fois de plus, j'ai été frappée par la bonté et la souplesse des religieuses, comparées à la rigidité inflexible des systèmes hospitaliers dans lesquels j'avais travaillé. Si j'avais amené quelqu'un sans permission pour passer une nuit dans un foyer d'infirmières, je l'aurais payé très cher, pour la simple raison que c'était interdit par le règlement.

Mary ne s'est réveillée qu'à quatre heures de l'après-midi. C'était le moment où nous prenions le thé juste avant nos visites du soir ; je n'avais donc guère de temps pour la voir avant de ressortir. Sœur Julienne lui avait apporté du thé avec des tartines beurrées, qu'elle mangeait quand je suis entrée dans le salon. La sœur expliquait à Mary qu'elle ne pouvait pas rester à Nonnatus House, mais qu'elle pouvait aller dans une autre maison où elle serait la bienvenue. On lui assurerait un suivi prénatal et on ferait le nécessaire pour son accouchement. Mary m'a regardée avec de grands yeux solennels : j'ai hoché la tête et lui ai promis d'aller la voir.

C'est ainsi que j'ai été introduite dans le monde des souteneurs, des prostituées et des abominables bordels qui s'affichaient comme des bars ouverts toute la nuit. Ils s'alignaient le long de Cable Street et des rues avoisinantes à Stepney. C'est un monde caché. Il se passe la même chose depuis toujours dans toutes les villes du monde entier, grandes ou petites, mais peu de gens sont au courant de ce trafic, et peu souhaitent l'être.

Il y a deux sortes de prostituées : celles de haute volée et les autres. Les courtisanes françaises représentaient sans doute le haut du panier. On lit avec stupéfaction qu'elles tenaient salon, recevaient de façon somptueuse et avaient une influence politique et artistique.

À Londres, dans les quartiers chics du West End, les call-girls d'aujourd'hui travaillent normalement à l'intérieur d'un réseau très cher avec quelques clients triés sur le volet et peuvent demander un tarif exorbitant. Ce sont en général des femmes très intelligentes, qui ont tout calculé, prévu, étudié, et se sont lancées dans la prostitution avec un vrai professionnalisme. L'une d'elles m'a dit : « C'est un métier où il faut entrer par le haut, et non par le bas en espérant grimper les échelons. Dans ce cas, on ne fait que dégringoler encore davantage. »

La grande majorité des prostituées commencent en bas et ont une vie pitoyable. Historiquement, la prostitution est le seul moyen de gagner sa vie pour une femme sans ressources, surtout si elle a des enfants à nourrir. Quelle femme digne du nom de mère se retrancherait derrière la morale pour renoncer à vendre son corps si ses enfants étaient en train de mourir de froid et de faim ? Pas moi.

Aujourd'hui – comme dans les années cinquante au reste –, on ne voit plus ce type de dénuement dans les sociétés occidentales, mais celui qui alimente le commerce de la prostitution est différent : c'est la soif d'amour. Des milliers de femmes fuient des situations désastreuses et se retrouvent seules, sans famille, dans une grande ville. Elles cherchent éperdument l'affection et s'attachent à la première personne qui semble en offrir. C'est là qu'interviennent souteneurs et maquerelles. Ils offrent aux filles de quoi manger et se loger, et quelques jours plus tard, les forcent à se prostituer. La seule différence entre le XXIe siècle et les années cinquante, c'est qu'à l'époque les enfants que l'on mettait sur le marché du racolage avaient quatorze ans. Aujourd'hui, l'âge est descendu à dix.

Le camionneur de Mary avait pour destination les Royal Albert Docks, aussi l'avait-il fait descendre à Commercial Road. Elle m'a dit : « Je me suis sentie terriblement seule, bien plus qu'avant. En Irlande, quand je projetais de venir à Londres, j'étais sur un nuage. Le voyage était merveilleux, parce que je me rendais dans la belle ville de Londres, et je ne me sentais pas seule, parce que j'avais des rêves plein la tête. Mais quand je suis arrivée ici, je ne savais pas quoi faire. »

Qui a dit : « L'important n'est pas d'arriver, mais de voyager avec espoir[1] » ? Je pense que nous avons tous fait cette expérience un jour ou l'autre. Mary est entrée chez un marchand de journaux et de bonbons, a acheté une barre de chocolat qu'elle a mangée en descendant la rue animée. À l'époque, Commercial Road et East India Dock Road avaient la réputation d'être les deux rues les plus animées d'Europe, car le port de Londres était le port le plus animé d'Europe. Le flot incessant de camions a dérouté Mary et l'a effrayée. Par comparaison, Dublin paraissait aussi tranquille qu'un village. Elle a failli avoir une crise cardiaque en entendant le sifflement aigu d'une sirène, et elle a vu alors sortir des grilles des docks des milliers d'hommes. Elle s'est plaquée dans une encoignure de porte pour les laisser passer : ils bavardaient,

---

1. Robert Louis Stevenson (1850-1894), *Virginibus Puerisque*, 1881.

riaient, criaient, se chamaillaient et discutaient. Mais aucun d'entre eux n'a adressé la parole à la petite créature timide dans son embrasure de porte. En fait, il est peu probable qu'aucun d'entre eux l'ait remarquée. Elle a dit : « Je me sentais si seule que j'ai failli fondre en larmes. Je voulais leur crier : "Je suis là, juste à côté de vous. Venez me dire bonjour. J'ai fait un long voyage pour arriver jusqu'ici." »

Commercial Road ne lui avait pas beaucoup plu, aussi a-t-elle tourné dans une petite rue où elle voyait jouer des enfants. Elle n'était elle-même guère qu'une enfant, mais ils n'ont pas voulu la laisser jouer avec eux. À force de marcher, elle est arrivée à ce qu'on appelait alors The Cuts, le canal qui passait sous Stinkhouse Bridge en allant vers les docks. C'était agréable d'être debout sur le pont, à regarder l'eau mouvante en contrebas, et elle est restée longtemps à observer un rat d'eau qui entrait dans son trou et en ressortait, et à voir les ombres s'allonger.

« Je ne savais pas ce que j'allais faire. Je n'avais pas froid parce que c'était l'été, et je n'avais pas faim, parce que le brave camionneur m'avait offert des saucisses avec des frites. Mais je me sentais vide à l'intérieur, et j'aurais donné n'importe quoi pour que quelqu'un m'adresse la parole. »

La nuit est venue ; elle n'avait nulle part où dormir et pas de quoi s'offrir un abri pour la nuit. Elle avait déjà passé tant de nuits dehors que la perspective ne l'effrayait guère. Il y avait des zones bombardées un peu partout dans l'East End à l'époque, et elle en a trouvé une qui lui semblait convenir. Mais c'était un mauvais choix.

« J'ai été réveillée en pleine nuit par un bruit épouvantable. Des hommes hurlaient, se battaient et s'injuriaient. À la lumière de la lune, j'ai vu des couteaux et des objets brillants. Je me suis enfoncée encore plus dans le trou où j'étais et me suis cachée sous des sacs qui puaient. Je suis donc restée sans bouger, en retenant mon souffle. Puis j'ai entendu des sifflets de policiers et des chiens qui aboyaient. J'avais peur que les chiens ne me sentent, mais non. Les sacs sous lesquels j'étais puaient tellement qu'ils devaient couvrir mon odeur. »

Elle a ri. Moi, non. J'avais le cœur trop serré pour cela.

Apparemment, elle était allée se mettre dans une zone régulièrement utilisée par des accros à l'alcool à brûler. Après que la police a eu vidé les lieux, Mary s'est glissée au-dehors et a passé le reste de la nuit près du canal.

Elle a passé la journée du lendemain plus ou moins comme la première, à errer, désœuvrée, dans la partie de Commercial Road qui traverse Stepney.

« Il y avait beaucoup d'autobus, et je me suis demandé si je devais monter dans l'un d'eux pour aller ailleurs, parce que l'endroit où je me trouvais ne me plaisait pas beaucoup. Mais les autobus annonçaient tous des endroits comme Wapping, Barking, Mile End et King's Cross, et je ne savais pas où ça se situait. J'avais voulu venir à Londres et le camionneur m'avait dit que j'y étais quand il m'a déposée. Je n'ai pas pris d'autobus, parce que je n'aurais pas su où j'allais. »

Deux autres jours se sont passés de la même façon. Complètement seule, ne parlant à personne, dormant la nuit à côté du canal. Le soir du troisième jour, Mary a dépensé ses derniers sous pour s'acheter un roulé à la saucisse.

Pour son quatrième jour à Londres, elle aurait jeûné si elle n'avait vu une vieille dame jeter des miettes de pain aux oiseaux dans un cimetière.

« J'ai attendu qu'elle soit partie ; alors j'ai chassé les oiseaux et je me suis accroupie pour ramasser les miettes et les mettre dans ma jupe. Le soleil brillait, les arbres étaient beaux, j'ai vu un petit écureuil. Je me suis assise dans l'herbe et j'ai mangé ce que j'avais ramassé dans ma jupe. Le pain n'était pas mauvais. Le lendemain, je suis retournée au cimetière en espérant que la vieille dame reviendrait pour donner à manger aux oiseaux, mais je ne l'ai pas revue. J'ai attendu toute la journée, en vain. »

Le soir, elle a fouillé une poubelle pour trouver de quoi manger.

En l'écoutant parler, je me demandais comment une fille éveillée, qui avait eu assez d'initiative et d'esprit d'entreprise pour organiser son voyage depuis Dublin n'avait pas été plus débrouillarde et prévoyante en arrivant à Londres. Il y avait des endroits où elle aurait pu aller – la police, une église catholique, l'Armée du salut, les foyers d'hébergement pour jeunes –, où on l'aurait aidée, logée, et où on lui aurait sans doute trouvé un travail. Mais elle ne semblait pas avoir envisagé pareille stratégie. Peut-être cela lui serait-il venu à l'idée le moment venu. Au lieu de quoi, elle a rencontré Zakir.

« Je regardais une devanture de boulangerie et respirais l'odeur du pain en me disant que j'aurais donné cher pour en avoir. Il s'est approché de moi et m'a dit : "Vous voulez une cigarette ?"

« C'était la première personne qui m'adressait la parole depuis le camionneur. C'était un bonheur d'entendre quelqu'un me dire quelque chose. Seulement, je ne fumais pas. Il a dit : "Vous voulez manger quelque chose, alors ?" J'ai répondu : "C'est pas de refus."

« Il a baissé les yeux vers moi et m'a souri. Un sourire merveilleux. Des dents blanches et brillantes, et des yeux très gentils. Il avait de beaux yeux sombres, d'un brun presque noir. J'ai adoré ses yeux dès l'instant où j'ai croisé son regard. Il a dit : "Allez, on va acheter des petits pains fourrés. J'ai faim, moi aussi. Après, on ira s'asseoir au bord du canal pour les manger."

« On est entrés dans la boutique et il a acheté des tas de petits pains fourrés à différentes choses, des petites tourtes aux fruits et du gâteau au chocolat. À côté de lui, je me sentais vraiment miteuse, parce que ça faisait des jours que je ne m'étais ni lavée ni changée ; lui, il était élégant, très bien habillé, et il portait une chaîne en or. »

Ils s'étaient assis sur l'herbe du chemin de halage, le dos appuyé contre le mur, et avaient regardé passer les péniches. Mary m'a dit qu'elle n'osait pas ouvrir la bouche, tant elle était impressionnée par ce beau jeune homme bienveillant qui semblait s'être pris de sympathie pour elle ; elle ne savait pas quoi dire, alors que depuis quatre ou cinq jours, elle rêvait d'avoir quelqu'un à qui parler.

« Il a parlé tout le temps, a ri et envoyé des miettes aux moineaux et aux pigeons, en les appelant "mes amis". J'ai pensé que quelqu'un qui était l'ami des oiseaux devait être très gentil. Parfois, j'avais du mal à comprendre ce qu'il disait, mais l'accent anglais est très différent de l'accent irlandais, vous savez. Il m'a dit qu'il était acheteur pour son oncle, qui avait un beau bar dans Cable Street, où l'on servait les meilleurs repas de Londres. On a fait un pique-nique merveilleux, assis sur le chemin de halage au soleil. Les petits pains étaient délicieux, les tartes aux pommes aussi, et le gâteau au chocolat à tomber. »

Elle s'était calée contre le mur en soupirant d'aise. Quand elle s'était réveillée, le soleil avait disparu derrière l'entrepôt, et le jeune homme l'avait recouverte de sa veste. Elle s'était endormie contre son épaule.

« Je me suis réveillée avec son bras robuste autour de moi, et ses beaux yeux bruns posés sur moi. Il m'a caressé la joue et m'a dit : "Vous avez fait une bonne grosse sieste. Venez, il commence à être tard. Il va falloir que je vous raccompagne chez vous. Vos parents vont se demander où vous êtes passée."

« Je n'ai pas su quoi répondre, et il n'a rien ajouté. Au bout d'un moment, il a dit : "Il faut qu'on y aille. Que va penser votre mère quand elle saura que vous êtes restée dehors avec un inconnu pendant tout ce temps ?

— Ma maman est loin, en Irlande.

— Votre père, alors ?

— Mon père est mort.

— Pauvre petite. Je suppose que vous habitez chez une tante, à Londres ?"

« Il m'a encore caressé la joue en disant : "Pauvre petite", et j'ai cru fondre de bonheur. Alors je me suis blottie dans ses bras et lui ai raconté toute l'histoire – sauf que je lui ai pas parlé de l'homme qui vivait avec ma mère et de ce qu'il m'avait fait, parce que j'avais honte et que je ne voulais pas qu'il ait mauvaise opinion de moi.

« Il n'a rien dit. Pendant longtemps, il m'a seulement caressé la joue et les cheveux. Il a fini par dire : "Pauvre petite Mary. Qu'est-ce qu'on va faire de vous ? Je ne peux pas vous laisser ici à côté du canal toute la nuit. Je me sens responsable de vous maintenant. Je crois que vous feriez mieux de rentrer avec moi chez mon oncle. C'est un beau bar. Mon oncle est très gentil. On va faire un bon dîner, et puis on réfléchira à votre avenir." »

Cable Street

Le Stepney d'avant-guerre, juste à l'est de la City, bordé par Commercial Road au nord, la Tour et l'hôtel de la Monnaie à l'ouest, Wapping et les docks au sud, et Poplar à l'est, était habité par des milliers de familles respectables et laborieuses, mais souvent pauvres. Une grande partie de ce secteur était occupé par des *tenements* surpeuplés, d'étroites ruelles et allées sans éclairage et de vieilles maisons où vivaient plusieurs familles. Souvent, il n'y avait qu'un robinet et un W.-C. dans la cour de ces maisons-là, qui hébergeaient de huit à douze familles ; parfois une famille de dix ou plus logeait dans une ou deux pièces. Les gens vivaient ainsi depuis des générations et, dans les années cinquante, ils n'avaient rien changé à leurs habitudes.

C'était leur héritage, leur style de vie reconnu ; mais après la guerre, les choses se sont radicalement modifiées et dégradées. La zone était vouée à la démolition, pourtant il a fallu encore vingt ans avant que celle-ci devienne effective. Entre-temps, le quartier est devenu une pépinière de vices de toute sorte. Les maisons condamnées, dont les propriétaires étaient des particuliers, ne pouvaient être mises sur le marché officiel et acquises par des acheteurs sérieux ; elles ont donc été achetées par des profiteurs sans scrupule de toutes les nationalités qui louaient à l'unité des pièces insalubres pour un prix dérisoire. Les magasins ont été repris de la même façon et transformés en bars ouverts toute la nuit, avec leurs « serveuses de rue ». C'étaient en réalité des bordels qui rendaient la vie impossible aux honnêtes gens obligés de vivre dans le quartier et d'élever leurs enfants au milieu de tout cela.

La surpopulation a toujours été l'une des données de la vie dans l'East End, mais la guerre a considérablement aggravé la situation. Beaucoup de foyers, détruits par les bombardements, n'avaient pas été reconstruits, si bien que les gens habitaient partout où ils pouvaient trouver de la place. Par-dessus le marché, dans les années cinquante, un flot d'immigrants a déferlé sur le pays sans qu'on ait pris de mesures pour les loger. Il n'était pas rare de voir des groupes d'au moins dix Jamaïcains, par exemple, faire du porte-à-porte pour supplier qu'on leur loue une chambre. S'ils en trouvaient une, en moins de temps qu'il n'en faut pour le dire, vingt à vingt-cinq personnes s'y entassaient pour vivre.

Les habitants de l'East End avaient déjà vu cela, et ils pouvaient assimiler cette immigration. Mais quand leurs rues, leurs allées et leurs cours, leurs magasins et leurs maisons ont commencé à servir ouvertement de bordels, il en est allé tout autrement. La vie devenait un enfer et les femmes étaient terrifiées à l'idée de sortir de chez elles ou de laisser sortir leurs enfants.

Les habitants coriaces et résistants qui avaient survécu à deux guerres mondiales, traversé la Grande Dépression des années trente, survécu au Blitz des années quarante et s'en étaient sortis le sourire aux lèvres, ont été finalement vaincus par le vice et la prostitution qui ont fait irruption chez eux dans les années cinquante et soixante.

Essayez d'imaginer, si vous le pouvez, ce que c'est de vivre dans un bâtiment en ruine, où vous louez deux pièces au second étage, avec six enfants à élever. Et essayez d'imaginer que vous avez un nouveau propriétaire et que, soit qu'elles aient cédé aux menaces et à l'intimidation, soit qu'elles aient été authentiquement relogées, toutes les familles que vous connaissiez depuis l'enfance ont déménagé. Imaginez que tous les appartements de la maison où vous habitez ont été divisés en pièces individuelles et emplis de prostituées, exerçant à quatre ou cinq par chambre ; que l'épicerie-bazar qui occupait le rez-de-chaussée du bâtiment a été transformée en bar ouvert toute la nuit, avec du bruit, des jurons, de la musique, des rencontres, des bagarres du soir au matin. La prostitution est un commerce qui s'exerce nuit et jour ; des hommes montent et descendent les escaliers sans se gêner, stationnent entre les étages ou sur les paliers en attendant leur tour. Représentez-vous la scène si vous le pouvez, et imaginez la pauvre femme, obligée d'emmener ses petits qui ne marchent pas encore quand elle va faire ses courses, ou d'envoyer les plus grands à l'école, ou encore de descendre seule au sous-sol afin de chercher deux seaux d'eau pour sa lessive.

De nombreuses familles de ce quartier inscrites sur la liste d'attente pour être relogées ont attendu dix ans. Or les familles les plus nombreuses étaient celles qui avaient le moins de chance de voir leur demande satisfaite, car les municipalités, liées par la loi sur le logement, n'avaient pas le droit de reloger une famille de dix personnes dans un quatre pièces, même si elle habitait deux pièces et vivait dans des lieux déclarés insalubres et impropres à l'habitation.

C'est dans cet environnement qu'a exercé le père Joe Williamson[1], nommé curé de St. Paul, à Dock Street, dans les années cinquante. Il a consacré le reste de sa vie, une énergie considérable, les ressources de son esprit et surtout son intégrité morale à nettoyer le quartier et à aider les familles de l'East End qui étaient obligées d'y vivre. Plus tard, il s'est attelé à la tâche d'aider et de protéger les jeunes prostituées qu'il aimait et plaignait de tout son cœur. C'est lui qui a ouvert les portes de Church House, Wellclose Square, aux prostituées, pour leur offrir un refuge. C'est là qu'a été hébergée Mary le lendemain du jour où je l'ai récupérée à l'arrêt d'autobus. Je suis allée la voir là-bas à plusieurs reprises, et c'est pendant ces visites qu'elle m'a raconté son histoire.

« Zakir a mis sa veste sur mes épaules parce qu'il commençait à faire froid, et il a porté mon sac. Il a passé un bras autour de moi et m'a guidée à travers les foules d'hommes en train de sortir des docks. Il m'a fait traverser la rue comme un vrai gentleman, et

1. Curé d'une paroisse de l'East End entre 1952 et 1962, il a consacré sa vie à la lutte contre les taudis et l'aide aux prostituées, notamment celles de Cable Street.

je peux vous dire que j'avais l'impression d'être la plus grande dame de Londres aux côtés de ce beau jeune homme. »

Il l'a conduite dans une petite rue qui partait de Commercial Road et donnait dans d'autres ruelles, chacune plus étroite et plus sale que la précédente. Beaucoup de fenêtres étaient condamnées, d'autres cassées et d'autres si sales qu'on ne voyait rien à travers. Il y avait peu de gens dehors, et aucun enfant ne jouait dans les rues. Elle a regardé la hauteur des bâtisses noires. Des pigeons volaient d'un rebord de fenêtre à l'autre. Quelques-unes des fenêtres reflétaient les efforts qu'on avait faits pour les nettoyer, et elles avaient des rideaux. Devant une ou deux, un peu de linge séchait sur un petit balcon. Le soleil semblait ne jamais pénétrer dans ces rues et venelles étroites. Partout, ce n'étaient qu'ordures et détritus : il y en avait dans les coins et les caniveaux, ils s'amoncelaient contre les grilles, bloquaient les portes d'entrée et emplissaient à moitié les ruelles. Zakir a guidé Mary avec prudence à travers toute cette saleté, lui disant de faire attention, d'enjamber ceci ou cela. Les rares personnes qu'ils ont croisées étaient des hommes, et il l'a serrée plus étroitement contre lui d'un geste protecteur en passant près d'eux. Il en connaissait visiblement quelques-uns, à qui il a adressé la parole dans une langue étrangère.

Mary a poursuivi : « Je me suis dit qu'il devait être vraiment intelligent et instruit pour parler une langue étrangère. Et qu'il devait être allé dans une école chère pour l'apprendre. »

Ils sont arrivés dans une rue plus longue et plus large, qui était Cable Street. Alors Zakir lui a dit : « Le bar de mon oncle est juste à côté. C'est le meilleur de la rue, le plus fréquenté. On peut y dîner en tête à tête, tous les deux. Ça sera chouette, non ? Mon oncle est propriétaire de tout l'immeuble et il loue des chambres. Je suis sûr qu'il en trouvera une pour vous. Comme ça, vous n'aurez plus à dormir à côté du canal. Peut-être qu'il pourra vous trouver du travail au bar, pour faire la plonge ou éplucher des légumes. Ou il pourrait vous charger de la machine à café. Ça vous plairait de vous occuper de la machine à café ? »

Mary était enchantée. S'occuper du percolateur dans un bar de Londres animé était le sommet de ses ambitions. Elle s'est pendue au bras de Zakir, éperdue de reconnaissance et d'adoration, et il a pressé sa main.

« Tout va s'arranger pour vous à partir de maintenant, a-t-il dit. Je le sens. »

Mary était trop émue pour dire un mot. Son cœur débordait d'amour pour lui. Ils sont entrés dans le bar. Il faisait sombre à l'intérieur, car les vitres étaient très sales et les rideaux en filet qui en masquaient la moitié inférieure, noirs de crasse. Quelques hommes étaient assis devant des tables en Formica, à fumer et à boire. Certains étaient en compagnie d'une femme. Plusieurs filles et femmes, assises en groupe à une table plus grande, fumaient. Personne ne parlait. Le silence du lieu était troublant, menaçant d'une certaine façon. Tout le monde a levé les yeux sur Zakir et Mary quand ils sont entrés, mais personne n'a dit un mot. Mary devait offrir un contraste saisissant avec les autres filles et femmes du bar, qui étaient toutes pâles. Certaines paraissaient maussades, d'autres avaient la mine renfrognée et toutes étaient également hagardes. Mary, au contraire, avait les yeux brillants d'espoir. Sa peau, fouettée par le grand air, d'abord pendant sa traversée, puis après les quatre nuits passées près du canal, était resplendissante. Et surtout, l'éclat sensuel de l'amour l'emplissait et irradiait tout son être.

Zakir lui a dit de s'asseoir pendant qu'il allait parler à son oncle. Il a pris le sac de Mary avec lui. Elle a pris place à une table près de la fenêtre. Plusieurs personnes assises dans le bar l'ont dévisagée, mais sans lui adresser la parole. Peu lui importait, elle souriait toute seule : du moment qu'elle avait Zakir, elle n'avait pas vraiment envie de parler à qui que ce soit. Un homme à l'aspect peu engageant s'est approché et assis de l'autre côté de sa table, mais elle a détourné la tête d'un air hautain. L'homme s'est levé et il est parti. Elle a entendu des rires moqueurs du côté des filles dans le coin ; elle s'est retournée et leur a souri, mais personne ne lui a rendu son sourire.

Au bout de dix minutes, Zakir est revenu et a dit : « J'ai parlé à mon oncle. C'est un brave homme, il va s'occuper de vous. Nous dînerons ensemble plus tard. Il n'est encore que sept heures. La soirée démarre vers neuf heures. Vous allez bien vous amuser. Notre bar est très connu pour ses spectacles et pour ce qu'on y mange. Mon oncle emploie le meilleur chef de Londres. Vous pourrez commander ce que vous voudrez sur le menu et la liste des vins. Il est très généreux, mon oncle, et il a dit ça parce que vous êtes une amie à moi et que je suis son neveu préféré. C'est moi qui suis chargé d'acheter sa viande et je dois voyager beaucoup pour trouver la meilleure. Un bon bar doit avoir de la bonne viande, et je suis le meilleur acheteur de Londres. »

Assurément, la viande qu'a mangée Mary pour dîner était excellente. Elle a choisi un pâté à la viande avec des haricots et des frites. Zakir a pris la même chose, parce qu'il n'y avait rien d'autre au menu ce soir-là. Mais jamais Mary, élevée dans la pauvreté de l'Irlande rurale, habituée à manger surtout des pommes de terre et des rutabagas, puis à vivre dans la misère à Dublin, n'avait rien mangé d'aussi bon que ce pâté à la viande et elle a soupiré d'aise.

Ils étaient installés dans un coin, près de la fenêtre. De sa place, Zakir embrassait l'ensemble de la salle, que ses yeux parcouraient sans cesse, même pendant qu'il parlait à Mary. De sa chaise, elle en voyait la moitié, mais ne regardait pas car elle n'en avait pas envie. Elle n'avait d'yeux que pour Zakir.

Il a dit : « Maintenant, choisissons notre vin. Il faut toujours faire très attention au vin, parce qu'un bon vin, c'est essentiel avec un bon dîner. Je pense que nous prendrons un château-marseille 1948. C'est un excellent vin, avec du corps, mais pas trop lourd, pétillant en bouche, et qui rappelle bien la chaleur et l'éclat du raisin. Je suis un expert. »

Mary était impressionnée ; en fait, le vernis de Zakir, sa courtoisie, lui en imposaient. Elle n'avait encore jamais bu de vin, et cela ne lui a pas du tout plu. En voyant le liquide rouge sombre dans son verre, elle s'était attendue à quelque chose de délicieux, mais avait trouvé le goût âcre et amer. Cependant, comme Zakir buvait le sien avec délice en murmurant des phrases comme : « Excellent, ce millésime, buvez, vous n'en trouverez pas de meilleur dans tout Londres », ou : « Ah, ce bouquet ! Délicieux. Je vous assure que c'est un nectar », elle ne voulait pas le vexer en disant qu'elle n'aimait vraiment pas ça. Elle a donc avalé son verre cul sec et a dit : « Délicieux. »

Il l'a rempli à nouveau. Pendant tout ce temps, ses yeux se promenaient sur toute la salle. Quand il parlait à Mary, ses yeux et sa bouche souriaient, mais pas lorsqu'il surveillait le bar. Mary ne voyait pas la table où étaient installées les femmes et les filles, mais elle se trouvait juste en face de Zakir. Il regardait souvent dans cette direction, avec des yeux fixes et froids, faisait un léger signe de tête, avant de la tourner dans une autre direction. Puis il regardait à nouveau la table. Chaque fois, Mary entendait les pieds d'une chaise racler le sol quand l'une des filles se levait. Une demi-douzaine de fois environ pendant le repas, il s'était levé et approché de leur table. Mary le suivait du regard, non parce qu'elle était soupçonneuse, mais parce qu'elle ne pouvait détacher ses yeux de lui. Elle a noté avec satisfaction qu'il paraissait n'avoir guère de sympathie pour les filles, car il ne leur souriait jamais, mais semblait parler entre ses dents, le regard dur et appuyé. Une fois, elle l'a vu serrer le poing et le brandir sous le nez d'une fille d'une façon menaçante. La fille s'est levée et elle est sortie.

Mary pensait : « C'est moi qu'il préfère. Il n'aime pas ces filles. Elles n'ont pas l'air recommandables, d'ailleurs. Mais moi, je suis son amie de cœur. » Et une douce chaleur l'envahissait.

Chaque fois que Zakir revenait à sa table, il lui prodiguait des sourires ; ses belles dents blanches étincelaient et ses yeux sombres brillaient.

« Finissez votre verre, disait-il. Cet excellent vin ne peut pas vous faire de mal. Voulez-vous des fruits ? Du gâteau ? Mon oncle dit que vous pouvez demander ce qui vous fait plaisir. Le spectacle va bientôt commencer. C'est le meilleur de Londres. Les boîtes de nuit de Londres, Paris et New York sont célèbres dans le monde entier, et celle-ci est la meilleure de Londres. »

Mary a fini son verre et mangé une part d'un gâteau poisseux et très sucré, dont Zakir lui a dit que c'était une Forêt-Noire, avec des griottes marinées dans de la chartreuse. Si Mary n'a pas senti les cerises, elle a trouvé le gâteau délicieux ; mais hélas, le vin lui a paru avoir un goût encore plus déplaisant, et une âcreté telle que sa langue lui semblait cotonneuse, ses lèvres et sa bouche, rêches.

Elle avait vaguement conscience, d'une façon floue, que le bar se remplissait. Des hommes arrivaient sans cesse. Zakir a dit : « C'est le coup de feu ici. Vous allez apprécier le spectacle, hein ? »

Mary a souri et hoché la tête, toute au désir de lui faire plaisir. En réalité, elle avait mal aux yeux car la salle était de plus en plus enfumée et elle commençait à avoir mal à la tête. Après le repas, la fatigue s'est abattue sur elle, et elle aurait préféré aller dormir, mais elle se disait qu'elle devait résister au sommeil pour apprécier le spectacle que Zakir lui avait vanté en l'amenant si gentiment dans ce bar pour y assister. Elle a bu un peu plus de vin pour essayer de garder les yeux ouverts. Elle ne s'est pas rendu compte que l'on avait mis des volets, fermé les portes et baissé les lumières.

D'un seul coup, un bruit assourdissant l'a tirée de son engourdissement. Effrayée, elle a failli tomber de sa chaise et a dû s'accrocher au bord de la table pour garder l'équilibre. Jamais elle n'avait entendu un bruit aussi assourdissant ; il était encore plus fort que celui de la sirène du chantier naval qui l'avait effrayée à Commercial Road. Et le bruit s'est prolongé : il venait d'un juke-box, et c'était de la musique syncopée.

Zakir a crié : « Le spectacle ! Tournez votre chaise pour regarder. C'est le meilleur de Londres ! »

Tous les hommes de la pièce s'étaient tus et avaient fait pivoter leur chaise pour se trouver face à une table au centre de la salle.

Une fille a sauté dessus et s'est mise à danser. La table n'avait qu'un mètre de large, à peine, et elle ne pouvait pas vraiment danser sans risquer de tomber, mais elle bougeait son corps, ses hanches, ses épaules, ses bras et son cou au rythme de la musique. Ses cheveux volaient autour de sa tête. Les hommes ont crié et applaudi. Alors elle a jeté le châle qui entourait ses épaules. Les hommes ont applaudi de nouveau et se sont bousculés pour attraper le châle. Lentement, avec des gestes suggestifs, elle a déboutonné son corsage et l'a jeté, révélant un soutien-gorge rouge. Elle a dégrafé la ceinture tenant sa jupe, qui est tombée à ses pieds. Dessous, elle ne portait qu'un string rouge, qui entourait sa taille et passait entre ses jambes. Elle avait des fesses énormes. Elle s'est retournée pour se mettre face au mur, a fait trembler ses fesses et ses cuisses, puis s'est penchée en avant, jambes écartées.

Mary a été sidérée. Elle n'avait plus du tout envie de dormir et n'en croyait pas ses yeux. Elle se pinçait pour s'assurer qu'elle ne rêvait pas.

Zakir a découvert ses dents superbes dans un sourire : « Épatant, non ? Je vous ai dit que nous avions le meilleur spectacle de Londres. »

La fille s'est redressée et s'est retournée face au public. Elle a promené sur la salle un regard insolent et a commencé lentement à dégrafer son soutien-gorge. Les hommes ont applaudi, crié, et se sont mis à taper des pieds quand deux énormes seins ont été libérés ; au bout de chaque mamelon pendaient des pampilles rouges. Avec une habileté, née sans doute d'une longue pratique, elle s'est mise à imprimer à ses seins un mouvement circulaire de plus en plus rapide, faisant tourner les pampilles de plus en plus vite. Mary était hypnotisée par les pampilles et pétrifiée de stupeur. Puis, peu à peu, les cercles se sont ralentis, les pampilles sont tombées au sol en oscillant légèrement. La fille a dégrafé le string accroché à sa taille et l'a lancé dans la salle. Les hommes se sont bousculés pour l'attraper.

Alors a commencé la partie sérieuse de sa performance. Elle s'est mise à mouvoir son bassin lentement d'avant en arrière et vice versa. Elle avait les yeux fixés sur la salle et sortait la langue. Elle a continué assez longtemps, bougeant aussi le torse ou balançant ses seins de part et d'autre. On a un peu baissé le volume du juke-box de façon à ne plus entendre que la batterie. La fille a continué à agiter son bassin en rythme.

Mary était fascinée. Et aussi brusquement qu'elle avait commencé, la fille a poussé un cri et s'est allongée sur la table. Il n'y avait pas beaucoup de place, mais en prenant appui sur son dos et sa tête, elle a levé les jambes très haut, talons joints. On a graduellement remis le volume du juke-box plus fort, encore plus fort pendant qu'elle ouvrait lentement les jambes à l'horizontale, presque en grand écart, révélant une grosse vulve charnue et poilue. Alors, avec une habileté encore plus grande, et sous les cris ravis du public, elle a fait jaillir de son vagin des balles de ping pong qui partaient dans la salle. La vitesse et le nombre étaient incroyables. Mary a cru que c'était un numéro de magie, car aucune femme ne pouvait héberger autant de balles de ping pong à l'intérieur d'elle-même. Les balles volaient dans la pièce, les hommes se bombardaient entre eux, les lançaient aux filles, contre les murs et l'excitation était à son comble.

Les autres filles avaient quitté leur table et s'étaient jointes aux hommes ; certaines s'étaient assises sur leurs genoux et les caressaient ou se faisaient caresser, d'autres se dirigeaient avec un homme vers le fond, d'autres enfin restaient assises à fumer. Deux femmes plus âgées se sont approchées de la fille couchée sur la table, et chacune a pris une jambe. Puis elles ont fait signe aux hommes d'approcher. Il y a eu une ruée vers elle, mais deux malabars d'un certain âge équipés de coups-de-poing américains se sont interposés. Ils ont montré les dents aux hommes qui s'avançaient et ont dit quelque chose que Mary n'a pas entendu à cause du volume du juke-box. Plusieurs clients ont fait demi-tour et sont retournés à leur place, mais certains sont restés debout et Mary a vu des liasses de billets passer entre les mains des hommes aux coups-de-poing américains. Alors, un par un, les hommes ont dégrafé leur pantalon et pénétré la fille sur la table. Certains, en attendant leur tour, se sont approchés de la table et ont frotté leurs mains contre ses seins. Après avoir donné encore quelques billets aux videurs, l'un des hommes s'est approché de la tête de la fille et lui a enfoncé dans la bouche son pénis, qu'elle s'est mise à sucer béatement. Après quoi, plusieurs autres ont fait la même chose, l'un après l'autre.

Mary avait la nausée. Son expérience avec l'Irlandais lui en avait appris assez pour qu'elle comprenne ce qui se passait ; la vue de l'argent changeant de mains lui a fait comprendre le reste. Elle n'avait pas besoin de poser de questions. Elle a frissonné et s'est signée : « Sainte Marie, mère de Dieu, priez pour moi », a-t-elle chuchoté.

Mary m'a raconté tout cela pendant que nous prenions le café avec des biscuits, assise dans la cuisine de Church House, à Wellclose Square. J'allais la voir souvent. Je n'étais pas assistante sociale, ni bénévole de la paroisse, mais j'éprouvais de la sympathie pour cette fille et les circonstances de notre rencontre nous avaient rapprochées. De plus, elle avait confiance en moi et, à l'évidence, elle me parlait sans réticence. Comme je voulais en savoir davantage sur les prostituées et la vie qui était la leur, je l'encourageais.

Je lui ai demandé : « Après avoir vu ça, pourquoi n'êtes-vous pas partie ? Vous étiez libre de le faire.

Personne n'aurait pu vous en empêcher. Pourquoi n'êtes-vous pas tout simplement sortie ? »

Elle a gardé le silence et grignoté un biscuit.

« J'aurais dû, je sais, mais je ne pouvais pas me résoudre à quitter Zakir. Il a pris ma main, l'a serrée et m'a dit : "Ce n'est pas un spectacle épatant ? Vous ne trouvez rien de mieux à Londres. Toutes les boîtes de nuit de Londres essaient d'embaucher cette danseuse pour qu'elle se produise chez eux, mais c'est moi qui l'ai trouvée et amenée chez mon oncle. Il la paie bien, alors elle ne veut pas aller ailleurs. Tous les soirs, elle fait son numéro chez nous, et c'est grâce à elle que notre bar est célèbre. Mais vous avez l'air fatiguée, ma chère petite Mary. Il faut aller vous coucher. Venez. Mon oncle vous a fait préparer une chambre." »

Il lui a pris la main tendrement lui a fait traverser la foule d'hommes et de filles, les écartant et l'entourant d'un bras protecteur.

Elle m'a dit : « Je sais qu'il avait un sentiment pour moi à ce moment-là, parce qu'il me traitait différemment des autres. Il s'occupait de moi et me protégeait contre toutes ces brutes, vous comprenez. »

J'ai soupiré. Avec la sagesse de mes vingt-trois ans, je me suis demandé comment il était possible qu'une fille de quatorze ou quinze ans puisse à ce point se laisse berner par un beau parleur sans scrupule. J'étais persuadée que cela ne me serait pas arrivé, à moi. Aujourd'hui, je n'en suis plus si sûre.

Il l'a fait sortir par l'arrière de la salle et l'a conduite à la cuisine. Il a dit : « Voilà l'escalier qui mène aux chambres. Elles sont superbes, vous verrez. Si vous voulez les toilettes, elles sont là, dans la cour. »

Il a tendu l'index vers un appentis en planches et en amiante.

Mary avait en effet envie d'y aller et après avoir chuchoté : « Ne partez pas », elle a traversé la cour. L'endroit était infect et puant, mais dans le noir, Mary n'a pu voir la quantité d'immondices qui recouvraient le sol glissant et mouillé.

Elle est retournée auprès de Zakir, qui lui a fait traverser la cuisine et l'a conduite au premier étage. Il a sorti une clé de sa poche, a ouvert une porte et allumé la lumière.

Mary s'est trouvée dans une pièce dont elle n'avait jamais de sa vie vu – ou même imaginé – la pareille. L'éclairage n'était pas au plafond mais aux murs et même dans les rideaux. Des miroirs muraux reflétaient les lumières. Elle est restée le souffle coupé devant l'or et l'argent qui brillaient partout. En réalité, ce n'était que du chrome. Au centre de la pièce s'étalait un vaste lit en cuivre, avec un couvre-lit qui lui a paru en soie. Après l'intérieur sombre et sordide du bar, cette chambre avait l'air d'un paradis.

Elle a murmuré : « Oh, Zakir, que c'est beau ! C'est vraiment la chambre que votre oncle me réserve ? »

Il a ri et répondu :

« C'est la plus belle chambre de Londres. Vous n'en trouverez pas de plus belle ailleurs… Vous avez de la chance, Mary. J'espère que vous vous en rendez compte.

— Oh, bien sûr, bien sûr, Zakir, a-t-elle soufflé. Et je vous suis reconnaissante de tout mon cœur. »

Il l'avait ensuite séduite avec une aisance consommée. Elle ne voulait pas en parler et j'ai préféré ne pas insister. Je sentais que le souvenir de cette nuit unique était sacré pour elle. Mais elle m'a dit : « Je suis sûre qu'il m'aimait, parce que personne ne m'a jamais touchée comme lui. Tous les autres hommes ont été brutaux, répugnants. Mais Zakir était doux et merveilleux. J'ai cru mourir de bonheur cette nuit-là. Et c'est dommage que je ne sois pas morte alors », a-t-elle ajouté très bas.

Pendant qu'ils étaient dans les bras l'un de l'autre à regarder l'aube bannir l'obscurité douce, il a chuchoté : « Alors, ma petite Mary, tu as aimé ? Tu avais cru qu'il pourrait t'arriver une chose pareille ? Il y a beaucoup d'autres choses que je peux encore t'apprendre. »

« À ce moment-là, m'a-t-elle dit, j'ai fait une erreur terrible. Sinon, il m'aimerait encore. Mais je croyais devoir lui dire toute la vérité sur moi, pour qu'il n'y ait pas de secret entre nous. Je lui ai parlé de l'homme qui vivait avec maman, à Dublin, et de ce qu'il m'avait fait.

« Alors, Zakir m'a repoussée, il a sauté du lit en criant : "Pourquoi je perds mon temps avec toi, petite traînée ! Je suis un homme occupé. J'ai mieux à faire. Allez, debout, et habille-toi."

« Il m'a giflée et m'a jeté mes vêtements à la figure. Je me suis mise à pleurer et il m'a giflée à nouveau en me disant : "Cesse de pleurnicher. Habille-toi, et vite."

« J'ai mis mes vêtements le plus vite possible et il m'a poussée dehors, sur le palier. Et puis, son humeur a encore changé et il m'a souri. Il m'a essuyé les yeux avec son mouchoir et m'a dit : "Là, là, ma petite

Mary. Ne pleure pas. Ça va aller. Je me mets vite en colère, mais ça passe aussi vite. Si tu es docile, je veillerai toujours sur toi.”

« Il a passé un bras autour de moi et je me suis sentie heureuse à nouveau. Je savais que c’était de ma faute, que je n’aurais pas dû lui parler de l’Irlandais. Vous comprenez, je l’avais vexé. Il aurait voulu être le premier. »

Sa crédulité m’a surprise. Après tout ce qu’elle avait vu et subi, comment pouvait-elle se cramponner à ce rêve, croire que Zakir l’avait aimée et avait attaché une telle importance à sa virginité que son amour avait cessé quand il avait appris qu’elle avait été violée par un Irlandais ivre ?

« Il est redescendu avec moi à l’étage du bar et a appelé l’une des femmes que j’avais vu tenir la jambe de la fille sur la table la veille. Il lui a dit : “Voilà Mary. Elle fera l’affaire. Préviens l’Oncle quand il se lèvera.”

« Après ça, il m’a dit : “Il faut que je sorte à présent. J’ai beaucoup à faire. Toi, tu restes avec Gloria, elle s’occupera de toi. Fais ce que l’Oncle te dit de faire. Si tu lui obéis et si tu es docile, je serai content de toi. Sinon, je serai en colère contre toi.” »

Mary a chuchoté : « Tu reviens quand ? »

Il a répondu : « Ne t’en fais pas. Je reviendrai. Reste ici, sois docile et fais ce que te dit l’Oncle. »

La vie de bar

Pendant le temps passé à Nonnatus House, je me suis souvent promenée dans Stepney pour voir à quoi ressemblait ce quartier. Il était tout bonnement effroyable. L'état des taudis défiait l'imagination. Je n'arrivais pas à croire qu'on était seulement à cinq kilomètres de Poplar où, bien que pauvres, mal logés et entassés les uns sur les autres, les habitants étaient joyeux et accueillants. À Poplar, tout le monde hélait les infirmières : « Bonjour, *luvvy* ? Ça va-t'y ? » À Stepney, personne ne m'adressait la parole. En circulant dans Cable Street, Graces Alley, Dock Street, Sanders Street, Backhouse Lane et Leman Street, j'ai trouvé l'atmosphère menaçante. Des filles attendaient dans les embrasures de portes et des hommes déambulaient dans les rues, souvent en groupes, ou traînaient à la porte des bars, à fumer, chiquer et cracher. Je portais toujours mon uniforme, parce que je ne voulais pas qu'on m'accoste. Je savais qu'on m'observait et que je n'étais pas la bienvenue.

Près de vingt ans après avoir été condamnés à la démolition, les bâtiments insalubres étaient toujours debout et habités. Quelques familles et quelques personnes âgées qui ne pouvaient pas en partir y restaient, mais le gros des habitants se composait de prostituées, d'immigrants sans logis, d'alcooliques, de défoncés à l'alcool à brûler ou de toxicos. Il n'y avait pas d'épiceries-bazars vendant de la nourriture et des articles ménagers courants, car les magasins avaient été transformés en bars ouverts toute la nuit, autrement dit en bordels. Les seules boutiques que j'aie vues étaient des bureaux de tabac.

De nombreux immeubles n'avaient plus de toit. Le père Joe, curé de St. Paul, m'a dit qu'il connaissait une famille de douze personnes vivant dans trois pièces au dernier étage, sous une bâche. En général, le dernier étage était inoccupé, mais les autres, abrités par l'étage du dessus tant qu'il ne s'était pas encore effondré, grouillaient d'occupants.

À Wellclose Square (aujourd'hui détruit), il y avait une école primaire dont l'arrière donnait sur Cable Street. Il paraît que toutes sortes de saletés étaient jetées par-dessus les grilles, et j'ai parlé au gardien. C'était un homme du coin, né à Stepney, où il vivait depuis toujours, un autochtone jovial. Mais quand j'ai abordé le sujet, sa mine s'est assombrie. Il m'a dit qu'il arrivait en avance chaque matin pour nettoyer avant l'arrivée des enfants : des matelas dégoûtants, trempés de sang et de vin, étaient jetés dans la cour de récréation de l'école, ainsi que des serviettes hygiéniques, des sous-vêtements, des draps tachés de sang, des capotes, des bouteilles, des seringues, bref, tout et n'importe quoi. Il brûlait ces ordures tous les matins.

En face de l'école, dans Graces Alley se trouvait un emplacement détruit par les bombes où les propriétaires de bar déversaient leurs détritus tous les soirs. Ceux-ci n'étaient jamais déblayés ni brûlés et s'entassaient dans une puanteur indescriptible. Je ne supportais pas de passer à côté – à cinquante mètres, je suffoquais –, donc je ne suis jamais allée à Graces Alley, bien qu'on m'ait dit que plusieurs familles de Stepney y vivaient encore.

Le quartier était envahi par les bordels, souteneurs et prostituées, et les immeubles crasseux et désaffectés semblaient se délecter du spectacle de ce commerce sordide et de ces pratiques infâmes et cruelles. Plus Cable Street devenait notoire pour ses bars et plus les clients y affluaient : le commerce s'alimentait lui-même. Les habitants ne pouvaient rien faire. Leur voix était réduite au silence par les juke-boxes. D'après ce qu'on m'a dit, ils avaient tellement peur qu'ils n'osaient pas se plaindre, et ils étaient écrasés par l'ampleur du problème.

Il y avait toujours eu des bordels dans l'East End. Évidemment : c'était une zone portuaire. Rien d'étonnant à cela. Mais ils étaient tolérés et absorbés dans la masse des autres activités. C'est lorsque des centaines de bordels ont surgi dans un petit périmètre que la vie est devenue intolérable pour les résidents.

Je comprenais fort bien leur peur : quiconque se plaignait ou contrariait d'une manière quelconque les profits des propriétaires de bars s'exposait à des représailles. L'audacieux risquait de recevoir une correction ou un coup de couteau. Heureusement que je circulais dans Sanders Street en plein jour. À travers les vitres sales, on voyait les visages fardés et hagards des filles appuyées sur le rebord des fenêtres, l'œil fixé sur la rue, racolant ouvertement les passants. Comme Sanders Street donnait directement dans Commercial Road, les hommes regardaient constamment dans cette direction et s'y engageaient. Encore dix ans auparavant, c'était une petite rangée de maisons proprettes, un endroit où vivaient des familles et où jouaient les enfants. Le jour où j'y suis allée, on aurait dit une scène de film d'horreur. Bien entendu, les filles dans les vitrines ne m'ont pas harcelée, mais dans la rue rôdaient un certain nombre de costauds à l'air patibulaire qui me fusillaient du regard comme pour me dire : « Tire-toi de là. » Y avait-il vraiment des familles de Stepney qui vivaient au milieu de tout cela ? Apparemment oui. J'ai remarqué deux ou trois petites maisons aux fenêtres propres garnies de rideaux en filet, et au seuil bien récuré. J'ai vu une vieille dame longer le mur en traînant les pieds jusqu'à ce qu'elle arrive à sa porte. Elle a jeté un regard furtif autour d'elle avant de l'ouvrir avec sa clé et de refermer précipitamment derrière elle. J'ai entendu deux verrous se fermer.

Les maîtres-chiens ont coutume de dire de leurs bêtes, qu'il s'agisse de chiens de berger, de garde, de chiens policiers ou de chiens de traîneau : « Soyez durs avec eux, sinon ils ne vous obéiront pas. »

C'est ainsi que les souteneurs se comportent avec les prostituées. Elles sont traitées comme des chiens, voire encore plus brutalement. Un chien, il faut l'acheter ou l'élever. On le soigne donc en général correctement. C'est un bien cher, et la perte d'un chien coûteux est une chose sérieuse. Mais les filles qui font les trottoirs sont remplaçables à volonté. À la différence d'un chien ou d'un esclave, elles n'ont pas à être achetées, mais vivent en esclaves, soumises à la volonté et aux caprices de leurs maîtres. La plupart des filles commencent cette activité volontairement, sans être clairement conscientes des enjeux et, en très peu de temps, s'aperçoivent qu'elles ne peuvent plus y échapper. Elles sont prises au piège.

Zakir avait quitté Mary sur ces mots : « Sois docile, fais ce qu'on te dit, et je serai content de toi. » Pendant des mois, elle a vécu de cette promesse. Pour un sourire de Zakir, elle aurait fait – et elle a fait – n'importe quoi.

Il l'a laissée vers huit heures en compagnie de Gloria, une vieille professionnelle d'environ cinquante ans qui travaillait à l'occasion, mais dont la tâche principale était de faire marcher les filles au doigt et à l'œil. Elle a dévisagé Mary froidement et lui a lancé : « T'as entendu ce qu'il a dit. Tu obéis. Allez, commence à nettoyer la salle et la cuisine avant que l'Oncle descende. »

Mary ne savait pas quoi faire. La salle paraissait immense et était dans un tel état qu'elle ne voyait pas par où commencer. Dans la cabane en Irlande, le ménage était simple à faire : un lit, une table, une natte, un banc et c'était tout. Mais le bar semblait énorme. Elle a promené autour d'elle des yeux perplexes. Un pied lourd lui a percuté le creux des reins et elle a été projetée un mètre ou deux en avant.

« Allons, feignasse, reste pas plantée là à rien faire ! »

Mary a obtempéré. Elle se souvenait que Zakir avait parlé d'un travail au bar comme plongeuse ; alors elle s'est hâtée de rassembler verres sales, tasses, crachoirs, et quelques assiettes. Elle a trotté à la cuisine, qui était immonde, et les a mis dans l'évier graisseux. Il n'y avait que de l'eau froide au robinet, mais elle a tout lavé de son mieux, puis a essuyé la vaisselle avec un morceau de vieux drap sale. Pendant ce temps, Gloria mettait les chaises sur les tables.

« Quand t'auras fini, tu nettoieras par terre ! » a-t-elle crié.

Il n'y avait pas de balai, mais Mary a trouvé un balai à franges mouillé et l'a passé dans toute la salle. En réalité, elle ne faisait que pousser les saletés.

« Bon, ça ira, a dit Gloria. Va nettoyer les gogues. »

Mary l'a regardée sans comprendre.

« Les chiottes, les cagoinsses, les ouatères, espèce de tarée ! »

Mary est sortie dans la cour. Ça puait. Les W.-C. devaient avoir servi à une centaine d'hommes pendant la nuit, et les nuits précédentes, et ne pas avoir été nettoyés correctement depuis des années. La plupart des hommes urinaient sur le sol autour de la cahute, si bien que les pavés étaient toujours mouillés et glissants. Il n'y avait pas de papier toilette, seulement des bouts de papier journal qui jonchaient le sol. Certains avaient vomi, et comme c'était une chaude matinée d'été, la puanteur s'amplifiait. Ce W.-C. était aussi le seul dont pouvaient disposer les filles, et comme il n'y avait pas de poubelle, des serviettes hygiéniques usagées étaient éparpillées dans toute la cour.

Mary a jeté sur les lieux un regard horrifié, mais redoutant un autre coup de pied dans les reins, elle s'est attelée à la besogne sans délai. Il y avait un balai dans la cour, alors elle a poussé le plus gros des ordures solides dans un coin. Puis elle est allée chercher un seau d'eau et l'a jeté dans la cour. Cela lui a semblé efficace, aussi est-elle allée en chercher d'autres pour renouveler l'opération.

Gloria est sortie et a regardé en silence. Puis elle a ôté la cigarette qu'elle avait aux lèvres. « T'as fait du bon travail ici, Mary. Zakir sera content de toi. Et l'Oncle aussi. »

Mary a rosi de plaisir. Satisfaire Zakir était son vœu le plus cher. Elle a montré du doigt le tas d'ordures dans un coin et a dit timidement :

« Qu'est-ce que je vais faire de ça ?

— Emmène-le à Graces Alley, là où ça a été bombardé. Je vais te montrer où c'est. »

Mary n'avait d'autre choix que de transporter les ordures à pleines mains. Cela lui répugnait, mais elle l'a fait quand même. Il lui a fallu quatre voyages pour en venir à bout.

Elle se sentait crasseuse. La dernière fois qu'elle s'était lavée, c'était près de The Cuts, le canal qui passait sous Stinkhouse Bridge avant d'atteindre les docks, et elle ne s'était pas changée depuis des jours. Elle est allée dans la cuisine et s'est passé le visage et les bras sous le robinet d'eau froide ; puis elle s'est lavé pieds et jambes, et s'est sentie mieux. Elle a essayé de se souvenir de ce qui était arrivé à son filet, qui contenait son corsage propre. Elle se rappelait que Zakir l'avait porté la veille, et qu'elle ne l'avait pas vu depuis. Elle a demandé à Gloria où il avait bien pu le mettre.

Cela a fait rire Gloria, qui lui a dit : « Tu le reverras pas. » Et de fait, Mary ne l'a jamais revu.

À ce moment-là, un homme est entré dans le bar. C'était l'un des deux costauds armés de coups-de-poing américains, que Mary avait vus la veille recevoir l'argent des clients. Il était trapu, avec un gros ventre qui pendait par-dessus sa ceinture de pantalon. Ses savates sales raclaient le sol et il avait les bras couverts de tatouages. Son visage était si terrifiant que Mary en est restée sans voix. Elle s'est glissée furtivement dans la cour. C'était lui, l'Oncle.

« Reviens ici ! » a-t-il crié.

Mary n'a eu d'autre choix que de s'exécuter. Elle est venue se mettre devant lui, tremblante. Il a fixé sur elle ses yeux durs et noirs, en tétant son mégot, puis a tendu une main grasse, lui a saisi l'épaule et lui a tourné la tête pour la voir de profil. Puis il a dit : « Toi, bonne fille, m'obéir. Moi veiller sur toi. Si mauvaise fille… », il n'a pas fini sa phrase, mais a seulement retroussé les lèvres en lui brandissant un poing menaçant sous le nez.

Puis il a dit à Gloria : « Emmène-la. » Et il est sorti.

La vieille bâtisse se composait de la boutique avec la cour, de deux pièces en sous-sol ainsi que de huit pièces dans les étages. Des cloisons en planches minces divisaient chaque pièce en trois ou quatre petits compartiments abritant un lit étroit, voire jusqu'à quatre ou six couchettes. Tous ces lits étaient crasseux, gris, et n'étaient garnis que de couvertures de surplus militaires.

On a emmené Mary dans les étages. En montant, elle a aperçu la pièce or et argent où elle avait passé la nuit avec Zakir. Dans les combles en haut de l'immeuble, une vingtaine de filles étaient allongées par terre ou sur des couchettes. La plupart d'entre elles dormaient.

Gloria a dit : « Tu restes ici. On aura besoin de toi plus tard. »

Mary s'est assise par terre dans un coin. Elle n'avait rien connu d'autre que la pauvreté toute sa vie et, depuis son départ de Dublin, n'avait dormi que dans des abris de fortune des bas quartiers, ou dehors. Elle n'a donc été ni surprise, ni émue. Il faisait chaud dans les combles, et elle n'a pas tardé à s'endormir.

À deux heures, elle a été réveillée par un remue-ménage. La plupart des filles sortaient. Elle s'est levée, mais on lui a dit de rester où elle était. Elle a passé tout l'après midi dans les combles étouffants, à écouter les ronflements sonores de la fille qu'elle avait vu danser sur la table. Elle n'avait rien bu ni mangé, et a passé tout ce temps à rêver à Zakir.

Au début de la soirée, la fille s'est réveillée. Elle s'appelait Dolorès et avait une vingtaine d'années : c'était une fille bien en chair et joviale, prostituée depuis l'enfance. Elle ne connaissait pas d'autre vie et ne pouvait imaginer d'autre façon de la gagner. Elle s'est dressée sur son séant, à moitié réveillée, et a vu Mary. « T'es nouvelle ? »

Mary a hoché la tête.

« Pauvre petite. T'en fais pas, t'auras vite fait de t'habituer au turbin. Une fois que t'as pris le pli, c'est pas si mal. Ce qu'il te faut, c'est un truc, comme moi. Je suis strip-teaseuse. Mais pas du tout-venant. Moi, je suis une *artiste.* » Elle a prononcé le mot avec une grande fierté.

« Allez, faut qu'on soit descendues au bar avant que Gloria monte. T'as besoin d'un corsage neuf. Tiens, prends un des miens. Et faut te maquiller un peu. Je vais t'arranger ça. »

Elle a bavardé sans arrêt en s'habillant, en s'occupant de leur coiffure et de leur maquillage à toutes les deux. Mary l'a trouvée sympathique. Son entrain et sa bonne humeur étaient communicatifs.

« Et voilà. Tu es jolie comme tout. »

En fait, Mary était grotesque, mais ne s'en rendait pas compte. Elle était ravie à la vue du visage maquillé que lui renvoyait le miroir.

« Zakir sera là ce soir ?

— T'en fais pas, tu le verras. »

Mary était au comble de la joie, et elle a suivi Dolorès dans le bar pour l'attraction de la soirée.

Elles sont allées à la grande table où étaient déjà assises un certain nombre de filles. Zakir était installé à la table du coin, et le cœur de Mary s'est mis à battre follement. Elle a voulu s'approcher de lui, mais de la main, il lui a fait signe de rester où elle était. Tristement, elle s'est assise avec les autres filles. Elles ne disaient pas grand-chose et la dévisageaient. Une ou deux ont eu un petit sourire, les autres lui ont ouvertement fait la gueule. L'une d'elles, une fille à l'aspect négligé et grossier a lancé : « Regardez-moi ça. La dernière de Zakir. Elle se prend pour qui ? On aura tôt fait de la mettre au pas. Tu vas voir, Mary, Mary, qui sait pas dire oui[1]. »

---

1. *Mary, Mary, quite contrary* : comptine anglaise très connue.

Mary m'a dit que ça ne lui avait vraiment pas plu et qu'elle avait failli partir.

« Et alors, pourquoi ne l'avez-vous pas fait ?

— Parce que Zakir était assis dans le coin, et que pour rien au monde je ne me serais éloignée de lui. »

Je suppose que c'est ainsi qu'il recrutait et gardait la plupart de ses filles.

« Si vous aviez su dans quel genre de vie il vous attirait, seriez-vous partie ? »

Elle a réfléchi avant de répondre : « Non, je ne crois pas, pas au début. C'est seulement quand je l'ai vu amener au bar plusieurs autres filles jeunes et s'asseoir à la table du coin avec elles que j'ai commencé à comprendre ce qu'il avait voulu dire quand il avait annoncé qu'il était "chargé d'acheter la viande". J'aurais voulu me précipiter vers la fille et la mettre en garde, mais c'était impossible et, de toute façon, ça n'aurait avancé à rien. »

Ce soir-là, Mary a eu ses premiers clients. Elle a été mise aux enchères comme vierge, et le plus offrant l'a eue. Huit autres ont suivi. Le lendemain, Zakir a mis son bras autour d'elle et lui a dit qu'il était très content d'elle. Il lui a adressé son sourire éclatant et le cœur de Mary a fondu.

Pendant des mois, elle a vécu de ce sourire et des autres qu'il a daigné lui adresser.

Pendant la première semaine, ses rendez-vous ont été arrangés au bar, parmi les clients ; ils payaient l'Oncle. Elle détestait ça et trouvait ces hommes répugnants, mais comme le disait Dolorès – ainsi que beaucoup d'autres – « on s'habitue ».

Quand elle a été poussée dans la rue et qu'on lui a dit de trouver ses propres clients, la véritable horreur a commencé.

« Il fallait que je ramène une livre par jour, m'a-t-elle dit. Sinon, l'Oncle me frappait au visage ou me tabassait et me donnait des coups de pied. Au début, j'ai demandé deux shillings, mais il y avait tellement d'autres filles qui faisaient le tapin en demandant six pence ou un shilling que j'ai dû baisser mes prix moi aussi. Il m'arrivait de ramener les clients au bar, mais parfois, on faisait ça dans les allées ou les embrasures de porte, debout contre un mur, n'importe où – même dans les sites bombardés. Je me détestais. Il y avait des bagarres terribles entre les filles pour savoir qui travaillait sur quel bout de trottoir, et aussi des bagarres entre les clients. Si une fille essayait de changer de protecteur, elle risquait de se faire trancher la gorge. Vous ne savez pas les choses horribles qui se passent.

« J'étais dehors tout le temps. Je dormais un peu le matin, mais il fallait que je sorte tous les après-midis jusqu'à cinq ou six heures du matin. Je détestais ça, mais je ne pouvais pas arrêter. Je suis une ordure, une mauvaise fille, je... »

Je l'ai interrompue, ne voulant pas qu'elle continue à se flageller.

« Vous avez quand même fini par partir. Qu'est-ce qui vous a décidée ?

— Le bébé, a-t-elle dit à mi-voix. Et Nelly. J'aimais bien Nelly, a-t-elle continué. C'était la seule fille qui était toujours gentille avec tout le monde. Jamais elle ne se disputait, jamais elle n'avait de rancune. Elle venait d'un orphelinat de Glasgow et n'avait jamais connu son père ni sa mère, ni su si elle avait des frères et sœurs. Elle était toujours toute seule, et je crois que c'était parce qu'au fond d'elle-même, elle cherchait toujours quelqu'un avec qui elle aurait des attaches. Elle avait deux ans de plus que moi. »

Alors, Mary m'a révélé la terrible vérité.

« Gloria a découvert que Nelly attendait un bébé. C'était déjà arrivé. D'autres filles étaient tombées enceintes, mais je ne m'en étais pas mêlée, parce que je n'étais pas amie avec elles. Gloria a pris ses dispositions, et une femme est venue. Je ne sais pas qui elle était, mais les filles ont dit que c'était toujours elle qui s'occupait de ça. C'était le matin, et je dormais après ma nuit dehors. J'ai entendu des cris terribles, et j'ai reconnu tout de suite la voix de Nelly. J'ai descendu l'escalier et l'ai trouvée dans une petite pièce. Elle était couchée sur un lit, et elle hurlait. Gloria et deux autres filles lui tenaient les jambes ouvertes pendant que cette femme enfonçait ce qui ressemblait à des aiguilles à tricoter en acier. Je me suis précipitée et l'ai prise dans mes bras en leur disant d'arrêter. Mais bien sûr, elles n'ont rien écouté. Je ne pouvais pas empêcher Nelly de souffrir, alors je l'ai juste serrée fort dans mes bras. »

J'ai demandé à Mary de m'en dire davantage sur Nelly.

« Ça a été horrible. La femme a continué à enfoncer ses aiguilles et à gratter. D'un seul coup, du sang a giclé partout. Sur le lit, le sol et la femme. Celle-ci a dit : “Ça suffit comme ça. Qu'elle garde le lit quelques jours. Ça va aller.” Elles ont nettoyé, jeté les saletés sur le terrain bombardé pendant que je restais avec Nelly. Elle était blanche comme un linge, et souffrait toujours le martyre. Je ne savais pas quoi faire, alors je suis restée avec elle, lui ai donné à boire et me suis occupée d'elle comme j'ai pu. Gloria est venue voir de temps en temps, et m'a dit de ne pas sortir ce soir-là pour rester avec elle. »

Mary s'est mise à pleurer.

« Par moments elle me reconnaissait, mais pas toujours. Elle s'est mise à avoir de la fièvre. Sa peau était brûlante. Je l'ai bassinée avec de l'eau froide, mais ça n'a rien fait. Elle n'arrêtait pas de saigner, si bien que le matelas était trempé de sang. Je suis restée à son chevet toute la journée et toute la nuit. Elle souffrait, elle souffrait. Au petit matin, elle est morte dans mes bras. »

Elle s'est tue, puis a dit d'un ton amer :

« Je ne sais pas ce qu'ils ont fait de son corps. Il n'y a pas eu d'enterrement et la police n'est pas venue. Je suppose qu'ils s'en sont débarrassés sans rien dire à personne. »

J'ai réfléchi : était-il vraiment possible de disposer d'un corps ? Si la fille n'avait ni parents ni amis, qui irait s'enquérir d'elle si elle disparaissait ? Les autres filles du bar la connaissaient, mais elles avaient toutes beaucoup trop peur de l'Oncle pour dire quoi que ce soit. Si Gloria ou l'avorteuse s'étaient fait prendre, elles auraient eu à répondre de meurtre, ou au moins d'homicide involontaire, aussi avait-on établi autour d'elles un réseau de protection. J'étais sûre que de nombreuses prostituées avaient disparu sans que personne s'en inquiète, parce que c'étaient en général des filles sans domicile et sans attaches.

Deux mois plus tard environ, Mary s'est rendu compte qu'elle était enceinte elle aussi, mais la peur l'a poussée à garder le secret. Elle a continué à faire le trottoir alors qu'elle avait des nausées presque en permanence. Elle m'a confié qu'elle avait envie de s'enfuir, mais trop peur pour oser passer à l'acte. Le bébé restait une abstraction pour elle jusqu'au jour où elle l'a senti bouger. Alors, une vague d'amour maternel l'a submergée. Quelque temps plus tard, comme elle s'habillait dans les combles, une autre fille s'est écriée : « Regardez Mary ! Elle est en cloque. »

Alors, tout le monde l'a su.

Paniquée, Mary a compris qu'il fallait qu'elle s'enfuie. Elle m'a dit : « Qu'ils veuillent me tuer, je m'en fichais. Mais ils n'allaient pas toucher à mon bébé. »

Ce soir-là, elle est revenue avec un client et, en montant, elle a vu que la porte de la chambre or et argent était ouverte. Elle a dit à l'homme de se déshabiller dans un box et s'est glissée dans la pièce. Il y avait beaucoup d'argent sur la table. Elle a saisi un billet de cinq livres, a couru comme une folle jusque dans la rue et ne s'est plus arrêtée.

Fuite

Mary a couru pour sauver sa peau, et celle de son bébé. Elle ne savait pas du tout où elle allait, alors elle a couru, couru, la peur au ventre. Il faisait nuit, et son imagination exacerbée lui faisait croire que quelqu'un était à ses trousses. Elle choisissait les rues sans éclairage, car elle craignait d'être reconnue sous les lumières des rues principales.

« J'ai tourné à je ne sais combien de coins de rues ; je me cachais dans des encoignures de portes puis je faisais demi-tour avant d'enfiler en courant une autre rue sombre, en évitant toujours les artères éclairées. J'ai passé toute la nuit à courir. »

En fait, Mary a dû tourner en rond, car elle a décrit le fleuve, les docks, les bateaux, et une église qui ressemblait beaucoup à la fameuse église de St. Mary-le-Bow[1]. Elle ne s'est pas beaucoup éloignée de son point de départ. Après avoir passé la nuit sous le

1. Église célèbre, située dans Cheapside. Elle existe depuis l'époque saxonne, mais le bâtiment actuel a été construit par Wren et achevé en 1680. On dit que pour être un véritable cockney, il faut vivre à portée d'oreille des cloches de cette église.

porche de l'église, les terreurs engendrées par l'obscurité se sont dissipées et elle a décidé de prendre un autobus pour partir loin, et aller là où personne ne la chercherait. Ce n'est que lorsqu'elle est montée sur la plate-forme d'un autobus et a vu le receveur poinçonner les tickets et faire payer un ou deux pence qu'elle s'est rendu compte du problème que posait le billet de cinq livres. Elle ne pouvait pas s'en servir. Elle a sauté de l'autobus quand il a démarré, et elle est tombée dans le caniveau. Plusieurs personnes se sont approchées pour l'aider, mais elle les a repoussées et s'est enfuie en courant, les mains sur le visage.

Mary a passé la journée à se cacher. Cela semblait irrationnel. Je lui ai demandé : « Pourquoi n'êtes-vous pas allée dans un commissariat pour demander la protection de la police ? »

Elle m'a fait une réponse intéressante.

« Je ne pouvais pas. J'étais une voleuse. Ils m'auraient enfermée ou reconduite au bar pour me faire rendre l'argent à l'Oncle. »

Sa terreur de l'Oncle était presque palpable. Elle a passé sa journée à errer en se cachant des passants. Elle a dû se diriger vers le sud après avoir quitté l'église, car c'est dans East India Dock Road qu'elle a finalement eu l'idée de demander à quelqu'un – une femme qui, d'après son allure, n'avait rien à voir avec la prostitution – de lui donner la monnaie de ses cinq livres. Lorsque j'étais descendue de l'autobus ce soir-là, elle m'avait accostée, puis je l'avais remmenée à Nonnatus House où elle avait pris un bon repas et dormi au chaud et en sécurité pour la première fois depuis qu'elle avait quitté la cabane du comté de Mayo.

C'est sœur Julienne qui a pris les dispositions pour que Mary soit accueillie à Church House, Wellclose Square, la maison créée par le père Joe Williamson pour servir de refuge aux prostituées, et tenue par des bénévoles.

Le père Joe était un saint. Les saints revêtent toutes sortes d'apparences et de formes, et ils ne portent pas nécessairement d'auréole. Le père Joe était né à Poplar dans les années 1890 et avait grandi dans l'un des taudis du quartier. Il avait réussi à survivre au froid, à la faim, au manque de soins et à quatre ans au front pendant la Première Guerre mondiale. C'était un dur à cuire, un gamin des rues de l'East End, un fort en gueule qui appelait un chat un chat. Pourtant, quand il était encore enfant, il avait eu une vision où Dieu l'appelait à devenir prêtre. Il a dû surmonter l'absence d'une éducation convenable, un accent cockney prononcé que personne ne comprenait, son incapacité à s'exprimer et les préjugés de classe. Ordonné dans les années vingt, il a été curé dans une paroisse du Norfolk et, bien des années plus tard, il est retourné dans l'East End, dans la paroisse de St. Paul à Stepney, en plein milieu du quartier chaud. Il a vu d'emblée la vie épouvantable que menaient ces filles, et dès lors, il a consacré la sienne à aider les prostituées qui voulaient s'en sortir. Le Wellclose Trust existe toujours au XXIe siècle et se consacre toujours à la même tâche.

À Church House, on a fait prendre un bain à Mary, on lui a donné des vêtements propres et chauds, et on l'a bien nourrie. Elle se trouvait là avec cinq ou six autres filles qui, avec plus ou moins de succès, essayaient d'arrêter la prostitution. Mary avait trop peur pour sortir, mais peu à peu, ses craintes d'être retrouvée et assassinée se sont calmées, les couleurs sont revenues à ses joues pâles et ses yeux d'Irlandaise ont recommencé à pétiller.

Je suis allée la voir plusieurs fois pendant cette période de calme, parce qu'elle paraissait toujours le souhaiter, et aussi parce que je désirais en savoir davantage sur la prostitution. C'est pendant ces visites que j'ai appris les détails déchirants de sa vie à Londres. Je pense qu'elle a été relativement heureuse pendant ce bref interlude qui, hélas, ne pouvait pas durer. D'abord, sa grossesse avançait et, si elle bénéficiait d'un suivi prénatal en habitant Church House, la maison n'était pas équipée pour accueillir une mère avec son bébé. Ensuite et surtout, Church House était dangereusement proche de Cable Street et du Full Moon Café. Tant qu'elle ne quittait pas la maison, elle n'était pas en danger, mais à un moment ou à un autre, elle voudrait s'aventurer à l'extérieur – Church House n'était pas une prison. Or, ses craintes d'être reconnue étaient tout à fait fondées selon le père Joe, comme celles d'être enlevée ou assassinée.

Au cours de son huitième mois de grossesse, alors qu'elle n'avait encore que quinze ans, elle a été transférée dans une institution gérée par l'Église catholique et destinée à accueillir des mères avec leurs bébés. C'était dans le Kent, et j'y suis allée une fois avant la naissance du bébé. Mary était toute à son impatience et à son bonheur. Elle appréciait la compagnie et l'amitié des autres femmes et filles, qui n'étaient pas des prostituées, mais venaient des couches les plus pauvres et les plus vulnérables de la société. Beaucoup d'entre elles avaient des bébés, et Mary était à même d'exercer la plus gratifiante et la plus douce de toutes les activités féminines. Elle suivait les cours de puériculture des religieuses, donnait avec bonheur le bain à des poupées qu'elle habillait, écoutait des topos sur la diarrhée, l'érythème fessier et l'allaitement au sein, et comptait les jours qui la séparaient de la naissance de son bébé.

Le personnel de Church House a reçu le même matin que moi une carte postale annonçant la naissance d'une petite Kathleen. Je me suis dit qu'elle avait dû être écrite par l'une des religieuses, car je n'ignorais pas que Mary savait lire un peu, mais à peine écrire. Toutefois, son nom s'étalait en grosses lettres au bas de la carte, avec une rangée de croix tenant lieu de baisers. J'ai été profondément touchée par ces croix maladroites, environ vingt-cinq, et me suis demandé à qui d'autre elle avait communiqué la merveilleuse nouvelle avec autant de baisers. À sa mère ? À ses frères et sœurs ? Savait-elle où se trouvait sa mère alcoolique, ou ses sœurs toujours à l'orphelinat ? Si une carte avait été envoyée à son ancienne adresse à Dublin, avait-elle été reçue ou la famille avait-elle déménagé ? Quelqu'un d'autre était-il au courant ? Quelqu'un d'autre se souciait-il de la nouvelle ? Des larmes me sont montées aux yeux à la vue de la rangée de croix, cette profusion de baisers affectueux à une femme qu'elle avait simplement rencontrée à un arrêt d'autobus.

Quelques jours plus tard, lors de mon congé hebdomadaire, je suis allée voir Mary dans le Kent, poussée par le sentiment que quelqu'un devait partager avec elle la joie de cet événement miraculeux. Pendant le voyage, je me suis demandé si cela ne serait pas pour elle l'occasion d'un nouveau départ. La maternité exalte ce qu'il y a de meilleur chez la plupart des femmes, et de jeunes écervelées frivoles deviennent des mères responsables et fiables dès que leur enfant est né. Je savais avec certitude que Mary était douce, aimante et trop encline à faire confiance. Je me suis souvenue que c'était justement sa douceur et sa confiance qui, combinées à la pauvreté et aux épreuves physiques, l'avaient conduite à la prostitution. À l'évidence, elle détestait cela, et avait été pratiquement réduite à l'esclavage. Maintenant, elle était libérée.

Le train traversait la campagne à petite vitesse et j'ai éprouvé une bouffée de satisfaction tranquille et de plaisir. Jamais je n'ai songé à la façon dont elle allait subvenir à ses besoins et à ceux du bébé.

J'ai trouvé Mary nageant dans le bonheur. Le doux rayonnement des premiers jours de la maternité émanait d'elle et m'a paru m'envelopper dès que j'ai franchi le seuil de sa chambre. Deux mois de repos, une bonne nourriture et un suivi prénatal de qualité avaient fait des merveilles. Disparus, ses traits tirés et sa pâleur, disparus, ses mouvements de mains nerveux ; et surtout, disparue, la peur qui emplissait ses yeux. Elle était complètement inconsciente de sa beauté, ce qui la rendait d'autant plus séduisante. Et le bébé ? Naturellement, chaque bébé est le plus beau du monde, et ce petit-là n'avait aucun mal à surpasser tous les autres ! Kathleen avait dix jours et Mary ne cessait de s'extasier sur elle, sur la façon dont elle dormait, buvait, gazouillait, pédalait et riait. Elle était intarissable, joyeuse et totalement absorbée par l'amour dévorant qu'elle éprouvait. Je l'ai quittée en me disant que c'était la meilleure chose qui pouvait lui arriver, et qu'une nouvelle vie s'ouvrait pour elle.

Une quinzaine de jours plus tard est arrivée une carte postale :

MANMOISEL JENY
NONATUN HOUS
POPLAR
LONDRE

Que la lettre soit parvenue à destination est tout à l'honneur de notre service postal, car s'il y avait une adresse, le pli n'était pas affranchi. Au dos étaient griffonnés ces mots :

BÉBÉ PARTI. VENÉ ME VOIR. MARY XXXXX

Soucieuse, j'ai montré la carte à sœur Julienne.

« Est-ce que PARTI veut dire qu'il est ailleurs ? Dans ce cas, où ? Ça ne veut quand même pas dire qu'il est mort ? » ai-je demandé.

La religieuse a tourné la carte plusieurs fois dans ses mains avant de répondre : « Non, je ne crois pas que cela signifie que le bébé est mort. Elle aurait écrit MOR. Vous feriez bien de profiter de votre jour de congé pour aller la voir, car visiblement, c'est ce qu'elle attend. »

Le voyage en train dans le Kent m'a paru plus long et plus pénible que la fois précédente. Je n'avais pas de pensées réconfortantes pour m'occuper l'esprit pendant le trajet. J'étais perplexe et ne parvenais pas à chasser mes pressentiments désagréables. L'institution pour jeunes mères avait toujours le même aspect : un parc agréable et dégagé, parsemé de voitures d'enfant, des jeunes femmes souriantes, des religieuses vaquant à leurs tâches. Je suis entrée et on m'a conduite dans un salon.

Lorsque j'ai vu Mary, j'ai eu un choc. Elle avait une mine épouvantable : le visage enflé, marbré de rouge, et de grands cernes sous les yeux. Elle m'a regardée fixement sans me voir. Elle était échevelée, et ses vêtements étaient déchirés. Je suis restée dans l'embrasure de la porte, à la regarder, mais elle ne m'a pas vue. Elle s'est levée d'un bond, s'est précipitée vers la fenêtre et a commencé à marteler la vitre de ses poings sans cesser de gémir. Puis elle s'est précipitée de l'autre côté de la pièce et s'est mise à se taper la tête contre le mur. J'en croyais à peine mes yeux.

Je me suis approchée d'elle en disant « Mary » d'une voix forte. J'ai répété son nom à plusieurs reprises. Elle s'est retournée, a fini par me reconnaître et a poussé un cri. Elle s'est cramponnée à moi et a voulu parler, mais aucun son n'est sorti de sa bouche.

Je l'ai conduite vers un canapé et l'ai aidée à s'asseoir.

« Qu'est-ce qui se passe ? ai-je demandé. Qu'est-ce qui est arrivé ?

— On a emmené ma petite.

— Où ?

— Je ne sais pas. On ne veut pas me le dire.

— Quand ?

— Je ne sais pas. Mais elle est partie. Le matin, elle n'était plus là. »

Je suis restée sans voix. Comment réagir à une si terrible nouvelle ? Nous nous sommes regardées sans rien dire, horrifiées, puis elle a grimacé de douleur, une douleur qui a paru se répandre dans tout son corps. Elle a largement écarté les bras et elle est retombée en arrière contre les coussins. J'ai tout de suite vu de quoi il s'agissait : elle allaitait, et maintenant que l'enfant ne la tétait plus, ses seins étaient horriblement engorgés. Je me suis penchée pour ouvrir son corsage. Elle avait deux seins énormes, durs comme de la pierre ; celui de gauche était rouge vif et chaud au toucher. J'ai pensé : « Elle risque un abcès du sein. En fait, elle en a sans doute déjà un. »

Elle a gémi : « J'ai mal » et a serré les dents pour ne pas hurler.

J'étais dans la plus grande confusion. Qu'est-ce qui avait bien pu se passer, grands dieux ? Je n'arrivais pas à croire qu'on avait enlevé son bébé à Mary. Quand le plus gros du spasme douloureux a été passé, j'ai annoncé : « Je vais voir la mère supérieure. »

Elle m'a agrippé la main. « Oh, oui ! Je le savais que vous retrouveriez mon bébé. »

Elle a souri et les larmes ont ruisselé sur ses joues. Elle a enfoui sa tête dans les coussins, et sangloté à faire pitié.

Je suis sortie et j'ai demandé où se trouvait le bureau de la mère supérieure.

La pièce était dépouillée et meublée avec parcimonie : un bureau, deux chaises de bois et un placard. Des murs blancs où seul un crucifix tranchait sur la surface lisse. L'habit de la mère supérieure était entièrement noir, avec un voile blanc. C'était une femme d'une grande beauté, à l'expression sereine et ouverte, et qui semblait avoir la cinquantaine. J'ai tout de suite senti que je pouvais lui parler.

Je n'y suis pas allée par quatre chemins : « Où est le bébé de Mary ? »

Elle m'a regardée un moment sans broncher avant de répondre.

« L'enfant a été proposé à l'adoption.

— Sans le consentement de sa mère ?

— Le consentement n'est pas nécessaire. L'adolescente n'a que quatorze ans.

— Quinze.

— Quatorze ou quinze, cela revient au même. Légalement, elle est mineure, et son consentement est sans valeur.

— Mais comment avez-vous osé lui enlever son bébé à son insu ? Elle en crève ! »

La mère supérieure a soupiré. Elle était assise, le dos parfaitement droit, sans s'appuyer contre le dossier de sa chaise, les mains jointes sous son scapulaire. Elle paraissait hors du temps, sans âge et sans pitié. Seule la croix sur sa poitrine bougeait au rythme de sa respiration. Elle a dit d'un ton uni :

« Le bébé est en cours d'adoption par une bonne famille de catholiques avec un enfant. La mère a été malade et ne peut plus avoir d'enfants. Le bébé de Mary aura une bonne éducation et une bonne instruction. Elle aura tous les avantages d'un foyer chrétien.

— On n'en a rien à faire, du bon foyer chrétien, ai-je rétorqué, sentant la colère monter en moi. Rien ne peut remplacer l'amour d'une mère, et Mary adore son bébé. Elle va mourir ou devenir folle de chagrin. »

La mère supérieure est restée un moment sans répondre, à regarder bouger les branches d'un arbre juste de l'autre côté de la fenêtre. Puis elle a tourné la tête lentement et m'a regardée bien en face. Ce lent mouvement délibéré de la tête, d'abord vers la fenêtre, puis vers moi, m'a aidée à contenir ma colère. Son visage était triste. Peut-être n'est-elle pas totalement imperméable à la pitié, ai-je pensé.

« Nous avons fait tout ce que nous pouvions pour retrouver la famille de Mary. Nous avons passé trois mois à chercher dans les registres paroissiaux et ceux de l'état civil en Irlande, sans succès. La mère de Mary est une alcoolique, et on ne retrouve pas sa trace. Il n'y a ni oncles ni tantes en vie. Le père est mort ; les plus jeunes frères et sœurs sont confiés aux services sociaux. Si nous avions pu trouver un parent ou tuteur susceptible de recevoir Mary et son bébé et d'assumer la responsabilité des deux, elle aurait bien évidemment pu garder son enfant. Mais nous n'avons pu trouver personne. Dans l'intérêt bien compris de l'enfant, il a été décidé de le faire adopter.

— Mais cela va tuer Mary ! »

La mère supérieure n'a pas répondu à ma remarque, mais a dit : « Comment une fille de quinze ans sans instruction, sans toit, sans métier, hormis celui de la prostitution, peut-elle assurer l'entretien d'un enfant et l'élever ? »

À mon tour, j'ai répondu de façon détournée.

« Elle a quitté la prostitution. »

La mère supérieure a soupiré de nouveau et marqué une longue pause avant de répondre :

« Vous êtes jeune, ma chère enfant, et pleine d'une noble indignation, ce qui plaît à Notre-Seigneur. Mais vous devez comprendre qu'il est extrêmement rare qu'une prostituée abandonne son métier. C'est une manière trop facile de gagner de l'argent. Quand une fille a des difficultés financières, l'occasion est à portée de main. Pourquoi travailler dur dans une usine pour cinq shillings par jour quand on peut en gagner dix ou quinze en une demi-heure ? On sait par expérience que rien n'est plus nocif pour un jeune enfant que de voir sa mère faire le trottoir.

— Mais vous ne pouvez pas la condamner pour ce qu'elle n'a pas encore fait ?

— Non, nous ne condamnons ni ne blâmons. L'Église pardonne. En tout état de cause, il est évident que Mary est plus victime que fautive. Notre premier souci, c'est la protection et l'éducation de l'enfant. Mary n'a nulle part où aller en sortant d'ici. Qui va l'héberger ? Nous avons essayé de lui trouver une place fixe comme domestique, mais avec un bébé, cela n'a pas été possible. »

Je n'ai rien répondu. Le raisonnement de la mère supérieure était imparable. J'ai répété mon argument précédent : « Mais cela va la tuer ! Elle a déjà l'air à moitié folle ! »

La mère supérieure est restée parfaitement immobile. De l'autre côté de la fenêtre, les feuilles continuaient à frémir. Elle a gardé le silence trente secondes, puis elle a repris : « Nous sommes voués dès la naissance à la souffrance, l'incertitude et la mort. Ma mère a eu quinze enfants. Quatre seulement ont atteint l'âge adulte. Onze fois, ma mère a connu les souffrances que traverse Mary. À travers l'histoire, je ne sais combien de millions de femmes ont enterré la plupart des enfants qu'elles ont mis au monde, et subi l'épreuve du deuil d'un enfant. Elles y ont survécu, comme Mary y survivra, et ont eu d'autres enfants, comme Mary, je l'espère. »

Je n'ai rien trouvé à répondre. Peut-être aurais-je dû fulminer et pester contre l'arrogance d'une décision pareille, prise sans que Mary ait voix au chapitre ; ou ironiser sur la richesse de l'Église catholique, et demander pourquoi elle ne pouvait subvenir quelques années aux besoins de Mary et de son bébé ? Peut-être aurais-je pu dire beaucoup de choses, mais j'ai été réduite au silence par ma connaissance des chiffres de la mortalité infantile, par le profond discernement que révélaient les paroles de la supérieure et par la tristesse dans ses yeux.

Je me suis bornée à demander : « Mary saura-t-elle jamais qui a adopté son bébé ? »

La mère supérieure a secoué la tête.

« Non. J'ignore moi-même le nom de cette famille. Aucune des religieuses n'en a jamais connaissance. L'adoption est complètement anonyme. Mais vous pouvez assurer Mary que sa petite fille a été confiée à une bonne famille catholique et qu'elle aura un bon foyer. »

Tout avait été dit, et la mère supérieure s'est levée. C'était le signal que l'entretien était terminé. Elle a sorti sa main droite de derrière son scapulaire et me l'a tendue. De longs doigts fins, sensibles. Ce n'est pas souvent qu'on voit une aussi belle main et quand je l'ai prise, son étreinte était chaude et ferme. Nos regards se sont croisés, pleins de tristesse et, je crois, de respect mutuel.

Je suis retournée au salon. Quand je suis entrée, Mary a bondi du canapé, le visage illuminé par l'espoir. Mais en lisant mon expression, elle a poussé un cri lamentable et elle est retombée sur les coussins où elle a enfoui sa tête à nouveau. Je me suis assise à côté d'elle, essayant de la consoler. En vain. Je lui ai expliqué que la petite irait dans une bonne famille, où l'on s'occuperait bien d'elle. Je lui ai expliqué qu'elle aurait beaucoup de mal à travailler pour vivre et élever un enfant. Je ne crois pas qu'elle ait rien entendu de ce que je lui disais. Son visage est resté caché dans les coussins. Quand j'ai dit qu'il faudrait que je parte bientôt, elle n'a pas eu de réaction. J'ai essayé de lui caresser les cheveux, mais elle a repoussé ma main avec colère. Je suis sortie de la pièce sur la pointe des pieds et j'ai fermé la porte sans bruit, trop triste pour dire un simple au revoir.

Je n'ai jamais revu Mary. Je lui ai écrit une fois, mais n'ai pas reçu de réponse. Un mois plus tard, j'ai écrit à la mère supérieure pour demander des nouvelles, et l'on m'a dit que Mary avait accepté un poste, logée et nourrie, comme fille de salle dans un hôpital de Birmingham. Je lui ai écrit à nouveau, mais n'ai pas eu de réponse.

Les circonstances rapprochent les gens ou les éloignent. On ne peut garder le contact avec tous ceux qu'on rencontre dans une vie. En tout état de cause, y avait-il entre Mary et moi une amitié véritable ? Sans doute pas. C'était surtout une amitié de dépendance de sa part, de pitié et (j'ai presque honte de l'avouer) de curiosité de la mienne. J'étais intriguée par le monde caché de la prostitution et voulais en savoir davantage. Ce n'était pas une base pour la rencontre de deux esprits et pour une affection authentique. J'ai donc renoncé à poursuivre la relation.

Quelques années plus tard, alors que j'étais une épouse comblée avec deux enfants, l'histoire d'un bébé enlevé dans sa poussette dans une banlieue de Manchester a fait la une de tous les journaux. Les parents, désespérés et en larmes, ont été interviewés à la télévision, suppliant qu'on leur rende leur bébé. Une traque nationale a été organisée et, dans tout le pays, on a prétendu avoir vu le kidnappeur possible. Toutes les pistes se sont révélées fausses. Douze jours ont passé, et l'histoire a commencé à passer au second plan.

Le quatorzième jour, j'ai lu qu'une femme avait été appréhendée à Liverpool, alors qu'elle s'embarquait pour l'Irlande. Montée à bord avec un bébé de six semaines, elle était interrogée par la police. Quelques jours plus tard, un compte rendu plus détaillé disait que la femme en question avait été accusée d'avoir enlevé un enfant deux semaines auparavant. La photographie était celle de Mary.

Elle est restée en prison cinq mois en attendant son procès. Pendant tout ce temps, j'ai hésité à aller la voir, mais ne l'ai pas fait, en partie parce que je me demandais de quoi nous pourrions bien parler, mais aussi parce qu'avec deux enfants de moins de trois ans, une maison à tenir et un poste d'infirmière de nuit à temps partiel, la perspective d'un voyage aller et retour à Liverpool était dissuasive.

J'ai suivi le procès dans les journaux. On a invoqué des circonstances atténuantes à cause de la perte de son propre bébé. Son avocat a souligné le fait que le bébé avait été bien soigné et que la ravisseuse n'avait eu aucune intention de lui faire du mal. Mais l'accusation a insisté sur la souffrance des parents et la vie vagabonde et instable que Mary avait toujours menée. Vingt-six autres délits de racolage et de vol à la tire ont été retenus.

Le jury a déclaré Mary coupable, mais a demandé l'indulgence du juge. Celui-ci l'a malgré tout condamnée à une peine de prison ferme de trois ans, en demandant qu'elle reçoive un traitement psychiatrique pendant son incarcération.

Mary a commencé à purger sa peine à la prison pour femmes de Manchester dans sa vingt et unième année.

Sœur Evangelina

À cause d'une fracture à l'épaule, je n'ai pu me présenter à l'examen final d'obstétrique et j'ai dû attendre la session suivante pendant plusieurs mois. Sœur Julienne m'a suggéré de me joindre à l'équipe infirmière du secteur[1] pour compléter mon expérience. J'ai donc eu le privilège de travailler avec des gens âgés, nés au XIXe siècle.

C'était sœur Evangelina qui était responsable des soins infirmiers du secteur. Si j'étais très désireuse de faire ce travail, je n'avais guère envie de me retrouver sous la houlette de sœur Evangelina, qui me paraissait pesante et dépourvue d'humour. De plus, elle me faisait comprendre de façon détournée mais très claire qu'elle ne m'appréciait pas du tout. Elle trouvait toujours quelque chose à me reprocher : une porte refermée avec bruit, une fenêtre laissée ouverte, le désordre, une tendance à rêver (elle appelait cela « être dans la lune »), la gaieté, le fait de chanter dans la salle de soins, l'inattention. La liste était inépuisable. Je ne

1. Dans le cadre du National Health Service, des soins infirmiers étaient assurés gratuitement par quartier.

pouvais rien faire de bien aux yeux de sœur Evangelina. Quand sœur Julienne l'a informée que je devais travailler avec elle, elle m'a regardée fixement, ses traits lourds se sont figés en une expression renfrognée, puis elle a dit « Mmmff ! », a tourné les talons et s'est éloignée de son pas pesant. Pas un mot de plus !

Nous avons travaillé ensemble pendant plusieurs mois, et si nous n'avons jamais été proches, j'ai en revanche appris à mieux la connaître et compris que toutes les religieuses, à cause de leurs vœux monastiques mêmes, sont des êtres exceptionnels. Aucune femme ordinaire ne pourrait mener une vie comme la leur. Il doit nécessairement y avoir chez une religieuse une qualité remarquable, si ce n'est plusieurs.

À mes yeux, sœur Evangelina avait dans les quarante-cinq ans, âge inconcevable quand on en a vingt-trois. Mais les religieuses ont toujours l'air beaucoup plus jeunes qu'elles ne le sont en réalité. Comme elle avait été infirmière pendant la Première Guerre mondiale, elle devait en réalité avoir plus de soixante ans à l'époque évoquée ici.

La première matinée a mal commencé. La chaudière de la salle de soins s'était éteinte, et les instruments et seringues de sœur Evangelina n'étaient donc pas stérilisés. Elle a hélé Fred sans ménagement et à tue-tête pour qu'il vienne s'en occuper. Quand il a descendu l'escalier en sifflotant – faux – avec ses pelles, ses râteaux et ses tisonniers, elle a grommelé quelque chose sur « ce propre-à-rien ». Et elle m'a envoyée à la cuisine avec la consigne suivante : « Faites-moi bouillir tout ça sur la cuisinière pendant que je trie les compresses, et grouillez-vous ! » Avant d'arriver à la porte, j'ai fait tomber une seringue en verre, car le haricot était plus que plein, et elle s'est cassée sur les dalles de pierre. Ce qui m'a valu un vigoureux savon sur ma négligence et ma maladresse, assorti de lamentations sur ce qu'elle devait supporter au jour d'aujourd'hui. Quand elle en est arrivée à sa tirade sur les « petites écervelées », j'ai pris la fuite, laissant derrière moi les fragments de verre brisé. Dans la cuisine, Mrs. B. était postée devant la cuisinière à gaz, sur laquelle bouillaient joyeusement une demi-douzaine de casseroles, et elle ne m'a pas vue arriver d'un bon œil. Il m'a donc fallu assez longtemps pour stériliser le matériel et, avant même de quitter la cuisine, j'entendis pester sœur Evangelina. Elle a pris le matériel pour le ranger dans les trousses non sans me faire savoir que « j'avais traînaillé et rêvassé comme d'habitude. Est-ce que je me rendais compte qu'on avait vingt-trois injections d'insuline, quatre pansements stériles à faire, sans compter deux sondes à poser, et qu'il resterait encore deux ulcères de jambe à panser, trois soins de hernies en post-opératoire, deux toilettes et trois lavements à pratiquer avant le déjeuner ? ».

Toutes les sages-femmes étaient parties, et nous étions les dernières à quitter Nonnatus House ce matin-là. Le hangar à vélos était presque vide. La bicyclette favorite de sœur Evangelina avait été prise par inadvertance par quelqu'un d'autre. Son nez a rougi, les yeux lui sont sortis de la tête, et elle a marmonné qu'elle n'aimait pas celui-là, ce vieux Triumph était trop petit et le Sunbeam trop haut. Qu'elle devrait sans doute se contenter du Raleigh, mais que ce n'était pas celui qu'elle préférait.

Avec déférence, j'ai dégagé le Raleigh du support à vélos, attaché la trousse noire à l'arrière et j'ai vu les pneus fléchir sous son corps volumineux et lourd quand elle l'a escaladé. Je crois que c'est alors que j'ai compris qu'elle avait plus de quarante-cinq ans. Carrée et massive, elle manquait totalement d'agilité, et ce n'était que par la seule force de sa volonté et de sa détermination qu'elle réussissait à pédaler.

Une fois partie, son humeur a paru s'améliorer, et elle s'est tournée vers moi avec un semblant de sourire. Dans les rues, de nombreuses voix ont lancé : « Bonjour, sœur Evie ! » Elle a fait de grands sourires – jamais je ne l'avais vue aussi gracieuse – et a répondu gaiement. Une fois, elle a essayé d'agiter la main, mais le vélo a fait une embardée dangereuse, et elle n'a pas renouvelé l'expérience. J'ai commencé à me dire qu'elle était très appréciée et bien connue dans le quartier.

Chez les gens, elle était bourrue, ne mâchait pas ses mots, et se montrait vraiment discourtoise (à mon sens), mais personne ne semblait prendre cela en mauvaise part.

« Alors, Mr. Thomas, il est prêt, votre petit flacon ? Dépêchez-vous, il faut que je l'analyse et je n'ai pas que ça à faire, moi. Voilà, ne bougez pas pendant la piqûre. Ne bougez pas, je vous ai dit. Bon, je file. Si vous vous mettez à sucer des bonbons, ça vous tuera. Moi, ça me dérange pas, notez bien, et je suppose que ça serait bon débarras pour votre femme ; mais le chien vous regretterait. »

J'ai été choquée. Ce n'était pas une façon de parler aux malades, d'après les manuels à l'usage des infirmières. Mais le vieux et sa femme ont hurlé de rire et il a dit : « Si je pars le premier, je vous chaufferai la place, hein, sœur Evie ? Et on fera pot commun, hein ! »

J'ai cru que pareille insolence la rendrait furieuse, mais elle a descendu l'escalier de fort bonne humeur et lancé : « Ôte-toi de là, petit » à un enfant que nous avons rencontré dans le couloir.

Toute la matinée, elle a conservé sa bonne humeur et continué à adresser aux patients ses plaisanteries robustes. Je ne me suis plus étonnée, car j'ai compris que c'était ce que ses patients aimaient chez elle. Elle les traitait sans la moindre trace de sentimentalité ni de condescendance. Les vieux habitants des docks étaient habitués à rencontrer de charitables bénévoles des classes moyennes qui daignaient prodiguer leurs bienfaits à leurs inférieurs. Les cockneys méprisaient ces gens-là, prenaient ce qu'ils pouvaient en tirer et se moquaient d'eux derrière leur dos ; mais sœur Evangelina n'était pas femme à prendre de grands airs ni à faire des simagrées. Elle en aurait été incapable. L'imagination n'était pas son point fort, et elle n'aurait pas su inventer ni composer. Elle était d'une honnêteté sans détour, et face à une personne ou à une situation, elle réagissait sans arrière-pensée ni affectation.

Au fil des mois, j'ai commencé à comprendre pourquoi sœur Evangelina était si appréciée des cockneys : elle était l'une des leurs. Sans être née dans l'East End elle-même, elle venait d'une famille très pauvre d'ouvriers de Reading. Jamais elle ne me l'a dit (c'est à peine si elle m'adressait la parole), mais je l'ai clairement compris d'après certaines de ses réflexions aux patients. Par exemple : « Ces jeunes ménagères, elles ne connaissent pas leur bonheur ! Quoi ! Un W.-C. dans chaque appartement ? Vous vous souvenez des vieux cabinets en planches, Papa, des journaux sur le siège, et de la queue qu'il fallait faire quand il gelait et qu'on était près d'éclater ? » Ce genre de remarque était en général suivie par un éclat de rire et des blagues bien scatologiques avec, pour finir, l'histoire éculée du type qui était tombé dans une fosse d'aisances et en était ressorti avec une montre en or. Dans la première moitié du siècle dernier, on ne considérait pas l'humour des latrines comme vulgaire ou de mauvais goût dans les classes populaires, car les fonctions naturelles s'accomplissaient aux yeux de tous. Il n'y avait aucune intimité. Une douzaine de familles se partageaient un cabinet, qui n'avait qu'une demi-porte, les parties supérieure et inférieure étant absentes, si bien que tout le monde savait qui y était, on entendait tout et surtout, on sentait tout. « C'est une chieuse » n'était pas une observation morale, mais un constat.

Sœur Evangelina avait ce type d'humour robuste. Avant un lavement, elle lançait : « Bon, on va vous mettre un pétard dans le cul, Papa, alors remuez-vous un peu les tripes. Le jules est prêt, Maman, et les pinces à linge pour nous boucher le nez aussi ? » On continuait à rire sur le fait qu'il n'y était pas « allé » depuis quinze jours, et qu'il devait y avoir là-dedans une bouse grosse comme celle d'un éléphant. Et personne n'était gêné le moins du monde, à commencer par le patient.

Non, sœur Evangelina n'était pas dénuée d'humour. Le seul ennui, c'était qu'à Nonnatus House, le sien était différent de celui de toutes ses consœurs. Elle était entourée de valeurs bourgeoises, et la soupape de sécurité de l'humour commun à toutes les religieuses lui était inaccessible. Elle ne pouvait pas comprendre leurs plaisanteries, c'était aussi simple que cela, aussi était-elle toujours obligée de regarder si tout le monde riait avant de se joindre aux autres, sans grande conviction.

De même, son sens de l'humour à elle n'aurait certainement pas été apprécié au couvent. En fait, il aurait été accueilli par une réprobation sévère. Qui sait si elle n'avait pas essayé de plaisanter dans le passé, et ne s'était pas vue priée par la mère supérieure de faire pénitence pour des propos inconvenants ou déplacés ? Alors, la jeune novice avait dû simplement se renfermer, afficher une mine solennelle et un sérieux pesant. Ce n'était qu'avec ses patients des docks qu'elle pouvait être vraiment elle-même.

Son accent aussi changeait, et la prononciation de la classe moyenne, acquise au cours des années, cédait la place à quelque chose qui se rapprochait du dialecte cockney. Jamais elle n'a parlé avec l'accent prononcé des vrais cockneys – cela aurait été une affectation dont elle était incapable –, mais certaines phrases, certaines expressions idiomatiques lui venaient naturellement. Elle parlait librement de « Mystique-y-pète », ce qui m'intriguait beaucoup, jusqu'au jour où j'ai découvert que c'était l'argot cockney pour Mist. Expect., *Mist* étant en latin médical l'abréviation de « mixture » et *expect*, celle d'« expectorante ». Cela désignait l'ipéca, qui pouvait s'acheter dans n'importe quelle pharmacie et était le remède souverain pour presque tout. Elle parlait aussi de « Nue-Monique » pour « pneumonie » et disait d'un malade atteint de bronchite qu'il avait « mal au gésier ». Pour les désordres intestinaux, elle avait tout un éventail d'expressions – la chiasse, la foirade, la cliche, la courante, et la philanthropie pour la « tripe en folie » – qui étaient toutes accueillies avec des hurlements de rire. Elle comprenait à l'évidence une grande partie de l'argot rimé des cockneys, même si elle ne l'utilisait guère.

Elle partageait la peur des anciens face à l'hôpital, une peur qui s'exprimait largement par le biais du mépris et de la dérision. En Angleterre, même dans les années cinquante, la plupart des hôpitaux étaient des asiles de pauvres reconvertis, si bien que pour des gens qui avaient vécu toute leur vie dans la crainte d'y être envoyés, les bâtiments eux-mêmes étaient imprégnés d'une atmosphère de dégradation et de mort. Sœur Evangelina ne faisait rien pour dissiper cette terreur des hôpitaux ; en fait, elle l'encourageait avec vigueur, attitude qui aurait été sévèrement blâmée par le Collège royal des infirmières si l'on en avait eu connaissance. Elle laissait tomber des remarques telles que : « Vous ne voulez pas aller à l'hôpital pour qu'un tas de carabins vous prennent pour cobaye », ou : « Ils prétendent soigner les pauvres, mais c'est aux riches que ça profite. » Deux réflexions qui laissaient entendre que les hôpitaux aimaient faire des expériences sur les patients pauvres. Elle affirmait, exemples à l'appui, que les femmes qui allaient à l'hôpital pour complications après un avortement clandestin étaient délibérément maltraitées. Comme sœur Evangelina était incapable d'inventer ou d'exagérer, cela garantissait l'exactitude de son témoignage. Je ne peux dire si ces mauvais traitements étaient répandus en Angleterre dans la première moitié du siècle. Mais au milieu des années cinquante, j'avais été témoin dans un hôpital parisien de la vérité consternante de ses propos, et je n'ai jamais oublié à ce jour cette expérience.

Sœur Evangelina avait tout un éventail de conseils maison à donner à ses patients : « Où que vous soyez, les vents doivent souffler », phrase qui recevait toujours cette réponse psalmodiée : « À l'église réso-o-onnent les pets de no-o-onnes. » Un jour, un vieillard a fait suivre ceci d'un « Oups ! Soit dit sans vouloir vous vexer, ma sœur ! » À quoi elle a répondu : « Je suis bien sûre qu'on y entend aussi ceux du pasteur ! » Constipation, diarrhée, poireaux et fibres, coliques et tuyauterie, caisses et louises provoquaient plus d'hilarité que tout autre sujet, et sœur Evangelina n'était pas la dernière à en rajouter. Après m'être remise de ma stupéfaction initiale, j'ai compris que cela n'était pas considéré comme vulgaire ni obscène. Si les rois de France avaient pu déféquer devant toute la Cour, les cockneys pouvaient bien en faire autant ! En revanche, les obscénités sexuelles et les blasphèmes étaient strictement interdits dans les familles respectables de Poplar, et on ne plaisantait pas avec la morale sexuelle.

Mais je digresse. Sœur Evangelina m'intéressait beaucoup à cause de son milieu d'origine : issue des taudis de Reading au XIXe siècle, elle s'était sortie à la force du poignet de la pauvreté la plus abjecte. L'enfant à moitié analphabète était devenue infirmière diplômée et sage-femme. Pour un garçon, pareille trajectoire n'aurait déjà pas été facile, mais pour une fille, il était exceptionnel de s'affranchir de l'ignorance et de la pauvreté pour se faire accepter dans une profession réservée aux classes moyennes. Seule une personnalité très forte pouvait permettre pareil exploit.

J'ai découvert que la Première Guerre mondiale lui avait ouvert les portes de la liberté. Elle avait seize ans quand la guerre a éclaté et travaillait à l'époque à l'usine de biscuits Huntley et Palmer à Reading depuis l'âge de onze ans. En 1914, des affiches appelant les civils à se joindre à l'effort de guerre ont été placardées dans toute la ville. Elle détestait Huntley et Palmer et, avec l'optimisme de la jeunesse, elle s'est dit qu'une usine d'armement ne pourrait représenter qu'une amélioration. Elle a dû quitter son foyer car l'usine se trouvait à dix kilomètres, ce qui était trop loin pour un travail qui commençait à six heures du matin et se terminait à six heures du soir. Les filles étaient logées dans des dortoirs de soixante à soixante-dix lits métalliques étroits avec des matelas en crin. La jeune Evie, qui n'avait encore jamais dormi seule dans un lit, a cru que c'était la marque d'une existence privilégiée. Les ouvrières recevaient un uniforme et des chaussures, et comme elle n'avait jamais porté que des haillons et jamais de chaussures, c'était aussi un luxe véritable, même si les chaussures faisaient mal à ses malheureux pieds d'adolescente. Les cuisines de l'usine fournissaient une nourriture qui, toute simple et frugale qu'elle fût, était bien meilleure que ce qu'elle mangeait d'habitude, et sa pâleur et sa maigreur d'affamée ont disparu. Elle est devenue sinon une beauté, du moins une assez jolie fille.

À la chaîne de montage devant laquelle elle était debout toute la journée, à mettre des écrous dans des mécanismes pour l'armée, l'une des filles a parlé de sa sœur infirmière, et a raconté des histoires sur les jeunes gens qui étaient blessés, malades ou mourants. Quelque chose a frémi dans l'âme de la jeune Evie et elle a su qu'elle voulait devenir infirmière. Elle a trouvé où travaillait la sœur en question et a déposé sa candidature auprès de l'infirmière en chef. Elle n'avait que seize ans quand elle fut acceptée comme VAD[1], ce qui signifiait en réalité pour une fille de sa classe remplir les fonctions de fille de salle. Peu lui importait d'ailleurs. C'était le genre de travail ingrat qu'elle avait fait toute sa vie, sans perspective d'avenir. Seulement cette fois-ci, l'horizon se dégageait. Elle observait avec admiration les infirmières diplômées et décida que, quel que soit le temps qu'il lui faudrait, elle deviendrait l'une d'entre elles.

Sœur Evangelina et les plus vieux de ses clients de Poplar évoquaient souvent la Première Guerre mondiale et partageaient leurs souvenirs et leurs expériences. C'est à partir de ces conversations entendues

1. Voluntary Aid Detachment : corps d'infirmières britanniques volontaires pendant la Première Guerre mondiale.

pendant une toilette ou un pansement que j'ai pu reconstituer son histoire. À l'occasion, elle me parlait directement ou répondait à une question, mais rarement. Avec moi, elle ne s'est jamais beaucoup livrée.

Une seule fois, elle m'a parlé de ses patients soldats. « Ils étaient jeunes, si jeunes, a-t-elle dit. Toute une génération de jeunes gens est morte, et toute une génération de jeunes filles n'a plus eu que ses yeux pour pleurer. » Je l'ai regardée par-dessus le lit – elle ne s'en doutait pas – et j'ai vu des larmes perler au coin de ses yeux. Elle a reniflé un bon coup, tapé du pied et continué à mettre une bande autour d'un pansement sans grand ménagement en ajoutant : « Voilà, Papa, c'est fini. On repassera dans trois jours. Ouvrez l'œil, et le bon. » Et elle est sortie à grandes enjambées pesantes.

À vingt ans, elle s'est portée volontaire pour aller derrière les lignes ennemies. Elle bavardait avec un patient sur les forces aériennes de l'époque et les minuscules biplans qui avaient été inventés vingt ans seulement auparavant. Elle a dit : « C'était après l'of fensive de printemps des Allemands en 1918. On avait des blessés qui étaient restés en rade derrière la ligne sans secours médicaux. Comme on ne pouvait envoyer personne par la route, on a imaginé un transport par avion. J'ai sauté en parachute. »

Le patient a dit : « Vous avez du cran, ma sœur. Vous le saviez, que cinquante pour cent de ces premiers parachutes ne s'ouvraient jamais ?

— Bien sûr que je le savais, a-t-elle répondu sans ambages. On nous avait prévenus. Personne n'était obligé d'y aller. Je me suis portée volontaire. »

Je l'ai regardée d'un tout autre œil. Se porter volontaire pour sauter d'un avion en sachant pertinemment qu'il y avait une chance sur deux pour que ce soit votre dernier saut demandait plus que du cran : il fallait pour cela être de la trempe des héros.

Un jour, nous rentrions à Poplar depuis l'île aux Chiens. Comme aujourd'hui, West Ferry Road, Manchester Road et Preston Road formaient une avenue continue suivant le cours de la Tamise. Mais à l'époque, elle était interrompue en plusieurs endroits par des ponts. Cela permettait aux cargos d'entrer dans les docks, qui étaient un dédale de canaux et de mouillages, de bassins et de jetées. Juste au moment où nous approchions du pont de Preston Road, les feux sont passés au rouge, les grilles se sont fermées et le pont tournant a pivoté. La route serait fermée pendant peut-être une demi-heure. Sœur Evangelina s'est mise à jurer et à ronchonner à voix basse (ce qui, incidemment, était l'une des choses que les gens de Poplar aimaient bien chez elle : elle n'était pas vertueuse au point de s'abstenir de jurer tranquillement toute seule !). Nous avions une alternative : repartir d'où nous venions et faire à vélo tout le tour de l'île aux Chiens pour rejoindre West India Dock Road du côté de Limehouse, soit un trajet de onze kilomètres environ. Hors de question pour sœur Evangelina. Poussant son vélo, elle s'est avancée délibérément, a franchi la grille sur laquelle étaient affichés les panneaux ACCÈS INTERDIT, DÉFENSE D'ENTRER, a ignoré ceux qui disaient DANGER, et a traversé l'espace couvert de pavés ronds pour aller jusqu'au bord du quai. Fascinée, j'ai suivi. Quelle idée pouvait-elle bien avoir derrière la tête ? Elle s'est avancée vers les péniches rassemblées, hélant les dockers en vue pour qu'ils viennent nous aider. Plusieurs se sont avancés en souriant et en ôtant leur casquette. Elle connaissait l'un d'eux.

« Salut, Harry. Comment va votre mère ? Ses engelures doivent avoir guéri maintenant qu'il fait moins mauvais ? Donnez-lui mes amitiés. Et soyez gentil, prenez-moi ce vélo et donnez-nous un coup de main. »

Elle a rassemblé ses jupes, les a retroussées pour les accrocher à sa ceinture et a marché à grands pas vers la péniche la plus proche. « Donnez-moi le bras, mon gars », a-t-elle lancé à un gaillard d'une quarantaine d'années. Elle s'est agrippée à lui et a levé une jambe de côté, nous donnant un aperçu de bas noirs épais et d'une longue culotte bouffante fermée par un élastique juste au-dessus du genou, et elle a pris pied sur la première péniche. J'ai compris ce qu'elle voulait faire : elle allait traverser le fleuve comme les dockers, en sautant de péniche en péniche jusqu'à l'autre rive.

Il y avait huit ou neuf péniches amarrées à traverser ainsi. Les hommes, de bons bougres, se sont rassemblés autour de nous. Il n'y a eu aucune difficulté à traverser la première péniche. Mais ensuite, il fallait escalader le point où deux bateaux étaient côte à côte pour atteindre la seconde péniche. Et ils avançaient. Il a fallu toute la force du costaud, aidé par deux ou trois autres, pour la faire monter sur la péniche voisine. J'ai entendu : des « faut me faire la courte échelle, mon gars », des « oh hisse », « tenez-moi », « poussez », et « bravo, ma sœur ! ». J'ai suivi, assez lestement, sans pouvoir détacher les yeux de cette vieille religieuse intrépide dont le voile volait au vent tandis que son crucifix et son rosaire oscillaient périlleusement, et que son nez rougissait sous l'effort. Deux hommes ont porté nos bicyclettes, les brandissant bien haut au-dessus de leur tête. Elle s'est retournée et les a réprimandés sèchement : « Faites attention à nos trousses. Il ne faut pas rire avec ça. »

La traversée des deuxième et troisième péniches s'est effectuée sans encombre, mais pour arriver à la quatrième, il fallait franchir un espace de quarante centimètres environ. Elle a regardé l'eau entre les bateaux et a dit : « Hmmff. » Elle a retroussé ses jupes encore davantage, a essuyé d'un revers de main une goutte d'eau qui lui pendait au nez et a dit au costaud : « Passez le premier et préparez-vous à m'attraper. » Trois jeunes gens l'ont soulevée – ce n'était pas un poids plume – et elle a grimpé sur le plat-bord de la péniche. Elle est restée debout, les deux pieds fermement plantés sur l'étroite bande, tandis que la péniche avançait, et a regardé d'un air résolu le costaud de l'autre côté. Essoufflée, elle a encore reniflé un grand coup et a lancé : « Bon, si je peux m'appuyer sur vos épaules, ça ira. » Il a hoché le tête et levé les bras. Avec précaution, elle s'est penchée en avant, a mis ses deux mains sur ses épaules, pendant qu'il la prenait sous les aisselles et que les trois jeunes la maintenaient par-derrière. J'ai retenu mon souffle. Si la péniche bougeait à ce moment précis ou si sœur Evangelina glissait, on ne pourrait rien faire pour l'empêcher de tomber à l'eau. Savait-elle nager ? Et si elle passait sous la péniche ? Je n'osais même pas y penser. Lentement, avec précaution, elle a levé un pied, l'a avancé et posé sur le bord de la péniche suivante. Elle a attendu une seconde pour assurer son équilibre, puis a fait rapidement suivre l'autre jambe et a sauté dans les bras du costaud. Tout le monde a applaudi et j'ai failli m'effondrer de soulagement. Elle a reniflé à nouveau.

« Bon, ça ne s'est pas trop mal passé. Faut pas en faire une pendule. Allez, on continue. » Les péniches restantes se touchaient toutes, et quand elle a atteint l'autre rive, elle était rouge et triomphante. Elle a remis ses jupes en place, pris sa bicyclette, souri à tous les dockers et dit : « Merci les gars, vous avez été chouettes. On file, maintenant. » Et après leur avoir lancé son conseil habituel : « Ouvrez l'œil, et vous n'aurez pas besoin du médecin », elle est sortie du port en pédalant.

Mrs. Jenkins

Mrs. Jenkins était un personnage énigmatique. Depuis des années, elle circulait dans tout le quartier des docks, de Bow à Cubitt Town, de Stepney à Blackwall, et pourtant, personne ne savait rien d'elle. La raison de ces déambulations incessantes était une fixation sur les bébés, et plus précisément les nouveau-nés. Elle semblait être informée, Dieu sait comment, du moment précis et de l'endroit où un accouchement devait avoir lieu et, neuf fois sur dix, on la trouvait en train de rôder dans les rues à côté de la maison. Elle ne disait jamais grand-chose et posait toujours les mêmes questions : « Comment qu'il va, le bébé ? Comment qu'il va, le petit ? » Quand on lui disait que le bébé était vivant et bien portant, elle semblait en général satisfaite et s'éloignait en traînant les pieds. Le mardi après-midi, on la voyait toujours dans les parages de la consultation prénatale, et la plupart des jeunes mères la bousculaient impatiemment pour passer ou tiraient leurs petits par la main pour les écarter d'elle, comme si elle était contaminée ou susceptible de leur jeter un sort. Nous avions toutes entendu des commentaires du genre : « C'est une vieille sorcière, moi je vous le dis, elle donne le mauvais œil » et sans aucun doute, certaines des mères le croyaient.

Mrs. Jenkins n'était jamais bien accueillie, jamais désirée, et souvent crainte ; pourtant, cela ne la dissuadait pas de sortir à toutes les heures du jour ou de la nuit, souvent par un temps épouvantable, et de se poster dans la rue près de la maison où il y avait eu une naissance en demandant : « Alors, comment qu'il va le bébé ? Comment qu'il va, le petit ? »

C'était une femme menue, maigre comme un clou, avec une face d'oiseau et un long nez pointu qui saillait entre des joues creuses et affaissées. Elle avait une peau d'un gris jaunâtre, sillonnée de mille rides, et semblait n'avoir pas de lèvres car elles étaient rentrées sur des gencives édentées, qu'elle mâchonnait et suçait tout le temps. Un chapeau noir déteint, crasseux et informe était enfoncé bas sur son front, laissant passer çà et là des mèches de cheveux gris et rares. Été comme hiver, elle portait le même manteau long sans âge, d'où sortaient des pieds énormes. Chez une femme aussi petite, ces pieds gigantesques n'étaient pas seulement improbables, mais absurdes, et je suis sûre qu'elle a reçu son pesant de quolibets pendant qu'elle déambulait ainsi sans fin de son pas traînant.

Où elle habitait, personne ne le savait. C'était un mystère pour les religieuses comme pour tout le monde. Le clergé n'en avait aucune idée. Elle ne semblait pas aller à l'église ni appartenir à une paroisse, ce qui était inhabituel pour une femme de son âge. Les médecins n'en savaient pas davantage, car elle n'était inscrite sur la liste de patients d'aucun d'entre eux. Peut-être ignorait-elle qu'il existait maintenant un National Health Service et que chacun pouvait être soigné gratuitement. Même Mrs. B., qui avait pourtant une oreille exercée en matière de potins et d'informations de voisinage, ne savait rien sur elle. Personne ne l'avait jamais vue entrer dans un bureau de poste pour toucher sa pension.

Je l'avais toujours trouvée intéressante, mais répugnante. J'avais de fréquents contacts avec elle, mais ils se limitaient à ses questions au sujet du bébé et à ma froide réponse : « La mère et l'enfant se portent bien », à quoi elle répliquait invariablement : « Dieu merci, Dieu soit loué. » Jamais je n'ai essayé d'engager la conversation avec elle, car je ne voulais pas m'impliquer, mais un jour où je me trouvais avec sœur Julienne, celle-ci s'est dirigée droit vers Mrs. Jenkins, lui a pris les mains en lui adressant son sourire chaleureux et a dit : « Bonjour, Mrs. Jenkins, je suis contente de vous voir. Quelle belle journée. Comment allez-vous ? »

Mrs. Jenkins a reculé, une expression mi-apeurée, mi-soupçonneuse est apparue dans ses yeux gris et ternes ; elle a retiré ses mains et demandé d'une voix rauque :

« Comment qu'il va le bébé ?

— Il est très mignon. C'est une belle petite fille, vigoureuse et bien portante. Vous aimez les bébés, Mrs. Jenkins ? »

Mrs. Jenkins a reculé encore davantage, et remonté le col de son manteau jusqu'à son menton.

« Une petite fille, vous dites ? Et elle va bien, Dieu soit loué.

— C'est vrai, Dieu soit loué. Cela vous ferait plaisir de la voir ? Je suis sûre que si je le lui demande, la mère m'autorisera à sortir le bébé quelques instants pour vous le montrer. »

Mais Mrs. Jenkins avait déjà tourné les talons et s'éloignait en clopinant avec ses grosses chaussures qui lui faisaient des pieds d'homme.

Une expression d'amour et de compassion immenses s'est inscrite sur le visage de sœur Julienne. Elle est restée immobile plusieurs minutes, à observer la silhouette courbée qui s'éloignait sur le trottoir. Je l'ai suivie des yeux, moi aussi, et me suis rendu compte qu'elle traînait les pieds parce qu'elle n'avait pas la force de soulever ses lourds godillots. Puis j'ai reposé les yeux sur sœur Julienne et j'ai eu honte. Elle ne regardait pas les chaussures. Elle regardait, je l'ai compris, soixante-dix ans de chagrin, de souffrance et d'endurance, et elle remettait Mrs. Jenkins à Dieu dans ses prières silencieuses.

Mrs. Jenkins m'avait toujours dégoûtée, surtout à cause de sa saleté. Ses mains et ses ongles étaient crasseux, et la seule raison pour laquelle je lui adressais la parole et lui donnais des nouvelles du nourrisson, c'est que je ne voulais pas qu'elle se cramponne à mon bras, ce qu'elle faisait avec une force étonnante si l'on ne répondait pas à ses questions. Il était plus facile de lui répondre brièvement, en observant une distance de sécurité, puis de s'échapper.

Un jour pendant l'une de mes tournées, j'ai vu Mrs. Jenkins descendre du trottoir dans la rue : elle s'est plantée jambes écartées au-dessus du caniveau et a pissé debout comme un cheval. Il y avait du monde à ce moment-là, mais personne n'a paru surpris en voyant un torrent d'urine ruisseler dans le caniveau et dans la bouche d'égout. Une autre fois, je l'ai vue dans une petite ruelle entre deux immeubles. Elle a ramassé un morceau de journal par terre, a relevé son manteau et s'est mise à se torcher avec une concentration intense, poussant des grognements pendant toute l'opération. Puis elle a laissé retomber son manteau et s'est mise à examiner le contenu du morceau de journal, à le tâter de l'index, à le renifler et l'examiner de près. Finalement, elle l'a replié et l'a mis dans sa poche. J'ai frémi de dégoût.

Une autre chose déplaisante chez Mrs. Jenkins était la tache brune qu'elle avait sur le visage entre le nez et la lèvre supérieure, et qui s'incrustait dans les rides au coin de sa bouche. Ayant vu et observé ses pratiques d'hygiène, il n'est pas difficile de s'imaginer la nature que j'attribuais à cette tache. Mais je me trompais. Quand je l'ai mieux connue, j'ai découvert que Mrs. Jenkins prisait (elle appelait ça son « réconfort »), et la tache brune était celle que laissait le tabac à priser tombant de ses narines.

Les commerçants refusaient de la servir, ce qui n'a rien d'étonnant. Un marchand de primeurs m'a dit qu'il la servait à l'extérieur de son magasin, mais lui en interdisait l'accès.

« Elle tripote tous mes fruits. Elle tâte mes prunes et mes tomates, et puis elle les repose. Après ça, plus personne me les achète. J'ai un commerce, moi, je peux pas la laisser entrer. »

Mrs. Jenkins était une figure du quartier, connue de nom seulement. On l'évitait, on la craignait, on se moquait d'elle, mais elle restait un mystère complet.

Les sœurs ont reçu de la part d'un médecin remplaçant de Limehouse une prescription de visite dans une maison du côté de Cable Street à Stepney. C'était le quartier notoire des prostituées que j'avais exploré pendant ma brève amitié avec Mary, la jeune Irlandaise. Le médecin signalait qu'une dame âgée souffrant d'une légère angine de poitrine vivait là dans des conditions effroyables, et souffrait probablement de malnutrition. Le nom de la patiente était Mrs. Jenkins.

Après avoir pris Commercial Road, j'ai tourné en direction de la Tamise, et suis tombée sur la bonne rue. Il ne restait que quelques immeubles debout ; partout ailleurs, ce n'étaient que des zones sinistrées où quelques murs démantelés se dressaient encore. J'ai trouvé la porte et j'ai frappé. Silence. J'ai tourné la poignée, m'attendant à pouvoir entrer, mais c'était fermé à clé. J'ai contourné l'immeuble, dont le côté était jonché de détritus ; une épaisse couche de crasse couvrait les fenêtres, si bien que je ne voyais rien à travers. Un chat s'est roulé sur le dos d'un mouvement sensuel, pendant qu'un autre reniflait un tas d'ordures. Je suis retournée à la porte d'entrée et j'ai frappé à nouveau plusieurs fois, plus fort, heureuse que ce soit en plein jour. Ce n'était pas le genre d'endroit où j'aurais aimé me trouver seule après la tombée de la nuit. Une fenêtre s'est ouverte dans la maison d'en face et une voix de femme a lancé : « Qu'est-ce que vous voulez ?

— Je suis l'infirmière visiteuse. Je suis là pour voir Mrs. Jenkins.

— Lancez une pierre à la fenêtre du deuxième », m'a-t-on conseillé.

Ce n'étaient pas les pierres qui manquaient par là, et je me suis sentie vraiment bête, debout dans mon uniforme d'infirmière, avec ma trousse noire à mes pieds, en train d'envoyer des pierres au second étage. Je me suis demandé comment diable le médecin avait pu entrer.

Enfin, après une vingtaine de pierres, dont certaines ont manqué leur but, la fenêtre s'est ouverte et une voix d'homme à fort accent étranger a crié : « Vous voir vieille femme ? Moi venir. »

Des verrous ont été tirés et l'homme est resté à l'abri de la porte quand elle s'est ouverte, si bien que je ne l'ai pas vu. Il a tendu le doigt vers une porte au bout du couloir et a dit : « Elle vivre là. »

Des dalles de l'époque victorienne pavaient le couloir, qui longeait une belle rampe d'escalier en chêne sculpté, encore en très bon état ; mais les marches branlantes avaient l'air très dangereuses. Heureusement que je n'avais pas à monter. La maison faisait visiblement partie d'un alignement de belles bâtisses du début du XIXe siècle, aujourd'hui au dernier stade du délabrement. Elles avaient été déclarées vingt ans auparavant « impropres à l'habitation », mais des gens y vivaient encore clandestinement, au milieu des rats.

Aucun son ne m'est parvenu quand j'ai frappé à la porte. J'ai donc tourné la poignée et je suis entrée. La pièce avait jadis servi d'arrière-cuisine et de buanderie à la maison. C'était une annexe sans étage au-dessus, au sol dallé de pierre. Une grosse chaudière en cuivre était fixée à un des murs. À côté d'elle se trouvait un poêle à charbon dont le tuyau d'amiante montait le long du mur et sortait du plafond par un grand trou déchiqueté à ciel ouvert. Les deux seuls autres objets que j'ai remarqués étaient une grosse essoreuse manuelle en bois et métal, et un évier de pierre. La pièce semblait vide et abandonnée, et sentait fort le chat et l'urine. Il y faisait très sombre, car les fenêtres étaient si noires de crasse qu'aucune lumière ne pouvait y pénétrer. En fait, l'essentiel de la lumière venait du trou au plafond.

À mesure que mes yeux s'accoutumaient à l'obscurité, j'ai distingué deux ou trois autres choses : plusieurs casseroles posées à même le sol, contenant du lait et des restes de nourriture ; une petite chaise en bois et une petite table, en bois aussi, sur laquelle étaient posés un mug et une théière en métal, un pot de chambre, un placard en bois sans porte, mais pas de lit. Rien n'indiquait qu'il y avait la lumière, le gaz ou l'électricité.

Dans le coin le plus éloigné du trou au plafond se trouvait un fauteuil déglingué dans lequel était assise une vieille femme, silencieuse et aux aguets, l'air apeuré. Elle s'est recroquevillée le plus possible dans son fauteuil, son vieux manteau bien serré autour d'elle et la tête couverte d'un foulard en laine qui lui cachait la moitié du visage. On ne voyait que ses yeux, qui se sont vrillés dans les miens quand nos regards se sont croisés.

« Mrs. Jenkins, le médecin nous a dit que vous étiez souffrante et aviez besoin de soins à domicile. Est-ce que je peux vous examiner, s'il vous plaît ? »

Elle a remonté son manteau encore plus haut sur son menton et m'a regardée fixement sans ouvrir la bouche.

« Le médecin dit que votre cœur est un peu irrégulier. Est-ce que je peux prendre votre pouls, s'il vous plaît ? »

J'ai tendu la main vers elle pour lui prendre le poignet, mais elle m'a retiré son bras avec une inspiration brusque et terrifiée.

J'étais perplexe et un peu désarmée. Je ne voulais pas l'effrayer, mais j'avais un travail à faire. Je me suis approchée du poêle éteint pour lire le dossier médical à la lumière du trou dans le plafond : la patiente présentait les signes d'une attaque bénigne d'angine de poitrine ; elle était tombée dans la rue devant la maison et l'un de ses voisins, qui voulait rester anonyme, l'avait transportée chez elle. Il avait également appelé le médecin et l'avait fait entrer. Visiblement, la patiente souffrait, mais cela n'a pas paru durer longtemps. Le médecin n'avait pas pu l'examiner car elle avait résisté violemment. Comme son pouls était assez régulier et que sa respiration l'était redevenue aussi, il avait ordonné une visite d'infirmière deux fois par jour afin de surveiller son état, et suggéré que les services sociaux fassent le nécessaire pour améliorer les conditions de vie de la patiente. Il avait prescrit du nitrate d'amyle au cas où une autre attaque surviendrait. Et il recommandait du repos au chaud et une bonne alimentation.

J'ai tenté à nouveau de prendre le pouls de Mrs. Jenkins, sans plus de succès. J'ai demandé si elle avait eu d'autres douleurs et n'ai pas obtenu de réponse. Je lui ai demandé si elle avait ce qu'il lui fallait. Toujours pas de réponse. J'ai bien vu que je n'arriverais à rien, et que je devrais en référer à sœur Evangelina, qui était responsable des soins infirmiers à domicile dans le secteur.

La perspective de faire part à la sœur de mon échec total ne m'enchantait guère car elle me prenait toujours plus ou moins pour une demeurée. Elle m'appelait « Dolly-la-Lune » et me parlait comme s'il fallait m'expliquer le b.a.ba des gestes les plus élémentaires en matière de soins infirmiers, alors qu'elle savait que j'avais derrière mois cinq ans d'études et d'expérience. Bien entendu, cela me déstabilisait et je faisais tomber ou renversais beaucoup de choses. Alors elle disait que j'avais « les doigts en beurre », ce qui n'arrangeait rien. Nous n'étions Dieu merci pas obligées d'aller souvent faire les visites ensemble, mais si je signalais, comme j'y étais tenue, que je n'avais pas réussi à soigner un patient, elle devrait inévitablement m'accompagner lors de la visite suivante.

Sa réaction a été celle que j'avais prévue. Elle a écouté mon rapport dans un silence lourd, levant de temps à autre vers moi ses yeux surmontés d'épais sourcils gris. Quand j'ai eu terminé, elle a soupiré bruyamment comme si j'étais la pire sotte qui eût jamais porté la trousse noire d'infirmière.

« Ce soir, j'ai vingt et une piqûres d'insuline, et quatre de pénicilline, une oreille à baigner, des oignons à bander, des hémorroïdes à comprimer, une sonde à vider et maintenant il va sans doute falloir que je vous montre comment prendre un pouls. »

Piquée au vif par cette injustice, j'ai répliqué :

« Je sais parfaitement prendre un pouls, mais la patiente s'y est refusée et je n'ai pas pu lui faire entendre raison.

— Lui faire entendre raison ! Ah, ces petites jeunes, vous n'êtes bonnes à rien. Toujours dans les manuels, voilà le hic. Toute la journée, vous êtes aux cours, à vous farcir la tête d'un tas d'âneries, et après ça, vous êtes incapables de faire les choses les plus élémentaires, prendre un pouls par exemple. »

Sa réflexion s'accompagnait d'un ricanement méprisant et d'un hochement de tête qui a projeté la goutte pendue en équilibre au bout de son nez sur son bureau et sur les dossiers des patients qu'elle complétait. Elle a tiré de sous son scapulaire un grand mouchoir d'homme avec lequel elle a épongé le liquide, diluant l'encre. Alors elle a ronchonné à nouveau en disant : « Et voilà, voyez ce que vous m'avez fait faire. »

Cette injustice supplémentaire m'a exaspérée et j'ai dû me mordre la langue pour ne pas répliquer vertement, ce qui n'aurait fait qu'envenimer les choses.

« Eh bien, miss Je-ne-sais-pas-prendre-un-pouls, je suppose qu'il va falloir que je vous accompagne à ce rendez-vous de seize heures. C'est par là qu'on commencera nos visites du soir, et après, on ira chacune de notre côté. On partira d'ici à quinze heures trente précises. Pas une minute de retard. Je n'ai pas que ça à faire, moi, et je veux dîner à dix-neuf heures comme d'habitude. » Sur ce, elle a repoussé sa chaise pour se lever avec bruit et a émis un dernier grognement en passant devant moi avant de sortir lourdement du bureau.

L'heure du départ est arrivée bien trop vite, et le silence de la religieuse a été plus éloquent que ses grognements. Nous sommes arrivées à destination sans un mot et avons frappé. Une fois de plus, pas de réponse. Je savais quoi faire, donc j'ai parlé à la religieuse de l'habitant du second.

« Eh bien, alertez-le, au lieu de rester plantée là à bavasser, Pie-jacasse ! »

En serrant les dents, j'ai commencé à jeter furieusement des pierres aux carreaux. C'est un miracle que je n'en aie pas cassé un.

L'homme a crié : « Moi venir », et à nouveau s'est caché derrière la porte quand nous sommes passées. Toutefois, il a ajouté : « Moi plus venir. Vous passer par-derrière, vu ? Moi plus répondre. »

Dans la pénombre de la pièce, un chat s'est avancé vers nous en miaulant. Le vent faisait un bruit curieux en s'engouffrant dans le trou du toit. Mrs. Jenkins était recroquevillée sur sa chaise, telle que je l'avais laissée le matin.

Sœur Evangelina l'a appelée par son nom. Pas de réponse. J'ai commencé à me sentir justifiée : elle allait voir que je n'avais rien exagéré. Elle s'est approchée du fauteuil et a parlé avec douceur : « Allez, Maman, ça peut pas continuer comme ça. Le docteur dit qu'il y a quelque chose qui tourne pas rond du côté de votre battant. Mais faut pas le croire. Votre cœur marche aussi bien que le mien, seulement il faut qu'on vous examine. Personne ne vous fera de mal. »

Dans le fauteuil, le tas de vêtements n'a pas bougé. La sœur s'est penchée pour prendre le pouls de Mrs. Jenkins qui a retiré son bras. Je me délectais et me disais : « Voyons comment sœur Je-sais-tout va s'en tirer. »

« Il fait froid ici. Vous n'avez pas de feu ? »

Pas de réponse.

« On n'y voit pas grand-chose non plus. Vous n'auriez pas une lumière pour nous ? »

Pas de réponse.

« Quand est-ce que vous avez commencé à vous sentir mal ? »

Pas de réponse.

« Ça va un peu mieux maintenant ? »

Silence total, là encore. Je buvais du petit-lait. Sœur Evangelina paraissait tout aussi impuissante à examiner la patiente que moi. Qu'allait-il se passer à présent ?

Ce qui s'est passé en fait était si totalement incongru qu'à ce jour, cinquante ans plus tard, je rougis encore à ce souvenir.

Sœur Evangelina a murmuré : « Quelle vieille enquiquineuse ! Eh bien, on va voir si vous réagissez à ça. »

Lentement, elle s'est penchée au-dessus de Mrs. Jenkins et en se penchant, elle a lâché un pet monstrueux. Il a grondé, roulé interminablement, et quand j'ai cru qu'il était terminé, il a repris un ton plus haut. De ma vie je n'avais été aussi choquée.

Mrs. Jenkins s'est redressée dans son fauteuil. Sœur Evangelina m'a lancé : « Il est parti de quel côté, mademoiselle ? Ne le laissez pas sortir. Il est à côté de la porte. Attrapez-le. Maintenant, il est près de la fenêtre – vite, chopez-le. »

Un gloussement rauque est sorti du fauteuil.

« Bon, eh bien ça va mieux, a déclaré sœur Evangelina d'un ton satisfait. Rien de tel qu'un bon prout pour vous aérer l'organisme. Ça vous rajeunit de dix ans, pas vrai, Maman ? »

Le tas de vêtements tremblait et le gloussement rauque s'est amplifié, devenant un gros rire. Mrs. Jenkins, que personne n'avait entendue parler hormis pour poser ses éternelles questions sur les bébés, a ri au point que les larmes lui coulaient sur le visage.

« Vite, sous la chaise ! C'est le chat qui l'a ! Faut qu'il le lâche en vitesse, sinon il va être malade. »

Sœur Evangelina s'est assise à côté d'elle et les deux vieilles (la sœur n'était pas un perdreau de l'année) se sont tordues de rire à propos de pets et de derrières, de merde, d'odeurs infectes et de dégueulis, échangeant des histoires, vraies ou fausses, je n'aurais su le dire. J'étais choquée jusqu'à la moelle. Je savais que sœur Evie pouvait être grossière, mais je n'aurais jamais soupçonné qu'elle avait un répertoire aussi vaste et aussi varié.

J'ai reculé dans l'un des coins de la pièce pour les observer. On aurait dit deux vieilles commères sorties d'un tableau de Bruegel, l'une en haillons, l'autre en habit religieux, en train de s'amuser comme des gamines partageant des plaisanteries obscènes. J'étais complètement en dehors du coup, et j'ai eu le temps de réfléchir à beaucoup de choses, et en premier à la façon dont sœur Evangelina avait pu lâcher un pet aussi spectaculaire à ce moment précis. Pouvait-elle en faire à volonté ? J'avais entendu parler d'un pétomane immortalisé par Toulouse-Lautrec qui s'était produit au Moulin-Rouge et qui amusait le public parisien des années 1880 avec une gamme variée de sons émis par son derrière. Mais je n'avais jamais entendu parler et encore moins rencontré quelqu'un qui soit capable de cette performance. Sœur Evangelina était-elle douée ou avait-elle acquis cette compétence au terme d'heures d'entraînement ? Mon esprit s'est attardé avec délectation sur cette éventualité. Était-ce son morceau de bravoure ? Je me suis demandé comment il serait accueilli au couvent lors d'occasions festives comme Noël et Pâques. La mère supérieure et ses sœurs en Jésus-Christ seraient-elles amusées par un talent aussi singulier ?

Les deux vieilles s'amusaient avec une telle innocence que ma réaction première de réprobation m'a paru aussi déplacée que mesquine. Quel mal y avait-il à cela, finalement ? Tous les enfants rient à n'en plus pouvoir avec des histoires de prouts et de derrières. Les œuvres de Chaucer, Rabelais, Fielding et de beaucoup d'autres sont emplies d'humour scatologique.

Il n'y avait aucun doute, l'initiative de sœur Evangelina avait été une trouvaille, un coup de génie. Dire qu'un pet avait assaini l'atmosphère peut sembler un énoncé contradictoire, mais la vie est pleine de contradictions. À partir de ce moment-là, Mrs. Jenkins n'a plus eu peur de nous. Nous avons pu l'examiner, la traiter, communiquer avec elle. Et j'ai pu apprendre la tragique histoire qui était la sienne.

Rosie

« Rosie ? C'est toi, Rosie ? »

La vieille femme a levé la tête et crié ces mots quand la porte d'entrée a claqué. On a entendu des pas dans le couloir, mais Rosie n'est pas entrée. Les choses s'accéléraient pour améliorer les conditions de vie de Mrs. Jenkins. On avait contacté les services sociaux et fait du nettoyage. Le vieux fauteuil avait été emmené car il était plein de puces, et on en avait gracieusement apporté un autre. Un lit avait également été fourni, mais Mrs. Jenkins ne l'avait jamais utilisé. Elle était si habituée à coucher dans son fauteuil qu'on n'avait pu la persuader d'essayer le lit, et c'est les chats qui y dormaient. Sœur Evangelina a cyniquement fait remarquer que le nouveau gouvernement devait avoir plus d'argent que de bon sens pour fournir une assistance sociale à des chats.

Le changement le plus spectaculaire a été la réparation du trou dans le toit, que sœur Evangelina avait obtenue de haute lutte en affrontant seule le propriétaire. Je l'avais accompagnée quand elle avait monté l'escalier branlant jusqu'au second. Je n'aurais pas été surprise si les marches s'étaient effondrées sous son poids considérable et l'ai mise en garde, mais elle m'a jeté un regard noir et a continué à monter à pas bien décidés pour passer un sérieux savon au propriétaire.

Elle a tambouriné plusieurs fois sans ménagement. La porte s'est à peine entrebâillée et j'ai entendu : « Qu'est-ce que vous voulez ? »

Elle a demandé à l'occupant de sortir pour qu'elle lui dise deux mots.

« Foutez le camp !

— Pas question. Si je m'en vais, je vous envoie la police. Et maintenant, sortez pour qu'on parle. »

J'ai entendu des mots tels que « honteux », « poursuivre », « prison » et des protestations geignardes invoquant la pauvreté et l'ignorance. Mais le résultat ne s'est pas fait attendre, le toit a été rafistolé avec une lourde bâche goudronnée maintenue en place par des briques. Mrs. Jenkins, ravie, arborait un large sourire. Quand sœur Evie est venue la voir, elles ont ri ensemble en partageant une tasse de thé fort et sucré et une part d'un gâteau maison fait par Mrs. B., que la religieuse n'oubliait jamais d'apporter quand elle venait voir Mrs. Jenkins.

Une bâche pour couvrir un trou dans le toit peut sembler une réparation bien dérisoire, mais il n'y avait pas moyen d'en obtenir une plus sérieuse ou durable. Le bâtiment était condamné, et s'il était encore habité, c'était à cause de la crise du logement aiguë entraînée à Londres par les bombardements. Les gens habitaient où ils pouvaient, bien contents de trouver un abri.

Le poêle à charbon était utilisable, mais bouché par la suie. Fred, chauffagiste extraordinaire de Nonnatus

House, est venu le ramoner et le remettre en service. Sœur Evangelina tenait absolument à ce que Mrs. Jenkins puisse rester chez elle.

« Si on les laissait faire, les services sociaux la mettraient illico dans une maison pour personnes âgées. C'est hors de question. Ça la tuerait. »

La première fois que nous avons examiné Mrs. Jenkins, nous nous sommes aperçues que son cœur était en assez bon état. L'angine de poitrine est fréquente chez les personnes âgées, et peut être stabilisée pourvu qu'elles restent au chaud, se reposent et mènent une vie tranquille. Or la malnutrition chronique de Mrs. Jenkins et son état mental étaient problématiques. À l'évidence, c'était une vieille femme très étrange, mais était-elle folle ? Représentait-elle un danger pour elle-même ou pour les autres ? Nous nous sommes demandé si elle devait voir un psychiatre, mais nous ne pouvions prendre cette décision sans avoir suivi la patiente pendant plusieurs semaines.

L'autre hic était la saleté, les puces et les poux. C'est moi qui ai été chargée de faire sa toilette à fond.

On a apporté un baquet en fer-blanc de Nonnatus House, et j'ai fait bouillir de l'eau sur le poêle à charbon. Mrs. Jenkins considérait l'entreprise d'un œil sceptique, mais quand j'ai dit que sœur Evangelina voulait qu'elle prenne un bain, cela a suffi à la détendre et elle s'est mise à glousser en mâchonnant ses gencives édentées.

« C'est une crème, cette femme-là, comme je le dis à ma Rosie. On rigole bien, nous. Rose et moi. »

J'ai eu toutes les peines du monde à la persuader de se déshabiller, car elle était pleine d'appréhension.

Sous son vieux manteau, elle portait une jupe en laine grossière et un chandail, mais ni chemise ni culotte. Son petit corps frêle était pathétique à voir. Elle n'avait pas de chair et tous ses os pointus saillaient. Sa peau pendait et je voyais toutes ses côtes. La révulsion qu'elle m'inspirait jusqu'alors a fondu et s'est changée en pitié quand j'ai vu son corps frêle et squelettique.

La pitié est une chose, le choc en est une autre. Or le choc m'attendait quand je lui ai ôté ses grosses chaussures. J'avais remarqué auparavant ces énormes godillots de la taille de ceux d'un homme et m'étais demandé pourquoi elle les portait. Avec difficulté, j'ai défait les nœuds crasseux et dénoué les lacets. Elle n'avait ni chaussettes ni bas, mais la chaussure ne voulait pas bouger. Elle semblait coller à la peau. J'ai glissé un doigt sur le côté et elle a grimacé.

« Laissez. Faut pas insister.

— Je suis bien obligée de les enlever pour vous mettre dans le bain.

— Laissez, a-t-elle gémi. Ma Rosie fera ça plus tard.

— Mais Rosie n'est pas ici pour vous aider. Laissez-moi faire et je les enlèverai. Sœur Evangelina a dit qu'il fallait enlever vos souliers avant que vous preniez votre bain. »

Cela promettait de prendre du temps, aussi l'ai-je enveloppée dans une couverture avant de m'agenouiller sur le sol. La peau était en effet collée au cuir par endroits et elle est venue avec lorsque j'ai dégagé le pied de la chaussure en imprimant à celle-ci un mouvement de va-et-vient. Dieu sait quand Mrs. Jenkins s'était déchaussée pour la dernière fois. Finalement, j'ai réussi à extraire son talon et j'ai tiré. À ma grande horreur, j'ai entendu une sorte de crissement métallique. Qu'est-ce que c'était ? Qu'avais-je fait ? Quand la chaussure a été retirée, j'ai eu sous les yeux un spectacle insensé. Ses ongles de pied avaient de vingt à trente centimètres de long et jusqu'à deux centimètres et demi d'épaisseur. Ils étaient tordus et recourbés, s'entremêlaient et passaient les uns par-dessus les autres ; beaucoup d'orteils saignaient et suppuraient au lit de l'ongle. Une odeur infecte se dégageait, et ses pieds étaient dans un état épouvantable. Comment avait-elle réussi à circuler dans tout Poplar pendant tant d'années avec des pieds pareils ?

Elle n'a même pas bronché quand je lui ai retiré ses chaussures, alors que cela a dû lui faire très mal. Elle a regardé ses pieds nus sans surprise – peut être pensait-elle que tout le monde avait des ongles de pied comme les siens. Je l'ai aidée à aller jusqu'au baquet, ce qui n'a pas été une mince affaire, car sans ses chaussures, elle n'avait plus d'équilibre, et ses ongles la gênaient, la faisant trébucher.

Elle a enjambé le rebord du grand baquet métallique et s'est assise dans l'eau avec délice, éclaboussant et gloussant comme une petite fille. Elle a saisi le gant de toilette dont elle a sucé l'eau bruyamment en levant vers moi des yeux ravis. Il faisait bon dans la pièce car j'avais bien garni le poêle. Un chat s'est approché et a regardé avec curiosité par-dessus le rebord du baquet. Elle l'a éclaboussé en riant et il a battu en retraite, vexé. La porte d'entrée a claqué et elle a levé les yeux vivement. « C'est toi, Rosie ? Viens ici, ma fille, et regarde ta vieille maman. Tu vas pas être déçue du voyage. »

Mais les pas se sont dirigés vers les étages et Rosie n'est pas venue.

J'ai lavé intégralement Mrs. Jenkins et l'ai enveloppée dans les grandes serviettes fournies par les religieuses. Je lui ai fait un shampooing et j'ai drapé une serviette en turban. Je n'ai pas vu trop de puces, mais j'ai appliqué une compresse de sassafras pour tuer les lentes éventuelles. Restaient ses ongles de pied, dont je ne pouvais m'occuper : il faudrait faire appel à un pédicure pour venir à bout de monstruosités pareilles. (J'ai incidemment appris de source sûre que les ongles de pied de Mrs. Jenkins sont à ce jour exposés dans une vitrine dans la salle principale de l'Association des pédicures britanniques.)

Les religieuses gardaient toujours en réserve des vêtements d'occasion, rescapés de nombreuses ventes de charité. Sœur Evangelina et moi en avions choisi quelques-uns que j'avais apportés. Mrs. Jenkins a regardé la chemise et la culotte et en a caressé le tissu, émerveillée par sa douceur.

« C'est pour moi ? Oh, c'est trop ! Gardez-les pour vous, *luvvy*, elles sont trop belles pour des gens comme moi. »

J'ai eu du mal à la persuader de les mettre. Après les avoir enfilées, elle a passé les mains avec stupéfaction le long de son corps maigre, comme si elle n'en revenait pas de ce nouveau linge. Je l'ai ensuite habillée avec les vêtements donnés aux ventes de charité, tous trop grands pour elle, et j'ai mis discrètement ses anciens habits dehors, à la porte de derrière.

Elle s'est installée confortablement dans son fauteuil en caressant sa nouvelle tenue. Un chat a sauté sur ses genoux et elle lui a gratté le cou avec douceur.

« Qu'est-ce qu'elle va dire, Rosie, quand elle verra ces nippes, hein, minet ? Elle va pas la reconnaître, sa vieille maman, habillée comme une reine ! »

Je l'ai quittée avec un sentiment de satisfaction, persuadée que nous faisions beaucoup pour améliorer ses conditions de vie intolérables. Une fois dehors, j'ai mis ses vêtements pleins de puces dans un sac et j'ai cherché une poubelle. Il n'y en avait aucune en vue. Rien n'était prévu pour l'enlèvement des ordures dans le secteur, car personne n'était censé habiter les bâtiments condamnés, et aucun service public n'était fourni. Certes, tout le monde, l'administration comprise, savait que des gens y vivaient ; mais cela ne changeait rien à la politique officielle. J'ai laissé le sac de vêtements dans la rue au milieu des tas d'ordures épars.

Une atmosphère menaçante de décomposition planait sur tout le quartier comme une vapeur malfaisante. Les cratères laissés par les bombes étaient emplis de déchets qui puaient affreusement. Des pans de murs déchiquetés se dressaient tragiquement vers le ciel. Il n'y avait personne dans les rues : dans un quartier chaud, le matin n'est pas des plus animés. Le silence était assez oppressant et je n'étais pas fâchée de quitter les lieux.

J'avais à peine tourné au coin de la maison quand le bruit a commencé. Je suis restée figée, saisie d'une sorte de terreur qui a fait se hérisser les poils sur ma nuque. On aurait dit le hurlement d'un loup ou d'un animal en proie à une douleur atroce. Le son semblait venir de partout, renvoyé par les rares immeubles debout, emplissant les cratères de bombes d'une souffrance inhumaine. Il s'est arrêté, mais j'étais littéralement clouée sur place. Puis il a repris, et la fenêtre de la maison d'en face s'est ouverte. La femme qui m'avait dit de jeter des cailloux pour alerter le propriétaire s'est penchée en criant : « C'est l'autre vieille folle. Celle que vous soignez. Dites-lui de la boucler ou je vais aller la tuer, parole ! Dites-lui ça de ma part. »

La fenêtre s'est refermée brutalement. Mon esprit s'est emballé.

L'autre vieille folle ? Mrs. Jenkins ? Ça n'était pas possible ! Elle ne pouvait pas pousser ce cri d'angoisse éperdue. Quand je l'avais quittée quelques minutes plus tôt, elle était toute contente, joyeuse.

Le bruit a cessé et, tremblante, je suis retournée dans la maison, ai enfilé le couloir jusqu'à sa porte et tourné la poignée.

« Rosie ? C'est toi, Rosie ? »

Quand j'ai ouvert la porte, Mrs. Jenkins était assise telle que je l'avais laissée, un chat sur ses genoux tandis qu'un autre faisait sa toilette à côté de son fauteuil. Elle a levé des yeux souriants.

« Si vous voyez Rosie, dites-lui que j'arrive. Dites-lui de garder le moral. Dites-lui que j'arrive, avec les petits, hein. Je vais frotter, frotter toute la journée, et cette fois, on me laissera venir, c'est sûr. Faut le dire à ma Rosie. »

J'étais interloquée. Elle ne pouvait pas avoir poussé un hurlement pareil, c'était impossible. J'ai pris son pouls. Normal. Je lui ai demandé si elle se sentait bien ; elle ne m'a pas répondu, mais a fait mine de se lécher les babines en me regardant fixement.

Je n'ai vu aucune raison de rester, mais quand je suis partie ce matin-là, je n'étais pas tranquille.

Sœur Evangelina a écouté le compte rendu de ma matinée. Je lui ai dit que Mrs. Jenkins avait paru prendre plaisir à son bain. J'ai parlé des ongles de pied et des puces. J'ai dit que son état mental semblait assez stable : elle était ravie de ses nouveaux vêtements, parlait tranquillement à ses chats et n'était pas du tout sur la défensive ni sur la réserve. J'ai hésité à parler du bruit inhumain que j'avais entendu dans la rue ; après tout, il ne venait peut-être pas de Mrs. Jenkins. C'était seulement l'hypothèse de la voisine d'en face.

Sœur Evangelina a levé les yeux vers moi, le visage inexpressif.

« Et puis ? a-t-elle demandé.

— Et puis quoi ? ai-je bafouillé.

— Quoi d'autre. Qu'est-ce que vous ne dites pas ? »

Lisait-elle dans les pensées ? À l'évidence, il n'y avait pas d'échappatoire. Je lui ai parlé du cri abominable que j'avais entendu dans la rue, ajoutant que je ne pouvais pas être sûre qu'il vienne de Mrs. Jenkins.

« Non, mais vous ne pouvez pas être sûre non plus qu'il ne venait pas d'elle. Décrivez-le-moi. »

À nouveau, j'ai hésité, car il était très difficile à décrire, mais j'ai fini par dire qu'il évoquait celui d'un loup.

La sœur a gardé l'œil fixé sur ses notes, immobile, et quand elle a repris la parole, elle a parlé d'une voix différente, basse et contenue. « Ceux qui ont entendu ce cri ne l'oublient plus jamais. Il vous glace le sang. Je pense que celui dont vous parlez venait certainement de Mrs. Jenkins, et qu'il s'agit de ce qu'on appelait autrefois "le hurlement de l'asile".

— Qu'est-ce que c'est que ça ? »

Elle n'a pas répondu tout de suite, mais a tambouriné sur la table avec son stylo d'un geste agacé.

« Vous autres jeunes, vous ne connaissez rien à l'histoire récente. Vous avez eu la vie trop facile, voilà votre problème. Je vous accompagnerai lors de votre prochaine visite, et je verrai aussi si je peux trouver des renseignements sur Mrs. Jenkins dans les registres paroissiaux ou les dossiers médicaux. Et maintenant, la suite de votre rapport. »

J'ai terminé mon compte rendu et j'ai eu le temps de faire ma toilette et de me changer avant le déjeuner. À table, j'ai eu du mal à participer à la conversation générale. J'entendais dans ma tête cet atroce hurlement de loup, je repensais à l'explication de sœur Evangelina et des souvenirs me remontaient à l'esprit. Ses paroles m'ont rappelé une histoire que m'avait racontée mon grand-père des années auparavant, à propos d'un homme qu'il connaissait bien et qui avait subi des revers. Cet homme s'était adressé aux administrateurs des pauvres[1] pour obtenir un secours provisoire ; on lui avait répondu que ce n'était

1. Board of Guardians : autorités chargées d'appliquer la loi sur les pauvres et notamment d'administrer les asiles pour les pauvres, les *workhouses* de sinistre mémoire. Le système de l'asile

pas possible, mais qu'on l'enverrait à l'asile pour les pauvres, la *workhouse*. Il avait répondu : « Plutôt mourir » et était allé se pendre.

Quand j'étais petite, on m'avait montré du doigt la *workhouse* locale, avec des chuchotis terrifiés. Même vides, ces bâtiments engendraient la peur et la répugnance. Les gens évitaient de passer dans la rue où ils se trouvaient, ou changeaient de trottoir et détournaient le visage. Cette crainte m'a contaminée, petite fille, alors que je ne connaissais rien de l'histoire des asiles de pauvres. Toute ma vie, la vue de ces bâtisses m'a fait frissonner.

Sœur Evangelina m'accompagnait souvent quand j'allais voir Mrs. Jenkins. Je m'émerveillais de la façon dont elle avait réussi à faire parler la vieille femme. Évoquer ses souvenirs était à l'évidence une bonne thérapie pour celle-ci, car elle revivait les douleurs du passé avec une interlocutrice chaleureuse et compatissante.

La municipalité a fourni à sœur Evangelina les vieux registres des administrateurs de l'asile des pauvres de Poplar. Mrs. Jenkins y avait été placée de 1916 à 1935. « Assez longtemps pour rendre n'importe qui fou », a laissé tomber cyniquement sœur Evangelina. Elle avait été admise comme veuve avec cinq enfants, incapable de subvenir à ses besoins. Elle était décrite comme une « adulte valide ». Le registre révélait que Mrs. Jenkins était sortie en 1935 ; on lui avait donné une machine à coudre grâce à laquelle

---

a été aboli en 1929 et les dernières *workhouses* ont disparu en 1948.

elle pourrait subvenir à ses besoins et vingt-quatre livres, somme qu'elle avait gagnée pendant ses dix-neuf ans de travail en *workhouse*. Ses enfants n'étaient mentionnés nulle part.

Les renseignements obtenus grâce aux registres étaient peu nombreux et très succincts. Mrs. Jenkins a fourni les détails manquants au cours de ses conversations avec sœur Evie. Des fragments de l'histoire surgissaient par-ci par-là, revécus avec une absence complète d'émotion ou de pathétique, comme si ce qui lui était arrivé n'avait rien d'extraordinaire.

J'ai eu le sentiment qu'elle avait vu et subi tant de souffrances pendant si longtemps qu'elle les acceptait comme une fatalité. Avoir une vie heureuse lui semblait inconcevable.

Elle était née à Millwall et, comme la plupart des filles, était allée travailler en usine à l'âge de treize ans ; à dix-huit, elle avait épousé un garçon du voisinage. Ils avaient loué deux pièces au-dessus de chez un tailleur de Commercial Road, et au cours des dix années suivantes, six enfants leur étaient nés. Alors son jeune mari s'est mis à tousser et n'a jamais guéri. Six mois plus tard, il crachait le sang. « Il a fait rien qu'à décliner », a-t-elle dit d'un ton neutre. Trois mois plus tard, il était mort.

Mrs. Jenkins était robuste et n'avait pas encore trente ans à l'époque. Elle a quitté les deux pièces et a loué une petite pièce à l'arrière d'une maison pour ses enfants et elle. Elle est retournée travailler dans l'usine de chemises, de huit heures du matin à six heures du soir. Elle avait un bébé de trois mois seulement mais sa fille aînée, Rosie, qui avait déjà dix ans, a quitté l'école pour s'occuper de ses frères et sœurs. Mrs. Jenkins a pris de la couture en supplément, et elle restait souvent debout la moitié de la nuit, à coudre à la chandelle. Rosie a appris à coudre elle aussi, et est devenue habile à l'aiguille. Souvent, elle travaillait tard dans la nuit avec sa mère. Les heures de ce travail fait en silence procuraient de petites rentrées supplémentaires, assez pour nourrir la famille une fois le loyer payé.

Puis le malheur a frappé. Les machines de l'usine n'étaient pas du tout sécurisées et la manche de la robe de Mrs. Jenkins s'est prise dans une roue, ce qui lui a tiré le bras vers les lames tranchantes. Elle a été grièvement blessée au bras, a perdu beaucoup de sang, et plusieurs tendons ont été sectionnés avant que la machine puisse être arrêtée. Elle a eu de la chance de ne pas perdre son bras. Elle nous a montré la cicatrice. Jamais les entailles n'avaient été recousues parce qu'elle n'avait pas de quoi se payer un médecin. La cicatrice de quinze centimètres, guérie, était encore large, rouge foncé et irrégulière. Elle avait le bras légèrement atrophié parce que ses tendons n'avaient pas été suturés. Il était surprenant qu'elle ait conservé l'usage de sa main.

Elle a regardé la cicatrice sans émotion. « Pour nous, ça a été la fin de tout », a-t-elle dit.

La famille a dû quitter la petite pièce et a trouvé un abri dans un sous-sol sans fenêtre, si près du fleuve qu'à marée haute, l'humidité s'infiltrait à travers la brique et ruisselait le long des murs. Pour ce taudis, le propriétaire demandait un shilling par semaine, mais la mère ne gagnait rien, alors comment trouver l'argent ?

Elle est allée mendier, mais s'est fait chasser des rues par la police, qui l'a prise pour une vagabonde, donc une indésirable. Elle a mis son manteau au mont-de-piété et, avec l'argent, a acheté des allumettes qu'elle est ensuite allée vendre dans les rues. Cela lui a rapporté un peu d'argent, mais pas assez pour payer le loyer et nourrir ses enfants.

Peu à peu, elle a mis en gage tout ce qu'elle avait – meubles, marmites, casseroles, assiettes, tasses, vêtements et linge. La dernière chose à partir a été le lit dans lequel ils dormaient tous ensemble. Alors, elle a construit une plate-forme à partir de cageots à oranges, afin de ne pas coucher à même le sol. Toute la famille y dormait. Finalement, il a fallu mettre les couvertures en gage et la mère et ses enfants dormaient serrés les uns contre les autres pour se tenir chaud la nuit.

Elle a sollicité auprès des administrateurs des pauvres l'allocation d'une aide dispensée au domicile[1], mais le directeur a déclaré qu'elle était manifestement paresseuse et n'avait pas envie de travailler ; quand elle a parlé de l'accident à l'usine et a montré son bras droit, on lui a dit de ne pas être impertinente si elle ne voulait pas que ce soit retenu contre elle. Après en avoir discuté entre eux, les administrateurs ont proposé de lui prendre deux enfants. Elle a refusé et est retournée dans son sous-sol avec six bouches affamées à nourrir.

---

1. *Outdoor relief*, par opposition à l'*indoor relief*, ou aide dispensée à l'intérieur d'institutions comme les asiles pour les pauvres.

Sans lumière, sans chauffage, presque sans rien à manger, dans une pièce humide et pleine de moisissures, les enfants sont tombés malades. La famille a essayé de survivre ainsi pendant six mois, et la mère ne pouvait toujours pas travailler. Elle a vendu ses cheveux ; elle a vendu ses dents ; mais cela ne suffisait jamais. Le bébé est tombé en léthargie et a cessé de grandir. Elle a décrit cela comme une « fièvre ravageuse ».

Quand le bébé est mort, ils n'avaient pas de quoi payer un enterrement ; elle l'a donc mis dans un cageot à oranges lesté avec des pierres et l'a laissé glisser dans la Tamise.

Cette journée furtive avec son bébé mort a été le moment où elle s'est finalement avouée vaincue, et a su que l'inévitable allait arriver. Ses enfants et elle devraient aller à la *workhouse*.

La *workhouse*

La loi de 1834 sur les indigents a marqué le début des *workhouses*. Elle a été abrogée en 1929, mais le système lui-même s'est maintenu pendant plusieurs décennies car les pensionnaires n'avaient pas d'autre toit et ceux qui y vivaient de longue date avaient perdu toute capacité de prendre des décisions ou de s'assumer dans le monde extérieur.

Cette loi était censée être humaine et charitable, car jusqu'alors, les pauvres ou les indigents pouvaient être pourchassés d'un endroit à l'autre sans jamais trouver d'abri et leurs poursuivants pouvaient en toute légalité les battre jusqu'à ce que mort s'ensuive. À ceux qui vivaient dans une pauvreté chronique, la *workhouse* devait sembler un paradis : avoir un toit chaque nuit, un lit, individuel ou commun, pour dormir ; être habillé, nourri – en suffisance sinon en abondance ; en retour, il fallait travailler pour assurer son entretien. Cette organisation devait paraître un acte de pure charité chrétienne, mais, comme tant de bonnes intentions, elle n'a pas tardé à se pervertir.

Quand Mrs. Jenkins et ses enfants ont quitté leur

sous-sol, leur loyer n'était pas payé depuis trois semaines. Le propriétaire avait promis à Mrs. Jenkins de la faire fouetter si elle ne payait pas dès le lendemain ; elle avait donc déménagé pendant la nuit avec ses enfants. Ils n'avaient rien à emporter : ni elle ni les enfants n'avaient de chaussures ; leurs vêtements n'étaient que des haillons cachant leur maigre carcasse. Sales, affamés et frissonnants, ils se sont retrouvés debout dans la rue sombre, à sonner la grande cloche devant la *workhouse*.

Les enfants n'étaient pas encore particulièrement malheureux ; en fait, à leurs yeux, l'entreprise ressemblait à une aventure : ils s'étaient glissés dehors au milieu de la nuit et avaient déambulé dans des rues sombres. Leur mère était la seule à pleurer, car elle seule connaissait l'horrible vérité : la famille serait séparée une fois franchies les grilles de l'hospice. Elle ne pouvait se résoudre à le dire aux enfants, et a hésité avant de sonner la cloche fatale. Mais son cadet, qui n'avait pas trois ans, s'est mis à tousser, alors elle a tiré la corde sans plus hésiter.

Le son s'est répercuté dans le bâtiment de pierre et la porte a été ouverte par un homme maigre et gris qui a demandé :

« Qu'est-ce que vous voulez ?

— Un abri, et à manger pour les petits.

— Il faudra aller en salle d'accueil. Vous pourrez y dormir jusqu'au matin. Sauf si vous êtes "de passage", bien sûr. Auquel cas, il faut aller à la salle des passagers[1]. On ne donne pas à manger avant le matin.

---

1. *Casuals* : il s'agissait de personnes n'appartenant pas à la paroisse et se trouvant démunies loin de chez elles.

— Non, nous ne sommes pas des passagers », a-t-elle répondu avec lassitude.

Ils se sont trouvés seuls cette nuit-là dans la salle d'accueil. La plate-forme pour dormir, une construction surélevée en bois, était couverte de paille fraîche et avait un air accueillant. Ils se sont tous blottis les uns contre les autres dans le foin qui sentait bon et les enfants se sont endormis aussitôt. Seule la mère est restée réveillée, les bras autour de ses enfants. C'était la dernière fois qu'on la laisserait dormir avec eux, elle le savait.

Des bruits matinaux – cliquètements de clés, portes qui s'ouvrent – se sont fait entendre longtemps avant que la porte de la salle d'accueil soit ouverte. Finalement, la directrice est entrée. C'était une femme à l'aspect déterminé, pas une méchante femme, mais quelqu'un qui avait vu trop d'indigents pour être encore perméable à l'émotion. Elle a pris leurs noms et leur a dit laconiquement de la suivre à la salle de toilette, où on les a fait se dévêtir pour se laver à l'eau froide dans des sortes d'auges de pierre peu profondes. Les vêtements qu'ils avaient eus sur le dos ont été emportés et on leur a donné les uniformes de l'hospice, en serge grise et rêche, coupés de façon à aller à des personnes de toutes les tailles. Ils ont dû choisir parmi des chaussures dépareillées. On ne leur a pas donné de sous-vêtements, mais cela n'avait guère d'importance, car aucun d'entre eux n'avait l'habitude de porter ni chemise ni culotte, même lorsqu'il faisait très froid. Puis on leur a rasé les cheveux. Les garçons ont trouvé la chose très drôle, ils ont attrapé le fou rire en regardant les filles et se sont enfoncé le poing dans la bouche pour ne pas s'esclaffer. Mrs. Jenkins n'a pas eu à être tondue car elle n'avait plus de cheveux, les ayant vendus quelques semaines plus tôt. On lui a donné un bonnet pour couvrir sa tête chauve. Quand elle a demandé timidement si l'on donnerait à manger aux petits, on lui a répondu qu'il était trop tard pour le petit déjeuner, mais que le déjeuner serait servi à midi.

On les a emmenés au bureau du directeur pour la séparation. C'était un moment que tout le monde redoutait, y compris le directeur et la directrice ; quatre indigents robustes ont été appelés pour emmener les enfants. Mrs. Jenkins s'était persuadée que ce ne serait pas trop terrible pour les petits, car ils seraient avec Rosie, qui s'était occupée d'eux pendant qu'elle travaillait. Mais les choses ne se sont pas passées ainsi.

Le directeur a regardé les petits.

« Quel âge ? a-t-il demandé.

— Deux, quatre et cinq ans, a-t-elle murmuré.

— Emmenez-les dans la salle des enfants. Et l'aîné des garçons, quel âge a-t-il ?

— Neuf ans.

— Qu'il aille chez les garçons. La fille ? a-t-il demandé en désignant Rosie du doigt.

— Dix ans.

— Qu'on l'emmène dans la salle des filles », a-t-il ordonné.

On a pris les enfants sans ménagement. Le directeur a tourné les talons et s'est éloigné. Il n'allait pas rester pour être témoin de ce qui suivrait. En partant, il a aboyé aux quatre assistants : « Et faites ce qu'on vous a dit. Vous connaissez le règlement. »

Mrs. Jenkins n'a pas été capable de donner à sœur Evangelina ou à moi plus de détails sur cette séparation. C'était trop terrible pour qu'elle puisse en parler. Les enfants hurlaient quand on les a traînés dehors. On l'a poussée dans le quartier des femmes. De grandes portes se sont refermées derrière elle, des clés ont tourné dans des serrures. Elle a entendu des cris d'enfants, des portes qui claquaient. Puis plus rien. Beaucoup plus tard, une brave femme qui travaillait aux cuisines lui a dit qu'il y avait un petit garçon qui pleurait tout le temps et dont les yeux ne quittaient jamais la grande porte de la salle des enfants pour voir qui entrait. Il n'avait jamais prononcé un autre mot que « maman » du jour où il était entré à celui où il était mort. Était-ce son petit garçon ? Elle ne l'a jamais su, mais c'était fort possible.

J'ai questionné sœur Evangelina sur cette séparation : cela paraissait trop inhumain pour être vrai. Elle m'a assuré que cela l'était. La séparation était le premier principe, et appliqué dans les *workhouses* de tout le pays de la façon la plus rigoureuse. On séparait les maris des femmes, les parents des enfants, les frères des sœurs. En général, ils ne se revoyaient jamais.

Si Mrs. Jenkins était bizarre, cela n'avait rien d'étonnant.

Un soir où j'étais arrivée assez tard, à la nuit, en avançant dans le passage contournant la maison pour entrer chez elle par-derrière, j'ai entendu comme une mélopée rythmée chantée par une voix humaine étrange et étouffée. J'ai jeté un coup d'œil par la fenêtre et j'ai vu Mrs. Jenkins à quatre pattes, en train de frotter le sol. Une lampe à pétrole posée à côté d'elle projetait sur le mur l'ombre gigantesque et fantomatique de sa silhouette menue. Elle avait un seau d'eau à côté d'elle, une brosse en chiendent, et elle récurait de façon obsessionnelle le même carré de sol. Et pendant tout ce temps, sans changer de position, elle répétait sur le même rythme des mots, toujours les mêmes, que je ne parvenais pas à distinguer.

J'ai frappé fort et suis entrée. Elle a levé la tête, mais ne s'est pas retournée.

« Rosie ? Viens ici, Rosie. Regarde ça, ma fille. Regarde comme c'est propre. Le directeur sera content quand il verra comme j'ai bien récuré par terre. »

Elle a regardé la grande ombre qu'elle faisait sur le mur.

« Venez voir, monsieur le directeur. C'est tout propre, et j'ai tout nettoyé. C'est propre, hein ? et je l'ai nettoyé pour que vous soyez content, monsieur. On me dit que je pourrai voir mes petits si vous êtes content de moi, monsieur. Je peux ? je peux ? Oh, laissez-moi les voir, juste une fois. »

Son cri s'est enflé et son corps maigrichon est tombé en avant. Sa tête a heurté le seau, et elle a poussé un gémissement de douleur. Je me suis approchée d'elle.

« C'est moi, l'infirmière. Je fais juste ma visite du soir. Ça va, Mrs. Jenkins ? »

Elle a levé les yeux mais n'a pas dit un seul mot. Elle s'est sucé les lèvres et m'a regardée fixement pendant que je l'aidais à se remettre debout et la reconduisais à son fauteuil.

Sur la table nue, il y avait un déjeuner tout prêt que les préposées aux repas gratuits à domicile lui avaient déposé. Elle n'y avait pas touché, et il était froid.

J'ai déplacé l'assiette et lui ai dit : « Il ne vous a pas plu, votre déjeuner, Mrs. Jenkins ? »

Elle m'a saisi le poignet avec une vigueur inattendue et a repoussé mon bras. « C'est pour Rosie », a-t-elle chuchoté d'une voix rauque.

J'ai vérifié son état physique et posé quelques questions auxquelles elle n'a pas répondu. Elle est restée à me regarder sans ciller et continué à se sucer les lèvres.

Une autre fois, quand je suis arrivée chez elle, elle gloussait en jouant avec un morceau d'élastique. Elle le tirait, le relâchait et l'enroulait autour de ses doigts. En me voyant entrer, elle m'a dit : « Ma Rosie m'a apporté ce bout d'élastique hier soir. Regardez comme il se tend. C'est du bon et du solide. Elle est maligne, ma Rose. Elle arrive toujours à vous trouver un bout d'élastique s'il vous en faut un. »

Elle commençait à m'agacer, Rosie. Elle n'était pas d'un grand secours à sa vieille mère. Un morceau d'élastique, un comble ! Elle ne pouvait rien trouver de mieux ?

Mais j'ai vu alors la tendresse et le bonheur sur ce vieux visage, la chaleur et l'amour qu'exprimait sa voix tandis qu'elle jouait avec l'élastique. « C'est ma Rosie qui me l'a donné, vous savez. Elle est allée le chercher pour moi. C'est une bonne fille, ma Rose. »

Je me suis laissé attendrir. Rosie était peut-être aussi simplette que sa mère. Elle avait peut-être eu l'esprit dérangé par sa jeunesse à l'hospice. Je me suis demandé combien de temps elle y avait passé et ce qu'étaient devenus ses frères et sœurs.

La vie dans la *workhouse* était effroyable. Tous les pensionnaires étaient enfermés à clé dans leurs quartiers, qui se composaient d'une salle de jour, d'un dortoir et d'une cour où ils prenaient l'air. De huit heures du soir à six heures du matin, ils étaient confinés dans le dortoir, au centre duquel se trouvait une rigole, ou un caniveau, où ils se soulageaient la nuit. La salle de jour leur servait de salle à manger ; ils s'y asseyaient sur de longs bancs pour les repas. Toutes les fenêtres étaient au-dessus du niveau des yeux, si bien qu'il n'y avait aucune vue, et leurs rebords étaient très en pente si bien que personne ne pouvait grimper et s'y asseoir. La cour où ils prenaient l'air était un carré gravillonné et fermé sans porte ni grille. C'était, en fait, une prison.

Noyés dans le désespoir et la monotonie, les jours s'amalgamaient en semaines, et les semaines en mois. Les femmes travaillaient toute la journée à des tâches pénibles : dans la buanderie, à laver le linge pour tout l'hospice, à frotter le sol (le directeur était un fanatique du récurage) ; à cuisiner une nourriture médiocre pour tous les pensionnaires ; à faire de la couture grossière, comme coudre des sacs, des voiles, faire des carpettes ; et, ce qui était plus bizarre que le reste, tirer l'étoupe. Il s'agissait de vieilles cordes, en général goudronnées, qu'il fallait détordre et défaire de façon à en récupérer les fils, qu'on réutilisait alors pour calfater les bateaux en bois. Cela semble facile, mais ce n'était pas le cas. La corde, surtout si elle avait été trempée dans de l'huile, du goudron ou du sel, pouvait être dure comme de l'acier ; elle déchirait les mains et laissait les doigts à vif ou en sang.

Pourtant, les heures de jour n'étaient pas aussi terribles que celles de repos. Mrs. Jenkins s'est trouvée en compagnie d'une centaine d'autres femmes de tous âges, comptant parmi elles des malades et des infirmes. Beaucoup paraissaient folles ou dérangées. Quand elles étaient fatiguées par leur travail physiquement pénible, elles ne pouvaient s'asseoir nulle part, hormis sur des bancs au milieu de la salle de jour, ou dans la cour. Afin de se reposer, elles s'asseyaient dos à dos sur les bancs, appuyées l'une contre l'autre. Il n'y avait rien à faire, rien à regarder ni à écouter, pas de livres qui puissent leur permettre de s'exercer l'esprit. La plupart d'entre elles marchaient, soit de long en large, soit en rond, interminablement. Beaucoup parlaient toutes seules, ou se balançaient d'avant en arrière, inlassablement. Certaines gémissaient tout haut ou hurlaient dans la nuit.

« Je vais devenir comme ça moi aussi », s'est dit Mrs. Jenkins.

On les faisait sortir deux fois par jour dans la cour pour prendre un peu d'exercice. De là, Mrs. Jenkins entendait le bruit de voix enfantines, mais les murs avaient près de cinq mètres de haut, et elle ne pouvait pas voir par-dessus. Elle a tenté d'appeler ses enfants par leurs prénoms, mais on lui a ordonné d'arrêter sous peine d'être privée de sorties dans la cour. Alors, elle se contentait de rester près du mur d'où elle pensait que venaient les bruits, et elle chuchotait les noms de ses enfants, l'oreille aux aguets pour essayer d'entendre une voix qu'elle reconnaîtrait.

« Je savais pas ce que j'avais fait de mal pour me retrouver enfermée dans un endroit pareil. Et je savais pas ce qu'on avait fait des petits. »

Quand le printemps est arrivé, que les jours ont allongé tandis que le froid diminuait, et qu'une vie nouvelle s'est mise à bouillonner partout dans ce monde qu'elle ne pouvait voir, au-delà des murs de l'hospice, on a informé Mrs. Jenkins que son plus jeune fils, un petit garçon de trois ans, était mort. Quand elle a demandé pourquoi, on lui a répondu qu'il avait toujours été souffreteux et que personne ne s'attendait à le voir survivre. Elle a demandé si elle pouvait aller à l'enterrement, mais on lui a dit qu'il avait déjà eu lieu.

Ce petit garçon a été le premier à partir. Mrs. Jenkins n'a jamais revu aucun de ses enfants. Au cours des quatre années suivantes, un par un, ils sont tous morts. La mère a été informée de chaque décès, sans recevoir d'explications. Elle n'a pas assisté aux enterrements. La dernière à mourir a été une fille de quatorze ans. Elle s'appelait Rosie.

Veau, vache, cochon, couvée…

Attendez-vous toujours à l'inattendu, et vous ne serez jamais déçu. Fred avait subi un sacré revers lorsqu'on l'avait brutalement déchu de son état d'empereur des cailles et des pommes d'amour, et il cherchait à se lancer dans une nouvelle entreprise. L'inattendu est né d'une remarque de Mrs. B. lancée par hasard un jour où elle entrait, tout affairée, dans la cuisine en marmonnant : « Je sais pas où on va comme ça. Vous avez vu le prix du bacon ? J'en reviens pas ! »

Fred a abattu sa pelle par terre, soulevant un nuage de poussière, et s'est écrié : « Des cochons ! La voilà, la solution. Des cochons. C'est ce qu'on faisait pendant la guerre, et on peut recommencer. »

Mrs. B. est arrivée, le balai à la main. « Espèce de malpropre, tu vas pas saloper ma cuisine ! »

Elle tenait le balai comme une arme, prête à frapper. Mais Fred ne voyait ni n'entendait rien. Il l'a attrapée par la taille et l'a fait tournoyer follement.

« T'es tombée pile, ma vieille, pile. J'aurais dû y penser tout seul. Des cochons. »

Et il s'est mis à grogner, à couiner comme un cochon, ce qui n'a rien fait pour améliorer la séduction de sa physionomie.

Mrs. B. s'est dégagée de son étreinte et lui a donné un coup dans la poitrine avec son manche à balai.

« Vieux fou… », a-t-elle commencé à crier, et il lui a répondu sur le même ton. Quand deux cockneys jouent à qui hurlera le plus fort, il est impossible de comprendre ce qu'ils disent.

Le petit déjeuner était terminé, et nous avons entendu les pas des religieuses. Elles sont apparues dans l'embrasure de la porte et la prise de bec a cessé sur-le-champ.

Au comble de l'enthousiasme, Fred a expliqué qu'il venait d'avoir une idée de génie. Il élèverait un cochon. Il pourrait le loger dans son poulailler, qu'il transformerait facilement en porcherie. En deux temps trois mouvements, le cochon serait prêt pour la fabrique de bacon, et sa fortune serait faite.

Sœur Julienne était enchantée. Elle adorait les cochons. Elle avait été élevée dans une ferme, et en savait donc long sur ces animaux. Elle a dit à Fred qu'il pourrait avoir toutes les épluchures de Nonnatus House, et lui a conseillé de faire le tour des cafés avoisinants pour obtenir le même service. Et elle a demandé timidement si elle pourrait aller voir le cochon une fois qu'il serait installé dans la cabane à poules ou à cochon.

Fred n'était pas homme à tergiverser. En quelques jours, la porcherie était prête. Dolly et lui ont mis en commun leurs ressources et une petite créature rose et couinante a été achetée rapidement. Sœur Julienne ne tarissait pas d'éloges.

« Quel joli cochon vous avez là, Fred. Une merveille ! On voit ça à la largeur des épaules. Vous l'avez bien choisi. »

Elle lui a adressé l'un de ses sourires éclatants, et Fred est devenu aussi rose que le cochon.

Il a suivi les conseils de sœur Julienne concernant la bouillie au son, l'apport en glands, les restes qu'il pouvait récolter dans les cafés et chez les marchands de légumes du voisinage. On les voyait souvent plongés dans de grandes conversations très sérieuses. Fred se suçait la dent et sifflotait en se concentrant sur les détails. Sœur Julienne lui donnait également des conseils sur le foin, l'eau et la façon de nettoyer l'enclos ; elle nous impressionnait toutes par ses connaissances en l'art d'élever les cochons.

Pendant cette période, Fred a été heureux et très occupé. Chaque jour au petit déjeuner, nous avions un rapport sur les progrès du cochon, son robuste appétit et sa croissance rapide. Au fil des semaines, les soins et le nettoyage ont pris de plus en plus de temps et d'énergie à Fred. Mais cela s'est avéré très rentable. La plupart des petites maisons avaient de minuscules jardins à l'arrière, grands comme une courette, mais suffisants pour faire pousser deux ou trois légumes. Les tomates se cultivaient beaucoup, ainsi que, curieusement, les vignes, qui poussaient fort bien à Poplar et donnaient de succulents raisins. Les gens se sont donné le mot et, bientôt, le fumier du cochon de Fred a été très demandé. Il en a conclu que dans le cochon, tout était bon. Plus il le nourrissait, plus il produisait d'excréments noirs et plus il gagnait d'argent. En quelques semaines, la vente du lisier avait couvert l'achat du porcelet.

L'ensemble de Nonnatus House, religieuses et personnel laïque, s'intéressait de très près au cochon et aux espérances de Fred. Nous avions lu dans les journaux que le prix de la viande augmentait, et en avions conclu qu'il avait eu le nez creux.

Toutefois, les caprices et les incertitudes du marché sont bien connus. La demande a diminué : adieu, veau, vache, cochon, couvée…

Le coup a été rude. Fred était morose. Toutes ces heures où il avait donné à manger, nettoyé, râtelé ; tous ces projets et ces espoirs… Et maintenant, le cochon valait à peine le prix de son abattage. On comprenait pourquoi les petites jambes torses de Fred avaient perdu leur ressort. Et pourquoi son œil regardant vers le nord-est tombait.

Le dimanche était jour de repos à Nonnatus House. Après la messe, tout le monde se réunissait dans la cuisine pour prendre le café avec les petits gâteaux que Mrs. B. avait faits le samedi. Fred s'apprêtait à partir, mais sœur Julienne l'a invité à se joindre à nous à la grande table. La conversation s'est orientée vers le cochon, et le mégot de Fred vers le bas.

« Qu'est-ce que je vais en faire, hein ? Y me coûte de l'argent pour le nourrir, et je peux pas en tirer de bénéfice. »

Tout le monde a compati et murmuré des « pas de chance » et « c'est dommage », mais sœur Julienne a gardé le silence. Elle a regardé Fred attentivement, puis a dit d'une voix claire et optimiste : « Utilisez-le pour la reproduction, Fred. C'est une truie, gardez-la pour faire des petits. Il y aura toujours un marché pour de bons petits cochons robustes et le jour où les prix remonteront, ce qui arrivera fatalement, vous pourrez en tirer un bon prix. Et puis n'oubliez pas : une truie a toujours entre douze et dix-huit petits. »

Un conseil qui tombait sous le sens, mais était aussi simple qu'inattendu ! Fred en est resté bouche bée, et son mégot est tombé sur la table. Il l'a ramassé sans s'excuser et l'a écrasé dans un cendrier. À cela près que ce n'en était pas un, mais la meringue de sœur Evangelina, qu'elle s'apprêtait à manger. Elle a protesté avec une vigueur caractéristique.

Penaud, Fred s'est confondu en excuses. Il a pris la meringue, a épousseté la cendre, sorti le mégot de la crème et tendu le gâteau à sœur Evangelina. « Des petits cochons. Voilà la solution ! Je vais devenir éleveur. Je serai le meilleur éleveur de cochons de l'île aux Chiens. »

Sœur Evangelina a grogné et repoussé la meringue d'un geste dégoûté. Fred n'a rien remarqué du tout. Il était en transe et marmonnait : « Des petits cochons, des petits cochons… Je vais élever des petits cochons. Évidemment, bien sûr ! »

Sœur Julienne, toujours pleine de tact et pragmatique, a tendu une autre meringue à sœur Evangelina et a dit à Fred : « Il faudra vous procurer *Le Guide des éleveurs de cochons* et trouver un bon verrat. Je peux vous aider, le cas échéant, naturellement. Mon frère est fermier, alors je peux lui demander de vous en envoyer un exemplaire. »

Et c'est ainsi que tout a commencé. *Le Guide des éleveurs de cochons* est arrivé, et Fred et sœur Julienne s'y sont bientôt plongés. Voir Fred essayer de lire, c'était quelque chose ! Il fallait qu'il tienne la page à gauche de son œil regardant au sud-ouest s'il voulait y voir. Et même quand il parvenait à déchiffrer une ou deux phrases, le langage des éleveurs de cochons lui était totalement étranger ; il n'aurait pas pu se débrouiller sans sœur Julienne, qui traduisait l'étrange jargon en cockney intelligible.

On a choisi un bon verrat pour la monte, un coup de téléphone a été donné, un accord conclu et un petit camion à plate-forme est arrivé de l'Essex.

Sœur Julienne avait du mal à contenir son excitation. Elle a donné à sœur Bernadette des consignes pour se charger de Nonnatus House en son absence, a mis son voile destiné à l'extérieur et sa cape, pris une bicyclette dans le hangar et est partie chez Fred.

Le fermier de l'Essex était un gentleman campagnard casanier, qui s'était rarement aventuré au-delà des paisibles confins du territoire entre Strayling Strawless et Market Sodbury.

Ce qu'il avait pensé au volant du camion qui amenait son verrat en plein cœur des docks de Londres ne nous a pas été révélé. Ledit verrat, la tête tranquillement posée sur le rebord de la plate-forme, a parcouru quelques kilomètres sans éveiller beaucoup d'attention. Mais une fois qu'il s'est trouvé dans les rues plus peuplées de Londres, cela a été une autre histoire. Tout au long du trajet traversant Dagenham, Barking, East Ham, West Ham et jusqu'à Cubitt Town sur l'île aux Chiens, il a attiré les foules.

C'était un volumineux animal, dont le seul exercice était la copulation. Il avait une nature assez docile, mais en dix ans, ses défenses n'avaient jamais été coupées, ce qui lui donnait l'air plus féroce qu'il ne l'était en réalité.

Lorsque le camion a tourné le bout de la rue, sœur Julienne est arrivée sur sa bicyclette et a rejoint Fred. Tous deux se sont approchés du fermier, qui les a regardés avec des yeux ronds sans mot dire. Sœur Julienne s'est mise sur la pointe des pieds pour regarder par-dessus le rebord de la plate-forme et a rejeté en arrière son voile que le vent avait poussé vers les défenses du verrat.

« Oh, il est vraiment superbe ! » a-t-elle chuchoté avec enthousiasme.

Le fermier l'a regardée en tirant sur sa pipe et a laissé tomber : « J'y crois pas. »

Il a demandé à voir la truie. Pour accéder à la cour de Fred, il fallait emprunter un étroit passage sur le côté de la maison, au bout duquel se dressait le mur délimitant les docks. Derrière se trouvait la Tamise. Le fermier avait donc devant lui les énormes flancs des cargos transatlantiques.

« Alors ça, ils ne le croiront jamais, non, jamais », a-t-il marmonné en se baissant pour ramasser sa pipe et ses clés qui lui étaient tombées des mains.

On lui a indiqué le chemin pour accéder à la cour de Fred.

« La voilà. Elle espère s'en payer un bon coup avec votre gros gaillard, là.

— Un bon coup ! a grondé le fermier. Ce bon coup vous coûtera une livre, comptant. »

Fred connaissait le tarif et avait la somme prête, mais il a quand même râlé : « Bon Dieu, une livre pour tirer un coup, c'est plus cher que dans les quartiers rupins ! »

Sœur Julienne l'a rappelé à l'ordre : « Inutile de récriminer, Fred. Une livre, c'est le tarif en vigueur. Alors payez sans faire d'histoires. »

Le fermier a regardé la religieuse d'un drôle d'air, mais Fred a tendu l'argent sans plus protester.

Le fermier l'a empoché et a dit : « Bon. On va l'emmener chez vous. »

Plus facile à dire qu'à faire.

Une foule s'était assemblée et grossissait sans cesse : les nouvelles vont vite, sur l'île. Le fermier a reculé son camion jusqu'à l'entrée du passage, ouvert l'abattant de la plate-forme et sauté sur celle-ci pour faire descendre le verrat. Qui n'a rien voulu savoir. Les cochons ont la vue basse et, pour un animal habitué à la rase campagne de l'Essex, le passage devait ressembler au trou noir menant à l'enfer.

« Venez donc m'aider ! » a crié le fermier à Fred.

Ensemble, ils ont poussé, crié, donné de grandes claques au cochon, qui est devenu méchant et a fait mine de vouloir se servir de ses défenses finalement. La foule dans la rue a retenu son souffle, et les mères ont tiré leurs enfants en arrière quand le cochon a lentement descendu la rampe, hésitant sur ses petites pattes, et s'est engagé dans le passage. Et même cela n'a pas été comme sur des roulettes. L'allée était étroite et le verrat a failli rester coincé. Les deux hommes ont poussé par-derrière. Sœur Julienne a traversé la maison au galop, puis la porcherie, et s'est précipitée dans le passage en brandissant des fanes de navets qui, disait-elle, attireraient l'animal. Elle les lui a mises sous le nez, mais il n'a toujours pas voulu bouger. Fred a eu une idée :

« Ce qu'il nous faut, c'est un tisonnier chauffé au rouge pour le lui mettre dans le cul. C'est ce qu'ils font aux chameaux dans le désert quand ils veulent pas traverser un pont. Les chameaux veulent pas aller sur l'eau.

— Mettez-lui un tisonnier rougi dans le cul, et je vous en fourre un dans le vôtre, mon vieux », a menacé le fermier, poussant toujours.

À force de cajoleries, le verrat a finalement franchi le passage et a débouché dans la cour de Fred. Une nuée d'enfants a suivi, et d'autres sont allés dans les jardins avoisinants pour regarder par-dessus les clôtures.

Le fermier s'est énervé et a déclaré d'une voix lente et résolue : « Va falloir faire partir tout ça. Le cochon, c'est un animal timide, il fera rien devant un public. »

À nouveau, sœur Julienne a pris la situation en main. Elle s'est adressée aux enfants avec calme et autorité, et ils sont partis discrètement. Fred, le fermier et elle sont entrés dans la maison et ont fermé la porte. Mais la religieuse n'a pu résister à la tentation de soulever les rideaux pour voir si la truie sympathisait avec « son mari » comme elle persistait à appeler le verrat.

« Oh, Fred, je ne crois pas qu'il lui plaise – regardez, elle le repousse. Lui, il est vraiment intéressé, voyez ! »

Fred s'est planté devant la fenêtre en suçant sa dent.

« Non, non, pas comme ça, s'est écriée sœur Julienne en se tordant les mains, angoissée. Il ne faut pas le mordre, ma fille. Ce ne sont pas des façons. Oh ! la voilà qui court, maintenant. Fred, j'ai peur qu'elle ne veuille pas de lui. À votre avis ? »

Fred ne savait trop que penser.

« Là, c'est mieux. Continue, ma fille. Elle commence à s'intéresser, vous voyez, Fred ? Ça n'est pas merveilleux, ça ? »

Fred s'est alarmé :

« Il va la tuer, oui ! Regardez-le, ce grand saligaud. Il la mord. Eh là ! je vais pas laisser faire ça, pas question. Il va la tuer, je parie, ou lui casser les pattes, je sais pas, moi. Je vais arrêter ça tout de suite. C'est un massacre, je vous jure. »

Il a fallu que la sœur Julienne l'empêche d'intervenir.

« Mais c'est la nature, Fred. C'est comme ça que ça se passe. »

Il n'a pas été facile de calmer Fred. La religieuse et le fermier ont dû le tenir jusqu'à ce que tout soit terminé.

Les sœurs étaient rassemblées dans la chapelle, agenouillées, chacune plongée dans ses prières. La cloche des vêpres a retenti au moment précis où sœur Julienne est entrée dans Nonnatus House. Rouge et enfiévrée, elle a couru dans le couloir, laissant derrière elle sur le sol dallé des traces d'une substance collante à l'odeur puissante. En hâte, elle s'est refait une contenance, a pris sa place devant le lutrin et a lu :

Mes sœurs, soyez sobres, veillez.
Votre adversaire le Diable, tel un lion rugissant,
Rôde, cherchant qui dévorer.

Une ou deux religieuses ont levé les yeux, sortant de leurs prières, et lui ont jeté un regard de biais. Quelques-unes ont reniflé, soupçonneuses.

Elle a poursuivi :

Ton adversaire rugit au sein des fidèles,
Ton ennemi a souillé ton temple sacré.

Les reniflements se sont faits plus forts, et les religieuses se sont regardées.

Quant à moi, je marche avec les saints

Le sacristain a rempli l'encensoir avec une générosité inhabituelle et l'a secoué vigoureusement.

J'ai dit dans ma prospérité que rien ne me fera chanceler.

La fumée a empli l'air.

Mais toi, ô Seigneur, qui connais mon orgueil,
Tu m'as envoyé le malheur pour me ramener à l'humilité.

Une certaine agitation s'est manifestée chez les sœurs. Celles qui étaient agenouillées le plus près de sœur Julienne se sont discrètement écartées. Ce ne doit pas être commode de s'éloigner latéralement quand on est à genoux et en habit monacal, mais cela peut se faire *in extremis*.

Mais quand tu détournes de moi ta face,
Je suis bouleversée, et me suis approchée de mon Seigneur
En toute humilité.

L'encensoir a oscillé furieusement et de grosses volutes de fumée s'en sont échappées.

Et je dirai au Seigneur, je suis impure.
Je ne suis pas digne d'entrer dans ton temple sacré.

On a entendu tousser dans l'assistance.

Et j'ai crié vers toi : « Que gagnes-tu à mon sang ? »
Je suis perdue, ô Seigneur. Je descendrai dans la fosse.
Ô Seigneur, écoute ma prière. Que mon cri
Arrive jusqu'à toi.

Enfin, les vêpres se sont achevées sans avoir été écourtées. Les yeux rougis, suffoquant et toussant, les religieuses sont sorties de la chapelle l'une derrière l'autre.

Il a fallu longtemps à sœur Julienne pour se faire pardonner l'opprobre d'être venue à la chapelle en y apportant l'odeur du lisier, et je suis sûre que Dieu lui a pardonné bien avant ses sœurs.

Ascendance mixte I

Dans les années cinquante, la population africaine et antillaise de Londres était très réduite. Les ports de la ville, comme ceux de toute nation, étaient depuis toujours un creuset pour les immigrants. Nationalités, langues et cultures différentes s'y trouvaient rassemblées et brassées, en général liées par la pauvreté. L'East End ne faisait pas exception et, au fil des siècles, presque toutes les races s'étaient intégrées et avaient fait souche. Le mode de vie cockney était depuis toujours caractérisé par une tolérance chaleureuse, et si les étrangers étaient au départ regardés avec une méfiance soupçonneuse, cela ne durait guère.

La plupart des immigrants étaient des hommes jeunes et célibataires. Les hommes ont toujours été mobiles, mais pas les femmes. À l'époque, il aurait été pratiquement impossible à une jeune femme pauvre d'aller rouler sa bosse autour du monde toute seule. Les filles devaient rester à la maison. Même si leur foyer était invivable, même si la pauvreté et les difficultés étaient extrêmes, même si elles avaient un désir éperdu de liberté, elles étaient prises au piège. Cela est au reste encore le destin de la majorité des femmes dans le monde aujourd'hui.

Les hommes ont toujours eu plus de chance. Une fois qu'il a l'estomac plein, un jeune homme sans attaches à l'étranger ne cherche qu'une chose : les filles. Les familles de l'East End protégeaient jalousement les leurs et, jusque récemment, une grossesse hors mariage était le déshonneur ultime, une catastrophe dont la malheureuse ne se remettait jamais. Pourtant, cela arrivait souvent. Si la fille avait de la chance, sa mère était solidaire et élevait le bébé. Parfois, le père de l'enfant était contraint d'épouser celle qu'il avait séduite, mais c'était à double tranchant, comme beaucoup de filles s'en apercevaient à leurs dépens. Au-delà des conséquences fâcheuses pour la fille, cela signifiait un apport continu de sang neuf – ou de nouveaux gènes, comme nous dirions aujourd'hui – dans la communauté. Ce qui peut en fait expliquer l'énergie, la vitalité et l'inépuisable bonne humeur qui sont la marque distinctive des cockneys.

Si les filles étaient protégées, il en allait très différemment des femmes mariées. Une jeune célibataire qui se retrouvait enceinte pouvait difficilement cacher à quiconque le fait qu'elle n'était pas mariée. Une femme mariée pouvait avoir l'enfant d'un autre que son mari sans que personne en sache rien. Je me suis souvent dit qu'en l'occurrence les dés étaient pipés pour les hommes. Jusqu'à une époque récente où il est devenu possible de faire des tests génétiques, comment un homme pouvait-il être sûr que l'enfant dans le ventre de sa femme était de lui ? Le pauvre n'avait d'autre assurance concernant sa paternité que la parole de sa femme. À moins de la garder enfermée, il n'avait aucun contrôle sur ses activités pendant qu'il était au travail. Tout cela n'a pas grande importance quand on le replace dans la perspective plus vaste de la vie, car la plupart des hommes accueillent avec bonheur un nouveau bébé, et si un mari sert de père à l'enfant d'un autre, il y a peu de chance qu'il le sache. Comme on dit, « ce qu'il ne sait pas ne lui fait pas mal au ventre ». Mais qu'arrive-t-il quand sa femme accouche de l'enfant d'un Noir ?

Les habitants de l'East End n'avaient pas été confrontés à ce problème jusque-là, mais après la Seconde Guerre mondiale, les conditions étaient réunies pour qu'il se pose.

Bella était une jolie jeune rousse d'environ vingt-deux ans. Son nom lui allait très bien : sa peau claire, ses petites taches de rousseur, ses yeux très bleus auraient séduit n'importe quel homme, et ses boucles rousses l'auraient attaché à elle à jamais. Tom était le jeune mari le plus heureux et le plus fier d'East India Docks. Il ne cessait de parler d'elle. Elle était issue d'une des « meilleures » familles (les habitants de l'East End pouvaient être incroyablement snobs et conscients des hiérarchies au sein de leur propre échelle sociale), et ils s'étaient fréquentés pendant quatre ans avant de se marier lorsque Tom a été enfin en mesure d'entretenir Bella.

Ils avaient fait un mariage chic. Elle était fille unique, et ses parents étaient bien décidés à lui faire honneur. On n'a pas mégoté : une robe de mariée avec une traîne longue comme la moitié de l'église, six demoiselles et quatre garçons d'honneur, assez de fleurs pour vous donner le rhume des foins pendant une semaine, une chorale, des cloches, un sermon – toute la sauce ! Il fallait montrer aux voisins ce qu'on était capable de faire. La réception était conçue pour afficher la supériorité incontestée de la famille sur tous les parents et amis. Une armée de Rolls Royce, dix-huit en tout, a conduit les invités les plus notables de l'église à la salle paroissiale louée pour l'occasion, cent mètres plus bas dans la même rue. Les autres invités ont dû faire le chemin à pied – et sont arrivés les premiers ! Les longues tables sur tréteaux, recouvertes de nappes blanches, croulaient presque sous le poids des jambons, dindes et faisans, du bœuf, du poisson, des anguilles et des huîtres, des fromages, pickles, chutneys, tourtes, puddings, gelées, flans, crèmes, gâteaux, boissons aux fruits et, naturellement, du gâteau de mariage. S'il avait vu la pièce montée après avoir construit la cathédrale Saint Paul, Sir Christopher Wren se serait effondré en larmes ! Elle avait sept étages, et chacun était soutenu par des colonnes grecques, avec tours, balustrades, cannelures et minarets. Elle s'ornait d'un dôme portant deux mariés à l'air timide entourés de perruches.

Tom était un peu estomaqué par ce déploiement et ne savait trop que dire. Mais comme il avait prononcé le « Oui » décisif, aucun membre de la famille ne lui aurait tenu grief de ne plus ouvrir la bouche, Bella appréciait en silence le fait d'être le centre de l'attention générale. Elle n'était pas fille à se mettre en avant ni à se faire remarquer, mais à l'évidence, elle prenait plaisir à être le prétexte de pareilles folies. Sa mère était dans son élément et débordait de fierté. Elle débordait aussi de son tailleur ajusté en taffetas violet. (Comment se fait-il que les femmes s'habillent de façon si extravagante pour les mariages ? Regardez autour de vous, et vous verrez des femmes d'un certain âge porter des vêtements qu'elles auraient dû oublier passé vingt ans, tendus à craquer sur des croupes en expansion, serrés à la taille, soulignant ainsi des bourrelets qu'il aurait mieux valu masquer ; coiffures ridicules, chapeaux grotesques, chaussures kamikazes.) La mère de Bella et plusieurs de ses tantes avaient des chapeaux à voilette qui leur compliquaient la vie pour manger, aussi les avaient-elles relevées et épinglées sur le sommet de leur crâne ce qui donnait aux chapeaux un aspect encore plus absurde.

Le discours du père de la mariée a duré quarante-cinq minutes chrono. Il a évoqué la petite enfance de Bella, sa première dent, son premier mot, son premier pas. Il a poursuivi en commentant sa brillante carrière à l'école, la façon dont elle avait obtenu son brevet, qui était maintenant encadré et accroché au mur. Il aurait sans aucun doute parlé aussi de son brevet de natation et de son certificat d'aptitude à faire du vélo si la mère de Bella n'était pas intervenue en lançant : « Oh ! on va pas y passer la nuit, Ernie. »

Il a donc déplacé l'attention sur Tom et lui a dit que c'était un sacré veinard, que tous les gars couraient après Bella, mais que lui (Ern), il avait vu que c'était lui (Tom) le meilleur du lot, qu'il veillerait sur sa petite Bella, parce qu'il était un bon gars travailleur et qu'il se souviendrait que dans un couple comme dans la vie, la clé de la réussite, « c'est de se mettre tôt au lit et de ne pas ménager son outil ».

Les oncles se sont esclaffés et ont échangé des clins d'œil, tandis que les tantes faisaient semblant d'être choquées et se chuchotaient : « Oh, quel numéro, cet Ernie ! »

Tom a rougi et souri, parce que tout le monde riait. Il n'est pas sûr qu'il ait saisi. Bella a gardé les yeux fixés sur son flan, car il était prudent de ne pas avoir l'air de comprendre.

Après les délices de la lune de miel, passée dans l'une des meilleures pensions de famille de Clacton[1], ils sont revenus s'installer dans un petit appartement près de chez la mère de Bella. Flo était bien décidée à ce que sa fille ait tout ce qu'il y avait de mieux et, en son absence, avait fait poser de la moquette. Un tel luxe était pratiquement inconnu dans l'East End à cette époque. Tom, dérouté, ne cessait de frotter ses orteils contre les fibres épaisses pour les voir bouger. Bella était enchantée, et cela a déclenché une orgie de dépenses sur des équipements d'intérieur dont la plupart étaient relativement nouveaux et dont les voisins n'avaient jamais entendu parler : canapé trois places, éclairages muraux, télévision, téléphone, réfrigérateur, grille-pain et bouilloire électrique. Tom trouvait tout cela très original, et était ravi de voir sa Bella prendre tant de plaisir à jouer à la petite ménagère. Il a dû faire de plus en plus d'heures supplémentaires pour pouvoir payer les traites, mais il était jeune et

1. Station balnéaire de l'Essex, au nord-est de Londres.

robuste, et n'y voyait pas d'objection tant que sa femme était contente.

Bella a demandé à être suivie par les sages-femmes de Nonnatus House pour sa première grossesse, parce que c'était ce que sa mère lui avait conseillé. Elle s'est présentée aux consultations prénatales tous les mardis après-midi et était en parfaite santé. Elle en était à environ trente-deux semaines de grossesse quand Flo est venue nous voir un soir, en dehors de nos heures de consultations, l'air inquiet. « Je me fais du souci pour ma Bell. Je sais pas si elle est déprimée ou quoi, mais je le vois bien, Tom aussi s'en rend compte, vous savez. Elle veut pas parler, elle veut regarder personne, elle veut rien faire. Souvent, la vaisselle est même pas faite quand il rentre, qu'il dit, Tom. C'est une vraie porcherie, chez eux. Il y a quelque chose qui tourne pas rond, moi je vous le dis. »

Nous avons affirmé que cliniquement, Bella se portait bien et que la grossesse se déroulait normalement. Plusieurs d'entre nous sommes allées la voir et nous avons toutes observé les mêmes symptômes : apathie, inattention, désintérêt. Nous avons fait venir son médecin. Flo a déployé des efforts héroïques pour sortir sa fille de son marasme, l'a emmenée acheter des piles de vêtements de bébé et toutes sortes d'accessoires jugés nécessaires. Tom, très inquiet, était aux petits soins pour elle et se rongeait les sangs quand il était à la maison ; mais comme il travaillait beaucoup, et encore plus maintenant qu'il fallait payer toutes les affaires du bébé, c'est à Flo, mère attentive et dévouée, que revenait le soin de s'occuper de la jeune femme.

Pour Bella, le travail a commencé à terme. D'après ses dates, elle n'était ni en avance ni en retard. Sa mère est venue nous voir à l'heure du déjeuner pour dire que les douleurs survenaient toutes les dix minutes et que Bella avait eu des pertes. J'ai fini mon repas et me suis servi deux parts de dessert, en prévision du thé que j'allais sauter. Une primipare avec des contractions toutes les dix minutes n'est pas une urgence.

J'ai pris mon vélo et mon temps pour arriver chez Bella. Flo me guettait sur le pas de la porte. C'était un bel après-midi ensoleillé, mais elle paraissait soucieuse. « Elle est comme je vous ai dit, il y a pas de changement. Mais je suis pas tranquille. Il y a quelque chose qui cloche : je la reconnais pas. Ça tourne pas rond, moi, je vous le dis. »

Comme la plupart des femmes de sa génération, Flo était une sage-femme amateur, mais expérimentée.

Bella était dans le salon, sur le canapé neuf, où elle enfonçait les ongles, tirant des bouts de rembourrage. Elle m'a regardée d'un œil morne quand je suis entrée et a grincé des dents ; puis elle a détourné son attention de moi, mais les grincements ont continué quelque temps. Elle n'a pas dit un mot.

« Il faut que je vous examine, Bella, ai-je annoncé, si le travail commence. Il faut que je sache à quel stade vous en êtes, que je voie la position du bébé et que j'écoute son cœur. Voulez-vous passer dans la chambre, s'il vous plaît ? »

Elle n'a pas bougé. Encore un peu de crin a été retiré du canapé. Flo a essayé de la convaincre en la cajolant : « Allez, *luvvy*, ça va pas être long maintenant. On y passe toutes, c'est vite fait, tu verras. Viens, maintenant. On va dans la chambre. »

Elle a voulu aider sa fille à se lever, mais a été repoussée sans ménagement. Elle a failli perdre l'équilibre et tomber. J'ai dû me montrer ferme. « Bella, levez-vous tout de suite et venez avec moi dans la chambre. Il faut que je vous examine. »

Elle a pris la mine d'une enfant qui reconnaît la voix de l'autorité, et a obéi sans faire d'histoires.

La dilatation atteignait deux à trois doigts et la tête du fœtus était en bas : une présentation antérieure normale, d'après ce que je pouvais voir. La poche des eaux n'était pas encore rompue. Le cœur fœtal battait régulièrement, à 120 ; le pouls et la tension de Bella étaient bons. Tout semblait parfaitement normal, hormis cette humeur bizarre, que je n'arrivais pas à comprendre. Les grincements de dents ont continué pendant tout l'examen, ce qui a commencé à me taper sur les nerfs.

« Je vais vous donner un sédatif, ai-je dit, et il vaudrait mieux vous mettre au lit et dormir pendant quelques heures. Le travail continuera pendant que vous dormez, et vous reprendrez des forces pour la suite. »

Flo a hoché la tête pour approuver, l'air sagace.

J'ai sorti mon nécessaire pour l'accouchement et j'ai dit à Flo d'appeler Nonnatus House quand les contractions passeraient à toutes les cinq minutes, ou plus tôt si elle était inquiète. J'ai remarqué avec satisfaction qu'il y avait un téléphone dans l'appartement. Compte tenu de l'état mental de Bella nous pourrions fort bien en avoir besoin. Le délire du post-partum est une complication rare et effrayante, nécessitant une prise en charge médicale rapide et compétente.

Le téléphone a sonné vers huit heures du matin, et la voix de Tom m'a demandé de venir. Je suis arrivée dans les dix minutes et il m'a fait entrer. Il semblait inquiet, mais impatient.

« On y est, on dirait, mademoiselle. Oh, là, là ! j'espère que ça va bien se passer pour elle et le bébé. J'ai tellement hâte de voir mon petit, vous savez, mademoiselle. C'est un événement, voyez. Bell avait pas trop le moral ces temps-ci, mais elle va se requinquer quand elle verra le bébé, hein ? »

Je suis passée dans la chambre juste au moment où une contraction commençait pour Bella. C'était violent et sa mère lui passait un gant de toilette humide sur le visage. Nous avons attendu la contraction suivante en chronométrant. Toutes les cinq minutes. Ça ne tarderait plus. Entre les contractions, la jeune femme paraissait engourdie et léthargique, et je ne tenais pas à lui donner d'autres sédatifs ou analgésiques si la délivrance était proche.

« Comment va-t-elle ? » ai-je demandé à Flo en tapotant ma tête pour indiquer le sens de ma question.

Elle a répondu : « Elle a pas sorti un mot depuis que vous êtes partie, pas un. Elle a même pas voulu regarder Tom quand il est rentré, ni lui adresser la parole. Pas un mot, rien de rien. Le pauvre, ça lui fait mal, ça l'atteint là. »

Elle s'est tapé à l'endroit du cœur pour décrire le sentiment.

À la contraction suivante, la poche des eaux s'est rompue et la respiration de Bella est devenue plus rapide. Elle s'est cramponnée à la main de sa mère.

« Là, là, ma puce, ça va pas être long. »

La contraction passée, Bella serrait toujours la main de sa mère d'un poigne de fer. Elle avait les yeux fixes et fous.

Elle a poussé un cri retenu : « Non ! » Puis sa voix s'est enflée à chaque répétition : « Non, non, non, arrêtez ! Faut arrêter ça. »

Là-dessus elle a émis des gargouillements horribles et haut perchés. Elle s'est agitée frénétiquement sur le lit en faisant ce bruit affreux, à mi-chemin parfois entre le hurlement et le rire. Ce n'était pas un cri de douleur, car elle n'avait pas de contraction. C'était de l'hystérie.

J'ai dit : « Je vais demander à Tom d'appeler un médecin immédiatement. »

Bella a hurlé : « Non ! Pas de médecin. Bon Dieu ! Vous comprenez donc pas ? Le bébé sera noir. Tom va me tuer. Quand il le verra, il me tuera. »

Je ne pense pas que Flo ait compris ce qu'avait dit sa fille. À l'époque, les Noirs étaient si rares dans l'East End que les mots de sa fille n'avaient aucun sens pour elle.

Bella hurlait toujours. Puis elle s'en est prise à sa mère et l'a insultée : « T'as pas compris, vieille bourrique ! Le bébé, il va être noir ! »

Cette fois, Flo a saisi. Elle s'est éloignée d'un bond et a regardé fixement sa fille, horrifiée. « Noir ? Tu rigoles ou quoi ? C'est pas vrai ! Tu veux dire que c'est pas Tom le père ? »

Bella a fait non de la tête.

« Sale petite garce ! traînée ! C'est pour en arriver là que je t'ai élevée ? Pour nous faire honte, à ton père et à moi ! »

Elle a porté les mains à ses joues et a eu un hoquet scandalisé.

« Oh malheur ! a-t-elle chuchoté comme si elle parlait toute seule. Ils ont prévu une grosse fiesta au club pour ton père. Ça devait être une surprise pour lui. Il est président cette année, et les gars voulaient faire une bringue du tonnerre quand il serait grand-père pour la première fois. Maintenant, tout Poplar va se foutre de sa gueule. Jamais il s'en remettra. Ils le lâcheront plus. »

Elle s'est tordu les mains en silence, puis s'est déchaînée contre sa fille : « Oh, je regrette de t'avoir mise au monde, je le jure ! J'espère que tu vas crever, avec ton bâtard dans le ventre, oui, crever ! »

Une autre contraction est arrivée et Bella a hurlé de douleur.

« Arrête ça. Faut pas qu'il naisse ! Mais arrête ça !

— Je t'en foutrais, moi, des "faut pas qu'il naisse", a hurlé Flo. Je vais te tuer avant, oui, pouffiasse ! »

Elles se hurlaient dessus. Un Tom terrifié est apparu dans l'embrasure de la porte. Le visage rouge de fureur, Flo s'en est prise à lui. « Sors d'ici ! C'est pas un endroit pour un homme. Sors, je te dis. Va te promener, je sais pas, moi. Et reviens pas avant demain matin. »

Tom a filé sans demander son reste. Les hommes avaient l'habitude de se faire houspiller ainsi quand il était question d'accouchement.

Son apparition a dû aider Flo à remettre de l'ordre dans ses idées. Elle s'est remise à penser de manière pragmatique. « Faut qu'on s'en débarrasse, a-t-elle dit. Personne doit savoir, et surtout pas lui. Quand il sera né, je l'emmènerai et je le mettrai dans une institution. Personne saura rien. »

Bella lui a saisi la main, les yeux brillants. « Maman, c'est vrai ? Tu feras ça pour moi ? »

J'en avais le tournis. Jusqu'à ce moment-là, j'étais restée en retrait, moralement et émotionnellement, à cause de tout ce bruit et de l'intensité du drame qui se jouait entre la mère et la fille. Mais là, les événements prenaient une tournure nouvelle.

« C'est strictement impossible, ai-je déclaré. Qu'est-ce que vous allez dire à Tom quand il reviendra demain ?

— On lui dira qu'il est mort, a rétorqué Flo avec assurance.

— Mais ce n'est pas possible de faire une chose pareille à notre époque. Escamoter un bébé bien vivant et annoncer qu'il est mort ! Jamais vous ne vous en tirerez comme ça ! Tom croit qu'il est le père. Il demanderait à voir le bébé. Il demanderait pourquoi il est mort.

— Il ne peut pas voir le bébé, a dit Flo avec un peu moins d'assurance. Il faut qu'il le croie mort et enterré.

— Ça ne tient pas debout. On n'est plus au XIXe siècle. Si je mets au monde un bébé vivant, je dois faire mon rapport, qui va aux services de santé. Le bébé ne peut pas mourir ou disparaître comme ça. Quelqu'un doit rendre compte de sa naissance. »

Une autre contraction est arrivée, et la conversation s'est arrêtée là. Je réfléchissais à toute vitesse. Elles étaient folles toutes les deux, elles nageaient en plein délire.

La contraction a passé. Flo aussi avait réfléchi furieusement et elle élaborait ses plans. « Eh bien vous n'avez qu'à partir. Dites que vous avez été appelée chez une autre patiente, je sais pas, moi. Je peux mettre au monde le bébé moi-même. Comme ça, vous aurez pas à faire de putain de compte rendu à des putains de services. Je pourrai emmener le bébé quand il sera né et personne saura où il est, personne. Et Tom le verra jamais. »

Cette suggestion m'a laissée pantoise. « Il est exclu que je fasse une chose pareille ! Je suis une sage-femme diplômée et assermentée. Bella est ma patiente. Je ne peux pas la planter là au premier stade du travail et la laisser entre les mains d'une femme non qualifiée. Et il faut toujours que je fasse mon rapport. Qu'est ce que je leur dis, aux religieuses ? Comment je rends compte de mes actions ? »

Une autre contraction est arrivée. Bella hurlait : « Oh, ça suffit ! Faut pas qu'il naisse. Je veux mourir. Qu'est-ce qu'il va dire, Tom ? Il va me tuer ! »

Sa mère a persisté dans son défi :

« T'en fais pas, ma petite fille. Il le verra pas. Ta mère s'en débarrassera pour toi.

— Certainement pas ! ai-je crié. Je sentais l'hystérie monter en moi aussi. Si un bébé naît vivant, on ne s'en débarrasse pas. Essayez, et vous aurez la police aux basques ! C'est un crime et vous ne vous en tirerez pas comme ça. »

Flo s'est un peu ressaisie :

« Alors, il faudra le faire adopter.

— C'est déjà mieux. Mais n'empêche : la naissance du bébé devra être enregistrée, les papiers d'adoption devront être préparés et signés par les deux parents, qui donnent leur consentement. Tom pense que c'est son bébé. Vous ne pouvez pas le lui cacher et puis lui dire qu'il doit signer un formulaire d'adoption pour ce bébé. Jamais il ne serait d'accord. »

Bella s'est remise à hurler. Je me suis dit : « Grands dieux, où en est sa tension ? Peut-être qu'avec tous ces drames, la grand-mère va finir par arriver à ses fins et que le bébé mourra ! » J'ai sorti mon stéthoscope fœtal pour écouter le cœur du bébé. Bella a dû lire dans mes pensées, et elle a repoussé le stéthoscope.

« Me touchez pas. Je veux qu'il meure, vous comprenez donc pas ?

— Il faut que j'appelle le médecin. On ne sait pas ce qui peut se passer et j'ai besoin d'aide.

— Hors de question ! a glapi Flo. Personne ne doit être au courant, on veut pas de médecin ici. Faut que je me débarrasse du bébé.

— Ah, ça ne va pas recommencer ! ai-je crié. Il me faut un médecin et je vais en appeler un maintenant. »

Vive comme l'éclair, Flo s'est interposée. Elle a pris mes ciseaux de chirurgie sur le plateau préparé pour l'accouchement, a couru dans la pièce voisine et a coupé le fil du téléphone. Elle m'a jeté un regard de triomphe.

« Et voilà ! Vous avez qu'à aller téléphoner à la cabine pour appeler le docteur. »

Je n'osais pas faire une chose pareille. Le second stade était imminent. Si le bébé naissait pendant mon coup de fil, je risquais de constater qu'on s'était « débarrassé » de lui en mon absence.

Il y a eu une autre contraction. Bella semblait pousser. Elle hurlait toujours, en pleine hystérie, mais elle poussait très nettement. Flo a commencé à se lamenter.

« Taisez-vous, ai-je lancé d'une voix dure et froide. Taisez-vous et sortez. »

Elle a eu l'air surpris, mais s'est tue.

« Sortez immédiatement. J'ai un bébé à mettre au monde et je ne peux pas le faire avec vous dans la pièce. Dehors ! »

Elle a eu un hoquet, a ouvert la bouche pour répliquer, mais s'est ravisée et est sortie en fermant la porte derrière elle sans bruit.

Je me suis tournée vers Bella. « Mettez-vous sur le côté gauche et faites exactement ce que je vous dis. Le bébé va naître dans quelques minutes. Je ne veux pas que vous soyez déchirée, ni que vous fassiez une hémorragie. Alors vous m'obéissez. »

Elle s'est calmée et a été coopérative. La délivrance a été parfaite.

Le bébé était d'un blanc sans mélange et ressemblait à Tom comme deux gouttes d'eau. C'était une petite fille qui est devenue la prunelle des yeux de son père, et que son fier grand-père aimait à la folie. Sa grand-mère a eu la sagesse de garder pour elle les secrets de la chambre de l'accouchée. J'ai été la seule personne étrangère à la famille à les connaître et jusqu'à ce jour, je n'en ai jamais parlé à personne.

Ascendance mixte II

Les Smith étaient un couple respectable de l'East End, un de ces couples qui s'entendent malgré les frictions. Cyril était un pilote expérimenté des docks, Doris travaillait chez un coiffeur et leurs cinq enfants avaient maintenant atteint l'âge scolaire. Ils n'étaient pas à court d'argent, mais passaient leurs vacances à faire la cueillette du houblon dans les champs du Kent. Cyril et Doris avaient connu ce genre de vacances pendant leur enfance et cela leur avait plu. Leurs propres enfants appréciaient le bon air de la campagne, les grands espaces dans lesquels ils pouvaient galoper et la chance de pouvoir gagner un peu d'argent s'ils remplissaient leurs paniers de houblon. Année après année, la famille retrouvait les mêmes personnes, venues d'autres quartiers de Londres, et des amitiés s'étaient nouées, renouvelées au fil des ans.

Chaque famille devait apporter son couchage, son camping-gaz et ses ustensiles de cuisine. On leur attribuait un espace jugé suffisant pour la taille de la famille dans des granges ou des hangars, où ils logeaient pendant quinze jours. On achetait le ravitaillement à la boutique de la ferme. Les adultes travaillaient toute la journée dans les champs à ramasser le houblon pour lequel ils étaient payés, et la plupart des enfants se joignaient à eux. Dans les années cinquante, la pauvreté n'était pas aussi extrême qu'elle l'avait été pour les générations précédentes, aussi la nécessité de gagner une misère qu'on appelait pudiquement « un salaire » n'était-elle plus d'actualité depuis longtemps.

Autrefois, les enfants étaient contraints de travailler du matin au soir pour gagner quelques sous qui, ajoutés à la somme gagnée par leurs parents, aideraient la famille à passer l'hiver. Les cueillettes de houblon des vacances avaient sauvé la vie de nombreux enfants de l'East End, car ils étaient ainsi exposés au soleil, ce qui les protégeait contre le rachitisme.

Dans les années cinquante, les enfants étaient en général libres de jouer et ne se joignaient à la cueillette que s'ils le voulaient bien. Beaucoup de fermes avaient sur leur terre un ruisseau ou une rivière, qui fournissait un centre d'intérêt pour s'amuser. Les soirées étaient de grands moments pour toute cette communauté éphémère. On allumait des feux en plein air, on chantait des chansons, on flirtait, on racontait des histoires et on faisait semblant d'être des gens de la campagne et non des citadins.

Avant la guerre, les cueilleurs de houblon saisonniers étaient presque tous des habitants de l'East End, des tziganes de Roumanie et des vagabonds. Après la guerre, compte tenu de la mobilité croissante de la population mondiale, des groupes plus variés venaient chaque année à la ferme. (La mécanisation de la cueillette du houblon a mis fin à cette activité à laquelle participaient de nombreuses personnes chaque année.)

Doris et Cyril s'installaient avec leurs enfants dans le hangar, occupant le carré qu'on avait tracé à la craie sur le sol pour eux. On leur fournissait des paillasses pour dormir et, avec le camping-gaz et une lampe tempête, ils se trouvaient confortablement logés. Cette année-là, il y avait beaucoup de gens nouveaux à la ferme, et plusieurs familles antillaises, ce qui était une vraie surprise. Au début, Doris s'était montrée distante. Elle n'avait jamais rencontré de Noirs, ni à plus forte raison dormi dans la même grange que tout un groupe d'entre eux, mais les enfants s'étaient tout de suite liés, comme cela arrive toujours. Les femmes étaient rieuses et amicales, et Doris n'a pas tardé à voir ses préjugés disparaître.

En fait ces vacances avaient été une véritable révélation pour Doris et Cyril. Jamais ils ne s'étaient doutés jusque-là qu'on pouvait s'amuser autant avec les Antillais. Les cockneys ont une réputation de jovialité. Mais à côté des Antillais, ils paraissent tout bonnement austères. Doris et Cyril riaient du matin au soir, et c'est à peine s'ils s'apercevaient qu'ils travaillaient dur à ramasser le houblon. Fatiguée mais joyeuse, Doris quittait les champs le soir pour préparer le repas familial, puis rejoignait les groupes assis autour des feux. Cette année-là, les chansons étaient nouvelles. Jamais encore elle n'avait entendu de chansons antillaises, et ce mélange de beauté et de tragique a fait frémir dans son cœur des désirs profonds et indicibles. Elle s'est jointe aux chœurs et aux chants en canon, découvrant à sa grande surprise qu'elle avait l'oreille musicale. Cyril ne s'intéressait guère à la musique, et rien n'aurait pu le pousser à ouvrir la bouche et à chanter, aussi s'est-il joint à un des groupes autour d'un autre feu, où il a trouvé des amis plus à son goût.

Le temps passe trop vite quand on s'amuse et à la fin des quinze jours, personne ne voulait partir. Mais l'heure était venue : tous ont déclaré que c'étaient les meilleures vacances qu'ils avaient passées et ils se sont donné rendez-vous l'année suivante. Les enfants ont pleuré au moment de la séparation.

Le traintrain du travail et de l'école, des voisins et des commérages a repris, et peu à peu les souvenirs des vacances dans le Kent se sont estompés comme un rêve.

Personne n'a été surpris quand Doris a annoncé au déjeuner de Noël qu'elle était de nouveau enceinte. Elle n'avait que trente-huit ans et on ne considérait pas cinq enfants comme une famille nombreuse. On a dit à Cyril qu'il était un « sacré lascar » et tout le monde les a félicités.

L'accouchement s'est déclenché un matin de bonne heure. Cyril nous a téléphoné en partant au travail. Doris a pu lever les enfants et les envoyer à l'école, et une voisine est venue pour rester avec elle un moment. Quand je suis arrivée à neuf heures et demie, j'ai tout trouvé bien organisé. La maison était propre et rangée. Les affaires du bébé étaient prêtes, impeccables. Tout ce dont nous avions besoin – eau chaude, savon, etc. – nous attendait. Doris était calme et joyeuse. La voisine est partie quand je suis arrivée, disant qu'elle repasserait plus tard. L'accouchement a été sans histoire et relativement rapide.

À midi, elle a mis au monde un petit garçon qui était manifestement noir.

Naturellement, c'est moi qui m'en suis aperçue la première, et je n'ai su que dire ni que faire. Après avoir coupé le cordon, j'ai enroulé le bébé dans une serviette et l'ai placé dans le berceau en attendant le troisième stade. Ce qui m'a laissé un petit temps de réflexion : devais-je dire quelque chose ? Si oui, quoi ? Ou devais-je juste lui tendre le bébé et la laisser voir par elle-même ? J'ai opté pour la seconde solution.

Le troisième stade de l'accouchement prend en général au moins quinze à vingt minutes. Aussi ai-je profité de cet intervalle pour prendre le bébé et le mettre dans les bras de Doris.

Elle est restée muette un bon moment, puis elle a dit : « Il est beau. Tellement mignon que j'ai envie de pleurer. »

Des larmes silencieuses lui sont montées aux yeux et ont ruisselé sur ses joues. Des sanglots la secouaient et elle serrait convulsivement le bébé.

« Oh, qu'il est beau ! Je n'ai jamais voulu ça, mais qu'est-ce que je pouvais faire ? Et qu'est-ce que je vais faire maintenant ? C'est le plus beau bébé que j'aie jamais vu. »

Les larmes l'ont empêchée d'en dire davantage.

J'étais secouée par le tour inattendu des événements, mais il fallait que je fasse mon travail. « Écoutez, je crois que le placenta ne va pas tarder à venir. Laissez-moi reposer le bébé dans son berceau quelques minutes pour qu'on puisse finir tranquillement la délivrance et vous nettoyer. On pourra parler ensuite. »

Elle m'a laissée prendre le bébé et en dix minutes, tout a été terminé.

Je lui ai remis le bébé dans les bras et j'ai rangé mes affaires en silence. J'avais le sentiment que mieux valait ne pas prendre l'initiative de la conversation.

Elle a tenu l'enfant sans rien dire un long moment, l'embrassant et frottant son visage contre le sien. Elle a tenu sa main, lui a plié le bras, puis a dit : « Il a les ongles blancs, vous avez vu ? »

Était-ce un cri d'espoir ? Elle a poursuivi : « Qu'est-ce que je vais faire ? Qu'est-ce que je peux faire, mademoiselle ? »

Elle s'est mise à sangloter comme si l'angoisse lui brisait le cœur, serrant son bébé avec toute la ferveur et la passion de l'amour maternel. Incapable de parler, elle gémissait en le berçant dans ses bras.

J'étais incapable de répondre à sa question. Que pouvais-je dire ?

J'ai fini ce que j'avais entrepris, et j'ai vérifié le placenta, qui était intact. Puis j'ai dit : « Je voudrais donner un bain au bébé et le peser. Je peux ? »

Elle m'a donné le bébé en silence et a surveillé chacun de mes mouvements pendant que je le baignais, comme si elle avait peur que je le lui enlève. Je crois qu'elle savait au fond d'elle-même ce qui allait se passer.

J'ai pesé et mesuré l'enfant. C'était un gros bébé : cinq kilos deux, cinquante-six centimètres, et parfait à tous égards. Il était assurément beau : une peau bistre et de beaux cheveux bouclés apparaissaient déjà sur sa tête. L'arête du nez légèrement déprimée et les narines épatées faisaient ressortir le front large et haut. Il avait une peau lisse, déplissée.

Je l'ai rendu à sa mère en disant : « Je n'ai jamais vu de plus joli bébé, Doris. Vous pouvez être fière de lui. »

Elle m'a regardée avec un sombre désespoir :

« Qu'est-ce que je vais faire ?

— Je ne sais pas. Sincèrement. Votre mari va rentrer du travail ce soir, croyant être père. Il demandera à le voir et vous ne pourrez pas le lui cacher. Je pense qu'il vaudrait mieux que vous ne soyez pas seule quand il rentrera. Votre mère pourrait peut-être venir pour être avec vous ?

— Non. Ça ne ferait qu'envenimer les choses. Il ne peut pas la voir, ma mère. Vous ne pouvez pas rester avec moi, mademoiselle ? Vous avez raison, j'ai peur de la réaction de Cyril quand il le verra. »

Et elle a serré son bébé contre elle dans un geste de protection éperdu.

« Je ne suis pas sûre d'être la mieux placée, ai-je répondu. Je suis sage-femme. Il vaudrait mieux avoir une assistante sociale. Je crois vraiment qu'il vous faut un tiers pour vous protéger, vous et le bébé. »

J'ai promis de m'en occuper et je suis partie.

J'imagine qu'elle a eu un bel après-midi, un après-midi unique avec son bébé, à somnoler, à le câliner, l'embrasser et à forger ce lien indestructible qu'est l'amour d'une mère pour son bébé, et auquel tout enfant a droit en naissant. Peut-être savait-elle ce qui l'attendait et a-t-elle essayé de donner en quelques heures brèves toute une vie d'amour. Peut-être lui a-t-elle fredonné ces *negro spirituals* des Caraïbes qu'elle avait appris autour du feu de camp.

J'ai fait mon rapport à sœur Julienne et j'ai exprimé mes craintes. Elle a répondu : « Vous avez raison. Il faut que quelqu'un soit là quand son mari verra le bébé. Cela dit, je pense qu'il vaudrait mieux que ce soit un homme. Toutes les assistantes sociales du secteur sont des femmes. Je vais voir avec le pasteur. »

En l'occurrence, celui-ci a envoyé un jeune vicaire au domicile de Doris dès cinq heures. Il n'a pas cru bon d'y aller lui-même, se disant que sa visite ne passerait pas inaperçue.

Le vicaire a raconté que les événements s'étaient déroulés plus ou moins comme je l'avais prévu. Cyril a jeté un seul regard silencieux et horrifié au bébé, et a voulu décocher à sa femme un grand coup de poing que le vicaire a détourné. Puis il a essayé de saisir le bébé pour le lancer contre le mur, mais le vicaire s'est interposé. Alors il a dit à sa femme : « Si ce bâtard reste une seule nuit dans la maison, je le tue et toi aussi. »

La lueur sauvage dans ses yeux montrait qu'il ne plaisantait pas. « Attends un peu, salope ! »

Une heure plus tard, le vicaire est parti, emportant le bébé dans un petit panier d'osier, avec un paquet de layette dans un sac en papier. Il a amené le bébé à Nonnatus House, et nous nous en sommes occupées pendant la nuit. Le lendemain matin, il a été accueilli dans un foyer d'enfants. Sa mère ne l'a jamais revu.

Ascendance mixte III

Ted avait cinquante-huit ans quand sa femme est morte d'un cancer. Il a quitté son travail pour s'occuper d'elle et l'a soignée tendrement. Pendant les dix-huit mois qu'a durés la maladie, ils ont vécu sur ses économies à lui. Ils avaient été heureux en ménage et étaient très proches. Ils n'avaient pas eu d'enfant et chacun comptait sur la compagnie de l'autre, aucun des deux n'étant particulièrement extraverti ou sociable. Après la mort de sa femme, il s'est retrouvé très seul. Il avait peu de véritables amis et ses camarades de travail l'avaient largement oublié depuis son départ. Il n'avait jamais beaucoup fréquenté les pubs ni les clubs, et n'allait pas chercher à devenir grégaire alors qu'il approchait des soixante ans. Il a rangé sa maison, sans se résoudre à déblayer la chambre de sa femme. Il se préparait des repas sur le pouce, faisait de longues promenades, fréquentait le cinéma et la bibliothèque municipale et écoutait la radio. Comme il était méthodiste, il allait chaque dimanche à l'église. Il a eu beau tenter de fréquenter le club des paroissiens, il s'est vite lassé et s'est inscrit au club biblique, qui correspondait davantage à ses goûts.

Dans la vie, il semble de règle qu'un veuf solitaire rencontre toujours une femme pour le consoler et le réconforter. S'il se retrouve avec de jeunes enfants, il bénéficie d'un avantage supplémentaire : les femmes se bousculent pour s'occuper de lui et de ses enfants. En revanche, une veuve ou une divorcée ne bénéficie pas de ces avantages naturels. Si elle n'est pas stricto sensu évitée, on lui fait nettement sentir qu'elle est en trop. Si elle a des enfants, les hommes partent le plus souvent en courant. Elle se retrouvera seule pour survivre, assurer sa subsistance et celle de ses enfants et, en général, elle devra pour cela travailler dur et sans relâche.

Winnie était seule depuis un temps qui lui paraissait une éternité. Son jeune mari avait été tué au début de la guerre, la laissant avec trois enfants. Une maigre pension de l'État couvrait à peine le loyer, et compensait encore moins la perte de son mari. Elle avait pris un travail dans un magasin de journaux. Ses journées étaient longues et dures : elles commençaient à cinq heures du matin et se terminaient à dix-sept heures trente. Elle se levait chaque matin à quatre heures et demie pour aller chez le dépositaire, recevoir les journaux, les trier, en faire des piles et les présenter. Sa mère venait chaque matin à huit heures pour lever les enfants et les envoyer à l'école. Cela signifiait qu'ils restaient seuls près de quatre heures, mais c'était un risque qu'elle était obligée de courir. La mère de Winnie avait proposé qu'ils viennent tous habiter chez elle mais Win, qui aimait son indépendance, avait décliné l'offre, la laissant de côté pour le jour où elle « ne pourrait plus s'en tirer ». Ce jour n'était jamais arrivé. Win était le genre de femme qui s'en tire.

Ils s'étaient rencontrés au magasin de journaux. Elle l'avait servi pendant des années mais au milieu de tous ses clients, elle ne l'avait pas particulièrement remarqué. Quand il a commencé à s'attarder dans la boutique plus qu'il n'était nécessaire pour acheter le quotidien du matin, cela a commencé à attirer son attention ainsi que celle des autres employés. Il l'achetait puis en regardait un autre avant d'examiner les étagères des magazines, en achetant parfois un. Ensuite, il prenait une tablette de chocolat, qu'il tournait et retournait dans sa main avant de la reposer en soupirant et d'acheter un paquet de Woodbines à la place. Les employés se disaient : « Il a quelque chose derrière la tête, ce vieux schnock. »

Un jour où Ted avait une tablette de chocolat à la main, Winnie s'est approchée de lui et lui a demandé gentiment si elle pouvait l'aider.

Il a répondu : « Non, merci. Vous ne pouvez rien pour moi. Ma femme aimait bien ce chocolat. Je lui en achetais toujours. Elle est morte l'année dernière. Merci de m'avoir posé la question, c'est gentil. »

Et ils ont échangé un regard de sympathie et de compréhension.

Après cela, Winnie a toujours tenu à le servir. Un jour, Ted a dit : « J'ai bien envie de me payer une toile ce soir. Vous ne viendriez pas avec moi – si votre mari n'y trouve rien à redire ? »

Elle a répondu : « J'ai pas de mari, et ça me tente bien. »

Une chose en amenant une autre, au bout d'un an, il lui a demandé de l'épouser.

Winnie a réfléchi pendant une semaine. Ils avaient une différence d'âge de plus de vingt ans ; elle l'aimait bien, mais n'était pas vraiment amoureuse de lui. C'était un homme bon et gentil, mais pas follement excitant. Elle a consulté sa mère et le résultat de cette conférence entre femmes a été une réponse positive à la proposition de mariage.

Ted était fou de joie et ils se sont mariés à l'église méthodiste. Comme il ne voulait pas faire habiter sa nouvelle épouse dans la maison qu'il avait si longtemps partagée avec sa première femme, il a renoncé à la louer. Il a en a pris une autre dans une rangée de maisons mitoyennes identiques. Winnie a alors pu quitter le minuscule appartement où elle avait élevé ses enfants et profiter de la maison seule avec Ted. Elle avait l'impression d'habiter un palais. À mesure que passaient les semaines et les mois après le mariage, elle se sentait de plus en plus heureuse et elle a dit à sa mère qu'elle avait fait le bon choix.

Quand il était jeune, Ted avait eu la prudence de souscrire une assurance qui viendrait à échéance quand il aurait soixante ans. Il n'aurait donc plus jamais besoin d'aller travailler. Winnie, au contraire, ne voulait pas renoncer à son travail chez le marchand de journaux. Elle était si habituée à travailler dur qu'elle serait morte d'ennui à ne rien faire, mais comme Ted voulait qu'elle passe plus de temps à la maison, elle a accepté de réduire ses heures de travail. Ils menaient une existence très heureuse.

Winnie avait quarante-quatre ans quand ses règles se sont arrêtées. Elle a cru que c'était le retour d'âge. Elle se sentait un peu bizarre, mais sa mère lui a dit que c'était normal, que toutes les femmes étaient comme ça pendant la ménopause, et qu'elle ne devait pas se faire de souci. Elle a continué à aller au magasin de journaux et a traité par le mépris toute sensation de nausée. Il lui a fallu six mois pour prendre conscience qu'elle avait grossi. Un autre mois a passé, et Ted a remarqué une grosseur dans son ventre. Comme il avait vu sa première femme mourir d'un cancer, la vue d'une grosseur l'angoissait beaucoup. Il a insisté pour que Winnie consulte un médecin et l'a accompagnée au cabinet.

L'examen a révélé qu'elle en était à un stade de grossesse avancé. Le couple a été sidéré. Pourquoi cette explication évidente ne leur avait-elle pas traversé l'esprit ni à l'un ni à l'autre, il est difficile de le concevoir ; toujours est-il qu'ils n'y avaient pas songé et que la nouvelle les a mis dans tous leurs états.

Il n'y avait guère de temps pour se préparer à l'arrivée d'un nouveau bébé. Winnie a quitté le magasin de presse le jour même et s'est inscrite chez les religieuses pour l'accouchement. En hâte, on a préparé la chambre et acheté le nécessaire pour le bébé. Est-ce le fait d'acheter la voiture d'enfant et les petits draps blancs qui a affecté Ted si profondément ? En une nuit, l'homme âgé dérouté et perplexe est devenu un futur père brûlant d'impatience et fier comme Artaban. D'un seul coup, il paraissait dix ans de moins.

Quinze jours plus tard, l'accouchement s'est déclenché. Nous avions fait en sorte qu'un médecin soit présent parce qu'il y avait eu peu de temps pour la préparation prénatale et qu'à quarante-cinq ans, Winnie était décidément un peu âgée pour avoir un bébé.

Ted avait pris bonne note de nos besoins et de nos conseils. Il n'aurait pu préparer l'événement avec plus de soin ni de minutie. Il avait dit à la mère de Win de ne pas venir, qu'il la préviendrait quand le bébé serait là. Il s'était procuré des livres sur l'accouchement et les soins aux nouveau-nés, qu'il lisait en permanence. Quand sa femme a commencé à accoucher, il nous a appelées. L'inquiétude qui teintait sa joie et son impatience était minime.

Le médecin et moi sommes arrivés sur les lieux presque en même temps. On en était au début de la première phase ; il avait été entendu que je resterais avec elle pendant toute la durée du travail, du début jusqu'à la fin de la troisième phase. Le médecin l'a cxaminée et a dit qu'il repasserait juste avant ses consultations du soir pour voir où elle en serait.

Je me suis assise pour observer et attendre. J'ai conseillé à Win de ne pas rester couchée, mais de marcher un peu. Ted a pris son bras et l'a emmenée avec mille précautions dans le jardin pour qu'elle marche dans l'allée. Elle aurait très bien pu le faire toute seule, mais il voulait se monter protecteur, il en avait besoin, oubliant que seulement deux semaines plus tôt, elle galopait jusqu'au magasin de journaux. J'ai suggéré qu'elle prenne un bain. La maison était équipée d'une salle de bains ; il a donc fait couler de l'eau et l'a doucement aidée à entrer dans la baignoire.

Il l'a lavée, l'a aidée à sortir avec précaution et l'a séchée. Quand j'ai conseillé un repas léger, il lui a fait un œuf poché. Il n'aurait pu être plus coopératif.

J'ai regardé les livres qu'il avait pris à la bibliothèque : *L'Accouchement naturel*, de Grantley Dick Read ; le manuel d'obstétrique de Margaret Myles ; *Le Nouveau Bébé* ; *Parents positifs* ; *La Croissance de l'enfant* ; *De la naissance à l'adolescence*. Il avait vraiment potassé son sujet à fond.

Quand le médecin est revenu juste avant six heures, il n'y avait pas de changement notable dans l'avancement du travail. Nous sommes tombés d'accord que, compte tenu de l'âge de Winnie, si le premier stade se prolongeait au-delà de douze heures, il faudrait la transférer à l'hôpital. Ted et Winnie étaient tous les deux d'accord, mais espéraient que ce ne serait pas nécessaire.

Entre neuf et dix heures du soir, j'ai observé un changement dans le déroulement du travail. Les contractions devenaient plus fréquentes et plus fortes. J'ai mis Winnie sous masque à oxygène et protoxyde d'azote[1] et j'ai demandé à Ted d'aller téléphoner au médecin.

Quand celui-ci est arrivé, il a donné à Winnie un analgésique léger et nous nous sommes tous deux assis pour attendre. Ted nous a courtoisement pro-

1. Le protoxyde d'azote est plus connu sous le nom de gaz hilarant. Ce mélange à effet relaxant et euphorisant est utilisé en anesthésie, notamment lors des accouchements, car il ne présente pas les inconvénients des antalgiques généraux, et n'a pas d'interférence avec le travail. Le premier appareil de ce type a été utilisé en 1936.

posé un repas, des boissons ou du thé, comme nous voulions.

Nous n'avons pas eu à attendre longtemps. Juste après minuit, la seconde phase du travail a débuté et en vingt minutes, le bébé était né.

C'était un petit garçon dont les traits n'avaient indéniablement rien de caucasien.

Le médecin et moi nous sommes regardés et avons regardé la mère dans un silence stupéfait. Personne n'a dit un mot. Jamais je n'avais connu un silence aussi déconcertant lors d'un accouchement. Ce que chacun de nous pensait n'a pas été dévoilé aux autres, mais nous devions tous nous poser la même question : « Que va bien pouvoir dire Ted quand il verra l'enfant ? »

Il fallait s'occuper de la troisième phase, qui s'est déroulée dans un silence de mort. Pendant que le médecin s'occupait de la mère, j'ai fait la toilette du bébé, l'ai examiné et pesé. Assurément, c'était un beau petit bébé de poids moyen, avec une peau bistre clair, des cheveux fins et bouclés. Un bébé parfait pour qui s'attendait à voir un bébé d'ascendance mixte. Ce qui n'était pas le cas de Ted. Il s'attendait à voir son enfant. J'ai fermé les yeux, vaine tentative pour oblitérer la scène à venir.

Tout était terminé, en ordre. La mère avait passé une chemise de nuit blanche fraîchement repassée, et le bébé était tout beau, enveloppé dans un châle blanc.

Le médecin a dit : « Je crois que l'heure est venue de faire monter votre mari, maintenant. »

C'étaient les premiers mots prononcés depuis la naissance.

« Oui, autant en finir », a dit Winnie.

Je suis descendue et j'ai dit à Ted qu'un petit garçon était né, que tout s'était bien passé, et qu'il pouvait monter s'il voulait.

Il a hurlé : « Un garçon ! » et s'est levé d'un bond comme un jeune homme de vingt-deux ans et non un homme de plus de soixante. Il a monté les marches quatre à quatre, a pénétré dans la chambre et a pris en même temps sa femme et le bébé dans ses bras. Il les a embrassés tous les deux et a dit : « Jamais je n'ai été aussi heureux et aussi fier de ma vie. »

Le médecin et moi avons échangé un regard. Il n'avait encore rien remarqué. Il a dit à sa femme : « Tu ne sais pas ce que ça signifie pour moi, Win. Je peux le tenir dans mes bras ? »

Elle le lui a tendu en silence.

Ted s'est assis sur le bord du lit et a tenu le bébé maladroitement (tous les pères ont l'air emprunté avec un nouveau-né dans les bras !). Il a longuement contemplé le petit visage, a caressé les cheveux et les oreilles. Il a écarté le châle et regardé le corps minuscule. Il a touché les jambes, fait bouger les bras et pris la main du bébé. Le visage de celui-ci s'est contracté et il a poussé un petit miaulement.

Ted l'a regardé en silence pendant un long moment. Puis il a relevé les yeux et souri béatement : « C'est vrai que je ne connais pas grand-chose en matière de bébés, mais je vois bien que celui-ci est le plus beau du monde. Comment va-t-on l'appeler, ma chérie ? »

Le médecin et moi nous sommes regardés, muets et effarés. Se pouvait-il qu'il n'ait rien remarqué ? Winnie, qui avait semblé incapable de respirer, a poussé un grand soupir tremblant et a répondu :

« C'est toi qui choisis, Ted, *luvvy*. C'est ton fils.

— Alors, on va l'appeler Edward. C'est un prénom de famille, celui de mon père et de mon grand-père. C'est mon fils Ted. »

Le médecin et moi avons laissé un trio heureux. Dehors, le médecin a dit : « Il est possible qu'il n'ait rien remarqué encore. La peau noire est claire à la naissance, et cet enfant n'est manifestement qu'à moitié noir, ou peut-être même moins que cela car son père est peut-être métis. Toutefois, la pigmentation devient plus marquée à mesure que l'enfant grandit et à un certain stade, Ted va certainement le remarquer et commencer à poser des questions. »

Le temps a passé et Ted n'a rien remarqué, ou en tout cas, n'a rien manifesté. Win avait dû prévenir sa mère et d'autres parentes de ne faire aucune réflexion à Ted sur l'aspect du bébé, et en effet, personne n'a rien dit.

Six semaines plus tard, Win est retournée travailler au magasin de journaux à temps partiel. Ted passait plus de temps chaque jour avec le bébé et assumait l'essentiel du maternage. Il le baignait, le sortait fièrement dans sa voiture d'enfant, saluait les passants et les invitait tous à regarder son « fils Ted ». À mesure que le bébé grandissait, il jouait tout le temps avec lui, inventait des jouets et des jeux pédagogiques. Aussi, à dix-huit mois, le petit Ted était-il très éveillé et en avance sur son âge. La relation entre le père et le fils était un bonheur à voir.

Lorsque l'enfant a atteint l'âge scolaire, il avait des traits négroïdes, à l'évidence. Pourtant, Ted semblait toujours ne rien remarquer. Il s'était fait un cercle d'amis plus large qu'il n'en avait jamais eu dans sa vie, en grande partie parce qu'il emmenait l'enfant partout et que les gens réagissaient avec sympathie face à ce beau petit garçon éveillé, que Ted présentait fièrement : « mon fils Ted ». À sa façon, l'enfant était tout aussi fier de son père, et se cramponnait à sa grande main protectrice, levait vers lui ses immenses yeux noirs pleins d'adoration. À l'école, il parlait toujours de « mon papa » comme si c'était le roi en personne. À près de soixante-dix ans, Fred n'avait aucun complexe à attendre devant les grilles de l'école avec de jeunes mères qui avaient près d'un demi-siècle de moins que lui. Seulement deux ou trois petits enfants noirs ou métis sortaient de l'école en courant pour rejoindre des mères noires, mais l'un d'entre eux se jetait dans les bras de Ted en criant : « Papa ! »

Il disait à l'enfant en l'embrassant : « Allez, on va aux docks aujourd'hui, fiston. Il y a un grand bateau allemand, avec trois cheminées, qui vient d'arriver ce matin. Des comme ça, on n'en voit pas souvent. Et ta maman aura préparé le thé quand on rentrera. »

Et il ne semblait toujours rien remarquer.

Naturellement, il y avait des réflexions parmi les voisins et les connaissances, mais personne ne disait rien à Ted. Les moins charitables ricanaient en disant : « Il n'y a pas plus imbécile qu'un vieil imbécile. » Et les autres riaient et opinaient en disant : « C'est rien de le dire ! »

J'ai une autre théorie.

Chez les orthodoxes, il existe le concept du Fol-en-Christ, qui s'applique à quelqu'un qui est fou d'après les critères du monde, mais sage d'après ceux du Christ.

Je suis persuadée que dès l'instant où il a vu le bébé, Ted a su qu'il ne pouvait pas en être le père. Cela a dû être un choc pour lui, mais il s'est maîtrisé et a réfléchi longuement pendant qu'il tenait le bébé. Il s'est peut-être projeté dans le futur.

Peut-être s'est-il rendu compte pendant ces instants-là que s'il formulait le moindre doute sur la paternité du bébé, cela pourrait signifier une humiliation pour l'enfant et compromettre tout son avenir. Peut-être a-t-il senti en tenant le bébé que la moindre suggestion en ce sens ferait voler son propre bonheur en éclats. Peut-être a-t-il compris qu'il ne pouvait raisonnablement s'attendre à attirer sexuellement une personnalité indépendante et vigoureuse comme Winnie et à la combler. Peut-être la voix d'un ange lui a-t-elle soufflé que mieux valait que les questions ne soient pas posées et qu'elles restent sans réponse.

Aussi a-t-il pris la décision la plus inattendue et pourtant la plus simple : il a choisi de suivre la politique du Fou et de ne pas voir ce qui crevait les yeux.

Déjeuner dominical

« Non, Jimmy, pas cette fois-ci. Mike et toi ne venez pas squatter dans la chaufferie de Nonnatus House. J'ai peut-être trompé l'infirmière en chef de l'hôpital, mais je ne vais pas tromper sœur Julienne. Et puis, je ne te fais pas confiance. Je ne crois pas une seconde qu'il y a encore une urgence. Je crois que tu veux tout simplement pouvoir te vanter devant les copains d'avoir dormi dans un couvent ! »

Jimmy et Mike ont eu l'air un peu penaud. Ils m'avaient offert des bières et débité des amabilités, croyant dur comme fer que j'allais avaler un tas de balivernes, comme quoi ils traversaient une mauvaise passe, étaient expulsés de leur meublé ; alors pouvais-je les faire entrer en cachette à Nonnatus House par la porte de derrière ?

La soirée avait été plaisante : après les rigueurs du travail quotidien, elle avait offert un changement et une détente. La bière était bonne et la conversation exubérante, mais il était l'heure de partir. J'avais un long trajet à faire pour regagner l'East End et les bus n'étaient pas nombreux après vingt-trois heures. De plus, je devais être debout à six heures et demie le lendemain pour une journée complète de travail. Je me suis levée. Une autre idée m'était venue. Cela me semblait dommage de les décevoir complètement.

« Ça vous dirait de venir déjeuner un dimanche ? »

Ils ont accepté aussitôt avec enthousiasme.

« D'accord. Je vais en parler à sœur Julienne et je vous téléphonerai pour fixer une date. Là, il faut que je file. »

Le lendemain, j'ai posé la question à sœur Julienne. Elle avait déjà entendu parler de Jimmy le jour où j'avais pris un bain de mer à trois heures du matin et où j'étais rentrée à dix heures pour prendre mon travail. Elle a accepté d'emblée de recevoir les garçons à déjeuner.

« Quelle bonne idée ! D'habitude, nous recevons des missionnaires en retraite ou des prédicateurs en visite. La présence de deux jeunes gens pleins de vie sera un plaisir pour nous toutes. »

Elle a fixé une date, trois semaines plus tard, un dimanche où il n'y aurait pas d'autres invités au déjeuner, et j'ai téléphoné à Jimmy pour confirmer le rendez-vous.

« Crois-tu que les religieuses pourraient étendre l'invitation à un troisième ? Alan voudrait venir. Il pense qu'il pourrait trouver matière pour un article. »

Alan était journaliste et commençait sa carrière à Fleet Street[1] avec un petit emploi qui lui permettait juste de joindre les deux bouts. Cela m'aurait beau-

1. Fleet Street : rue de Londres où se trouvaient jusqu'au milieu des années quatre-vingt les sièges des grands journaux de la presse nationale britannique. Le mot désigne par extension la carrière de journaliste.

coup étonné que sœur Julienne ne puisse pas offrir une chaise de plus à la table du réfectoire, mais je n'étais pas sûre du tout que le déjeuner fournirait à Alan l'inspiration pour un article. Cela dit, le cœur d'un jeune reporter abrite toujours de grandes espérances – du moins jusqu'à ce que le fer plonge dans son âme[1].

Les filles étaient tout excitées à l'idée d'avoir trois jeunes gens à table au déjeuner du dimanche. Nous étions toutes des infirmières célibataires, avec une semaine de travail qui paraissait interminable, et n'avions guère l'occasion de rencontrer des jeunes gens fréquentables. Les espérances volaient haut.

Je me demandais, non sans amusement, comment se passerait le repas. Que penseraient les garçons de nous ? Comment réagiraient-ils aux religieuses, notamment à sœur Monica Joan ? Et il serait intéressant de voir ensuite « l'article » d'Alan.

Le jour J est arrivé, chaud et ensoleillé. Aucune de nos patientes n'était censée accoucher, ce qui aurait perturbé le déjeuner. Tout le monde piaffait d'impatience. Si les garçons s'étaient doutés de l'émoi qu'ils provoquaient dans tant de cœurs féminins, ils auraient été profondément flattés. Ou peut-être pas. Peut-être auraient-ils considéré que c'était un hommage normal à leur charme dévastateur.

Ils sont arrivés à midi et demi, juste après que les religieuses furent entrées à la chapelle pour tierce, l'office de la mi-journée.

---

1. Écho du Psaume 105, 18 : *And the iron entered his soul*, ce qui renvoie au thème de la désillusion.

J'ai ouvert la porte. Ils étaient assurément tirés à quatre épingles : costumes gris, chemises fraîchement lavées et chaussures parfaitement cirées. Jamais encore je ne les avais vus ainsi un dimanche matin. À l'évidence, déjeuner dans un couvent était une expérience inédite pour des hommes du monde aussi accomplis. Ils n'avaient pourtant pas l'air très sûrs d'eux.

Nous sous sommes fait la bise, avec un peu moins de spontanéité que d'habitude – pas d'étreinte, pas de rires, pas de badinage futile –, juste un baiser un peu guindé, un : « Comment ça va ? » poli, et un : « Vous n'avez pas eu trop de mal pour venir ? »

Je me sentais un peu mal à l'aise, n'ayant jamais été très douée pour parler de tout et de rien. Nous connaissons tous les gens dans un certain contexte et nous les trouvons souvent complètement différents une fois sortis de leur environnement familier. Je connaissais Jimmy depuis l'enfance, mais je ne rencontrais les autres que dans les pubs de Londres. Je ne savais pas quoi dire et suis restée plantée là, l'air gêné, me disant que l'invitation n'était peut-être pas une si bonne idée après tout. Et les garçons ne savaient pas quoi dire non plus.

Cynthia a sauvé la mise. Comme toujours, et sans savoir ni pourquoi ni comment. Elle s'est avancée avec un gentil sourire qui a dissipé la tension et rempli de chaleur l'atmosphère un peu tendue. Quand elle a ouvert la bouche, sa voix lente et sexy a failli les faire tomber à la renverse. Elle n'a pourtant dit que : « Vous devez être Jimmy, Mike et Alan. C'est un plaisir – nous avions hâte de vous rencontrer. Alors, dites-moi qui est qui ? »

Était-ce la façon dont elle a prononcé ces mots, ses grands yeux souriants ou la chaleur naturelle de son accueil ? Les copains devaient avoir rencontré des dizaines de filles plus belles, à l'allure plus sophistiquée, mais ils n'en avaient sans doute pas souvent, pour ne pas dire jamais, rencontré une avec une voix pareille. Ils en ont été retournés et se sont bousculés en s'avançant tous les trois en même temps. Elle a ri. La glace était rompue.

« Les religieuses ne vont pas tarder. Mais venez prendre un café dans la cuisine, on pourra bavarder. »

Du café ? Du nectar ? De l'ambroisie ? Ils l'ont suivie sans se faire prier : avec cette fille délicieuse, ils seraient allés au bout du monde. Ils m'avaient Dieu merci oubliée, et j'ai poussé un soupir de soulagement : le déjeuner serait une réussite.

Mrs. B., elle, n'avait ni sex-appeal ni voix charmeuse. « Ah, vous allez pas me mettre tout en l'air ici, hein ! J'ai le déjeuner à servir. »

Jimmy lui a souri avec assurance : « Ne vous inquiétez pas, madame, nous n'allons pas déranger votre belle cuisine, n'est-ce pas, les amis ? Quelle cuisine magnifique ! Et ça embaume ! C'est vous qui faites tout vous-même, à ce que je vois, madame ? »

Mrs. B. a reniflé en lui jetant un regard soupçonneux. Ayant de grands fils elle-même, elle ne se laissait pas prendre aux manières charmeuses des jeunes gens.

« Tout ce que je vous dis, c'est d'avoir l'œil à ce que vous faites.

— Soyez tranquille, on l'aura », a déclaré Mike. Le sien n'avait pas quitté Cynthia pendant qu'elle remplissait la bouilloire. Les canalisations d'eau qui couraient autour de la cuisine ont vibré avec un bruit de ferraille quand elle a ouvert le robinet. Elle a ri en disant :

« C'est la plomberie de la maison. On s'y habitue.

— Oh, je ne demande pas mieux », a dit Mike avec enthousiasme.

Cynthia a ri et rougi un peu, tout en rejetant en arrière la mèche qui lui était tombée devant la figure.

« Permettez », a dit galamment Mike. Il lui a pris la bouilloire des mains et l'a portée sur la cuisinière.

Chummy est apparue dans l'embrasure de la porte, la tête enfouie dans le *Times.*

« Dites, les filles, vous saviez que Binkie Bingham-Binghouse va enfin signer un bail ? Épatant, non ? C'est sa mère qui doit être aux anges, vous savez. Ses parents croyaient qu'elle allait leur rester sur les bras. Bravo, Binkie, ha, ha, ha ! »

En levant les yeux, elle a vu les garçons. Aussitôt, elle est devenue toute rouge et le bras qui tenait le journal a tressailli brusquement, heurtant le buffet, ce qui a fait trembler et cliqueter tasses et soucoupes. Le journal s'est coincé derrière une assiette qui est allée s'écraser sur le sol, éclatant en dizaines de morceaux.

Mrs. B. s'est précipitée en grondant : « Espèce de grande empotée… espèce de – sortez de ma cuisine, non mais… Manchote, va ! »

Pauvre Chummy ! C'était toujours comme ça. Dès qu'elle se trouvait en société, elle vivait un cauchemar, surtout quand il y avait des hommes à proximité. Elle ne savait tout simplement pas quoi dire à un homme, ni comment se comporter avec lui.

Cynthia a une fois de plus sauvé la situation. Elle a saisi une pelle et une balayette en disant : « Ce n'est pas grave, Mrs. B., c'était l'assiette fendue. Elle était bonne à jeter, de toute façon. »

Prestement, elle s'est penchée pour balayer les morceaux tandis que Mike étudiait d'un œil de connaisseur ses élégantes petites fesses.

Chummy est restée dans l'embrasure, penaude et muette. J'ai essayé de la convaincre de venir se joindre à nous pour boire une tasse de café, mais elle est devenue pivoine et a marmonné qu'elle devait remonter pour se laver les mains avant le déjeuner.

Les copains se sont regardés, surpris. Un déjeuner dans un couvent, c'était de l'inédit, mais une géante lanceuse d'assiettes était la dernière chose à laquelle ils s'attendaient. Alan a sorti son carnet et s'est mis à griffonner à toute allure.

Nous avons entendu sonner la cloche de la chapelle et, quelques instants plus tard, les religieuses sont sorties. Sœur Julienne est arrivée dans la cuisine à pas rapides. Petite, rondelette et maternelle, elle a regardé les garçons d'un œil affectueux et a tendu ses deux mains.

« J'ai beaucoup entendu parler de vous, et nous sommes toutes ravies de vous avoir ici. Mrs. B. a préparé du rôti de bœuf et du Yorkshire pudding avec de la tarte aux pommes pour le dessert. Cela vous ira, j'espère ? »

Trois jeunes gens blasés et rompus aux usages du monde ont réagi comme trois petits garçons recevant des bonbons des mains d'une tante chérie.

Nous sommes entrés au réfectoire. Après le bénédicité, pendant lequel les garçons ont échangé des regards amusés et ont murmuré un « Amen » gêné, nous nous sommes assis autour de la grande table rectangulaire et Mrs. B. est entrée avec la table roulante. Sœur Julienne a servi, comme d'habitude, tandis que Trixie distribuait les assiettes garnies.

Alan était d'une beauté insolente. Des traits parfaits, réguliers, un teint clair, des cheveux bruns bouclés et des yeux bruns et doux frangés de cils qu'une fille aurait donné cher pour avoir. Je l'avais rencontré une ou deux fois et, quand des meutes de filles se pressaient autour de lui, essayant d'obtenir un regard de ses yeux brillants, j'avais remarqué qu'il les traitait comme des jouets agréables mais insignifiants. Il se considérait comme un « leader d'opinion ». Avec un diplôme en philosophie de l'université de Cambridge, il en était déjà arrivé à des conclusions de seconde main sur la vie, qu'il avait glanées çà et là faute d'une large expérience personnelle. Les soucis et les émois qui nous assaillent tous n'avaient jusqu'ici guère troublé son sentiment de supériorité. Il avait une immense estime pour sa propre intelligence qui, d'après moi, était satisfaisante sans être exceptionnelle. Il a placé carnet et crayon à côté de lui sur la table, ce qui était mal élevé ; mais Alan n'était pas homme à s'embarrasser des convenances. Il était en mission, et non invité à un déjeuner.

Il avait été placé à côté de sœur Monica Joan et en était un peu contrarié, l'estimant sans doute trop vieille pour pouvoir intéresser son lectorat. Il aurait voulu être assis à côté de sœur Bernadette pour parler de l'impact du National Health Service sur l'ancien système de soins. Mais il n'allait pas se laisser détourner de son propos pour autant, et il a lancé à sœur

Bernadette de l'autre côté de la table : « Puisque les religieuses sont les servantes de Dieu et que l'État contrôle maintenant votre service d'obstétrique, estimez-vous que votre rôle est désormais celui de servantes de l'État ? »

Il avait soigneusement préparé sa question, car il voulait montrer dans son article la futilité de la religion, histoire de plaire à son rédacteur en chef.

Sœur Bernadette, qui contemplait avec plaisir son Yorkshire pudding, ne s'attendait pas à une question pareille. Profitant des dix secondes qu'il lui a fallu pour trouver une réponse adéquate, sœur Monica Joan s'est adressée à Alan :

« C'est dans le cadre minuscule de notre entendement que la Corde d'Argent se délie. L'État est le serviteur de l'Orbe. Le serviteur est plus sage que le processus de croissance différencié par la vérité à l'origine. Estimez-vous que votre rôle est celui d'un des quarante-deux Assesseurs des Morts ?

— Pardon ? »

Alan s'est arrêté de manger et il est resté bouche ouverte, fourchette levée.

« Ayez la bonté de ne pas agiter ainsi votre fourchette devant ma figure, jeune homme. Posez-la », a lancé sœur Monica sèchement. Elle lui a jeté un coup d'œil impérieux. « Nous discutions du rôle de l'esprit libre, que la confluence de plusieurs centres affranchit, lorsque vous m'avez si grossièrement mis votre fourchette dans l'oreille. Mais que m'importe ? Marchons avec Dieu, et acceptons l'inacceptable. C'est un trajet solitaire que celui qui nous mène à la retraite de l'intelligence. Y a-t-il une autre pomme de terre sautée ? Une bien moelleuse ; et un peu plus de sauce à l'oignon, s'il vous plaît. »

Elle a fait passer son assiette et a lancé à Alan un regard de biais assez méprisant. Néanmoins elle était disposée à poursuivre la conversation.

« Considérez-vous votre rôle comme une forme de sainteté nouvelle et sans précédent, ou comme une révélation équivalente de l'univers, également sans précédent ? » a-t-elle demandé poliment.

Toute la tablée a regardé Alan qui cherchait ses mots. Je m'étouffais de rire en silence. C'était beaucoup mieux que ce que j'espérais.

« Sincèrement, je n'en sais rien. Je n'y avais pas réfléchi.

— Allons donc ! Un jeune homme qui a votre génie doit sûrement envisager l'impact de sa pensée en tant qu'exercice de l'énergie libérée par les activités de ses différents centres. Votre pensée est la vibration au plan horizontal, la centralisation des polarités du positif et du négatif. Je ne peux pas croire que vous n'avez pas pensé à votre pensée. C'est le devoir de chaque grand homme de méditer sur l'excellence de l'intellect, ou, pour parler plus simplement, sur l'impact auditif de la conscience divine, au sens des limites de la fragmentation. Vous ne trouvez pas ? »

Mike a postillonné en pouffant et Cynthia lui a donné un coup de coude discret. Trixie a failli s'étouffer et a envoyé une volée de petits pois sur la table. Jimmy et moi avons échangé un regard complice et amusé. Le pauvre Alan, conscient de tous les regards braqués sur lui, a eu la décence de rougir.

Comme si elle se parlait à elle-même – mais assez

fort pour être entendue par tous, sœur Monica Joan a murmuré : « Comme il est mignon : assez vieux pour tout savoir, mais assez jeune pour rougir. Tout à fait charmant. »

Ayant ainsi bien proprement réglé son compte à Alan, elle s'est concentrée sur sa pomme de terre sautée.

Sœur Julienne a promené sur les convives son regard vif et demandé : « Qui veut un peu plus de rôti ? Je suis sûre que Mrs. B. a un autre Yorkshire pudding dans le four. Mike, vous semblez bien savoir découper. Vous voulez bien recouper quelques tranches pour ceux qui aimeraient en reprendre ? »

Mike a pris le couteau, l'a aiguisé avec un grand geste et a coupé des tranches généreuses. Mrs. B. est arrivée avec un autre Yorkshire pudding tout chaud, juste sorti du four. Les garçons avaient apporté du vin, et on a trouvé des verres. À Nonnatus House, nous n'avions pas l'habitude de boire du vin au déjeuner, mais sœur Julienne a dit que dans une occasion comme celle-ci, on pouvait faire exception à la règle. Les religieuses ont gloussé comme des écolières en buvant leur vin, murmurant : « Ooh, ce que c'est bon ! délicieux ! il faudra revenir. »

Jimmy et Mike étaient dans une forme éblouissante. Il faut reconnaître qu'ils avaient beaucoup de charme et de *savoir-faire*[1], et que le déjeuner a été un franc succès. Sœur Evangelina elle-même était détendue et riait avec Jimmy ; mais il n'est pas difficile de rire avec ce cher Jimmy, me suis-je dit. Seule Chummy était

1. En français dans le texte.

silencieuse. Elle ne paraissait pas contrariée, seulement circonspecte, sachant qu'elle était à tout moment susceptible de renverser un verre de vin ou d'envoyer valser une soupière. Elle n'osait pas se joindre à l'hilarité générale, pourtant elle n'a pas cessé de sourire et a paru s'amuser à sa manière.

La seule personne à faire grise mine était Alan. Il avait l'air purement et simplement furieux. Sœur Julienne a tenté à plusieurs reprises de le faire participer à la conversation, mais il s'est dérobé. Une religieuse de quatre-vingt-dix ans l'avait ridiculisé en public, et il n'allait pas le lui pardonner, ni à elle ni à aucune des autres. Jamais il n'a écrit son article, m'a-t-on dit.

À ma grande contrariété, Mike a raconté l'histoire des trois mois passés dans le séchoir du foyer d'infirmières, et la façon dont ils avaient dû s'aventurer deux fois par jour sur l'échelle de secours vertigineuse, en plein hiver. J'avais depuis longtemps quitté l'hôpital en question, mais j'étais inquiète à l'idée de ce que les religieuses pourraient penser de mes crimes. Un coup d'œil au visage de sœur Julienne, à qui le vin avait donné des couleurs, m'a rassurée : elle a regardé dans ma direction en souriant.

« Vous avez pris des risques. Je me souviens du jour où, à l'hôpital St. Thomas[1], on a surpris un jeune homme dans la chambre d'une infirmière. Elle a été renvoyée sur-le-champ. Pourtant, c'était une bonne infirmière. Dommage. Mais quelques mois plus tard,

---

1. Très ancien hôpital de Londres où, en 1860, Florence Nightingale a ouvert la première école d'infirmières, The Nightingale School of Nursing, qui existe encore.

on a découvert quatre jeunes gens cachés dans le placard à balais – ou peut-être la buanderie, je ne m'en souviens plus. On n'a jamais trouvé qui était responsable. Cela vaut mieux, car Dieu sait combien d'infirmières auraient été perdues pour la profession si on avait découvert que c'étaient elles. C'était juste avant la guerre, au moment où nous avions un besoin urgent d'infirmières diplômées. »

Les desserts sont arrivés et sœur Julienne s'est levée pour les servir. Un bruit étrange venant de l'autre côté de la table a attiré mon attention, et j'ai regardé dans cette direction. À ma grande stupéfaction, c'était sœur Evangelina qui riait ! En fait, elle riait tellement qu'elle avait mis sa serviette devant sa bouche. Jimmy, son voisin, toujours galant et attentionné, lui a tapoté le dos et passé un verre d'eau. Elle l'a avalé, et s'est tamponné les yeux et le nez. Entre deux crises de fou rire, elle a murmuré ;

« Oh, grand Dieu, je n'en peux plus… Ça me rappelle le temps où… Oh, jamais je n'oublierai… »

Jimmy s'est appliqué sérieusement à lui taper dans le dos, ce qui a paru améliorer la situation, mais a fait glisser le voile de sœur Evangelina de côté.

Nous étions tous bien décidés à en avoir le cœur net. Jamais encore on n'avait vu sœur Evangelina rire convulsivement au couvent, et cela avait manifestement un rapport avec les jeunes gens dans les chambres des infirmières.

« Qu'est-ce qui s'est passé ? Dites-le-nous !

— Allez, soyez chic ! »

Sœur Julienne s'est arrêtée de servir, la cuillère à la main.

« Oh, allez, ma sœur ! Vous n'allez pas nous laisser sur des charbons ardents. Racontez-nous cette histoire. Jimmy, servez-lui un autre verre de vin. »

Mais sœur Evangelina n'a pas pu – ou pas voulu – raconter. Elle s'est mouchée, s'est essuyé les yeux. Elle a postillonné, gargouillé, toussoté, mais n'a rien ajouté. Elle s'est contentée d'adresser à la ronde un large sourire malicieux.

De la part de sœur Evangelina, un large sourire était une première. À plus forte raison un large sourire malicieux !

Sœur Monica Joan avait observé cette petite scène les yeux mi-clos, un léger sourire sur les lèvres. Je me demandais ce qu'elle pensait. Sœur Evangelina n'était assurément pas présentable, avec son voile de travers, son visage écarlate et de l'humidité suintant de tous les orifices. Je redoutais un commentaire glacial, et sœur Evangelina aussi, qui a regardé sa persécutrice avec appréhension. Mais nous nous trompions l'une et l'autre.

Sœur Monica Joan a attendu que les rires se soient calmés et, avec le sens de l'à-propos d'une actrice-née, a déclamé d'une voix lente et théâtrale : « "Oui, un jour, au soir de ma vie, / Je me souviendrai de notre passé, / Et je n'aurai pas de regret." »

Elle a marqué une pause théâtrale, puis s'est penchée sur la table vers sœur Evangelina et a cligné de l'œil. Sur le ton de la confidence, mais assez fort pour que tout le monde entende, elle a soufflé : « Pas un mot de plus, ma chère, pas un mot de plus. Les curieux, ça clabaude et ça clapote, ça jacasse et ça bavasse. Ne donnez pas prise à leurs attentes vaines, ma chère, cela ne ferait qu'abîmer vos souvenirs ! »

Elle a regardé sœur Evangelina droit dans les yeux, et lui a adressé un nouveau clin d'œil chargé de sympathie et de compréhension. Était-ce possible ? L'ai-je imaginé ? Était-ce un effet de la lumière ? Sœur Evangelina ne lui aurait-elle pas rendu son clin d'œil ?

Sœur Evangelina n'a jamais rien dit. Je suppose qu'elle a emporté l'histoire dans la tombe, enfermée dans son cœur.

Les desserts étaient un chef-d'œuvre où s'exprimaient les talents créateurs de Mrs. B. Sœur Monica Joan s'est resservie de glace nappée d'un coulis de caramel au chocolat, avec une petite tarte aux pommes. Elle était dans une forme exceptionnelle.

« Je me souviens d'un jeune homme enfermé dans une armoire à l'hôpital Queen Charlotte, a-t-elle raconté. Il est resté sous clé trois heures. Tout se serait bien passé et personne n'aurait rien remarqué si cet imbécile n'avait pas emprunté le cheval de son père, qu'il avait attaché aux grilles de l'hôpital. On peut cacher un jeune homme dans une armoire ou sous un lit, mais comment cacher un cheval, je vous le demande un peu ! »

Avec un hoquet de surprise, je me suis rendu compte que ces souvenirs dataient des années 1890 ! Que s'était-il passé ? Mais elle ne se le rappelait pas.

« Je me souviens seulement du cheval attaché aux grilles. »

Quel dommage ! La vie est si éphémère, et le passé si riche ! J'aurais voulu en savoir davantage. Elle avait l'esprit parfaitement clair pour l'heure, mais sachant qu'il pouvait s'embrumer d'un instant à l'autre, je lui ai demandé si elle n'avait pas trouvé intolérables la discipline et les restrictions tracassières du métier d'infirmière.

« Pas du tout. Après l'étroitesse et les contraintes de la vie familiale, la vie d'infirmière, c'était la liberté, l'aventure. Nous n'étions pas dans un climat permissif comme vous autres, les jeunes d'aujourd'hui. Et nous étions tous logés à la même enseigne. Je me souviens de mon cousin Barney. Sa mère, ma tante, avait une bonne française. Un jour – en plein milieu de la journée, mes amis –, ma tante est sortie sur la terrasse et a trouvé la bonne assise sur une chaise tandis que Barney, à genoux, lui remettait sa chaussure. Sa chaussure. »

Elle s'est interrompue et a promené son regard sur l'assistance.

« Pas son jupon ni rien de tel. Juste sa chaussure. Ma tante a poussé un cri et s'est évanouie, m'a-t-on dit. La bonne a été renvoyée sur-le-champ et la famille tellement scandalisée, que Barney s'est vu donner un billet de dix livres et un aller simple pour le Canada. Jamais on ne l'a revu et on n'a plus entendu parler de lui. »

Mike a émis l'hypothèse qu'être envoyé au Canada était sans doute la meilleure chose qui ait pu lui arriver.

Sœur Monica Joan a eu l'air très songeur, puis elle a répliqué : « J'aimerais le croire. Mais il est tout aussi probable que ce pauvre Barney est mort de faim ou de maladie en plein hiver canadien. »

C'était une remarque qui donnait à réfléchir. J'ai réclamé d'autres histoires. Elle m'a souri avec indulgence.

« Je ne suis pas ici pour vous divertir, ma petite fille. Je suis ici par la grâce de Dieu. Et ça fait quatre-vingt-dix ans. Vingt ans de trop… de trop. »

Elle a gardé le silence une minute, et personne n'a osé parler. Elle avait vu tant de choses dans sa vie, fait tant de choses aussi : elle avait lutté pour son indépendance dans sa jeunesse ; était entrée dans un ordre religieux à l'âge adulte ; avait travaillé comme infirmière et sage-femme pendant la guerre dans le quartier des docks de Londres alors qu'elle avait quatre-vingts ans. Qui pouvait rivaliser avec une expérience pareille ?

Ses beaux yeux ont pris une expression mi-amusée, mi-narquoise, et elle nous a regardés, nous, si jeunes, si frivoles, si superficiels. Elle avait un coude sur la table, le menton posé sur ses doigts fuselés. Nous étions sous le charme.

« Vous êtes tous si jeunes, a-t-elle dit d'un ton pensif. La jeunesse est la première belle fleur du printemps. »

Elle a relevé la tête et tendu vers nous ses mains expressives. Elle avait le visage radieux, les yeux brillants, la voix joyeuse et triomphante.

« Donc… "Chantez, mes chéris, chantez. N'attendez pas de voir vos pétales se faner pour nourrir les fleurs du printemps à venir." »

Smog

Conchita Warren attendait son vingt-cinquième bébé. J'avais souvent rendu visite aux Warren pendant l'année qui venait de s'écouler car Liz, la fille aînée de vingt-deux ans, était la couturière de mes rêves. Elle faisait des vêtements depuis qu'elle avait eu sa première poupée, et elle avait toujours voulu exercer ce métier, m'a-t-elle dit. En quittant l'école à quatorze ans, elle était entrée directement en apprentissage dans une maison de couture de luxe, pour laquelle elle travaillait encore. Elle ne prenait en général pas de clientèle privée car chez elle le désordre était tel qu'elle ne pouvait demander à personne de venir y faire les essayages. Mais comme j'étais une habituée de la maison, cela ne nous dérangeait ni l'une ni l'autre. C'était une couturière experte, et pendant des années, elle a eu plaisir à m'habiller.

J'ai toujours adoré les vêtements et leur ai consacré beaucoup de temps et d'attention. Je les faisais faire sur mesure et regardais le prêt-à-porter d'un œil méprisant, ce qui, aujourd'hui, serait un comportement aussi coûteux que singulier. Mais ce n'était pas le cas dans les années cinquante. En réalité, cela revenait moins cher. Des vêtements de très bonne qualité pouvaient être confectionnés ainsi pour beaucoup moins que ce qu'ils coûtaient dans les boutiques élégantes. On trouvait sur les marchés de très beaux tissus pour une bouchée de pain. En général, je dessinais moi-même mes vêtements, ou adaptais les styles. Quand j'habitais Paris, j'assistais aux présentations des collections des grands couturiers français : Dior, Chanel, Schiaparelli. L'ouverture de la saison était naturellement réservée à la presse et aux clients très riches, mais au bout de deux ou trois semaines, lorsque l'effet de la nouveauté était retombé, les défilés de mode continuaient, une ou deux fois par semaine, et tout le monde avait la possibilité d'y assister. J'adorais cela et prenais des notes minutieuses et faisais des croquis des modèles dont je savais qu'ils m'iraient, pour plus tard.

La seule difficulté était de trouver une couturière assez habile pour exécuter ses propres patrons. Liz était parfaite. Non seulement elle les fabriquait elle-même, mais elle avait beaucoup de goût et d'imagination, et suggérait des variantes adaptées au tissu ou à la coupe. Nous avions presque le même âge, et la collaboration était très plaisante.

Pendant l'une de ces visites, Liz m'a dit avec un sourire ironique que sa mère était encore enceinte. Ensemble, nous avons émis des hypothèses sur le nombre d'enfants que Conchita risquait d'avoir. On ignorait son âge réel, mais elle devait avoir environ quarante-deux ans, aussi pouvait-elle avoir encore six à huit enfants. En tablant sur les performances antérieures, nous avons parié sur un total de trente bébés.

Conchita s'est à nouveau inscrite chez les religieuses pour un accouchement à domicile et a demandé à ce que les visites prénatales aient lieu également chez elle. J'ai été chargée de la suivre puisque je m'étais déjà occupée d'elle. Comme toujours, elle était en parfaite santé, radieuse, et sa grossesse est restée invisible jusqu'à environ vingt-quatre semaines. Mais une fois de plus, ses dates étaient incertaines. Le dernier bébé, une petite fille, avait un an. Len, le père, piaffait d'impatience, comme s'il s'agissait seulement de son deuxième ou troisième bébé.

C'était l'hiver, il faisait très froid et il y avait du verglas. De lourds nuages de neige recouvraient la ville, retenant les fumées de tous les feux de charbon, des trains et moteurs à vapeur, l'abondante fumée des transatlantiques et surtout celle des usines qui étaient en grande majorité alimentées au charbon. Un épais smog est apparu à Londres. Aujourd'hui, on a du mal à imaginer ce type de pollution. L'air était lourd, nauséabond et d'une couleur gris-jaune, très dense. On n'y voyait pas à plus d'un mètre, même à midi. La circulation était virtuellement paralysée. Un véhicule n'aurait pu avancer que si un homme l'avait précédé en portant deux torches puissantes, l'une pour y voir lui-même, et trouver son chemin, l'autre à tenir derrière lui afin que le véhicule suive. Ces épisodes de smog se sont produits à Londres pendant de nombreux hivers, et ils duraient jusqu'à ce que la pression atmosphérique s'élève, permettant aux fumées emprisonnées de s'échapper.

Conchita a dû aller chercher quelque chose dans la cour de derrière. Elle a glissé sur le verglas ou a buté sur quelque chose qu'elle n'a pas vu. Elle est tombée lourdement et restée commotionnée un certain temps sur le béton gelé. Les seuls enfants présents dans la maison n'avaient pas cinq ans. Ce sont les autres qui l'ont trouvée en rentrant de l'école. Apparemment, elle avait suffisamment repris conscience pour ramper, et, avec l'aide des enfants, dont le plus âgé n'avait pas onze ans, elle est rentrée dans la maison. D'après ce qu'on a pu constater, elle avait déjà essayé mais, ne voyant rien dans le smog, avait en fait rampé dans la direction opposée. C'est un miracle qu'elle ne soit pas morte de froid. Elle était dans un état grave. L'un des jeunes enfants est allé chercher une voisine qui a enveloppé Conchita dans des couvertures, a fait chauffer du cognac avec de l'eau et le lui a donné à boire. Après quatre heures, les enfants plus âgés sont rentrés de l'école et ont appris l'accident survenu à leur mère. Len et les aînés des garçons ont été les derniers à revenir car ils étaient allés travailler à Knightsbridge et il leur avait fallu deux heures et demie pour regagner Limehouse.

Cette nuit-là, l'accouchement de Conchita s'est déclenché.

Le téléphone a sonné vers vingt-trois heures trente. Comme c'était ma patiente, on m'a passé l'appel. J'étais atterrée, d'abord à cause du déclenchement prématuré, et ensuite, à cause des conditions atmosphériques. Comment allais-je bien pouvoir me rendre à Limehouse ? J'avais en ligne l'un des fils aînés, qui m'a brièvement expliqué la situation. Ma première question a été : « Avez-vous appelé le médecin ? » Oui, mais il était sorti. « Eh bien, il faut continuer, parce que l'état de votre mère peut s'aggraver, ai-je dit. Si elle a eu un traumatisme crânien et si sa température a beaucoup baissé, elle peut avoir besoin de soins médicaux, indépendamment du fait qu'elle est enceinte. Essayez à nouveau d'appeler le médecin. Il aura du mal à arriver jusque chez vous, mais moi aussi. »

J'ai raccroché et regardé par la fenêtre. Je n'y voyais rien. D'épaisses volutes de brouillard semblaient tournoyer devant les vitres comme si elles essayaient d'entrer. J'ai frissonné autant par appréhension pour l'état préoccupant de Conchita que par réticence à sortir. Les sirènes des péniches et celles des docks lançaient leur plainte caverneuse.

Depuis trois jours, c'était à peine si nous sortions de la maison, espérant qu'aucun accouchement ne se déclencherait avant que le smog se lève, et priant pour cela. C'était une situation que je ne pouvais ni ne devais affronter seule.

Je suis montée à l'étage des religieuses pour appeler sœur Julienne. Les sœurs se couchent vers vingt et une heures car elles se lèvent avant quatre heures pour le premier office du jour, donc vingt-trois heures trente devait être le milieu de la nuit pour elles. Cependant, au premier coup léger frappé à sa porte, sœur Julienne s'est réveillée.

« Qui est là ? » a-t-elle crié.

J'ai donné mon nom et annoncé que l'accouchement de Conchita Warren s'était déclenché prématurément.

« Attendez une minute. »

Au bout de trente secondes, sœur Julienne m'a rejointe dans le couloir, refermant la porte de sa cellule derrière elle. Elle avait passé une robe de chambre en laine brune grossière et, très curieusement, avait son voile. Je me suis demandé en un éclair si elle dormait avec. Cela devait être bigrement inconfortable.

Mais l'heure n'était pas à la réflexion sur les habitudes vestimentaires des religieuses. Je lui ai succinctement répété les informations qu'on m'avait données au téléphone.

Elle a réfléchi un moment, puis a dit : « Limehouse est à près de cinq kilomètres d'ici. Vous n'êtes pas sûre d'y arriver. Il est inutile qu'une autre sage-femme ou moi-même allions avec vous car deux personnes peuvent se perdre tout aussi facilement qu'une. Il faut que vous soyez escortée par des policiers. Appelez le poste tout de suite, et que Dieu soit avec vous, ma petite fille. Je vais prier pour Conchita Warren et pour son bébé à naître. »

Savoir que sœur Julienne allait prier pour nous a produit sur moi un effet extraordinaire. Toute tension, toute inquiétude m'a quittée et je me suis sentie calme et confiante. J'avais appris à respecter le pouvoir de la prière. Que s'était-il passé pour changer ainsi la forte tête qui, un an auparavant, trouvait que la seule idée de la prière était une bonne blague ?

J'ai parlé aux policiers et leur ai dit qu'il s'agissait d'une urgence. On m'a répondu que la façon la plus sûre d'arriver à destination était d'y aller à pied, mais que la plus rapide était le vélo. Le policier m'a dit :

« Inutile d'envoyer une voiture, parce qu'on ne voit pas plus loin que le capot et il faudrait qu'elle soit précédée par un homme à pied. Nous allons vous envoyer une escorte à bicyclette. »

J'ai dit que je serais prête dans dix minutes. Ma trousse d'accouchement était déjà préparée. Toutes mes pensées allaient à Conchita – je ne pensais pas que le bébé de vingt-huit semaines survivrait. J'ai eu un certain mal à trouver le hangar à vélos et à charger ma bicyclette, mais moins de dix minutes plus tard, j'attendais devant Nonnatus House.

Deux policiers n'ont pas tardé à arriver sur des bicyclettes équipées de lampes très puissantes qui éclairaient environ deux mètres à l'avant. L'un des deux ouvrait la marche, et j'avais pour consigne de le suivre. L'autre roulait à ma hauteur. Quant à moi, je suivais le trottoir. Nous avancions à une vitesse surprenante, car il n'y avait aucune circulation.

Quand je repense à cet épisode près de cinquante ans plus tard, cela semble absurde de rouler à bicyclette à environ quinze kilomètres-heure pour un accouchement en urgence. Mais aujourd'hui encore, je ne peux imaginer meilleure solution : quel serait l'avantage de la voiture de police la plus puissante quand la visibilité est nulle ?

Nous sommes arrivés chez les Warren en moins d'un quart d'heure. Jamais je n'y serais parvenue seule. Les agents m'ont dit qu'ils attendraient, au cas où j'aurais encore besoin d'eux, et deux des filles Warren les ont emmenés à la cuisine, au sous-sol, pour leur offrir une tasse de thé.

Je suis montée voir Conchita. Elle avait une mine épouvantable : livide, avec deux plaques rose vif sous les yeux. Elle gémissait. J'ai pris sa température : 39°4. Au début, je ne trouvais pas son pouls mais, en comptant attentivement, j'ai trouvé 120 pulsations intermittentes. Sa tension était à peine perceptible. Elle respirait de façon superficielle et rapide, environ quarante fois par minute. Je l'ai observée en silence pendant deux minutes en attendant une contraction. Celle-ci fut violente et les traits de Conchita se sont déformés sous la douleur, un gémissement aigu s'est échappé de sa gorge. Elle avait les yeux ouverts, mais je ne crois pas qu'elle ait distingué qui que ce soit.

Len la tenait dans ses bras. La souffrance qu'on lisait sur son visage faisait peine à voir. Il lui caressait les cheveux et lui parlait à voix basse, mais elle ne paraissait rien percevoir. Liz était dans la pièce.

J'ai demandé si on avait appelé le médecin. Il était parti en visite. L'appel avait été transféré chez un autre médecin, lui aussi en visite. Tous les médecins travaillaient comme des fous dans ces périodes, car le smog londonien faisait beaucoup de morts, la chose était connue.

J'ai dit qu'il fallait organiser une admission à l'hôpital le plus vite possible.

« Elle va si mal que ça ? » a demandé Len.

Il n'y a pas pire aveugle que celui qui ne veut pas voir, c'est bien connu. Pour moi, il était évident que Conchita risquait de mourir si des complications surgissaient pendant le travail et la délivrance. Mais Len ne s'en rendait pas compte.

Je suis allée parler aux agents. L'un a dit qu'il appellerait l'hôpital. L'autre est parti en quête d'un des généralistes du secteur qu'il escorterait chez les Warren. Quant à savoir comment une ambulance pourrait arriver jusque chez eux et retourner à l'hôpital, cela, c'était une question sans réponse.

Je suis revenue au chevet de Conchita et j'ai commencé à sortir mes instruments pour la délivrance. Il était possible que je me retrouve seule pour l'arrivée d'un prématuré, avec une femme malade, peut-être mourante.

Soudain, je me suis souvenue que sœur Julienne priait pour nous. De nouveau, un immense soulagement m'a envahie. Toutes mes peurs se sont évanouies et la certitude que tout irait bien a inondé de calme mon esprit et mon corps. Je me suis souvenue des paroles de sainte Julienne de Norwich : « Tout finira bien, tout sera bien, et toute chose, quelle qu'elle soit, finira bien. »

J'ai dû pousser un grand soupir de soulagement, que Len a remarqué, car il a dit : « Alors, vous croyez qu'elle va s'en sortir, hein ? »

Devais-je lui dire que sœur Julienne priait pour nous ? Cela semblait idiot, incongru, même. Mais je l'ai fait, je le connaissais assez pour le faire. Il a pris cela au sérieux : « Alors dans ce cas, je pense que ça va aller, moi aussi. »

Du coup, il a paru beaucoup moins abattu que lorsque j'étais arrivée dans la chambre.

Il aurait été souhaitable de faire un examen vaginal de Conchita pour voir à quel stade du travail elle en était, mais je ne parvenais pas à la mettre dans la bonne position. Elle ne laissait ni Len ni moi la bouger. Liz lui a expliqué en espagnol ce que nous voulions, mais elle n'a pas compris ou n'a pas réagi du tout. Je ne pouvais évaluer le stade du travail que par la force et la fréquence des contractions, qui arrivaient à peu près toutes les cinq minutes. J'ai voulu écouter le cœur de l'enfant, mais n'ai rien entendu.

« Alors, est-ce que le bébé est vivant ? » a demandé Len.

Je n'ai pas voulu répondre par un « non » catégorique, donc j'ai louvoyé.

« Il y a peu de chance. N'oubliez pas que votre femme a eu très très froid aujourd'hui, et est restée inconsciente. Maintenant, elle a la fièvre. Tout cela a fatalement affecté le bébé. Je n'arrive pas à entendre son cœur. »

L'un des vrais problèmes d'une délivrance prématurée au stade que Conchita avait atteint est que le fœtus se présente souvent de façon transverse dans l'utérus. Idéalement, un bébé doit naître la tête la première. Une délivrance par le siège est possible, mais difficile. Une présentation transverse ou par l'épaule empêche la délivrance par voies naturelles. Normalement, ce n'est pas avant trente-six semaines que la tête descend dans le bassin. Un fœtus d'environ vingt-huit semaines est assez gros pour bloquer complètement le col si les contractions le poussent vers le bas en position transverse. Auquel cas, sans intervention chirurgicale, la mort de l'enfant est inévitable. J'ai palpé l'utérus en essayant de découvrir la position du bébé, mais en vain. Un examen vaginal aurait pu me renseigner, mais il n'y a pas eu moyen de rendre Conchita coopérative.

Tout ce que j'ai pu faire, c'était attendre. Les minutes entre les contractions se sont égrenées lentement. Celles-ci survenaient à présent toutes les trois minutes. Le pouls de Conchita était plus rapide, 150 pulsations-minute, et sa respiration paraissait plus superficielle. Quant à sa tension, elle était presque imperceptible. Je priais pour qu'un coup frappé à la porte annonce l'arrivée d'un médecin, ou de l'ambulance, mais rien ne s'est produit. On n'entendait rien dans la maison, hormis le gémissement sourd de Conchita qui suivait la venue de chaque contraction.

Inévitablement celles-ci sont devenues plus fortes et c'est alors que Conchita s'est mise à hurler. Jamais de ma vie, et jamais depuis, je n'ai entendu de sons aussi terrifiants. Ils venaient du fond de son corps torturé avec une violence que j'aurais cru impossible compte tenu de son état fiévreux et affaibli. Elle a hurlé, hurlé, hurlé ; ses yeux qui ne voyaient rien étaient emplis de terreur, les cris rejaillissaient comme des vagues sur les murs et le plafond de la pièce. Elle se cramponnait à son mari, le griffait, jusqu'à ce que Len ait le visage, la poitrine et les bras en sang. Il essayait de la tenir, de la réconforter, mais elle était bien au-delà, inaccessible.

Je me sentais impuissante. Je n'osais pas lui donner d'analgésique pour atténuer la douleur et la calmer car son pouls et sa tension étaient très anormaux, et je savais que toute médication risquait de la tuer. Je me disais que si elle accouchait par voie normale, elle avait une chance de s'en tirer ; si c'était une présentation transverse, elle mourrait, à moins qu'une ambulance n'arrive rapidement. Je ne pouvais m'approcher assez pour palper son utérus, ni même pour lui tenir une jambe, car elle se débattait dans tous les sens avec la force d'un animal sauvage pris au piège.

La pauvre Liz semblait terrifiée. Len, tout à son amour inconditionnel, essayait toujours de la tenir dans ses bras et de la réconforter. Elle lui a planté les dents dans la main avec l'énergie d'un bouledogue et n'a pas desserré sa prise. Il n'a pas poussé un cri mais a grimacé de douleur ; des gouttes de sueur et des larmes ont ruisselé sur son front et ses joues. Il n'a même pas essayé de desserrer les mâchoires de sa femme, ni de s'écarter. Je me suis dit avec angoisse qu'elle allait lui sectionner un tendon. Elle a fini par relâcher sa main et s'est jetée de l'autre côté du lit.

Puis, aussi brusquement que cela avait commencé, tout a été terminé. Elle a lancé un cri terrible, poussé avec une intensité extrême et tout est arrivé en même temps sur les draps : les eaux, du sang, le fœtus, le placenta, tout. Elle est retombée sur le lit, anéantie.

Je ne trouvais aucun pouls. J'avais l'impression qu'elle ne respirait plus. Mais j'ai senti son cœur frémir et j'ai pris mon stéthoscope : un battement faible, mais indiscutable. Le fœtus était bleu et paraissait sans vie. J'ai attrapé un gros haricot sur la coiffeuse, ai tout mis dedans et l'ai reposé.

« Vite, il faut la réchauffer, ai-je dit. Il faut la nettoyer et bien l'installer si nous voulons qu'elle ait une chance de s'en sortir. Aidez-moi, Liz. Des draps propres et chauds, deux bouillottes. Je vais vérifier le placenta d'ici deux minutes pour voir s'il est complet.

Si nous pouvions lui faire avaler quelque chose de chaud, ce serait bien. De l'eau chaude avec du miel, par exemple ; et si on ajoute une cuillerée de cognac, ce serait encore mieux. Ce qui compte, c'est de traiter le choc. Et espérons tous qu'elle ne perdra pas davantage de sang. »

Len est sorti pour donner des instructions et calmer toute la famille terrifiée rassemblée près de la porte. Liz et moi avons commencé à ôter les draps et les linges souillés du lit de Conchita. Len n'a pas tardé à revenir avec des draps propres et des bouillottes. Liz et moi nous sommes occupées d'installer confortablement le corps inerte.

Len a dû s'approcher de la coiffeuse. Liz et moi, occupées avec Conchita, lui tournions le dos. Nous l'avons entendu hoqueter.

« Il vit !

— Quoi ! ai-je crié.

— Il vit, je vous dis. Le bébé est vivant. Il bouge. »

Je me suis précipitée vers la coiffeuse et j'ai regardé le tas sanglant dans le haricot. Il a bel et bien bougé. Mon cœur s'est arrêté. Puis j'ai vu la minuscule créature dans la flaque de sang : sa jambe a frémi.

Grands dieux ! ai-je pensé. J'ai failli le noyer.

J'ai soulevé le petit corps d'une main et l'ai mis tête en bas. Il ne pesait rien. J'ai tenu un chiot nouveau-né qui avait à peu près la même taille. Je réfléchissais à toute allure.

« Il faut vite clamper et couper le cordon. Et il faut le mettre au chaud. »

C'était un petit garçon.

Je me sentais effroyablement coupable. Le cordon aurait dû être clampé depuis cinq minutes. S'il meurt maintenant, me suis-je dit, ce sera ma faute. J'ai mis ce petit être vivant au rebut, j'ai failli le laisser se noyer dans un haricot plein d'eau et de sang. J'aurais dû regarder plus attentivement. J'aurais dû réfléchir.

Mais il ne sert à rien de se complaire dans l'autoflagellation. J'ai clampé le cordon et l'ai coupé. J'ai tâté la fragile cage thoracique. Le bébé respirait. C'était un miraculé. Len avait fait chauffer une petite serviette sur une bouillotte et nous l'avons enveloppé. Il a bougé légèrement les bras et les jambes. Nous avons été tous les trois sidérés par la vitalité de ce bébé. Aucun d'entre nous n'avait vu un être humain aussi minuscule. Un bébé qui naît avec deux mois d'avance pèse en général quatre livres et semble déjà tout petit. Ce bébé d'une livre et demie environ avait l'air d'une minuscule poupée. Ses bras et ses jambes n'avaient pas la taille de mon petit doigt, mais un ongle minuscule terminait chacun de ses doigts. Sa tête, plus petite qu'une balle de tennis, paraissait énorme en proportion du reste. Ses côtes ressemblaient à des arêtes de poisson. Il avait de toutes petites oreilles et des narines de la taille d'une tête d'épingle. Jamais je n'avais imaginé qu'un bébé de vingt-huit semaines environ puisse être aussi mignon. Je me suis dit que je devrais aspirer le mucus de sa gorge, mais je redoutais de lui faire mal. De toute façon, quand j'ai pris le cathéter, j'ai vu qu'il était beaucoup trop gros et qu'il n'aurait pu entrer dans son œsophage ; ç'aurait été aussi peu adéquat que d'essayer de mettre de force un tuyau d'arrosage dans l'œsophage d'un bébé normal. Je me suis donc contentée de le tenir pratiquement à la verticale, tête en bas, et de lui frotter doucement le dos avec un doigt.

Je n'avais aucune expérience des soins à dispenser à un prématuré et ne savais pas quoi faire. Tout mon instinct me disait qu'il fallait le tenir au chaud, au calme, de préférence dans l'obscurité, et le nourrir fréquemment. Aucun berceau n'était préparé. Où pouvions-nous le mettre ? C'est à ce moment précis que Conchita, qui était couchée sans bouger, a parlé :

« *Niño. Mi niño. Dónde esta mi niño ?* » (« Bébé. Mon bébé. Où est mon bébé ? »)

Nous nous sommes regardés. Nous avions tous cru qu'elle était à moitié inconsciente, ou endormie, mais à l'évidence, elle savait exactement ce qui s'était passé, et voulait voir son bébé.

« Faut le lui donner, Liz, a dit Len. Dis-lui qu'il est tout petit et qu'il faut faire très attention avec lui. »

Liz a parlé à sa mère, qui a fait un léger sourire et eu un soupir las. Len m'a pris le bébé des mains et est allé s'asseoir à côté de sa femme. Il tenait le bébé d'une main pour qu'il soit dans le champ de vision de Conchita. Elle avait depuis un certain temps les yeux dans le vague et le regard flou, et je crois qu'au début, elle n'a rien vu ; elle s'attendait à prendre dans ses bras un bébé à terme. Liz a repris la parole et j'ai entendu ces mots :

« *El niño es muy pequeño.* » (« Le bébé est tout petit. »)

Conchita a fait un effort pour ajuster sa vision à l'être minuscule que Len tenait dans sa main. On voyait presque l'effort que cela lui coûtait et la difficulté qu'elle éprouvait. Peu à peu, elle a pris conscience de ce qu'elle avait devant elle et, après avoir inspiré profondément, elle a avancé une main tremblante pour toucher le bébé. Elle a souri et a murmuré « *Mi niño. Mi querido niño* » (« Mon bébé, mon bébé chéri ») avant de s'endormir, la main posée sur celle de Len et le bébé.

C'est à ce moment précis que l'équipe médicale des urgences d'obstétrique est arrivée.

L'équipe médicale d'urgence

Une équipe médicale pour les urgences obstétricales était envoyée par la plupart des grands hôpitaux de Londres, et, je crois, par tous les hôpitaux de province, pour assister les sages-femmes au domicile des patientes. Ce service a dû sauver des milliers de vies car, avant les années quarante, quand il n'existait pas encore, une sage-femme pouvait se trouver confrontée seule à une urgence obstétricale telle qu'une mauvaise présentation, une hémorragie, un prolapsus du cordon ou un placenta praevia, et elle n'avait alors d'autre ressource que d'appeler le généraliste le plus proche, dont il n'était pas sûr qu'il soit compétent en la matière.

L'équipe des urgences obstétricales à domicile du London Hospital se vantait de pouvoir arriver sur les lieux de n'importe quelle urgence en vingt minutes. Mais c'était sans compter avec le smog londonien. Quand l'agent de police avait contacté l'hôpital au sujet de Conchita, il n'y avait pas d'ambulance disponible pour transporter l'équipe. Le smog provoquait chaque année des détresses respiratoires aiguës et fatales chez des milliers de personnes âgées, et tous les médecins et toutes les ambulances étaient déjà mobilisés par ces urgences. Lorsqu'une ambulance est finalement rentrée au dépôt, le chauffeur, qui avait travaillé seize heures sans interruption, a été renvoyé chez lui, et il a fallu en trouver un autre. Et même alors, on a dû demander à un agent de police à bicyclette d'ouvrir la voie à l'ambulance pour la guider, ce qui expliquait le délai d'environ trois heures. Toutefois, un chef de clinique, un interne et une infirmière du service d'obstétrique avaient été envoyés par l'hôpital.

Tout arrive à la fois, dit-on. Quelques minutes plus tard, c'est un médecin qui faisait son apparition. Il était venu à pied. Dieu le bénisse, ai-je pensé. Il paraissait épuisé, ayant travaillé toute la journée, toute la nuit, et très vraisemblablement l'essentiel de la nuit précédente. Cependant, il a eu le professionnalisme et la courtoisie de s'excuser de son arrivée tardive. Maintenant que tous ces techniciens de la médecine étaient présents dans la maison, il fallait étudier collectivement le cas pour décider du meilleur parti à prendre pour la mère et l'enfant. Nous sommes donc tous descendus dans la cuisine et j'ai demandé à Len de m'accompagner. Nous avons laissé Liz au chevet de sa mère et du bébé. Les deux ambulanciers et les agents de police se sont joints à nous également : nous pouvions difficilement leur demander de rester dehors dans le froid et ils ne pouvaient s'asseoir nulle part ailleurs dans la maison. Sue, l'une des filles aînées, a préparé du thé pour tout le monde.

J'ai fait le point pour les nouveaux venus sur les antécédents de Conchita et leur ai donné les notes qui avaient été prises. Tous les médecins sont tombés d'accord : la mère et l'enfant devaient être transférés sur-le-champ à l'hôpital. Len s'est alarmé.

« Faut vraiment qu'elle y aille ? Ça va pas lui plaire. Elle a jamais quitté la maison, jamais. Elle va être perdue, avoir peur. Je la connais. On peut s'occuper d'elle. Moi je peux rester ici, et les filles se débrouilleront avec le travail de la maison en attendant qu'elle se remette. »

Les médecins se sont regardés et ont soupiré. La peur de l'hôpital était répandue. Chez les plus âgés, elle venait surtout du fait que la plupart des hôpitaux étaient installés dans d'anciennes *workhouses*, plus redoutées que la mort même. Les médecins ont convenu que puisque l'accouchement de Conchita s'était bien passé, et en l'absence de complications postnatales, elle pourrait sans doute être soignée chez elle. Un traitement antibiotique la débarrasserait de l'infection qui provoquait sa fièvre. Le calme et le repos seraient le meilleur remède pour le choc à la tête qui avait provoqué une commotion cérébrale et un délire. Ils ont essayé de démontrer qu'elle se reposerait mieux à l'hôpital qu'à la maison, entourée par des enfants turbulents, mais Len n'a rien voulu savoir.

Le bébé, lui, était une autre affaire. Il n'avait pas été pesé, mais mon estimation – entre une livre et demie et deux livres – a été acceptée. Tous se sont accordés pour dire qu'à vingt-huit semaines, un bébé était difficilement viable, et qu'à ce stade de gestation il fallait le traiter en milieu hospitalier, avec une assistance technologique dernier cri, une surveillance médicale et des soins infirmiers ciblés vingt-quatre heures sur vingt-quatre. L'équipe a suggéré que le bébé soit transféré à l'hôpital pour enfants malades de Great Ormond Street. Len n'a pas paru convaincu, mais quand on lui a dit que sans ce type de soins, le bébé mourrait, il a accepté sans plus discuter.

Nous sommes tous montés dans la chambre. Je ne sais pas ce que ces praticiens hospitaliers ont pensé quand ils ont dû se faufiler entre les voitures d'enfant et le mur de l'entrée, et écarter le linge qui pendait pour monter l'escalier de bois. Et je ne l'ai pas demandé. Mais je souriais intérieurement.

Conchita dormait, son minuscule bébé couché sur sa poitrine. Une main protectrice l'entourait, l'autre pendait mollement sur le côté du lit. Elle souriait, et sa respiration, encore superficielle, était régulière et moins rapide. Je me suis approchée du lit et j'ai pris son pouls. Il était un peu plus vigoureux, régulier, mais toujours rapide. J'ai compté 120 pulsations par minute, ce qui était encore trop élevé, mais marquait une amélioration. Liz rangeait la chambre en silence et avec efficacité, et l'atmosphère était de nouveau paisible.

Le bébé semblait encore plus petit maintenant que la main de sa mère le couvrait entièrement. On ne voyait que sa tête. Si sa couleur n'était pas celle de la mort, il ne paraissait pas vraiment vivant.

Le chef de clinique voulait examiner Conchita. Je lui ai dit que je n'avais pas encore vérifié le placenta, car entre la délivrance et l'arrivée de l'ambulance, je n'en avais pas eu le temps. Nous l'avons examiné ensemble : il était très fragmenté. « Pas très encourageant, a-t-il murmuré. Et il est venu d'un seul coup, me dites-vous ? Il faut que j'examine la patiente. »

Il a écarté les draps pour regarder son abdomen et voir les pertes vaginales. Apparemment inconsciente, Conchita n'a pas bougé quand il a palpé son utérus. Du sang est sorti.

« Une autre compresse », m'a-t-il demandé. Il s'est ensuite adressé à l'interne : « Préparez-moi 0,5 cc d'ergométrine à lui injecter. »

Il a enfoncé l'aiguille profondément dans son muscle fessier sans qu'elle réagisse. Il l'a recouverte et a dit à Len : « Je crois qu'une partie du placenta n'a pas été expulsée. Il se pourrait qu'il faille l'hospitaliser pour dilatation et curetage. Cela ne durerait que quelques jours, mais nous ne pouvons pas courir le risque d'une hémorragie survenant à la maison. Dans son état, ce serait très grave. »

J'ai vu Len blêmir. Il a dû se cramponner au dossier d'une chaise pour ne pas tomber.

« Toutefois, a poursuivi le médecin avec bonté, cela ne sera peut-être pas nécessaire. Les cinq minutes qui viennent nous diront si la piqûre a fait son effet. »

Puis il a pris la tension de Conchita.

« Je n'entends rien », a-t-il dit. Les trois médecins ont échangé des regards éloquents. Len a gémi et a dû s'asseoir. Sa fille a posé la main sur son épaule et il l'a pressée.

Nous avons tous attendu. Le chef de clinique a repris : « Il est inutile d'ausculter le bébé. Il est manifestement en vie, mais aucun d'entre nous n'est pédiatre. Il faut attendre que des spécialistes puissent l'examiner. »

Il a demandé un téléphone, pour appeler l'hôpital de Great Ormond Street, mais il n'y avait pas de combiné dans la maison. Il a juré en silence et demandé où il pouvait trouver la cabine la plus proche. Elle était deux cents mètres plus bas, de l'autre côté de la rue. Résigné, l'interne a reçu pour mission d'affronter le brouillard glacé et les rues glissantes, avec une poignée de pièces d'un penny récoltées parmi nous tous, afin d'appeler l'hôpital et de prendre les dispositions nécessaires.

Et l'attente a continué. Aucun signe d'une contraction abdominale. Cinq minutes se sont écoulées. L'interne est revenu en disant que l'hôpital de Great Ormond Street allait envoyer un pédiatre et une infirmière avec une couveuse et un équipement spécial pour emmener le bébé immédiatement. Cela dit, l'heure de leur arrivée dépendait de la visibilité.

Cinq autres minutes ont passé. Il y avait un saignement vaginal régulier, mais toujours pas de contractions.

« Préparez encore 0,5 cc, a dit le médecin. Nous l'injecterons en intraveineuse cette fois-ci. Il faut faire sortir ce qui reste. Si nous n'y parvenons pas de cette façon, a-t-il dit à Len, il faudra que nous l'emmenions avec nous pour un curetage. Et si vous tenez à sa vie, vous devrez accepter. »

Len a gémi et hoché la tête, abattu.

J'ai garrotté le haut du bras de Conchita et essayé de ponctionner une veine pour faire l'injection, mais sans résultat. Sa tension était si basse que je ne trouvais pas de retour veineux. Le chef de clinique a essayé, en piquant à deux reprises, de trouver la veine. Au troisième essai, il a tiré un peu de sang dans la seringue. Il a vidé le contenu de celle-ci dans la veine, puis a relâché le bras de Conchita.

Une minute plus tard, elle a grimacé de douleur et bougé les jambes. Une grande quantité de sang frais a jailli de son vagin et, par bonheur, plusieurs gros caillots plus sombres. Il y a eu une pause, puis une seconde contraction. Le chef de clinique a mis la main sur le fond utérin et a exercé une pression ferme vers le bas et l'arrière. Du sang et du placenta ont encore été évacués.

Pendant tout ce temps, Conchita est restée inerte, mais j'ai cru voir sa main se contracter sur son bébé.

« C'est peut-être fini, a dit le médecin, mais il nous faut attendre encore un peu pour voir. »

Il était plus détendu à présent, et a commencé à bavarder, parlant à qui voulait bien l'écouter de l'excellent golf qu'il y avait à Greenwich, de la maison qu'il était en train d'acheter à Dulwich, et de ses vacances en Écosse.

Pendant les dix minutes qui ont suivi, il n'y a plus eu ni perte de sang ni contractions. Grâce à l'obstétrique moderne, le danger d'une hémorragie du post-partum avait été évité pour Conchita. Mais elle semblait toujours très mal en point. Sa respiration et son pouls étaient rapides, sa tension anormalement basse et sa température élevée. Elle ne paraissait pas consciente, mais comme ses yeux étaient fermés, peut-être dormait-elle. Malgré tout, sa main était toujours fermement placée sur le bébé et résistait à toute tentative pour le lui enlever.

Non sans mal, Liz et moi avons à nouveau nettoyé le lit et l'interne a été chargé de la tâche peu ragoûtante de vérifier si les morceaux de placenta complétaient bien le premier gros fragment expulsé, et de mesurer le sang que nous avions réussi à recueillir.

« Le placenta semble complet, monsieur, a-t-il dit. Et je trouve quatre-vingt-cinq centilitres de sang. Si je compte qu'elle en a perdu environ vingt-cinq dans le lit, cela fait un peu plus d'un litre. »

Le chef de clinique a marmonné quelque chose avant de dire tout haut :

« Elle a vraiment besoin d'être transfusée. Sa tension est déjà bien basse. Pouvons-nous faire ça ici ? a-t-il demandé en se tournant vers le médecin de quartier.

— Oui, je vais prendre un échantillon pour faire une épreuve de compatibilité. »

Je m'étais demandé pourquoi ce dernier était resté tout ce temps, alors qu'il aurait pu partir. Maintenant, je comprenais. Il avait anticipé le moment où il aurait peut-être à assumer la responsabilité de Conchita si celle-ci devait être soignée chez elle, et il voulait avoir pleine connaissance des faits.

À ce moment-là est arrivée l'ambulance de l'hôpital pour emmener le bébé.

Un prématuré

Quel dommage, pour les braves commères de Limehouse, que tout cela se soit passé pendant un épisode de smog londonien ! Si la nuit avait été claire, chaque mouvement aurait été observé et rapporté – l'arrivée d'une sage-femme, de la police, des équipes médicales, des ambulances, chacune avec une escorte de police. Un événement qui aurait alimenté les commentaires pour une année au moins. Mais en l'occurrence, même le voisin d'à côté n'aurait pu voir les ambulances garées devant chez les Warren, ni les allées et venues de la police pendant la nuit. Leur seule consolation, peut-être, était que la rue entière avait été réveillée par les hurlements à vous glacer le sang qui avaient duré vingt minutes.

L'attirail technique et le personnel sortant de la seconde ambulance étaient impressionnants. Un médecin est arrivé au pas de course, transportant une couveuse. Un autre a suivi avec un appareil à ventiler. Puis une infirmière avec une énorme boîte. Deux ambulanciers et un agent de police fermaient la marche, chacun avec des bouteilles à oxygène. Il a fallu manœuvrer habilement pour introduire tout cet équipement en slalomant entre les trois voitures d'enfant et les deux échelles entreposées dans l'entrée. Le linge étendu au-dessus ne facilitait pas les choses car il se prenait dans le matériel et plusieurs petits articles de lingerie des filles de la maison ont été transportés au premier étage. Les enfants, qui avaient été tirés du lit plusieurs fois dans la nuit, se penchaient par-dessus la rampe ou se cachaient dans les embrasures de porte pour ne rien perdre de cette procession.

Le personnel médical est entré dans la chambre tandis que les ambulanciers et l'agent de police ont été envoyés à la cuisine en bas afin de rejoindre le collègue pour prendre du thé. Malgré cela, la chambre, qui n'était pas immense, contenait maintenant cinq médecins, deux infirmières, une sage-femme, Liz et Len. Il y avait du matériel partout. Mes instruments étaient encore étalés sur la coiffeuse ; ceux de l'obstétricien étaient sur la commode ; ceux du pédiatre ont dû être laissés par terre pendant que nous faisions de la place en hâte.

« Je crois qu'on va filer maintenant, a dit le chef de clinique à son collègue. Je suis très content de vous voir. La mère sera soignée à domicile. Bonne chance avec le bébé. »

Ils sont partis, mais le médecin de quartier est resté.

Le pédiatre a regardé le bébé et a eu un hoquet :

« Vous croyez qu'il va s'en tirer ? a demandé le jeune médecin.

— On va essayer de faire tout ce qu'il faut pour cela, a répondu le chef de clinique en pédiatrie. Réglez la pompe à oxygène, l'aspirateur et chauffez la couveuse. »

L'équipe s'est mise au travail.

Le pédiatre s'est penché vers Conchita pour prendre le bébé. Impossible de savoir si elle dormait où si elle était à demi consciente, mais les muscles de son bras se sont contractés et elle a tenu le bébé serré.

« Pouvez-vous lui demander de me laisser prendre le bébé, s'il vous plaît ? a-t-il demandé à Len. Il faut que je l'examine avant que nous puissions le transporter. »

Len s'est penché sur sa femme et lui a murmuré quelques mots. Il a tenté de desserrer la main de Conchita, qui s'est raidie tandis que son autre main venait se poser sur la première.

« Liz, ma puce, dis à ta maman qu'il faut qu'on prenne le bébé pour l'emmener à l'hôpital. »

Il a secoué sa femme doucement pour essayer de la réveiller. Les paupières de Conchita ont tremblé et elle les a entrouvertes.

Liz s'est penchée sur elle et lui a parlé en espagnol. Aucun d'entre nous n'a compris ce qu'elle lui a dit. Conchita a ouvert les yeux davantage et a tenté de les fixer sur le petit être qui reposait sur sa poitrine.

« *No* », a-t-elle dit.

Liz lui a parlé à nouveau, sur un ton plus persuasif et plus urgent cette fois-ci.

« *No* », a répété sa mère.

Liz a essayé une troisième fois.

« *Morirá ! Morirá !* » (« Il mourra. »)

L'effet sur Conchita a été spectaculaire et immédiat. Elle a ouvert tout grands les yeux, essayant désespérément d'accommoder sur tous ces gens présents dans sa chambre. Elle a vu le matériel, les blouses blanches. Je crois que son cerveau embrumé a tout saisi et elle a essayé de s'asseoir dans son lit. Liz et Len l'ont aidée. Elle a promené un regard affolé sur l'assistance, a mis le bébé au creux de ses seins et a croisé les bras par-dessus.

« *No* », a-t-elle dit. Puis, elle a répété plus fort : « *No.* »

« Maman, il le faut, a répété Liz d'une voix douce. *Si no lo haces, morirá.* » (« Sinon, il mourra. »)

Le visage de Conchita était figé par l'angoisse, mais son cerveau s'était mis en branle. On pouvait presque la voir essayer de maîtriser ses pensées. Elle a lutté pour réfléchir, pour se souvenir, tout en tenant le minuscule bébé bien serré, et en regardant sa tête. Cette vue a dû être le catalyseur qui lui a permis de rassembler ses esprits. Elle a semblé sortir de sa confusion et une détermination farouche est apparue dans ses immenses yeux noirs.

Elle a posé sur chacune des personnes présentes dans sa chambre un regard parfaitement clair et conscient et a dit avec une assurance totale : « *No. Se queda conmigo.* » (« Il reste avec moi. ») *No morirá.* » Et elle a répété plus fermement : « *No morirá.* »

Les médecins sont restés interdits. À moins de lui écarter brutalement les bras de force, ce que Len n'aurait pas permis, et de saisir le bébé, ils ne pouvaient rien faire.

Le pédiatre s'est adressé à Liz : « Dites-lui qu'elle ne peut pas s'occuper de lui. Elle n'a ni l'équipement ni les compétences pour cela. Dites-lui que le bébé sera soigné dans le meilleur hôpital pour enfants au monde, et recevra un traitement de pointe. Dites-lui qu'il ne peut pas survivre s'il n'est pas en couveuse. »

Liz a commencé à parler, mais Len est intervenu et a montré sa véritable force et son courage. Il s'est tourné vers les médecins et l'infirmière et a déclaré : « Tout est de ma faute, et je dois m'excuser. J'ai dit que le bébé pouvait aller à l'hôpital sans consulter ma femme. J'aurais jamais dû faire ça. En ce qui concerne les petits, c'est elle qui a le dernier mot, toujours. Et là, elle est pas d'accord. Vous voyez bien qu'elle veut pas. Alors, le bébé sort pas d'ici. Il reste avec nous et il sera baptisé. S'il meurt, il sera enterré en chrétien. Mais il va nulle part sans l'accord de sa mère. »

Il a regardé sa femme, qui lui a souri en caressant la tête du bébé. Elle a paru comprendre qu'il était de son côté et que la bataille était gagnée. Elle l'a regardé avec amour et confiance et a répété : « *No morirá.* »

« Et voilà, a dit Len avec optimisme, il ne mourra pas. Si ma Connie le dit, c'est que c'est vrai. Vous pouvez me croire. »

Il n'y avait rien à ajouter. Les médecins ont compris qu'ils avaient perdu la partie et ils ont commencé à ranger leur matériel.

Len s'est excusé gentiment une seconde fois, a remercié l'équipe pour le mal qu'elle s'était donné et a répété que tout était de sa faute. Il a proposé de payer les frais de l'ambulance et le temps de l'équipe médicale et infirmière. Il a proposé à tout le monde une tasse de thé dans la cuisine, et quand son offre a été déclinée, il a fait l'un de ses sourires irrésistibles et a insisté : « Allez, faut pas refuser. Vous avez un long trajet, ça vous réchauffera. »

C'était dit avec tant de bonne grâce que tout le monde a accepté ce geste hospitalier, malgré le désagrément causé par le voyage inutile.

Len et Liz ont aidé l'équipe à redescendre le matériel, et je suis restée seule avec le médecin de quartier. Il n'avait presque rien dit pendant les trois heures qui venaient de s'écouler, et cela me l'avait rendu sympathique. Nous savions que nous avions une énorme responsabilité, et que la mère et l'enfant pouvaient encore mourir. Conchita était dans un état grave, et maintenant qu'elle avait perdu plus d'un litre de sang, il était critique.

« Il faut lui passer du sang, a dit le médecin. J'ai fait un prélèvement pour déterminer la compatibilité sanguine, et dès que la banque du sang pourra me donner celui qui convient, je mettrai la perfusion en place. Nous aurons besoin qu'une infirmière visiteuse reste avec elle pendant l'opération. Nonnatus House pourra peut-être en fournir une ? »

Je lui ai dit que j'en étais sûre.

« Je vais commencer les antibiotiques tout de suite, a-t-il dit, car elle ne respire qu'avec les lobes supérieurs. Je voudrais ausculter ses poumons, mais je doute qu'elle me laisse faire, à cause du bébé. »

Il avait raison : elle a résisté. Il a donc aspiré le contenu d'une ampoule de pénicilline qu'il lui a injecté dans la cuisse.

« Il lui faut une ampoule par jour en intramusculaire pendant sept jours », a-t-il dit. Il a noté cela dans le dossier et a fait l'ordonnance.

« Maintenant, je vais m'occuper de la transfusion. C'est tout ce que je peux faire pour l'instant. Franchement, mademoiselle, je ne sais pas comment procéder avec ce bébé. Je crois que je vais vous en laisser le soin, à vous et aux religieuses. Elles ont assurément plus d'expérience que moi.

— Ou que moi, ai-je ajouté. Je n'ai encore jamais eu affaire à un prématuré. »

Nous nous sommes regardés, également impuissants, et il est parti.

Quel dévouement ! ai-je pensé. Il n'avait pas dormi depuis Dieu sait quand, il était environ cinq heures du matin, il faisait un temps épouvantable, et il partait à pied dans un brouillard épais pour trouver le bon groupe sanguin. Il avait sûrement une consultation à neuf heures et une journée de travail complète ensuite.

J'étais si fatiguée que je n'arrivais pas à réfléchir. J'avais vécu sur mes réserves d'adrénaline toute la nuit et mon corps était vidé. Conchita dormait ; le bébé était vivant ou mort, je n'en savais rien. J'ai essayé de réfléchir à ce que je pourrais faire, mais mon cerveau ne suivait pas. Devais-je rentrer à Nonnatus House ? Mais comment y arriver ? Les agents étaient repartis et je ne me sentais pas le courage de rentrer seule à vélo dans le brouillard.

Liz est entrée à ce moment précis avec une tasse de thé.

« Asseyez-vous donc, mademoiselle Lee, et reposez-vous un peu. »

Je me suis installée dans le fauteuil. Je me souviens d'avoir bu la moitié de la tasse et, l'instant d'après, il faisait grand jour. Len était dans la chambre, assis sur le lit, et brossait les cheveux de Conchita en lui murmurant des mots doux. Elle lui souriait, ainsi qu'au bébé. Il m'a vue me réveiller et m'a dit : « Alors, mademoiselle Lee, ça va mieux ? Il est dix heures, et au poste, ils ont dit que le brouillard allait commencer à se lever aujourd'hui. »

J'ai regardé Conchita, assise dans son lit, le bébé toujours entre les seins. Elle caressait la petite tête et lui gazouillait des tendresses. Elle avait l'air faible à faire pitié, mais son teint et sa respiration s'étaient améliorés. Et surtout, elle n'avait plus les yeux vagues, et semblait avoir recouvré ses esprits. Le délire provoqué par le traumatisme avait manifestement disparu.

Dès lors, elle s'est rétablie rapidement. Sans aucun doute, la pénicilline l'a aidée, mais elle n'aurait pas suffi seule à effectuer en quelques heures la transformation étonnante d'une femme proche de la mort, qui ne reconnaissait pas son propre mari, en une personne calme et compétente qui savait parfaitement ce qu'elle faisait et pourquoi.

J'ai ma théorie sur la question : le fait que son bébé soit vivant l'avait sauvée, et la crise était survenue quand elle avait cru qu'on allait le lui enlever. À ce moment-là, son instinct maternel puissant avait pris le dessus et lui avait dit que c'était elle la mère nourricière et protectrice. Elle n'avait pas le temps d'être malade. Elle ne pouvait pas se permettre d'avoir le cerveau en coton. La vie du bébé dépendait d'elle.

Si le bébé était mort-né ou avait été emmené à l'hôpital, je pense que Conchita serait morte elle aussi.

Dans le monde animal, les histoires comme celle-là ne sont pas rares. J'ai entendu dire qu'une brebis ou une éléphante meurent si leur bébé meurt et survivent s'il vit.

Le niveau de conscience ou d'inconscience est également très intéressant. Ayant au fil des ans veillé beaucoup de patients mourants, je ne suis pas du tout convaincue que ce que nous appelons « inconscience » corresponde à l'absence de perception que nous imaginons. L'inconscience peut être profondément intuitive et perceptive. Conchita avait paru tout à fait inconsciente, pourtant sa main s'était crispée sur son bébé quand le pédiatre avait essayé de le prendre. Elle ne pouvait avoir vu qui était dans la pièce parce que ses yeux n'accommodaient pas, ni savoir ce qu'on disait puisqu'elle ne comprenait pas l'anglais. Pourtant, elle avait compris Dieu sait comment qu'on cherchait à lui prendre son bébé et avait lutté jusqu'aux limites de ses forces pour l'empêcher. Cela l'avait guérie.

Douglas Bader, l'as volant de la bataille d'Angleterre, raconte une histoire analogue. Après un accident d'avion et une amputation bilatérale à mi-cuisse, il a entendu une voix dire : « Chut, un jeune aviateur est en train de mourir dans cette pièce. » Les mots ont pris sens dans son esprit et il a pensé : « Mourir ? Moi ? Non, mais vous allez voir ! » La suite est connue.

Conchita a tendu la main vers une soucoupe à côté d'elle. Elle a commencé à presser ses mamelons pour en faire sortir quelques gouttes de colostrum, qu'elle a recueillies dans la soucoupe. Puis elle a pris une fine tige de verre que ses filles utilisaient pour lisser le glaçage des gâteaux. Elle a tenu le petit bébé dans sa main gauche et, ayant pris une goutte de colostrum sur la tige, a touché les lèvres du bébé. J'ai regardé, fascinée. Celles-ci n'étaient pas plus grosses que deux pétales de marguerite. Une langue minuscule est sortie et a léché le liquide. Conchita a répété l'opération six à huit fois, puis a remis le bébé entre ses seins.

Len m'a dit : « Elle fait ça toutes les demi-heures depuis six heures du matin. Après, ils dorment un peu, et puis elle recommence. Elle dit qu'il va pas mourir, et il mourra pas, vous savez. Elle sait s'en occuper. »

J'ai vérifier qu'elle ne saignait pas de façon anormale et suis partie. Il me fallait retourner à Nonnatus House pour faire mon rapport et demander une infirmière pour surveiller la transfusion quand le sang arriverait. Le smog commençait à se dissiper et on voyait l'autre côté de la rue. On avait le sentiment que le monde s'emplissait d'une vie nouvelle à mesure que disparaissait l'immonde brouillard, et j'ai pédalé le cœur léger sur le chemin du retour.

Sœur Julienne m'a préparé elle-même un copieux petit déjeuner avec une double portion d'œufs au bacon, « histoire de ne pas avoir l'estomac qui gargouille » comme elle disait, puis elle a pris note de mon compte rendu dans la salle à manger, pendant que je prenais mon repas. Elle a dit : « Je ne me suis jamais occupée moi-même d'un aussi grand prématuré, mais l'une des religieuses d'un de nos autres couvents l'a fait. Nous allons la consulter. Il faudra surveiller Conchita de très près au cas où elle saignerait encore. »

Elle a trouvé toute cette histoire étonnante et a dit à mi-voix : « Que la volonté de Dieu soit faite. » Puis elle est allée prendre les dispositions nécessaires pour assurer la transfusion.

Conchita n'a plus perdu de sang. Après la transfusion, elle a repris des couleurs, et Len aussi. Elle était faible, mais hors de danger. Le bébé est resté sur sa poitrine jour et nuit, et a été nourri toutes les demi-heures de la façon que j'ai décrite. Tout le personnel laïque et toutes les religieuses de Nonnatus House ont rendu visite à la mère et à l'enfant, car c'était un spectacle aussi beau qu'inhabituel. Le quatrième jour, j'ai pesé le bébé dans un mouchoir : sept cent trente-cinq grammes.

Au bout de trois semaines, Conchita a commencé à se lever un peu. J'avais anticipé ce moment et m'étais demandé ce qui se passerait alors pour le bébé. À l'évidence Conchita avait tout prévu et elle savait exactement ce qu'il fallait faire. Elle avait demandé à Liz d'acheter dans sa maison de couture plusieurs longueurs de soie écrue très fine. Avec l'aide de sa compétente aînée, elle a fixé autour de ses épaules une sorte d'écharpe, ou de corsage double, ajusté serré dessous mais lâche par-dessus. Pendant cinq mois, le bébé a été porté dans ce corsage, entre les seins de sa mère, qu'il ne quittait jamais.

Qui avait appris cela à Conchita ? Jamais je n'avais entendu parler dans aucun livre de cette façon de porter un prématuré, et je n'en ai jamais plus entendu parler. Avait-elle simplement écouté son instinct maternel ? Je me suis souvenue de son accouchement et de sa lutte prodigieuse lorsqu'on a voulu lui enlever son bébé. J'avais eu alors l'impression qu'elle essayait de penser, de se remémorer quelque chose ; et je me suis rappelé la clarté et la conviction avec lesquelles elle avait dit : « *No morirá.* »

S'était-elle souvenue d'avoir vu quelque paysanne ou gitane portant un petit prématuré de cette façon-là lorsqu'elle était enfant dans le sud de l'Espagne ? Ce souvenir fugitif d'une époque à demi oubliée avait-il été à l'origine de sa conviction que son bébé ne mourrait pas ?

Quelques années plus tard, alors que j'étais infirmière de nuit à l'hôpital Elizabeth Garrett Anderson à Euston, je me suis occupée de plusieurs prématurés qui avaient le même nombre de semaines et le même poids. Ils étaient tous en couveuse, et je ne me souviens pas qu'il y ait eu des morts. Le personnel hospitalier se félicitait de l'efficacité d'une médecine moderne qui préservait la vie du nouveau-né. La méthode hospitalière et celle de Conchita étaient diamétralement opposées. Les bébés en couveuse sont seuls jour et nuit, à plat sur une surface ferme, généralement sous une lumière vive. Ils n'ont d'autre contact que celui de mains et de l'équipement clinique. La nourriture qu'ils reçoivent est en général du lait de vache en poudre. Le bébé de Conchita n'a jamais été seul. Il avait la chaleur, le contact, la douceur, l'humidité et l'odeur de la chair maternelle. Il entendait les battements du cœur et la voix de sa mère. Il avait son lait. Et surtout, il avait son amour.

Peut-être qu'aujourd'hui, une injonction de justice aurait passé outre à sa décision de refuser l'hospitalisation de son bébé, au motif que seuls un personnel spécialisé et une technologie avancée peuvent assurer de façon satisfaisante les soins nécessaires à un prématuré. En 1950, nous étions beaucoup moins interventionnistes en matière d'affaires familiales et la responsabilité des parents était respectée. Je suis forcée de conclure que la médecine moderne n'est pas omnisciente.

Il faut reconnaître que Conchita a eu de la chance. La rapidité de l'accouchement aurait pu entraîner des lésions cérébrales chez le bébé, mais cela n'a pas été le cas. Cela mis à part, le danger principal pour les prématurés vient de l'immaturité des organes vitaux, notamment les poumons et le foie. Le bébé a eu à plusieurs reprises un teint très bilieux pendant les premiers mois, mais chaque fois, cela a passé. Il est miraculeux qu'après être resté dans un haricot à cause de mon étourderie, il n'ait pas eu un collapsus pulmonaire complet ou partiel à la naissance. Je ne peux m'attribuer aucun mérite dans cette affaire. Toujours est-il qu'il respirait. J'aime à penser qu'en le mettant la tête en bas et en tapotant son dos fragile avec un doigt, j'ai facilité son premier souffle. On a conseillé à sa mère d'en faire autant chaque fois qu'elle le nourrissait, car si du liquide entre dans la trachée d'un prématuré, il ne peut pas tousser comme le ferait un bébé venu à terme. On a aussi donné à Conchita un tube d'aspiration très fin et on lui a montré comment s'en servir.

En dehors de ces quelques mesures, le bébé n'a reçu aucun traitement médical. La température constante de la peau de sa mère a gardé sa propre température à un niveau stable. Il est possible que le mouvement régulier de son souffle l'ait aidé pendant les premières semaines critiques. Je suis sûre que sa technique pour le nourrir – quelques gouttes de lait maternel sur les lèvres à intervalles fréquents – était la bonne. Elle en faisait autant pendant la nuit, paraît-il. Conchita n'a pas pris de précautions particulières pour stériliser les accessoires avec lesquels elle nourrissait le bébé. Je doute qu'elle ait entendu parler de cette pratique. La soucoupe et la tige de verre étaient simplement essuyées après chaque usage, prêtes à resservir. Le bébé a vécu. Je me suis dit que soit il était un champion toutes catégories de la survie, soit nous attachions beaucoup trop d'importance aux technologies et aux techniques.

Pendant six semaines, nous avons fait trois visites par jour chez les Warren, puis deux pendant encore six semaines. À l'époque, les soins à domicile étaient excellents. À quatre mois, il pesait deux kilos huit cent cinquante grammes, répondait avec des sourires et tournait la tête. Il tendait une main minuscule pour attraper un doigt. Il gargouillait et gloussait tout seul. Il paraît qu'il ne pleurait presque jamais.

Pendant ces quelques mois de la période postnatale, j'ai repensé à la nuit épouvantable où il était né et me suis rappelé les paroles de sœur Julienne quand je suis partie : « Que Dieu soit avec vous, ma petite fille. Je prierai pour Conchita Warren et son bébé à naître. » Elle n'avait pas dit qu'elle prierait juste pour

Conchita. Elle n'avait pas non plus supposé que le fœtus serait mort-né. Elle avait dit qu'elle prierait pour les deux, avec une insistance égale sur chacun. En fait, elle a prié pour nous tous.

Un beau jour au milieu de l'été, j'ai fait une visite de routine pour vérifier le poids du bébé. J'ai entendu rire en bas dans la cuisine tandis que je descendais l'escalier. Le bébé était couché dans un berceau, entouré de ses frères et sœurs. Tous riaient. Une odeur délicieuse a flotté jusqu'à moi. Conchita, souriante, totalement maîtresse de la situation, était debout devant la chaudière de cuivre qui fumait, et faisait de la confiture de prunes. La chaudière bouillait furieusement pendant qu'elle tournait la confiture avec une énorme cuillère en bois. Dieu soit loué, me suis-je dit, qu'elle ait eu la sagesse et la force de ne pas laisser partir son bébé. Si elle l'avait fait, j'avais la certitude qu'elle serait morte, et que tout le bonheur de la maison serait mort avec elle.

Le très grand âge

J'avais beau être fascinée par sœur Monica Joan, j'étais incapable de dire si elle frôlait ou non la sénilité. Je ne pouvais m'empêcher de la soupçonner de nous manipuler toutes habilement, afin d'en arriver à ses fins, l'éternelle prérogative d'une vieille dame ! Sans aucun doute, elle était d'une intelligence remarquable et d'une grande culture, bien qu'il fût parfois très difficile de débrouiller les fils confus de son discours. Compte tenu de son histoire – cinquante ans de vie religieuse depuis ses vœux, infirmière et sage-femme dans l'East End à Londres –, il ne pouvait y avoir le moindre doute sur sa vocation religieuse. Pourtant, son comportement était fréquemment fort peu chrétien. Elle était souvent égoïste et manquait d'égards pour les autres. Des éclairs de génie alternaient avec des éclairs de sénilité, et ils se recroisaient de façon fulgurante. La bonté et la cruauté se côtoyaient ; la mémoire et l'oubli s'entremêlaient. Les vieilles personnes sont extrêmement intéressantes et j'observais souvent la religieuse. Qui était la vraie sœur Monica Joan ? Je n'en savais rien.

Assurément, elle avait toujours été excentrique. Même la façon dont elle allait à l'église était singulière. Elle quittait Nonnatus House, descendait rapidement Leyland Street, tournait le coin et traversait India Dock Road dans la foulée, sans même regarder ni à droite, ni à gauche. Les camionneurs écrasaient le frein, les pneus crissaient, les camions s'arrêtaient en trépidant pendant que la vieille religieuse, robe et voile au vent, traversait la rue la plus passante de Londres.

Un jour, un agent de la police montée descendait à pas lents la rue sur un cheval noir. Il portait un heaume blanc magnifique et de longs gants blancs à la mousquetaire, qui lui donnaient l'apparence d'un policier d'opérette. Il a vu sœur Monica Joan et, anticipant ce qui allait arriver, a arrêté son cheval en travers de la rue et levé ses mains gantées pour stopper la circulation dans les deux sens, faisant à la religieuse signe de traverser. En passant devant lui, elle a levé les yeux sur le cheval et son cavalier et a dit à haute et intelligible voix : « Merci, jeune homme, c'est très gentil. Mais il était inutile de vous donner cette peine. Je ne crains absolument rien. Les anges prendront soin de moi. » Et elle a rejeté la tête en arrière et a poursuivi son chemin d'un pas rapide.

Cet incident s'est produit des années avant que je la rencontre, aussi ses particularités étaient-elles bien ancrées, même si, peut-être, l'âge les avait accentuées. Mais parfois je me demandais si son excentricité notoire n'était pas une pose destinée à lui assurer le plaisir infantile de se faire remarquer. Comme lors de l'incident avec le violoncelliste. Le pauvre, il a dû être bouleversé, et je tremble de penser à l'effet produit sur la pianiste.

L'église de All Saints, dans East India Dock Road, était – est toujours – prestigieuse, et occupait dans le diocèse une position éminente. Ce bâtiment du plus pur style Regency[1] a de magnifiques proportions ; l'intérieur est un bijou dont l'acoustique impeccable en fait un lieu de choix pour des concerts.

Le pasteur avait réussi à persuader un violoncelliste de renommée mondiale de jouer dans son église. Cynthia et moi avions obtenu quartier libre ce soir-là pour assister au concert. À la dernière minute, nous nous sommes dit que ce serait gentil d'emmener sœur Monica Joan. Erreur fatale !

Pour commencer, elle a tenu à prendre son tricot. Ni Cynthia ni moi n'avons opposé de résistance comme nous aurions dû le faire – mais c'est facile à dire après coup ! Quand nous sommes entrées dans l'église, qui était pleine, sœur Monica Joan a voulu se mettre au premier rang. Telle une duchesse douairière, elle a remonté majestueusement l'allée centrale, tandis que Cynthia et moi trottions derrière elle comme deux caméristes. Elle s'est assise en plein milieu, juste devant la chaise destinée au violoncelliste, et nous l'avons encadrée. Tout le monde connaissait sœur Monica Joan, aussi, d'emblée, je me suis sentie mal à l'aise.

Les chaises étaient très dures. Sœur Monica Joan s'est agitée en grommelant, et a essayé d'installer au

1. Style appelé de façon impropre « Empire anglais » ; il correspond à la période de la régence du futur George III (1811-1820).

mieux son fondement osseux sur la chaise de bois. Nous lui avons proposé un repose-genoux, mais ça ne lui a pas convenu. Il a fallu trouver des coussins. Les vicaires se sont dispersés pour aller fouiller les placards de la sacristie, mais en vain. Il y a de nombreux accessoires dans une église, mais pas de coussins moelleux. Ce qui s'en rapprochait le plus était un pan de rideau en velours. Il a été replié et placé sous ses saillies osseuses. Elle a soupiré en regardant le jeune vicaire, un nouvel arrivant désireux de faire plaisir.

« Si c'est ce que vous avez trouvé de mieux, je suppose qu'il me faudra faire avec. » Devant son ton aigre, le sourire du vicaire s'est effacé.

Le pasteur s'est avancé pour souhaiter la bienvenue à l'assistance, et a annoncé que du café serait servi pendant l'entracte.

« Et maintenant, j'ai le grand plaisir d'accueillir… »

Il a été coupé net.

« Vous avez du décaféiné pour ceux qui ne boivent pas de café ? »

Le pasteur s'est interrompu. Le violoncelliste, qui avait un pied sur la scène, s'est figé.

« Du décaféiné ? Je ne sais pas, ma sœur.

— Vous aurez peut-être la gentillesse de vous renseigner ?

— Certainement, ma sœur. »

Il a fait signe à un vicaire d'aller se renseigner. Je n'avais jamais vu le pasteur dans l'embarras jusqu'à présent. C'était une première.

« Puis-je poursuivre, ma sœur ?

— Faites, je vous en prie. » Elle a incliné gracieusement la tête.

« … j'ai le plaisir d'accueillir à All Saints le violoncelliste et la pianiste renommés… »

Les musiciens ont salué le public. La pianiste s'est installée au piano. Le violoncelliste a ajusté son tabouret. L'assistance a fait silence.

« Elle porte du brocart, vous savez. »

L'acoustique de l'église, comme je l'ai dit, était parfaite, et l'articulation de sœur Monica Joan, impeccable. Son chuchotis en aparté qui, à pleine amplitude, aurait pu être entendu dans une gare à l'heure de pointe, a pénétré tous les recoins de l'église.

« C'est ce que nous faisions dans les années 1890. Nous coupions une robe de rechange dans de vieux rideaux. Je me demande chez qui elle a bien pu trouver ceux-là ? »

La pianiste lui a lancé un regard furibond, mais le violoncelliste étant un homme, il n'a pas prêté attention à l'insulte et a commencé à accorder son instrument. À côté de moi, sœur Monica Joan remuait sur sa chaise pour essayer de trouver une position confortable.

Satisfait, le violoncelliste a souri avec assurance à son public et a levé son archet.

« Non, ça ne va pas, je n'arriverai pas à rester assise comme ça. Il me faut un coussin pour mon dos. »

Le violoncelliste a laissé retomber son bras. Le pasteur a jeté un regard éperdu à ses vicaires. Une dame assise au fond s'est avancée. Elle avait eu la prévoyance d'apporter un coussin et elle le proposait bien volontiers à sœur Monica Joan.

« Comme c'est gentil. Je vous suis très reconnaissante. C'est très aimable à vous. »

La grâce royale avec laquelle elle avait répondu aurait éclipsé celle de Sa Gracieuse Majesté la reine mère. Après avoir tâté le coussin, elle a décidé qu'elle s'assiérait dessus et mettrait le tissu dans son dos. Cynthia et le pasteur se sont occupés de l'installer pendant que le violoncelliste et la pianiste étaient assis en silence et regardaient leurs instruments. Je ne savais où me mettre et essayais en vain de me faire oublier.

Le récital a commencé, et sœur Monica Joan, enfin confortablement assise, a sorti son tricot.

Il n'est pas commun de tricoter pendant un concert. En réalité, je n'ai jamais vu personne le faire. Mais sœur Monica Joan ne se souciait guère des agissements des autres. Elle faisait toujours exactement ce qu'elle voulait. Je l'avais souvent vue tricoter de façon absolument silencieuse et sereine. Mais pas ce jour-là. Son tricot était au point dentelle et demandait trois aiguilles, ce qui s'est avéré une vraie calamité.

Elle a fait tomber ses aiguilles à plusieurs reprises. Comme elles étaient en acier, elles résonnaient sur le parquet. Cynthia ou moi, selon le côté où elles glissaient, étions obligées de les ramasser. Le peloton de laine est tombé aussi et a roulé sous plusieurs chaises. Une personne assise quatre chaises plus loin l'a réexpédié d'un coup de pied vers la religieuse ; mais le fil s'est pris autour d'un pied de chaise et en se tendant, a défait plusieurs mailles du tricot entre les mains de sœur Monica Joan. « Attention », a-t-elle sifflé à notre intention alors que le violoncelliste, les yeux clos, transporté, en arrivait à un passage particulièrement délicat. Il a ouvert brusquement les yeux et une fausse note inattendue s'est échappée des cordes. Voyant sœur Monica Joan se battre avec sa laine, il a réagi en vrai professionnel et s'est lancé dans son solo. Il a terminé le mouvement de façon magistrale.

Le mouvement lent qui suivait a commencé dans le silence et la paix, mais le peloton de laine ne se laissait pas dompter aussi facilement. La personne assise quatre sièges plus loin a tenté de le récupérer et de le faire rouler jusqu'à son point de départ, mais en vain. Le peloton a roulé en arrière et s'est entortillé dans les pieds d'un spectateur assis au deuxième rang, qui l'a ramassé et ce faisant, a tiré à nouveau le fil à l'autre extrémité, ce qui a détricoté plusieurs points.

« C'est un massacre ! » a craché sœur Monica Joan à son voisin de derrière.

La pianiste, qui était en train de jouer un passage d'une tendresse poignante, s'est détournée de son piano pour jeter un regard meurtrier vers le premier rang.

Le pasteur, la mine confuse, s'est approché et a demandé à voix basse à sœur Monica Joan de ne pas faire de bruit. « Qu'est-ce que vous dites, mon père ? » a-t-elle lancé à voix haute, comme si elle était sourde – ce qui n'était pas le cas. Affolé, il a battu en retraite, craignant d'aggraver les choses.

Tandis que le solo final approchait, une autre aiguille est tombée sur le sol avec un cliquetis retentissant qui a complètement gâché le cri d'agonie du violoncelle au moment où s'achevait le morceau.

Le troisième mouvement était un *allegro con fuoco*. Les deux musiciens l'ont exécuté avec une fougue et une rapidité telles que jamais je n'avais entendu pareille performance.

Cynthia et moi, mortes de honte, comptions les minutes qui nous séparaient de l'entracte, où nous pourrions raccompagner sœur Monica Joan à Nonnatus House. Je grinçais des dents de fureur et avais des envies de meurtre. Cynthia, qui avait meilleur fond que moi, était patiente et compréhensive. Mais nous n'avions encore rien vu.

Les musiciens ont terminé triomphalement le troisième mouvement. Avec un geste magnifique, le violoncelliste a remonté son archet et tendu le bras en l'air, souriant au public avec assurance.

Il ne restait que quelques secondes avant que les applaudissements éclatent, mais sœur Monica Joan les a mises à profit pour faire sa sortie. Elle s'est levée brusquement.

« C'est trop pénible. Je ne souffrirai pas ça une minute de plus. Il faut que je parte. »

Ses aiguilles sont tombées sur le sol autour d'elle tandis qu'elle passait devant les musiciens et, à la vue de toute la salle, elle a fièrement descendu l'allée centrale en direction de la porte.

Le public de Poplar a applaudi de façon effrénée. Les gens ont crié, tapé du pied, sifflé : aucun musicien n'aurait pu désirer une ovation plus enthousiaste. Mais ils savaient, comme nous – et ils savaient que nous le savions – que les applaudissements n'étaient pas pour eux ni pour leur musique. Ils ont salué, le dos raide, le visage figé dans un sourire forcé, et ont quitté l'estrade.

Une fureur noire m'a envahie. J'ai le plus grand respect pour les musiciens, sachant qu'ils s'entraînent sans relâche pendant des années, et je ne parvenais pas à excuser ce dernier affront que je considérais comme délibéré. J'aurais volontiers giflé sœur Monica Joan sans ménagement devant deux cents personnes. Je devais trembler de rage, parce que Cynthia m'a jeté un regard alarmé.

« Je vais la raccompagner. Reste ici, trouve-toi un siège à l'arrière, et profite de la deuxième partie.

— Comment veux-tu que je profite de quoi que ce soit après ça ? » ai-je sifflé entre mes dents serrées. Je devais avoir une drôle de voix.

Son rire doux et chaleureux a fusé. « Bien sûr que si. Va prendre un café. Ils vont jouer la sonate pour violoncelle de Brahms. »

Elle a ramassé les aiguilles à tricoter, dégagé le fil enroulé autour des pieds de chaise, a tout remis dans le sac à ouvrage, m'a envoyé un baiser du bout des doigts et a couru rejoindre sœur Monica Joan.

Après cela, pendant des jours, des semaines peut-être, je n'ai pu me résoudre à parler à sœur Monica Joan. J'étais persuadée qu'elle avait fait exprès de gâcher le récital et d'humilier les musiciens. Je me souvenais de sa mauvaise humeur quand elle n'obtenait pas ce qu'elle voulait, de sa façon de bouder quand on la contrariait et surtout des tourments impitoyables qu'elle infligeait à sœur Evangelina. Étant arrivée à la conclusion que sa sénilité apparente n'était qu'un jeu sophistiqué auquel elle se livrait pour s'amuser, j'ai résolu de ne plus rien avoir à faire avec elle. Si je le voulais, je pouvais être tout aussi hautaine qu'elle, et quand nous nous croisions, je détournais la tête sans lui adresser la parole.

Mais un jour est survenu un incident qui ne m'a laissé aucun doute sur son état mental.

Il était environ huit heures et demie du matin. Tout le monde – les religieuses et le reste du personnel – était parti pour les visites du matin. Chummy et moi étions les dernières à quitter le couvent et nous franchissions le seuil quand le téléphone a sonné.

« Je suis bien à Nonnatus House ? C'est Sid, de la poissonnerie. Je voulais vous prévenir que sœur Monica Joan vient de passer, en chemise de nuit. J'ai envoyé le commis après elle, pour qu'il lui arrive rien. »

La nouvelle m'a coupé le souffle et, horrifiée, j'en ai aussitôt informé Chummy. Nous avons laissé là nos trousses de sage-femme, décroché une cape de religieuse pendue au portemanteau de l'entrée et couru à la poissonnerie. Alors, qui avons-nous vu en train de zigzaguer dans India Dock Road, escortée à deux pas derrière elle par le commis du poissonnier ? Sœur Monica Joan. Elle n'était vêtue que d'une grande chemise de nuit blanche à manches longues. Sous le tissu mince, on voyait saillir ses épaules et ses coudes. On aurait pu compter ses vertèbres. Elle ne portait ni robe de chambre, ni chaussons, ni voile, et le vent faisait voler de petites mèches de cheveux sur un crâne presque chauve. Le matin était froid, et ses pieds et chevilles maculés de sang et gelés étaient bleu-noir. Quand je suis arrivée derrière elle, j'ai vu ces pauvres pieds, qui ressemblaient à ceux d'un squelette et avaient pour toute protection une peau marbrée de bleu, avancer avec une détermination inébranlable vers un but que seul connaissait l'esprit embrumé de sœur Monica Joan.

Sans son voile et son habit, elle était presque méconnaissable et vaguement grotesque. Ses yeux chassieux, bordés de rouge, pleuraient. Au bout de son nez rouge vif pendait une goutte. J'ai eu un coup au cœur et j'ai compris combien je l'aimais.

Nous l'avons rejointe et lui avons parlé. Elle nous a regardées comme si elle ne nous connaissait pas et a essayé de nous repousser.

« Vous, ôtez-vous de là. Il faut que j'aille chez eux. Elle a perdu les eaux. Cette brute va tuer le bébé. Il a tué le dernier, je vous le garantis. Il faut que j'y aille. Ôtez-vous de là. »

Elle a fait encore quelques pas sur ses pieds ensanglantés. Chummy lui a jeté la chaude cape de laine sur les épaules ; j'ai enlevé mon bonnet et le lui ai mis sur la tête. La chaleur soudaine a paru la ramener à la raison. Son regard a changé et elle nous a reconnues. Je me suis penchée vers elle et lui ai dit lentement : « Sœur Monica Joan, c'est l'heure du petit déjeuner. Mrs. B. vous a préparé un bon porridge bien chaud avec du miel. Si vous ne venez pas tout de suite, il va refroidir. »

Elle m'a regardée avec intérêt et a dit : « Du porridge ! Avec du miel ! Ooh, c'est bon, ça. Eh bien, venez. Pourquoi restez-vous plantées là ? Vous avez dit du porridge ? Avec du miel ? »

Elle a fait deux pas, mais a poussé un cri de douleur. À l'évidence, elle ne s'était pas rendu compte que ses pieds étaient écorchés et saignaient. Dieu soit loué pour le gabarit de Chummy et sa robustesse. Elle a pris sœur Monica Joan dans ses bras, l'a soulevée comme une enfant et portée sur tout le trajet de retour jusqu'à Nonnatus House. Une foule d'enfants curieux nous a suivies.

Nous avons alerté Mrs. B., qui a été toute sollicitude :

« Oh, la pauvre ! Mettez-la au lit. Elle doit être frigorifiée, pauvre ange. Elle va choper la mort avec ce froid. Je vais apporter deux bouillottes et lui faire du porridge avec du chocolat chaud. Je connais ses goûts, allez. »

Nous l'avons mise au lit et laissée entre les mains expertes de Mrs. B. Une matinée de travail nous attendait et nous devions partir.

J'ai fait mes visites du matin dans un état second. Parfois, dans la vie, l'amour vous prend au dépourvu, rayonne jusque dans les recoins sombres de votre âme et les emplit de lumière. Il arrive que vous vous trouviez confronté à une beauté, à une joie qui prend votre âme d'assaut alors qu'elle ne s'y attendait pas du tout. En circulant à bicyclette ce matin-là, j'ai compris que j'aimais non seulement sœur Monica Joan, mais tout ce qu'elle représentait : sa religion, sa vocation, sa carrière monastique, les cloches, les prières constantes à l'intérieur du couvent, la paix et le travail oblatif au service de Dieu. Peut-être était-ce là… ? J'ai failli tomber de vélo : pouvait-il s'agir de l'amour de Dieu ?

Au commencement

Sœur Monica Joan a eu une pneumonie. Elle s'est endormie profondément quand Chummy, Mrs. B. et moi l'avons mise dans son lit, et elle est restée apparemment inconsciente toute la journée. Sa température était élevée, son pouls rapide et bien frappé, et sa respiration laborieuse. À Nonnatus House, l'ambiance était triste et préoccupée. La cloche de la chapelle appelant à l'office du jour semblait préfigurer le glas. Nous pensions tous qu'elle allait mourir. Mais c'était sans compter avec deux facteurs déterminants : les antibiotiques et sa résistance phénoménale.

Aujourd'hui, les antibiotiques se prennent aussi facilement qu'une tasse de café. Dans les années cinquante, ils étaient relativement nouveaux. Aujourd'hui, une utilisation excessive a réduit leur efficacité, mais à l'époque, ils étaient miraculeux. Sœur Monica Joan, qui n'avait jamais reçu de pénicilline, a réagi aussitôt. Après deux piqûres, sa fièvre est tombée, son pouls est redevenu normal, le murmure de sa poitrine a disparu et elle a ouvert les yeux. Elle les a promenés autour d'elle : « Je me demande pourquoi vous êtes toutes plantées là les bras ballants. Vous n'avez donc pas de travail ? Vous me croyez sans doute mourante ? Eh bien, vous vous trompez. Dites à Mrs. B. de me faire un œuf à la coque pour le petit déjeuner. »

Sa force physique et sa vitalité sont devenues une évidence pendant les semaines suivantes. Si elle avait mené une vie de riche oisive, comme le permettait sa naissance aristocratique, je suis persuadée qu'elle serait morte, malgré la pénicilline. Mais sa vie de dur labeur intensif lui avait donné une résistance à toute épreuve. Ce n'était pas une petite pneumonie qui allait la tuer. Elle s'est remise rapidement et a très mal supporté de devoir garder le lit, comme l'exigeait le médecin. Elle croyait qu'elle n'avait qu'un rhume et ne se souvenait pas de l'incident qui avait provoqué sa maladie. Elle n'a pas explicitement traité le médecin d'imbécile, mais l'a regardé avec un air qui ne laissait aucun doute à qui que ce soit, à commencer par l'intéressé.

« Je ne prétends pas pénétrer votre sagesse supérieure, docteur, mais en toute chose il faut suivre Dieu. Dois-je comprendre que je peux avoir des visites ? »

Oui, bien sûr, sœur Monica Joan pouvait recevoir des visites (pourvu que cela ne la fatigue pas), lire ce qu'elle voulait (pourvu que cela ne lui fasse pas mal aux yeux), et manger ce qu'elle voulait (pourvu que cela ne contrarie pas sa digestion).

Sœur Monica Joan s'est adossée à ses oreillers, satisfaite. On lui a apporté des livres, et Mrs. B. a reçu la consigne d'accéder à tous ses désirs.

La chambre d'une religieuse s'appelle en réalité une cellule ; elle est petite, nue, simple et sans confort. Toutefois, depuis qu'elle n'exerçait plus son activité de sage-femme, sœur Monica Joan avait réussi à force d'habiles tractations à obtenir une cellule relativement spacieuse, confortablement meublée et agréable ; on aurait pu la décrire plus exactement comme un élégant studio. Les laïcs ne sont généralement pas admis dans une cellule de religieuse, mais sœur Monica Joan avait extorqué au médecin la permission d'avoir des visites, et une très heureuse période de ma vie a commencé alors.

J'allais la voir tous les jours et dès que j'entrais dans sa chambre, une sensation presque tangible de paix et de tranquillité m'entourait. Elle était toujours assise dans son lit, sans montrer le moindre signe extérieur de fatigue ou de maladie. Son voile était parfaitement en place, sa chemise de nuit blanche était boutonnée haut sur son cou, sa peau douce avait des reflets d'ivoire et elle posait sur moi le regard pénétrant de ses grands yeux clairs. Son lit était toujours jonché de livres et d'un grand nombre de carnets dont elle couvrait les pages d'une écriture ferme et raffinée.

J'ai découvert qu'elle était poète. Sans doute n'aurais-je pas dû être étonnée, mais je ne m'y attendais pas. Toute sa vie, elle avait écrit des poèmes et ses carnets en contenaient une collection de plusieurs centaines remontant aux années 1890.

Je ne peux pas juger la poésie, je n'ai pas l'oreille nécessaire pour cela. Mais le fait qu'elle ait écrit à un rythme aussi soutenu m'a impressionnée et j'ai demandé si je pouvais regarder ses carnets. Elle a haussé négligemment les épaules.

« Prenez-les. Je n'ai pas de secrets, ma petite fille. Je ne suis qu'une étincelle du feu divin. »

Pendant de longues soirées, j'ai étudié ces poèmes. Je m'étais attendue à ce qu'ils soient tous religieux, puisqu'ils avaient été écrits par une nonne, mais ce n'était pas le cas. Il y avait beaucoup de poèmes d'amour, beaucoup de poèmes satiriques et beaucoup encore étaient humoristiques, tels que celui-ci :

Il n'est spectacle plus joli
Qu'une mouche tranquillement posée.
Elle fait toilette avec minutie
À l'endroit précis que je voudrais déchiffrer,
Et tortille ses pattes le long de son cul
En prenant tout son temps,
Telle la Belle à son miroir.

Ou encore :

Chanson d'une chienne teckel obèse

Qu'ils sont commodes, qu'ils sont jolis,
Mes coussinets ou mes nénés,
Pour galoper, me dandiner.

Mais comment faire le jour où
Tous mes nénés seront usés,
Et qu'il faudra les rechaper ?

Et mon préféré :

C'est pas grave
D'être pompette
Sur la plage de Margate,

Mais sur celle de Brighton
Alors là, c'est le pompon !

Ce n'est peut-être pas de la grande poésie, mais à mon sens, elle ne manquait pas de charme. Ou peut-être était-ce celui de sœur Monica Joan qui colorait mon jugement ?

J'ai découvert un poème révélateur sur son père, qui en disait long sur la première partie de sa vie.

Ah, Papa, Papa fouettard,
Sans tendresse et sans égards,
Quel vieux crabe tu fais :
Tu y vas, et tu y vas bien !
Tu sonnes du clairon
Comme un vieux cabotin.
Ça pour sonner, tu sonnes bien !
Alors, Papa, ça te mène où ?
Autant souffler dans un violon
« Laisse-moi faire, je m'occupe de tout »
Déclare l'orgueilleux barbon.

Face à un père arrogant et dominateur, sa lutte pour s'affirmer et quitter la maison a dû être prodigieuse. Une personnalité plus faible aurait été écrasée.

Les poèmes qu'elle avait écrits, jeune fille, sur le chagrin d'amour me sont allés droit au cœur et m'ont fait monter les larmes aux yeux.

À un Dieu inconnu

J'ai chanté pour toi
Aux jours heureux

Et tu étais proche

J'ai pensé à toi
Sous les baisers de mon amoureux
Et je t'y ai senti

Je me suis tournée vers toi
Au terme d'un amour trop court
Et j'ai découvert ta force

J'ai eu besoin de toi
Pendant mes années de chagrin
Et je t'ai connu, enfin.

« *Un amour trop court.* » Ah, j'en savais long sur le sujet. Faut-il souffrir si horriblement pour connaître le Dieu inconnu ? Qui, quand et quoi ? Trois questions que je brûlais de poser sans oser le faire au sujet de l'amour perdu de sœur Monica Joan. Était-il mort ? Ses parents à elle y étaient-ils hostiles ? Pourquoi était-il inaccessible ? Déjà marié ? Ou avait-il simplement cessé de l'aimer avant de la quitter ? Oui, j'aurais bien voulu le savoir, mais n'ai pas osé demander. Toute question indiscrète aurait mérité – et reçu – un commentaire caustique de la part de cette langue acérée.

Ses poèmes religieux, chose curieuse, n'étaient pas très nombreux, et comme j'étais curieuse d'en savoir davantage au sujet de sa religion, je lui ai posé des questions sur cet aspect de sa poésie. Elle m'a répondu par ces vers de l'*Ode à une urne grecque*, de Keats :

« *La beauté est le vrai, le vrai est la beauté – c'est tout*
Ce que l'on sait sur terre, tout ce qu'il faut savoir.

« Ne me demandez pas d'immortaliser le grand mystère de la vie, a-t-elle enchaîné. Je ne suis qu'une humble travailleuse. Pour trouver la beauté, lisez les Psaumes, Isaïe, saint Jean de la Croix. Comment ma pauvre plume pourrait-elle gloser sur des vers pareils ? Pour la vérité, lisez les Évangiles : quatre courts comptes rendus de Dieu fait homme. Il n'y a rien de plus à dire. »

Ce jour-là, elle semblait beaucoup plus fatiguée que d'ordinaire, et s'est appuyée à ses oreillers. La lumière de l'hiver entrant par la fenêtre accentuait ses traits pâles et aristocratiques, et mon cœur s'est empli de tendresse. J'étais arrivée au couvent par erreur, moi qui n'avais pas de religion. Je me serais définie non comme une athée pour qui toute spiritualité était une aberration, mais comme une agnostique qui abritait en elle de larges zones de doute et d'incertitude. Jamais je n'avais rencontré de religieuses avant mon arrivée. Au début, je ne les avais pas prises au sérieux ; puis je les avais considérées avec un étonnement voisin de l'incrédulité ; enfin, cela avait été remplacé par du respect, puis par une affection profonde.

Qu'est-ce qui avait poussé sœur Monica Joan à renoncer à une existence privilégiée pour aller travailler à la dure dans les taudis du quartier des docks de Londres ?

« Était-ce par amour pour les gens ? lui ai-je demandé.

— Certainement pas, a-t-elle rétorqué sèchement. Comment peut-on aimer des gens grossiers et ignorants qu'on ne connaît même pas ? Qui peut aimer la crasse et la misère ? Les poux et les rats ? Qui peut aimer être épuisée à en avoir mal partout, et continuer à travailler malgré tout ? Personne. On peut seulement aimer Dieu, et par le truchement de Sa grâce, en venir à aimer Ses créatures. »

Je lui ai demandé comment elle avait entendu l'appel de Dieu et était entrée dans les ordres. Elle a cité ces vers de Francis Thompson[1], tirés du *Chien du ciel.*

Je l'ai fui tout au long de mes nuits et mes jours,
Je l'ai fui, traversant les arches des années,
Je l'ai fui tout au long des voies labyrinthiques
De mon esprit ; et dans le brouillard de mes larmes
Je me suis soustrait à Sa vue.

Je lui ai demandé ce que signifiait : « Je l'ai fui ». Alors elle n'a pas caché son agacement.

« Des questions, toujours des questions. Vous me fatiguez avec vos questions, ma petite fille. Trouvez la réponse vous-même. C'est ce que nous avons tous à faire à la fin. Personne ne peut vous donner la foi. C'est un don de Dieu seul. Cherchez et vous trouverez. Lisez les Évangiles. Il n'y a pas d'autre moyen. Ne venez pas me harceler avec vos questions continuelles. Allez avec Dieu, mon enfant ; allez avec Dieu. »

Elle était manifestement lasse. Je l'ai embrassée et me suis retirée discrètement.

La phrase qu'elle répétait constamment : « Allez avec Dieu » m'avait beaucoup intriguée. Soudain, le

1. Poète anglais (1859-1907). Son poème le plus célèbre, *The Hound of Heaven* (*Le Chien du ciel*), où il aborde le thème des rapports de Dieu à l'homme, a été publié en 1893.

sens m'en est apparu. Ce fut une révélation, une acceptation. Cela m'a emplie de joie. Acceptez la vie, le monde. L'Esprit, Dieu, appelez-le comme vous voudrez, suivra, ainsi que tout le reste. Pendant des années, j'avais tâtonné pour comprendre, ou du moins pour m'accommoder du sens de la vie. Ces trois petits mots, « Allez avec Dieu », ont été pour moi le début de la foi.

Ce soir-là, j'ai commencé à lire les Évangiles.

REMERCIEMENTS

Ils s'adressent à toutes les infirmières et sages-femmes, mortes depuis longtemps, avec lesquelles j'ai travaillé il y a un demi-siècle.

À Terry Coates, qui a donné le coup d'envoi à mes souvenirs, au chanoine Tony Williamson, président de l'association fondée par le père Joseph, le Wellclose Trust,

à Elizabeth Fairbarn, pour ses encouragements,

à Pat Schooling, qui a eu le courage d'aimer la publication originale,

à Naomi Stevens, pour toute l'aide qu'elle a apportée à propos du dialecte cockney,

à Susannah Hart, Jenny Whitefield, Dolores Cook, Peggy Sayer, Bettey Howney, Rita Perry,

à tous ceux qui ont tapé et lu le manuscrit et m'ont donné des conseils,

à la bibliothèque d'histoire locale et aux archives des Tower Hamlets,

au conservateur de la société historique de l'île aux Chiens, E 14,

à l'archiviste du musée des Docks, E 14,

au bibliothécaire de Simmons Aerofilms.

Table

PAPIER À BASE DE FIBRES CERTIFIÉES

Le Livre de Poche s'engage pour l'environnement en réduisant l'empreinte carbone de ses livres. Celle de cet exemplaire est de :
450 g éq. CO_2
Rendez-vous sur www.livredepoche-durable.fr

Composition réalisée par NORD COMPO

Achevé d'imprimer en janvier 2015 en France par
CPI BRODARD ET TAUPIN
La Flèche (Sarthe)
N° d'impression : 3003908
Dépôt légal 1re publication : février 2015
LIBRAIRIE GÉNÉRALE FRANÇAISE
31, rue de Fleurus – 75278 Paris Cedex 06

35/8895/7